中国旅游蓝皮书系列

“一带一路”文旅研究书系

# 东盟旅游蓝皮书

## （2019—2020）

TOURISM BLUE BOOK OF ASEAN

主　　编◎程道品

执行主编◎张海琳

副主编◎章杰宽　朱锦晟　马靖雯

中国旅游出版社

# 前　言

中国与东盟是山水相连的好邻居，继成为旅游领域最重要的合作伙伴以来，2020 年中国和东盟首次成为彼此最大的贸易伙伴，区域旅游的互动与合作、文化与旅游的融合与发展将双方旅游交流合作不断推向新高度。在此背景下，桂林旅游学院作为中国旅游研究院东盟旅游研究基地，联合中山大学、华中师范大学、桂林电子科技大学等国内知名院校文旅专家组成项目组，联合研究撰写了《东盟旅游蓝皮书（2019—2020）》一书，旨在通过文献梳理、数据分析与案例展示，多层次、多角度、跨学科系统阐述东盟国家旅游产业发展现状与态势。由于数据统计的滞后性，2019 年之前的相关数据也多有涉及，以期为读者展示东盟旅游近年来发展的脉搏与动能。

本书分为总报告和专题报告，总报告基于联合国世界旅游组织、东盟秘书处和东盟相关国家旅游管理部门权威旅游统计数据，采用定性和定量相结合的研究方法，深入探讨东盟各国旅游资源、旅游产业、旅游市场和旅游发展内外部环境，基于此分析，展望东盟旅游未来发展趋势。为丰富研究视角和内容，根据旅游行业及东盟地区自身特点，本书还包含东盟旅游经济增长与碳排放、东盟旅游市场及安全研究、东盟养生旅游的发展、东盟艺术文化与旅游开发、2020 年东盟轮值主席国——越南旅游发展报告、泰国旅游产业战略结构演化及发展新趋势、东盟各国华侨华人与中国文化旅游业发展、“一带一路”：东盟国家的反应与行动等专题报告。东盟旅游资源类型齐全、品质优良，各国文化各具特色、交相辉映，文旅融合、科技赋能、跨国合作成为本地区旅游发展提质升级的新抓手。发展旅游是“一带一路”民心相通的最佳途径，也是中国—东盟 11 大重点合作领域之一。通过对东盟旅游全面深入的研究，有利于把握其发展现状与趋势，推动中国—东盟旅游合作的深入合作，这对后疫情时代旅游业在本地区的复苏与发展也具有特殊的意义。

本书的出版得到广西旅游管理专业“一流学科”建设项目专项资助，系桂林旅游学院东盟旅游研究基地 2018 年度广西科技基地和人才专项项目（2017AD19030）和广西文化旅游名家工作室（广西—东盟文旅融合产业发展研究中心）研究成果。书稿凝聚了课题组团队成员的智慧与辛劳，得益于业内诸多专家的指导和启示，在此一并表示感谢。课题组希望从整体和局部等多个视角展示东盟旅游发展的现状，主题设计、资料收集、分析比较、语言论述等方面虽尽力而为，然不足乃至谬误之处在所难免，期待给予读者一些有益参考的同时，也恳请得到大家的批评和指正。

张海琳

2021 年 6 月

# 目 录

# 2019—2020 年东盟旅游发展总体情况

陈钢华　张海琳　李萌　林晓洁

**摘要：** 近年来，东盟旅游业发展迅猛，在国民经济中的地位日益凸显。为系统地了解近年来（2015—2019 年）东盟旅游发展的现状和态势，总报告以联合国世界旅游组织（UNWTO）有关东盟各国的年度数据、东盟秘书处和东盟各国的旅游统计数据为基础，并收集和分析其他定性和定量资料，对东盟及各国的旅游资源、旅游产业、旅游市场和旅游发展内外部环境等方面进行了深入分析，多层面、多角度地呈现了东盟及各国近年来旅游发展的总体情况。主要发现如下：（1）东盟国家利用各自独具特色的旅游资源，已经建立起比较完备的旅游产品体系。（2）东盟及各国旅游产业规模正不断扩大。2018 年，东盟累计接待入境游客 1.29 亿人次，实现国际旅游总收入超 1396 亿美元。（3）东盟旅游基础设施和公共服务设施不断完善。据相关统计，2019 年，东盟共有星级酒店 42804 家（其中，泰国最多，为 11337 家）；共有注册旅行社 16645 家（其中，马来西亚最多，为 5019 家）；共有机场 514 家（其中，国际机场 82 家，樟宜国际机场吞吐量最大）；共有主要邮轮港口 46 个，是亚洲主要邮轮目的地。（4）东盟三大旅游市场的规模逐年扩大，但目前仍以入境旅游市场为主。（5）根据旅游市场及产业发展总体情况，东盟十国可分为三个梯队。①第一梯队（领先级）：泰国、

陈钢华，中山大学旅游学院副教授，研究方向为区域旅游发展与规划、目的地营销与管理。
张海琳，教授，桂林旅游学院东盟旅游研究基地常务副主任，研究方向为区域旅游合作与旅游可持续发展。
李萌，中山大学旅游学院硕士研究生，研究方向为目的地营销与管理。
林晓洁，中山大学旅游学院硕士研究生，研究方向为目的地营销与管理。

马来西亚、新加坡、印度尼西亚。这四个国家的经济发展水平较高、旅游服务设施较完善、交通条件便利，因而在旅游市场和产业竞争力方面的成绩突出。②第二梯队（成长级）：越南、菲律宾、柬埔寨。这三个国家的经济发展水平居中、旅游服务设施与交通条件尚有待提升，但旅游业增速较快，旅游发展环境仍在持续改善中。③第三梯队（滞后级）：文莱、老挝及缅甸。这三个国家的经济发展落后、旅游投资及经营环境不佳、基础设施尚不完善，因而对国际旅游市场的吸引力明显不足。近年来，为促进东盟旅游可持续发展和一体化进程，东盟各国采取了各种措施，例如，加大政府政策支持力度、加大旅游市场开发与监管力度、提升旅游服务质量和业态创新、深化区域旅游合作、强化生态环境保护等。在旅游业已经并将继续成为东盟各国经济社会发展的重要引擎的背景下，东盟各国亟须继续在大环境中审视自身、扬长避短，以推动旅游业的可持续发展。

**关键词：** 东盟；旅游发展；旅游资源；旅游产业；旅游市场；SWOT分析

## 一、东盟国家近年来旅游业发展总体情况

东南亚国家联盟（简称东盟，ASEAN）的前身是马来亚（现马来西亚）、菲律宾和泰国于1961年7月31日在曼谷成立的东南亚联盟。1967年8月7—8日，印度尼西亚、泰国、新加坡、菲律宾四国外长和马来西亚副总理在曼谷举行会议，发表了《曼谷宣言》，正式宣告东南亚国家联盟成立。1967年8月28—29日，马来西亚、泰国、菲律宾三国在吉隆坡举行部长级会议，决定由东南亚国家联盟取代东南亚联盟。20世纪80年代后，文莱（1984年）、越南（1995年）、老挝（1997年）、缅甸（1997年）和柬埔寨（1999年）5国先后加入东盟，从而形成了一个人口超过6亿、面积达450万平方公里的10国集团。东盟秘书处设在印度尼西亚首都雅加达。

东盟的宗旨和目标是本着平等与合作精神，共同促进本地区经济增长、社会进步和文化发展，为建立一个繁荣、和平的东南亚国家共同体奠定基础，以促进本地区的和平与稳定[1]。旅游业作为推动经济发展、促进文化交流的产业，近年来已经成为东盟区域发展战略的重要组成部分。近年来，东盟旅游发展总体上呈现稳步增长的态势，总体情况总结如下。

### （一）旅游资源丰富多样，世界遗产遍布各国

东盟国家倚靠半岛和海岛的热带风光以及颇具特色的宗教与民俗文化，形成了丰富的自然和人文旅游资源。在对东盟各国的主要旅游资源进行整理后，分类如下（见表1）。

表1　东盟旅游资源分类

| 支系名称 | 支系自称 | 分布地区 |
|---|---|---|
| 自然旅游资源 | 地文景观 | 众多火山、洞穴及漫长的海岸线等 |
| | 水域景观 | 河系、湖泊、瀑布及海洋等 |
| | 生物景观 | 珍稀的鸟类、哺乳动物、海洋生物等 |
| | 天象与气候景观 | 温暖湿润的气候条件及日落、日出的最佳观赏点 |
| 人文旅游资源 | 建筑与设施 | 宗教祭祀建筑（场所）、地方特色建筑、时尚现代的城市地标 |
| | 历史遗迹 | 历史悠久且具有重要科学艺术价值的遗址遗迹 |
| | 旅游购品 | 普遍的商品如咖啡、果干、木雕、银器等以及各国特色的旅游商品 |
| | 人文活动 | 传统的民俗节庆活动以及具有时尚潮流元素的现代节庆 |

（1）自然旅游资源。东盟各国具有多种多样且有一定旅游开发潜力的地文景观、水域景观、生物景观以及天象与气候景观。①地文景观方面。具有“火山国”之称的印度尼西亚坐拥400多座火山；越南的方芽—科邦

1　东南亚国家联盟[DB/OL].https://baike.baidu.com.

国家公园以其喀斯特溶洞风貌为一大特色；泰国有“东方夏威夷”之称的芭堤雅海滩等。这些奇异壮观的地文景观具有较高的观赏价值。②水域景观方面。红河、湄公河、湄南河、伊洛瓦底江及萨尔温江并称为东盟五大河流。此外，各国也拥有丰富的瀑布资源和众多美丽的湖泊和海洋景观。③生物景观方面。东盟得天独厚的热带区位使之拥有辽阔的热带雨林，其中栖息着濒于绝迹的异兽珍禽以及种类繁多的珍贵植物，可供旅游观光及探险活动的开展。④天象与气候景观方面。由于热带温暖湿润的宜人气候，东盟也成了著名的避寒旅游胜地和日出、日落的最佳观赏地。

（2）人文旅游资源。东盟各国具有蕴含地方文化特色的建筑与设施、历史遗迹、旅游商品和人文活动。在东盟各国的建筑中，各类用于宗教祭祀的建筑或场所尤为令人瞩目，不仅遍布佛教的佛寺、佛塔，还有基督教的巴洛克式教堂。此外，体现东南亚风情的特色建筑以及具备时尚气息的现代城市地标等也成了主要的旅游吸引物。东盟各国还拥有许多历史悠久、规模宏大且具有重要科考、艺术、文化价值的历史遗迹，见证了东南亚多种文化的发展与融合。另外，东盟各国也有独具特色的旅游商品、人文活动，同样展示了东盟各国的文化魅力，吸引着世界各地游客的到来。

（3）世界遗产。东盟是众多世界自然遗产和世界文化遗产的所在地，列入世界遗产名录是东盟众多旅游资源核心价值的重要体现。截至 2019 年年底，东盟共有 41 处世界遗产（占全世界遗产总量的 3.7%），包括 13 处世界自然遗产、27 处世界文化遗产及 1 处世界自然及文化双遗产。印度尼西亚是东盟国家中拥有世界遗产数量最多的国家（9 处）。2015—2019 年，东盟共新增 5 处世界文化遗产[1]。毋庸置疑，东盟各国的世界遗产为各自旅游业的发展做出了重要贡献。

1 世界遗产名录[DB/OL].http://whc.unesco.org/en/list/.

## （二）旅游业规模不断扩大，增长速度位居世界前列



近年来，东盟旅游业规模仍然持续扩大，旅游业在各国国民经济中也占据着越来越重要的地位。一方面，东盟接待游客总量逐年增长。据东盟统计局数据显示，2015 年，东盟接待的游客总量刚刚突破 1 亿人次，2018 年这一数字高达 1.35 亿人次，同比增长 7.6%，增速维持在较高水平[1]。另一方面，随着到访游客的增多，东盟旅游业对区域 GDP 的贡献也逐年递增。据世界旅游业理事会（WTTC）统计，东盟旅游业对 GDP 的贡献总量由 2985.6 亿美元（2015 年）上升至 3931.2 亿美元（2019 年），年平均增长率为 7.9%；GDP 贡献率（旅游总收入占 GDP 比重）也从 2015 年的 11.65% 上升至 2019 年的 12.69%[2]。有业内专家预测，到 2025 年，东盟旅游业的 GDP 贡献率将激增至 15%[3]，说明旅游业在东盟经济中的地位日益重要。具体到东盟各国可以发现，近年来，在大多数国家，旅游业对 GDP 的贡献呈现稳中有升的态势；其中，在旅游业的 GDP 贡献率方面，柬埔寨、菲律宾、泰国一直位居前三[4]，足以说明这三个国家的经济对旅游业的依赖程度较高。

近几年，东盟的国际旅游市场规模也在不断壮大，在入境游客人数和国际旅游收入方面都呈现逐年递增的趋势，且在全球旅游业中的份额也有所提升。具体而言，东盟入境旅游人数占全球国际旅游总人数的比重从 2015 年的 8.7% 上升至 2018 年的 9.2%，并且国际旅游收入占全球国际旅游总收入的份额也从 2015 年的 8.6% 增加至 2018 年的 9.6%[5]。此外，在与

1 ASEAN: Selected Basic Indicators[DB/OL].https://data.aseanstats.org/indicator/AST.STC.TBL.1b.

2 World Travel &Tourism Council. Total contribution to GDP[DB/OL].https://www.wttc.org/datagateway/.

3 东盟强化单一旅游目的地竞争优势[EB/OL]. https://ttgchina.com.

4 同2。

5 World Tourism Organization. International Tourism Highlights 2019 [DB/OL].https://doi.org/10.18111/9789284421152.

欧盟、东北亚、北美、非洲和中东等世界主要地区的对比中，东盟虽然在总量上一直稳居第四位，但其国际旅游增长速度却名列世界前茅，无论是接待的入境游客总量还是国际旅游收入的增长率均位居世界第二，超过世界平均水平。具体来说，2018 年，东盟累计接待入境游客人数达 1.29 亿人次，与 2017 年相比，增长 6.8%；2018 年，东盟实现国际旅游总收入 1396 亿美元，比 2017 年增长 4.7%[1]。由上述分析可见，东盟旅游业在全球旅游业中的地位正逐步提高，发展潜力巨大，发展速度不容小觑。

### （三）旅游产业要素日益完善，但整体水平仍待提高

随着东盟各国经济水平的提高及旅游业规模的扩大，东盟国家的旅游接待能力也逐渐增强，食、住、行、游、购、娱六大核心产业要素正在日益完善。

（1）住宿。东盟各国的酒店总量和星级酒店数量均呈增长态势。其中，截至 2020 年 2 月底，泰国星级酒店数量最多，共有 11337 家，其次是印度尼西亚（10364 家）和越南（7200 家），星级酒店最少的国家是文莱，仅有 22 家[2]。新加坡和柬埔寨两国的五星级酒店所占比重最大，达 14%[2]。并且，新加坡和柬埔寨两国的酒店客房入住率遥遥领先。2018 年，新加坡的酒店客房入住率高达 86%，而柬埔寨的客房入住率也有 72%，且近年来仍在不断攀升[3]，说明两国酒店运营的效率和服务质量较高。

（2）交通。由于东盟特殊的地理位置，国际游客入境的主要交通方式是飞机。近年来，邮轮旅游也逐渐发展起来，成为新兴的入境交通方式。在空中交通方面，东盟各国中，印度尼西亚拥有最多的国际机场（29

1 World Tourism Organization. International Tourism Highlights 2019 [DB/OL].https://doi.org/10.18111/9789284421152.

2 数据来源：根据缤客网各国星级酒店数据整理。

3 数据来源：根据联合国世界旅游组织（UNWTO）东盟各国旅游统计指标整理。

个），其次为菲律宾和越南（均为 11 个）[1]。新加坡虽然在机场数量上不具优势，但樟宜国际机场吞吐量较大，是东南亚乃至全世界最繁忙的机场之一。其他国家也都在积极地兴建机场或扩大原有机场规模，以应对日益增长的旅游市场需求。值得一提的是，近年来，越南航空业发展迅速。据国际航空运输协会（IATA）的数据，在过去十年中，越南的航空旅客运输量平均增长率为 17.4%，远高于亚太地区 7.9% 的增长率，被认为是全球发展最快的航空市场之一[2]。在水路交通方面，群岛国家印度尼西亚拥有最多的邮轮码头（12 个），其次为马来西亚（10 个），第三是泰国（7 个）[3]。据联合国世界旅游组织（UNWTO）统计，在东盟国家中，接待邮轮入境游客量最多的三个国家分别是印度尼西亚、新加坡和马来西亚[4]。近年来，新加坡的邮轮游客接待量的增长最为显著，足以见得新加坡邮轮港口的吞吐量、基础设施及旅游服务都居于东盟领先地位。此外，国际邮轮协会（CLIA）发布的《2019 年度产业报告》显示，马来西亚、泰国和新加坡的邮轮停靠次数分别位列东盟前三。东盟的邮轮旅游发展在亚洲处于领先地位，在 2018 年和 2019 年亚洲邮轮停靠次数排名前十的国家中，占据第三位至第七位的一直是东盟国家[5]。

（3）旅行社。马来西亚、印度尼西亚的旅行社数量均在 5000 家左右，遥遥领先于其他东盟国家。越南位列第三，拥有 2648 家旅行社。旅行社数量最少的国家为文莱，仅 55 家[6]。旅行社不仅为游客提供咨询、预订等

1 Number of international airports [DB/OL].https://data.aseanstats.org/indicator/ASE.TRP.AIR.A.302.

2 飞速发展的越南航空产业[EB/OL]. http://www.chinaerospace.com/news/113.html.

3 数据来源：根据东盟旅游官网整理。

4 数据来源：根据联合国世界旅游组织（UNWTO）东盟各国旅游统计指标整理。

5 CLIA Asia. 2019 Asia Cruise Deployment and Capacity Report & 2018 Asia Cruise Industry Ocean Source Market Report[R/OL]. https://cliaasia.org/research/.

6 数据来源：根据东盟各国旅游局官网及旅行社协会网站数据整理。

基本服务，还承担着旅游产品整合、创新、推介的重要作用，在区域旅游合作中也起到纽带作用。例如，在2019年东盟旅游展上，马来西亚发布了涉及36家旅行社共69个多国旅行套餐的旅行指南[1]，优质旅行社的合作能够有力地推动马来西亚乃至东盟的旅游发展。

（4）其他产业要素。随着东盟各国游客量的不断增加，餐饮、娱乐和购物等业态也被相应地带动起来。各国的餐厅、娱乐场所、购物场所以及景区、景点的数量也在不断增长。这些业态也都得以不断创新，以增强旅游吸引力，并满足游客不同的兴趣和需求。

值得注意的是，东盟国家虽然都不同程度地呈现出产业要素日趋完善的态势，但与中国、亚太地区和欧盟相比，仍然存在一定差距。世界经济论坛（WEF）发布的《2019年旅游业竞争力报告》对各个国家和地区的“基础设施”进行了评定。在“航空基础设施”与“地面和港口交通”两个指标中，东盟的得分分别为3.7分和3.6分，均低于亚太地区平均水平，尤其在“地面和港口交通”方面，与欧盟（4.6分）差距较大。在旅游服务设施方面，东盟仅达到亚太地区的平均水平（4.0分），得分比中国（3.5分）较高，但仍然远远落后于欧盟（5.5分）[2]。上述数据说明，东盟旅游业赖以生存和发展的基础设施的整体水平仍需继续提高，力争向旅游业发达的国家和地区看齐。

**（四）旅游市场以入境市场为主，中国成东盟最主要客源市场**

目前，东盟旅游市场仍以入境旅游市场为主，国内旅游市场及出境旅游市场规模均较小。因而，旅游收入也大部分来源于入境旅游市场。

（1）入境旅游市场规模。据联合国世界旅游组织（UNWTO）发布

1 马来西亚加大全球业界发声，联合东盟推出多项目的地新产品[EB/OL]. https://ttgchina.com/.

2 World Economic Forum. The Travel & Tourism Competitiveness Report 2019[R/OL]. http://www3.weforum.org/docs/WEF_TTCR_2019.pdf.

的统计数据显示[1]，2015—2018 年，东盟各国入境游客数量均呈上升趋势，入境旅游市场规模正不断扩大，增速明显。2018 年，东盟累计接待入境旅游人数达 1.29 亿人次。2015—2018 年，接待入境游客最多的国家均为泰国。2018 年，泰国接待入境游客超 3820 万人次，马来西亚紧随其后，接待入境游客超 2580 万人次；接待入境游客最少的是文莱，仅有 28 万人次。在东盟各国，入境游客人数增长最快的是越南，2018 年的增幅高达 20%。入境游客人数的增加必然带来国际旅游收入的增长。2018 年，东盟国家国际旅游收入总计达 1396 亿美元，与 2017 年相比，增长 10.7%。2015—2018 年，国际旅游收入最高的国家均为泰国。2018 年，泰国国际旅游收入超 600 亿美元；其次是新加坡，国际旅游收入超 200 亿美元；文莱是东盟国家中国际旅游收入最少的国家，仅为 1.9 亿美元。国际旅游收入增长最快的两个国家分别是柬埔寨和菲律宾，显示出两国的入境旅游发展势头足、潜力大。

（2）入境旅游客源市场结构。近年来，东盟客源市场结构较为稳定。除东盟成员国外，中国是东盟最大的客源国，且占据的市场份额仍在不断扩大。据东盟统计局官方数据显示，2015 年，赴东盟旅游的中国游客占总入境游客量的 24%；到 2018 年，这一比例上升至 31%[2]。由此可见，中国已成为推动东盟旅游业发展最重要的客源国。此外，2018 年，中国已成为文莱、柬埔寨、新加坡、泰国和越南五个国家的第一大客源国[1]。作为接待入境游客人数最多的泰国，在 2019 年 1 月至 9 月 15 日之间，已累计接待中国游客超过 790 万人次。在此期间，中国仍然是泰国的第一大国际客源市场[3]。此外，东盟的主要入境客源市场较多为亚太地区国家和地

1 数据来源：根据联合国世界旅游组织（UNWTO）东盟各国入境旅游统计指标整理。

2 数据来源：根据东盟统计局到达访客数据整理。

3 中国仍是泰国最大旅游客源国，今年以来游客达790万人次[EB/OL]. http://www.chinanews.com/cj/2019/09-19/8960529.shtml.

区，如韩国、日本和澳大利亚等。

### （五）旅游业竞争力普遍提高，但各国间发展差距明显

据世界经济论坛（WEF）发布的《2019 年旅游业竞争力报告》显示，东盟大多数国家的全球旅游业竞争力排名有所提高。其中，提升名次最多的是菲律宾，较 2017 年上升 5 位；其次为越南，较 2017 年上升 4 位。这说明两国近两年来旅游发展速度较快，成果显著。新加坡仍然为东盟国家中在全球范围内旅游业竞争力最强的国家，全球排名第 17。全球排名前 50 的东盟国家还有马来西亚（第 29 位）、泰国（第 31 位）和印度尼西亚（第 40 位）[1]。

虽然东盟旅游发展整体一片向好，但区域间明显的发展差距仍然不容忽视。无论从旅游接待人数、旅游收入还是从旅游接待设施、交通基础设施和其他旅游相关服务设施的建设等方面均能看出，东盟各国之间存在悬殊差距，体现出区域间旅游发展的不协调、不均衡。这也意味着东盟旅游一体化的成效尚不明显。通过对东盟各国旅游市场及旅游业发展情况的分析，可以将东盟十国的旅游业发展分为三个层级：

（1）第一层级（领先级），包括泰国、马来西亚、新加坡、印度尼西亚。这四个国家的经济发展水平高、旅游业发展起步早、旅游知名度高，且拥有优越的旅游环境、完善的旅游服务设施和便利的交通条件，吸引了大量的世界各地的游客前来。

（2）第二层级（成长级），包括越南、菲律宾、柬埔寨。这三个国家虽然经济发展水平一般、旅游发展尚不成熟、旅游服务设施与交通条件仍有所欠缺，但近年来随着政府发展战略调整，旅游环境得以持续改善，基础设施也不断完善，旅游业增速较快，成长空间较大。

（3）第三层级（滞后级），包括文莱、老挝及缅甸。这三个国家经济

1 World Economic Forum. The Travel & Tourism Competitiveness Report 2019[R/OL]. http://www3.weforum.org/docs/WEF_TTCR_2019.pdf.

发展水平较为落后、旅游发展起步晚、旅游投资及经营环境不佳，且由于旅游环境和基础设施尚不完善，对国际游客的吸引力整体不足，旅游发展明显滞后。

总之，东盟十国旅游发展基础存在较大的差距，且近年来各层级间的增速呈现马太效应，不利于东盟旅游一体化的进程。

### （六）区域旅游合作深化，塑造单一目的地品牌

东盟各国间的旅游交流与合作是其区域经济合作的重要组成部分。东盟国家间的旅游交流与合作已形成了较为完善的机制。早在 1979 年，东盟各国政府就成立了“东盟旅游协会”；1981 年，设立了东盟旅游论坛，还陆续成立了“东南亚贸易、投资和旅游中心”和“东盟旅游情报中心”。近年来，东盟着力推动旅游业向着单一目的地的方向发展，旨在通过塑造统一的旅游品牌促进区域内旅游资源的整合，以形成竞争合力，平衡并提升整个区域的旅游发展。

早在 2016 年东盟旅游部长会议上，东盟旅游部长就启动了《2016—2025 年东盟旅游战略规划》（ASEAN Tourism Marketing Strategy），概述了东盟旅游未来 10 年的愿景、方向和战略。2019 年，在越南下龙湾举办的东盟旅游论坛以“东盟——单一整合的力量”（ASEAN：The Power of One）为主题进一步了强调东盟各国的合作与塑造单一目的地品牌的重要性。为推进单一目的地品牌的打造，东盟各国在旅游产品开发、旅游营销、世界遗产保护等方面进行了更具体、深入的合作。

（1）旅游产品开发。东盟旅游协会联合会（The Federation of ASEAN Travel Associations，FATA）为东南亚地区开发多个单程和多程旅游套餐产品，并于 2020 年 2 月 1 日推出了名为“东盟微笑”（ASEAN Smiles）的旅游项目，包括自然、文化、遗产、美食、养生和邮轮游览等主题[1]，串联起

1 东盟强化单一目的地推广，二月推出“东盟微笑”旅游计划[EB/OL].https://ttgchina.com.

东盟内多个国家，凸显东盟各国的旅游资源优势，实现区域间带动效应。

（2）旅游营销。东盟旅游部制定了《2017—2020年东盟旅游营销战略》，通过数字渠道和合作伙伴关系，并通过各国营销合作，提高对东盟多样性和东盟旅游品牌的第一优先意识；与合作伙伴开展整合营销活动，扩大营销影响力；与私营部门开展品牌合作，进一步向新受众分享东盟的营销信息和各国的亮点，并持续更新东盟旅游网站信息。此外，各成员国在开展市场营销活动时，往往也会将东盟旅游推广活动纳入其中。例如，泰国在推动本国旅游的同时，也经常推动东盟的互联互通旅游[1]。

（3）世界遗产保护。2019年东盟旅游论坛以“数字化时代的东盟旅游发展连接遗产”为主题，为与会者提供平台，分享如何应用新技术以连接和发展东盟遗产旅游的经验和举措。并且，东盟成员国有望共同创建一个数字电子资料库（Data System）[2]，以促进东盟的世界遗产体系建设，利用互联网进行遗产保护，促进旅游可持续发展。

此外，东盟旅游发展策略在各领域都制定了具体的指导方针。东盟各国还通过区域讲习班等互动方式来分享最佳实践经验，并与私营机构、公营机构及旅游业界等进行积极合作。

## 二、东盟旅游资源禀赋

东盟位于中南半岛和马来群岛上，热带风光及东南亚风情使得东盟旅游资源魅力十足，独具吸引力。

### （一）东盟旅游资源

1. 自然旅游资源

东盟的自然旅游资源可以分为地文景观、水域景观、生物景观、天象

1　东盟强化单一旅游目的地竞争优势[EB/OL].https://ttgchina.com.

2　同1。

与气候景观四类。

（1）地文景观。东盟拥有众多火山、洞穴及海滩等地文景观。

①火山。作为“火山国”的印度尼西亚，全国境内共有火山400座；其中，活火山120多座，约占世界活火山总量的1/6[1]。著名的火山有林贾尼火山、布罗莫火山、伊真火山、阿贡火山、默拉皮火山及巴度火山等。其中，林贾尼火山是印度尼西亚第二高的火山；布罗莫火山有着如月球表面般令人生畏的地貌，是印度尼西亚最为壮观的风景之一（该火山还曾登上过《孤独星球·印度尼西亚》的封面）；伊真火山则因其火山口具有奇异的、超凡脱俗的蓝色火焰（世界上仅有2处火山有这种蓝火）而闻名。处于环太平洋火山带上的菲律宾共有200多座火山。其中，活火山就有20多座[2]；著名的火山有塔尔火山、马荣火山等。塔尔火山是世界上最矮的活火山，相对高度仅200米[3]。它位于风光明媚的塔尔湖的中心，山中有山，湖中套湖，是大自然的一大奇迹。马荣火山号称“世界上最完美的火山锥”，是世界上轮廓最完整的火山，还曾登上过《孤独星球·菲律宾》的封面。

②洞穴。除了火山资源，东盟还拥有众多的洞穴景观。喀斯特岩溶地貌是越南方芽—科邦国家公园的特色。该国家公园内已发现的洞穴多达300个，其中，韩松洞最为著名。很多科学家认为，韩松洞是迄今为止世界上最大的单个大型天然洞穴，也是迄今为止发现的世界上最大的洞穴通道[4]。此外，在越南下龙湾的众多岛屿中，有溶洞的也不在少数，比较著名

1 林贾尼登山注意事项，林贾尼火山徒步路线[EB/OL].https://news.youxiake.com/huwai/5780.html.

2 菲律宾火山群，既有世界上最完美圆锥体火山，也有最矮小的活火山[EB/OL].https://www.sohu.com/a/325372908_794891.

3 世界上最矮的活火山：塔尔火山（相对高度仅200米,曾多次喷发）[EB/OL].http://www.meihuhu.com/ziranzhizui/2019010615682.html.

4 百度百科.韩松洞[DB/OL].https://baike.baidu.com/item/韩松洞/10217147?fr=aladdin.

的溶洞有三宫洞、贞女洞、仙龙洞等，其中，最有名的是天宫洞。天宫洞是一处典型的喀斯特溶洞，由三个子洞组成，具有千奇百怪的钟乳石。老挝的坦普坎溶洞是老挝人心目中神圣的地方。它的独到之处在于洞内的潟湖始终贯穿，洞中供奉着青铜卧佛，幽深的地道直入山腹，风景绮丽又有些神秘。此外，坦江溶洞也是老挝有名的溶洞。缅甸边境的一处溶洞地跨中缅两国，因而得名“跨国溶洞”，洞内怪石密布，自然景观奇特，被誉为“地下龙宫”。菲律宾的卡尔比加洞是该国最大的洞穴体系，包括三个足球场大的洞内空间。这些洞穴被原始丛林、地下河和许多瀑布所环绕。马来西亚穆鲁山国家公园内有世界上最大的溶洞群，包括 20 多个洞穴，最大的洞口宽 2000 米、长 1000 米、高 250 米[1]，洞中石灰质沉积物姿态万千。

③海滩。东盟海岸线漫长，形成了众多美丽的海滩。在泰国，有“东方夏威夷”之称的芭堤雅海滩、普吉岛的芭东海滩、新月形的查汶海滩。越南有闻名遐迩的芽庄海滩、被《福布斯》杂志评为全球最美六大沙滩之一的美溪海滩。菲律宾长滩岛的白沙滩，缅甸的纳帕里海滩，印度尼西亚巴厘岛的库塔海滩、沙努尔海滩及金巴兰海滩，马来西亚兰卡威岛的珍南海滨沙滩，文莱的穆阿拉海滩、Serasa 海滩及斯里克纳干海滩，柬埔寨的珊瑚海滩、胜利海滩及新加坡的圣淘沙海滩等，均是非常具有吸引力的旅游资源。

（2）水域景观。在水域景观方面，东盟的河系、湖泊及海洋等旅游资源丰富。

①河流及瀑布。东盟的五大河流包括红河、湄公河、湄南河、伊洛瓦底江及萨尔温江。此外，丰富的瀑布资源也十分吸引眼球。最为引人注目的当数东南亚最雄伟的瀑布——位于越南边境的板约瀑布。它与紧邻的德

1 穆鲁山国家公园[EB/OL].http://www.yun519.com/index.php?doc-view-966.html-27.

天瀑布相连，瀑布总宽 208 米，是亚洲第一、世界第四大跨国瀑布[1]。越南著名的瀑布还有庞卡尔瀑布，它是一座台阶式的瀑布，上下共有 7 级，落差 25 米[2]。印度尼西亚的贝南科兰布瀑布被誉为该国景观最美的瀑布，由两层水流组成，被称为大自然窗帘瀑布，在它旁边还有贝南瑟托克瀑布。泰国的府湄雅瀑布从 280 米高、100 米宽的陡峭山崖自上而下形成大约 30 个阶层，既是泰北清迈最大的瀑布，也是泰国最美丽的瀑布之一[3]。位于著名的爱侣湾国家森林公园内的爱侣湾瀑布，星罗棋布地散落着呈阶梯状的 7 层瀑布，每一层都各有不同的特色。彩虹瀑布是马来西亚的奇景之一，水流溅起的水花与照射进山谷的阳光形成绝佳角度，产生宛如童话般的景象。老挝的孔恩瀑布（孔芭坪瀑布）宽 10 公里，是湄公河上最大的瀑布，也是世界上流量最大的瀑布。孔恩瀑布被河床岩礁分成两个部分，东面称为帕彭瀑布，西边则称为松帕尼瀑布[4]。卡瓦山瀑布是菲律宾境内最有名气的瀑布之一，美如世外桃源，让人远离尘嚣，尽情享受宁静的美景。柬埔寨的荔枝山瀑布，水帘似的水流沿石壁倾泻而下，势如万马奔腾。

②湖泊。除了河系景观，东盟还拥有众多美丽的湖泊。印度尼西亚的多巴湖是东南亚最大的淡水湖，具有“湖中湖”的独特景观。该国境内的凯利穆图山集结了各种独具特色的火山湖，每个湖泊都有自己独特的颜色。柬埔寨的洞里萨湖（金边湖）是东南亚最大的淡水湖，它像一块巨大碧绿的翡翠，镶嵌在柬埔寨大地之上。缅甸两大湖泊分别为茵道支湖和茵莱湖，其中，最为著名的湖泊当数以“高原蓝海”著称于世的茵莱湖。越

1　亚洲第一、世界第四大跨国瀑布：广西德天瀑布[EB/OL].https://baijiahao.baidu.com/s?id=1651727408914143928&wfr=spider&for=pc.

2　旅游：再大再高的瀑布，池底的水都是沉静的——庞卡尔瀑布！[EB/OL].https://baijiahao.baidu.com/s?id=1623501710275987171&wfr=spider&for=pc.

3　东南亚当地人推荐！美到找不到形容词的瀑布！[EB/OL].http://www.mafengwo.cn/gonglve/ziyouxing/262633.html.

4　百度百科.巴厘岛[DB/OL]. https://baike.baidu.com/item/巴厘岛/639601?fr=aladdin.

南的三海湖被誉为“高原下龙湾”，形似蛟龙，享有“三海湖畔留客步，欲行又止恋山河”的赞誉。文莱的美林本湖公园呈现“S”形，尽情展现湖天一色的美景。老挝的丹萨旺湖（又称南俄湖或天湖）是该国境内最大的自然湖泊，是天然的度假胜地。菲律宾境内曾登上过美国《国家地理》杂志封面的凯央根湖（镜湖），因纯净的水质与变幻多端的色彩，犹如晶莹钻石，被誉为全菲律宾最干净的湖泊。

③海域。在东盟，除老挝这一内陆国外，其他均是沿海国家，海洋旅游资源丰富，有众多星罗棋布的岛屿海湾，海水澄澈，海域风光绮丽，可以开展海上观光及游泳、潜水、滑水、独木舟、风浪板、香蕉船等丰富多彩的水上和水下活动。泰国的普吉岛有着宽阔美丽的海滩、洁白无瑕的沙粒、碧绿翡翠的海水，是印度洋安达曼海上的一颗“明珠”。此外，苏梅岛和丽贝岛也十分有名。群岛国家菲律宾拥有包括长滩、薄荷、宿务等耳熟能详的海岛。此外，曾被《孤独星球》盛赞有加的科隆岛，因有着别处难寻的海洋景观和丰富且未受污染的海洋生态，近年来成为各国潜水爱好者心中的梦幻潜点。在有“万岛之国”美誉的印度尼西亚，最为著名的岛屿非巴厘岛莫属。2015 年，美国著名旅游杂志《旅游 + 休闲》把印度尼西亚的巴厘岛评为“世界上最佳岛屿”之一 。此外，龙目岛的海边风光也几乎可以和巴厘岛媲美。越南的珍珠岛、富国岛也颇为有名，同样有名的还有被称为“世界新七大自然奇观”之一的下龙湾。马来西亚则拥有兰卡威、停泊岛及热浪岛，还有以五彩缤纷的热带鱼海底世界著称的刁曼岛。此外，柬埔寨的爪隆群岛和新加坡的圣淘沙岛的海域风光也十分吸引游客眼球。

（3）生物景观。东盟得天独厚的热带区位成就了它丰富的生物景观。在泰国的野外，共有 982 种有记录的鸟类[1]。考索国家公园（Kao Sok）是泰

1 百度百科.泰国[DB/OL].https://baike.baidu.com/item/泰国/202552?fr=aladdin.

国最大的原始森林的所在地。在这里可以找到世界上超过5%的动物物种[1]。越南有6845种海洋生物，森林面积约1000万公顷[2]。在山茶半岛，辽阔的森林与稀有禽兽遍布全岛，并拥有白马国家公园、那屯国家公园及吉婆国家公园等多个国家公园。其中，那屯国家公园生活着濒临灭绝的印支虎，多种豹子、熊、大象及450多种鸟类[3]。在马来西亚原始森林中，栖息着濒于绝迹的异兽珍禽，如善飞的狐猴、巨猿、白犀牛和猩猩等。兰花、巨猿、蝴蝶被誉为马来西亚的三大珍宝。马来西亚第二长河——京那巴当岸河以多样的野生动植物和植被而闻名。在这里，可以看到亚洲象、鳄鱼、长鼻猴和婆罗洲猩猩——这是世界上能发现10种灵长类动物的地方之一。有"绿色翡翠"之称的缅甸一直被认为是全球重要的生物多样性热点地区。据英国《卫报》报道，在科学家于缅甸进行的多次调查中，发现了至少31种哺乳动物，其中，超过一半是《世界自然保护联盟濒危物种红色名录》上近危、易危或濒危的物种[4]。印度尼西亚的苏门答腊热带雨林面积辽阔，达250万公顷，包括古农列尤择、克尼西士巴拉及布基特巴里杉3个国家公园。在这些保护地中，约有10000种植物种类、超过200种哺乳动物以及580种鸟类。这些物种为该岛提供了进化的生物地理学证据[5]。保护国际基金会（Conservation International Foundation）将菲律宾视为世界上仅有的17个超级多元化国家之一。它是世界上独特物种高度集中的地方，境内的野生动植物包括大量地方性植物和动物物种，如菲律宾老鹰、菲律宾鳄（缅

1　25个泰国顶级旅游景点，没去过的你一定要去开开眼界[EB/OL].https://www.sohu.com/a/321447631_99906240.

2　百度百科.越南[DB/OL].https://baike.baidu.com/item/越南/155278?fr=aladdin.

3　盘点越南十个最漂亮的国家公园[EB/OL].https://baijiahao.baidu.com/s?id=1614122884911748777&wfr=spider&for=pc.

4　缅甸原始森林将面临生态危机，多种珍稀动物或将灭绝！[EB/OL].https://www.mhwmm.com/Ch/NewsView.asp?ID=22696.

5　百度百科.苏门答腊热带雨林[DB/OL].https://baike.baidu.com/item/苏门答腊热带雨林/4560917?fr=aladdin.

多罗鳄鱼）、民都洛水牛等[1]。柬埔寨的豆蔻山栖息着超过 59 种世界级濒危动物，包括老虎、亚洲象、熊、鳄鱼、穿山甲等。它是东南亚大陆第二大原始雨林，森林覆盖区域从山顶绵延持续到海边[2]。老挝全国森林覆盖率约 50%，产柚木、花梨等名贵木材，境内的南坎国家公园为众多珍稀动植物提供了绝佳的生存条件，包括绿孔雀、亚洲象、猫鼬、双带鱼螈等，这里还是濒危物种黑颊长臂猿的故乡。

（4）天象与气候景观。东盟地处热带，多为热带季风气候及热带雨林气候。凭借着温暖的气候条件、明媚的阳光及热带海滨资源，东盟不少国家成为理想的避寒旅游胜地。此外，东盟众多的岛屿、海湾也成为观看日出、日落的绝佳地点，吸引众多海内外游客。

2. 人文旅游资源

东盟的人文旅游资源分为建筑与设施、历史遗迹、旅游购品及人文活动四类。

（1）建筑与设施。在东盟所拥有的丰富的建筑与设施中，值得一提的有现今仍然服务于宗教与祭祀活动的场所、地方特色建筑、现代化城市地标及建筑等。

①宗教与祭祀活动场所。在东盟各国的建筑与设施中，服务于宗教与祭祀活动的建筑和场所尤为令人瞩目。在享有“黄袍佛国”之城的泰国，有多达 3 万多座佛寺[3]，其中最为著名的有玉佛寺、黎明寺、双龙寺等。玉佛寺是泰国最著名的佛寺，也是泰国三大国宝之一；黎明寺与东岸的大皇宫隔河相望，规模庞大，寺内的巴壤塔被誉为“泰国埃菲尔铁塔”。在佛教国家缅甸，也有众多千姿百态的佛塔，其中，瑞光大金塔（仰光

---

1　世界前列的物种天堂！菲律宾十大神奇动物，你看过哪些？[EB/OL].https://kuaibao.qq.com/s/20180801A13T4O00?refer=spider.

2　百度百科.豆蔻山[DB/OL].https://baike.baidu.com/item/豆蔻山/6695219?fr=aladdin.

3　说走就走的旅行——“趣”泰国[EB/OL].https://www.meipian.cn/18bkm9ui.

大金塔）是缅甸最神圣的佛塔。它巍峨壮丽、金光闪烁，被誉为“东南亚三大古迹”之一。有“万塔之都”称号的蒲甘以塔林著称。在历史上，蒲甘塔林曾存在过上万座佛塔，现存3000多座，这些佛塔构成了壮丽的美景[1]。菲律宾巴洛克式教堂群以圣奥古斯丁教堂、奴爱斯特拉·塞纳拉·台·拉·阿斯姆史奥教堂、比略奴爱巴教堂等最为著名。它们结构独特，举世无双，是东方基督教文化与建筑艺术相结合的建筑杰作。在印度尼西亚各岛屿上有数不清的清真寺和小礼拜寺，其中，雅加达独立清真寺是印度尼西亚国家清真寺，也是东南亚最宏大的清真寺之一。老挝塔銮寺由群塔组成，在建筑艺术上享有盛誉，是万象市的标志和东南亚重要的名胜古迹之一。如今，塔銮寺也是佛教信徒的朝圣之所。香通寺是老挝琅勃拉邦最著名、最漂亮的寺庙，浓缩了琅勃拉邦古老的寺庙建筑风格。伊斯兰教是马来西亚的国教，清真寺遍布马来西亚全国。吉隆坡市中心的国家清真寺的造型和装饰与麦加的三大清真寺相仿，建筑造型优美、气势恢宏，是伊斯兰建筑艺术的杰出代表。此外，马来西亚还有印度教圣地黑风洞、穆尔干寺以及佛教圣地极乐寺。文莱的奥玛尔·阿里·赛福鼎清真寺不仅是东南亚地区最引人注目和最美丽的清真寺之一，而且是文莱首都斯里巴加湾市的地标。

②地方特色建筑。除宗教与祭祀活动场所外，东盟拥有的独具地方特色的建筑也散发着东南亚的魅力风情。有“泰国艺术大全”之美誉的曼谷大王宫是一处大规模古建筑群，金碧辉煌，汇聚了泰国的建筑、绘画、雕刻和装潢艺术的精粹，具有鲜明的暹罗建筑艺术特点。文莱的水上村落Kampong Ayer是世界上最大的传统水上村落之一，有“东方威尼斯”之称。此外，文莱还有世界上最大的皇宫——努洛伊曼皇宫。在老挝，为了庆祝胜利解放而命名的万象凯旋门，则是结合西式建筑及东南亚宗教色彩

1 百度百科.蒲甘塔林[DB/OL].https://baike.baidu.com/item/蒲甘塔林.

的新式门型建筑。柬埔寨的金边王宫是一组金色屋顶、黄墙环绕的建筑，包括大小宫殿二十多座，属于典型的高棉式建筑，造型美观，金碧辉煌。缅甸卡拉威宫设计别具匠心，造型为两只传说中的神鸟——妙声鸟，背驮一座宝塔，浮游在皇家大湖上，是缅甸风格的代表性建筑。昂山市场是仰光市内最大的旅游工艺品市场，出售各种特色旅游纪念品，如天然宝石、翡翠玉器、金银饰品、金线绣、木雕、漆器、皮具、藤器等。

③现代化城市地标及建筑。时尚、现代的地标及城市建筑、场所也为东盟国家注入了新的活力和吸引力。马来西亚的吉隆坡塔和石油双塔同为吉隆坡的知名地标及象征。其中，吉隆坡塔塔身净高 421 米，令人叹为观止，堪称吉隆坡的象征[1]。位于吉隆坡的石油双塔也是游客从云端俯视吉隆坡的好地方，它的设计风格体现了吉隆坡这座城市年轻、中庸、现代化的城市个性，突出了标志性景观设计的独特理念。云顶赌场是马来西亚唯一合法的赌场。它其实更像是一个大的国际娱乐城，除了庞大的酒店外，还有花园游乐场、室内体育馆及高尔夫球场等。此外，马来西亚国家博物馆、银行钱币博物馆、国家天文馆及国家艺术馆等众多文化场馆也都是马来西亚著名的现代化城市地标及建筑。新加坡环球影城拥有东南亚独一无二的环球影城主题公园、全球最大的海洋生物园、赌城和各类娱乐演出，环球影城内包含的 7 个主题区能为游客带来独有的娱乐体验[2]。另外，金沙娱乐城被誉为是世界上最贵的独立赌场建筑物，设有赌场、歌剧院、艺术科学博物馆、会议中心与展览设施、零售商和多样化的餐馆等。鱼尾狮公园是新加坡最小的公园，坐落于浮尔顿一号隔邻的填海地带，公园内的鱼尾狮是新加坡的标志。克拉码头位于新加坡河畔，是集购物、饮食、娱乐于一体的娱乐天堂。此外，著名的地标建筑还有以展示新加坡历史为主的国家博物馆。文莱的苏丹纪念馆是世界上最大

1 百度百科.吉隆坡塔[DB/OL].https://baike.baidu.com/item/吉隆坡塔.

2 百度百科.新加坡环球影城[DB/OL].https://baike.baidu.com/item/新加坡环球影城.

的私人住处，是为配合苏丹登基25周年纪念所建[1]。此外，文莱著名的地标建筑还有诉说着历史的文莱博物馆等。

（2）历史遗迹。东盟的历史遗迹是其人文旅游资源的重要组成部分。泰国的素可泰遗迹公园是素可泰史迹的精华之所在。其内，寺庙、佛塔与宫殿数目极多，建筑宏伟。在班清考古遗址，考古学家发现了层次分明的6个文化层，最底一层可追溯至公元前3600年[2]。大城历史公园囊括了大城2/3的遗迹，包括大城王朝时期的王宫（即大城府遗址）、寺庙、博物馆等共95处遗址[3]，所残留的历史古迹仿佛正幽幽地诉说着昔日耐人寻味的繁华过往。越南的圣子修道院是曾经统治越南中部及南部地区长达14个世纪之久的印度教王国的心脏地区之一。它囊括了现存的占婆王国时期最古老、最庞大的建筑群。顺化曾是越南三朝古都，其中，顺化皇城曾是阮氏王朝的皇宫，它是越南现存最大而且比较完整的古建筑群。升龙皇城是由李朝建成的文化建筑群，由陈朝、后黎朝和阮朝进行不同程度扩建，其现存建筑遗迹显示了昔日升龙皇城的巨大规模。印度尼西亚的桑义兰早期人类化石遗址出土了早期原始人类化石，包括远古巨人、猿人直立人（直立人），使桑义兰成为理解和研究人类进化论最重要的地区之一。普兰巴南寺庙群则是现今印度尼西亚境内最大的印度教庙宇，承载着印度尼西亚人祖先灿烂的文化。有“古代东方四大奇迹之一”美誉的婆罗浮屠寺庙群完美结合了建筑艺术及佛教思想，是佛教建筑中的不朽杰作。马来西亚的玲珑谷地被认为是人类发源地之一。玲珑谷地考古遗址时间跨度接近200万年，是非洲大陆以外最古老的人类遗址之一。缅甸的骠国古城是缅甸最早的城市文化发源地、小乘佛教最早传入地、东南亚地区最早的古城

1　百度百科.苏丹纪念馆[DB/OL].https://baike.baidu.com/item/苏丹纪念馆.

2　百度百科.班清考古遗址[DB/OL].https://baike.baidu.com/item/班清考古遗址.

3　泰国大城府，一座比曼谷还要古老的城市[EB/OL].https://baijiahao.baidu.com/s?id=1626681759234625179&wfr=spider&for=pc.

遗址之一，奠定了蒲甘王朝的工艺文化基础。在柬埔寨，位列“世界七大奇迹”的吴哥窟是高棉古典建筑艺术的高峰，是佛教世界的艺术宝库。古伊奢那补罗考古遗址内的三波坡雷古寺庙区具有典型的前吴哥时期的三波坡雷古风格，为后来独特的吴哥时期高棉风格奠定了基础。老挝的瓦普神庙是东南亚多种文化的独特历史见证，突出体现了高棉帝国的历史文化发展状况。

（3）旅游购品。东盟旅游购品品类繁多，除该地区普遍的咖啡、各种水果干、银器和木雕等外，各国还有不少独特的旅游商品。印度尼西亚著名的旅游纪念品有格里斯短剑、铜合金神像、皮影、木偶戏傀儡、景物模型（如婆罗浮屠佛塔等）、天然宝石、龙目岛瓷壶等。马来西亚著名的旅游纪念品包括具有神奇疗效的豆蔻膏、千里追风油、绚丽多彩的蝴蝶标本、锡制品、香水、燕窝、沙巴红茶、猫山王榴梿等。在泰国，Soffell 驱蚊液、青草药膏、五蜈蚣标止咳丸、虎标酸痛软膏、泰国鼻通、乳胶枕头、丝制品、布制品、皮制品等是深受海内外游客喜爱的旅游纪念品。越南的香水、椰汁花生、绿豆糕，老挝的石斛、纺织品、筒裙、木质品、布料、手绘画、甜角糖，柬埔寨的克罗马（一种制作腰带及帽子的布）、红宝石、丝绸围巾及棕糖，新加坡的金狮子油、鱼尾狮纪念品、胡姬花饰品、鳄鱼皮制品、蜡染、美珍香肉干、娘惹糕点以及缅甸的珠宝玉石、勃生伞、蒲甘漆器、木偶、笼基、手工雪茄，也都是旅游纪念品市场上畅销的产品。具有地方特色的旅游纪念品还包括菲律宾的椰子油、手工皂、刺绣、马尼拉麻制品以及文莱的黄金、珠宝、丝绸、民族布艺、琥珀首饰、纺织品、织锦、铜器等。

（4）人文活动。东盟还具有精彩纷呈的人文活动。除了该地区广泛流行的各国新年庆祝活动、泼水节、守夏节、佛诞节、开斋节、大宝森节及屠妖节等节日外，各个国家也有各具特色的节庆活动。它们不仅涉及民间习俗、宗教信仰，还包括具有时尚潮流元素的现代节庆。例如，在泰国，游客可以体验到位列“泰国七大奇景”的天灯节（水灯节）、享有“世界上最大水下婚礼”称号的董里水下婚礼、热闹非凡的芭堤雅国际音乐节。在越南，各种节庆活动也精彩纷呈，主要有雄王节、大叻花卉节、岘港国际烟花节和芽庄海洋节。老挝琅勃拉邦的清晨布施仪式以及老挝规模最大、场面最隆重的传统宗教节日塔銮节，都是深受外来游客喜爱的传统活动。在马来西亚，体现沙巴文化的沙巴节、创造绝美视觉享受的皇家花卉节、世界级的“槟城国际美食节”和音乐盛会——热带雨林世界音乐节等吸引了国内外的众多游客。柬埔寨重要的传统节日包括送水节、能穿越千年历史跑道的吴哥窟国际半程马拉松等。在现代化国际性大都会——新加坡，亚洲时尚交流季、汇聚东西方一流烹饪技术的新加坡美食节、狂购盛会——新加坡热卖会和集大成的音乐盛会——摩萨克音乐节都为这座动感现代之都增色不少。在佛教国家缅甸，传统的节庆活动有最壮观的佛节——瑞光大金塔佛节、灯火绚烂的点灯节等。在菲律宾，游客也可以体验到举国欢庆的圣尼诺节（圣婴节）、热血沸腾的长滩国际龙舟赛、花团锦簇的花卉节和趣味十足的巴科洛德面具节等。

### （二）东盟世界遗产

丰富的自然及人文旅游资源散发着东盟独有的魅力。据联合国教科文组织（UNESCO）发布的《世界遗产名录》显示，截至2019年年底，东盟共有41处世界遗产（见表2），其中，世界自然遗产13处、世界文化遗产27处、世界自然及文化双遗产1处[1]。在东盟，世界遗产数量最多的国家是印度尼西亚（9处），其次是越南（8处）和菲律宾（6处）。越南还是东盟国家中唯一拥有混合遗产的国家。2014年，越南长安名胜群在被评为世界自然及文化双遗产 。2015—2019年，东盟新增世界遗产共有5处，且皆属于世界文化遗产：新加坡植物园（2015年）、柬埔寨的三波坡雷寺（2017年）、印度尼西亚萨瓦伦托的翁比林煤矿遗产（2019年）、

1　联合国教科文组织.世界遗产名录[DB/OL]. http://whc.unesco.org/en/list/.

老挝的川圹石缸平原（2019 年）及缅甸的蒲甘（2019 年）[1]。

表2　东盟各国世界遗产数量

| 国别 | 世界自然遗产 | 世界文化遗产 | 世界自然及文化双遗产 | 总计 |
|---|---|---|---|---|
| 泰国 | 2 | 3 | 0 | 5 |
| 印度尼西亚 | 4 | 5 | 0 | 9 |
| 马来西亚 | 2 | 2 | 0 | 4 |
| 新加坡 | 0 | 1 | 0 | 1 |
| 菲律宾 | 3 | 3 | 0 | 6 |
| 越南 | 2 | 5 | 1 | 8 |
| 老挝 | 0 | 3 | 0 | 3 |
| 缅甸 | 0 | 2 | 0 | 2 |
| 柬埔寨 | 0 | 3 | 0 | 3 |
| 文莱 | 0 | 0 | 0 | 0 |
| 总计 | 13 | 27 | 1 | 41 |

资料来源：根据联合国教科文组织发布的《世界遗产名录》整理。

## 三、东盟旅游产业发展

依靠半岛和海岛的自然景观以及独具特色的宗教与民俗文化，东盟国家汇聚了丰富多彩的旅游资源，持续地吸引着来自世界各国的游客。在最近几年，东盟旅游产业呈现蓬勃发展的态势，在各国经济发展中占据着举足轻重的地位，甚至成为一些国家的经济支柱产业。下文将从产业规模、产业要素和产业竞争力三个方面来综合分析、判断近年来东盟旅游产业发展情况。

### （一）产业规模

在过去的几年中，东盟旅游业一直保持着增长趋势，旅游产业规模不断扩大。这一趋势体现在到访东盟的游客总量及旅游业对 GDP 的贡献都在不断增长之中。据东盟统计局数据显示，2018 年，东盟各国共计接待游

1　联合国教科文组织.世界遗产名录[DB/OL]. http://whc.unesco.org/en/list/.

客达 1.35 亿人次，较 2017 年增长 7.6%。2015—2018 年，东盟各国接待游客人数呈逐年增长态势（见图 1）[1]。近年来，随着到访游客的增加，旅游业对整个东盟 GDP 的贡献量也在不断攀升。据世界旅游业理事会（WTTC）的统计，东盟旅游业对 GDP 的总贡献值由 2015 年的 2985.6 亿美元上升至 2019 年的 3931.2 亿美元，年均增长率为 7.9%。与此同时，旅游业对东盟 GDP 的贡献（占比）也从 2015 年的 11.65% 上升至 2019 年的 12.69%[2]（见图 2）。许多专家预测，到 2025 年，东盟旅游业的 GDP 贡献率将激增至 15%[3]。如表 3 所示，2015—2019 年，除老挝（13.44% 降至 11.97%）外，其他国家的旅游业对 GDP 的贡献率均呈现基本稳定或略有上升的趋势。其中，旅游业对菲律宾 GDP 的贡献率增长最多（5 个百分点），其次为泰国（2 个百分点）[2]。上述数据说明，菲律宾旅游业在近年内发展迅猛，旅游业在国民经济中的地位越来越重要。纵观 2015—2019 年各国旅游业对 GDP 贡献率的数据可以发现，在旅游业占 GDP 比重方面，柬埔寨、菲律宾、泰国一直位居前三（2019 年，这一数据分别为 32.71%、24.65%、21.87%）[4]。可见，这三个国家的经济对旅游产业的依赖程度更高，旅游业是各自国家国民经济的支柱产业。

1 ASEAN: Selected Basic Indicators [DB/OL].https://data.aseanstats.org/indicator/AST.STC.TBL.1b.

2 World Travel &Tourism Council. Total contribution to GDP[DB/OL].https://www.wttc.org/datagateway/.

3 东盟强化单一旅游目的地竞争优势[EB/OL].https://ttgchina.com.

4 同2。

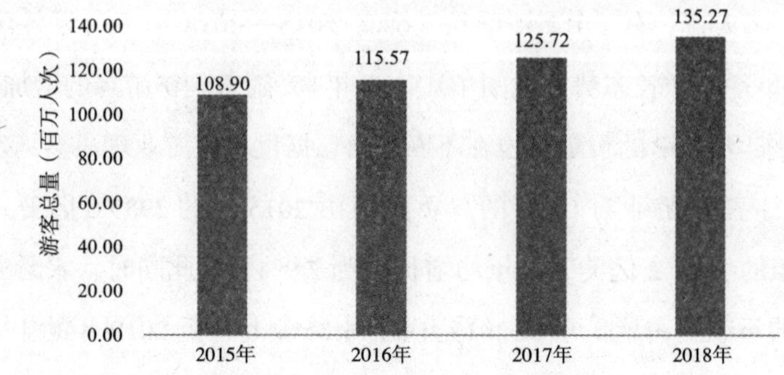


图1　2015—2018年东盟接待游客总量

数据来源：https://data.aseanstats.org/indicator/AST.STC.TBL.1b.

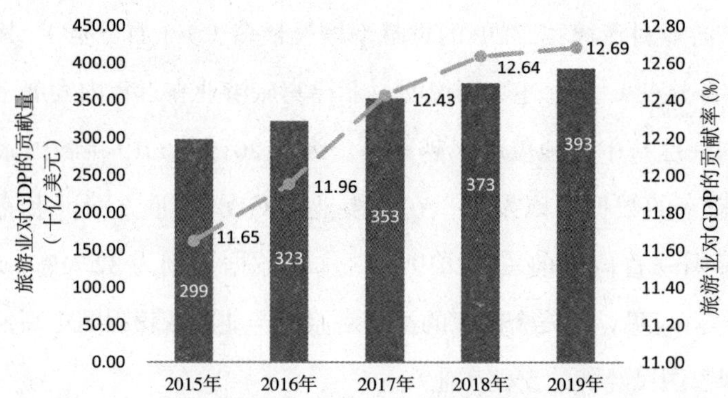


图2　2015—2019年东盟旅游业对GDP的贡献量及贡献率

数据来源：https://www.wttc.org/datagateway/.

表3　东盟各国旅游业对GDP的贡献率及变化情况

| 国别 | 旅游业对GDP的贡献率（%） | | 国别 | 旅游业对GDP的贡献率（%） | |
|---|---|---|---|---|---|
| | 2015年 | 2019年 | | 2015年 | 2019年 |
| 文莱 | 6.69 | 6.57 | 缅甸 | 6.99 | 6.65 |
| 柬埔寨 | 32.47 | 32.71 | 菲律宾 | 19.41 | 24.65 |
| 印度尼西亚 | 5.85 | 6.09 | 新加坡 | 9.54 | 10.05 |
| 老挝 | 13.44 | 11.97 | 泰国 | 19.80 | 21.87 |
| 马来西亚 | 13.53 | 13.27 | 越南 | 9.12 | 9.10 |

数据来源：https://www.wttc.org/datagateway/.

国际旅游向来是东盟旅游业至关重要的部分，也是反映东盟旅游业在国际市场的地位的重要参考。据联合国世界旅游组织（UNWTO）发布的《2019年国际旅游报告》显示[1]，2018年，东盟大多数国家在入境旅游人数与国际旅游收入方面均呈现增长态势，尤其越南最为明显。东盟的入境旅游市场增长主要来源于中国和印度的出境旅游市场。其中，泰国作为东盟地区最大的旅游目的地，2018年接待的入境旅游人数比2017年增加了近300万人次，旅游收入增加了60亿美元。在2020年东盟旅游论坛上，东盟旅游部长会议主席 Dato Seri Setia Haji Ali 表示，2019年，东盟共接待入境游客约1.33亿人次，比2018年增长约4%；其中，37%是东盟内部游客。旅游收益对区域经济、投资和劳动力起到重要的直接影响[2]。

放眼全球旅游发展，东盟的国际旅游市场在其中也扮演着重要的角色。图3、图4分别展示了东盟2015—2018年接待的入境游客数量和国际旅游收入以及东盟在世界主要地区的排名。可以看出，近几年来，东盟的旅游市场规模不断扩大，无论是入境旅游人数还是国际旅游收入都呈现逐年递增的趋势，且在全球所有地区市场中，一直稳居第四位。虽然名次上没有较大变化，但东盟的国际旅游市场在全球旅游业中的份额在逐年提升，入境旅游人数占全球入境旅游总人数的百分比从2015年的8.7%上升至2018年的9.2%，并且国际旅游收入占全球国际旅游总收入的份额也从2015年的8.6%增加至2018年的9.6%。从图3、图4还可以看出，东盟的国际旅游增长速度名列世界前茅。2018年，东盟共接待入境游客1.29亿人次，与2017年相比增长6.8%，增速位列世界第二，超过世界平均水平（5.4%）。2018年，东盟实现国际旅游总收入1396亿美元，相较2017

1 World Tourism Organization.International Tourism Highlights 2019 [EB/OL].https://doi.org/10.18111/9789284421152.

2 东盟旅游论坛于文莱开展，携手迈向下一代旅行 [EB/OL].https://ttgchina.com.

年增长 4.7%，增速同样位列第二，也超过世界平均水平（4.4%）[1]。以上均足以说明东盟旅游产在全球旅游业中的地位不断提高，并且具有较大的发展潜力。

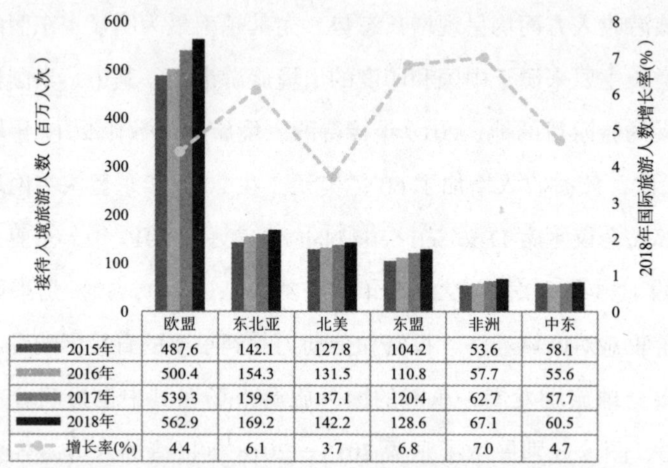


| | 欧盟 | 东北亚 | 北美 | 东盟 | 非洲 | 中东 |
|---|---|---|---|---|---|---|
| 2015年 | 487.6 | 142.1 | 127.8 | 104.2 | 53.6 | 58.1 |
| 2016年 | 500.4 | 154.3 | 131.5 | 110.8 | 57.7 | 55.6 |
| 2017年 | 539.3 | 159.5 | 137.1 | 120.4 | 62.7 | 57.7 |
| 2018年 | 562.9 | 169.2 | 142.2 | 128.6 | 67.1 | 60.5 |
| 增长率(%) | 4.4 | 6.1 | 3.7 | 6.8 | 7.0 | 4.7 |

图3　2015—2018年东盟接待入境旅游人数及其在世界主要地区的排名情况

数据来源：根据联合国世界旅游组织《2019年国际旅游报告》整理。

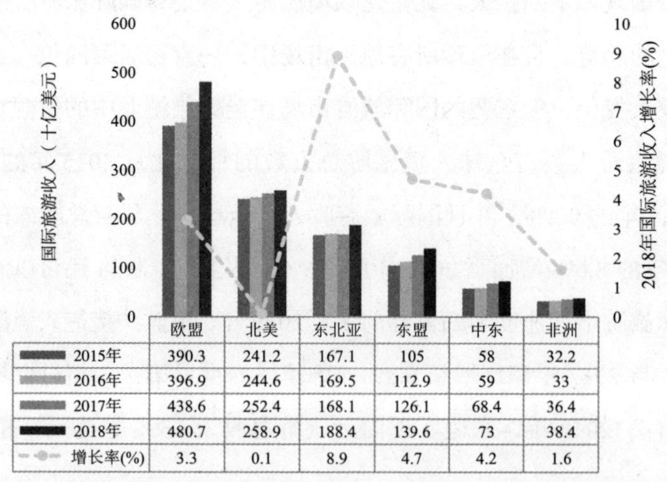


| | 欧盟 | 北美 | 东北亚 | 东盟 | 中东 | 非洲 |
|---|---|---|---|---|---|---|
| 2015年 | 390.3 | 241.2 | 167.1 | 105 | 58 | 32.2 |
| 2016年 | 396.9 | 244.6 | 169.5 | 112.9 | 59 | 33 |
| 2017年 | 438.6 | 252.4 | 168.1 | 126.1 | 68.4 | 36.4 |
| 2018年 | 480.7 | 258.9 | 188.4 | 139.6 | 73 | 38.4 |
| 增长率(%) | 3.3 | 0.1 | 8.9 | 4.7 | 4.2 | 1.6 |

图4　2015—2018年东盟国际旅游收入及其在世界主要地区的排名情况

数据来源：根据联合国世界旅游组织《2019年国际旅游报告》整理。

1　World Tourism Organization.International Tourism Highlights 2019 [EB/OL].https://doi.org/10.18111/9789284421152.

### （二）产业要素

众所周知，旅游业主要由食、住、行、游、购、娱六大核心要素构成。下文将结合东盟各国旅游业六要素的定量和定性数据，进一步分析、判断东盟旅游业发展情况。

1. 住宿

据联合国世界旅游组织（UNWTO）统计，2015—2018年，东盟各国酒店（及类似住宿场所）的数量总体上实现平稳增长（见图5）。东盟国家中，越南和泰国的酒店数量较多，遥遥领先于其他国家，且增长速度较快。2018年，越南有酒店2.8万家，比2015年增加了9000家。2018年，泰国共有酒店近2万家，比2015年增加了4000余家。新加坡和文莱的酒店总数较少。2018年，新加坡的酒店数量为410家，文莱则仅有89家酒店[1]。可以看出，东盟各国的住宿接待设施在数量上差距较大，但在2015—2018年，各国的酒店数量均有所增长，以满足当地日益增长的游客需求。截至2020年3月底，仅新加坡公布了2019年的酒店数量，为424家，比2018年增加14家[2]。

除酒店数量外，联合国世界旅游组织（UNWTO）还对东盟各国的酒店客房入住率进行了统计（缅甸数据缺失）。如图6所示，2015—2018年，新加坡的酒店客房入住率最高，年均达到80%以上。据新加坡旅游行政主管部门发布的统计数据显示，2019年，新加坡的酒店客房入住率继续攀升，达到87.1%，比2015年增长3.16%[2]，远远高于东盟其他国家。除新加坡的酒店客房入住率呈上升趋势外，柬埔寨、泰国和印度尼西亚三个国家的酒店客房入住率也有所增加。具体而言，柬埔寨的酒店客房入住率从2015年的70.2%增加至2018年的72.2%；泰国的酒店客房入住

1　数据来源：根据联合国世界旅游组织（UNWTO）东盟各国旅游统计指标整理。

2　数据来源：https://www.stb.gov.sg/content/stb/en/statistics-and-market-insights/tourism-statistics/hotel-statistics.html.

率从 2015 年的 65.12% 增加至 2018 年的 71.16%。在三个国家中，印度尼西亚的酒店客房入住率的增幅最大，从 2015 年的 51.84% 增加至 2018 年的 58.75% 。需注意的是，在近几年，其他国家的酒店客房入住率呈下降趋势。这些国家包括马来西亚、菲律宾、越南、老挝和文莱。其中，菲律宾的酒店客房入住率降幅最大，为 9.07%[1]。这可能与其 2017—2018 年酒店数量激增有一定关系（由 696 家增加至 2018 家）。文莱不仅在酒店数量上最少，酒店客房的入住率也远不及其他国家，2018 年的入住率仅为 34.2%，比 2017 年下降了 3.2%[1]。

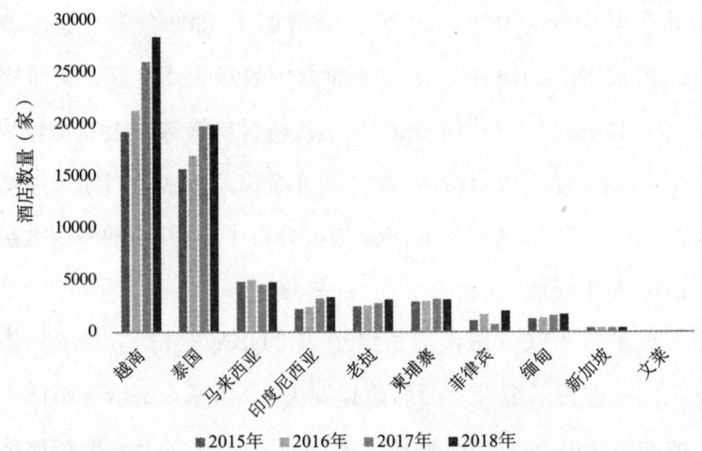


图5　2015—2018年东盟各国酒店数量

数据来源：根据联合国世界旅游组织（UNTWO）各国旅游统计指标整理。

1　数据来源：根据联合国世界旅游组织（UNWTO）东盟各国旅游统计指标整理。

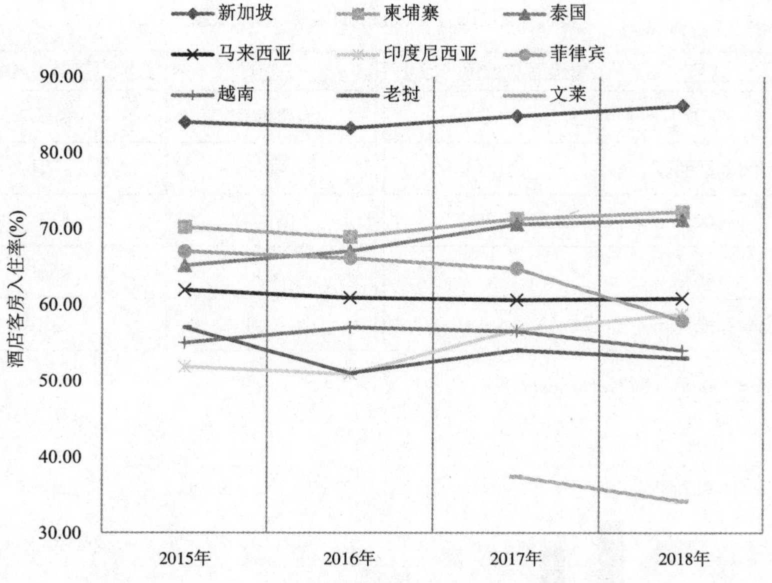


图6　2015—2018年东盟各国酒店客房入住率及其变化情况

数据来源：根据联合国世界旅游组织（UNTWO）各国旅游统计指标整理。

由于各国旅游行政主管部门及其他国际旅游组织均未对酒店的星级情况进行详细统计，本报告遂依据全球知名酒店预订平台缤客网（Booking）显示的数据，对东盟各国目前星级酒店总量（见表4）及酒店的星级分布情况做出统计。具体而言，星级酒店数量最多的国家是泰国（11337家），其次是印度尼西亚（10364家），第三是越南（7200家）[1]，星级酒店最少的国家仍然是文莱。从图7可以看到，大部分国家是三星级酒店占主导。从各星级酒店的数量看，泰国的五星级酒店最多，为660家；印度尼西亚位居第二（459家）；马来西亚的五星级酒店数量（445家）反超越南（334家），排名第三[1]。在五星级酒店数量占所有酒店数量的比重方面，新加坡（14.4%）和柬埔寨（14.4%）跃居东盟榜首。

1　数据来源：根据缤客网各国星级酒店数据整理。

表4　2019年东盟各国星级酒店数量

| 国别 | 星级酒店数量（家） | 国别 | 星级酒店数量（家） |
| --- | --- | --- | --- |
| 泰国 | 11337 | 柬埔寨 | 1167 |
| 印度尼西亚 | 10364 | 缅甸 | 978 |
| 越南 | 7200 | 新加坡 | 575 |
| 马来西亚 | 6318 | 老挝 | 493 |
| 菲律宾 | 4350 | 文莱 | 22 |

数据来源：https://www.booking.com/.

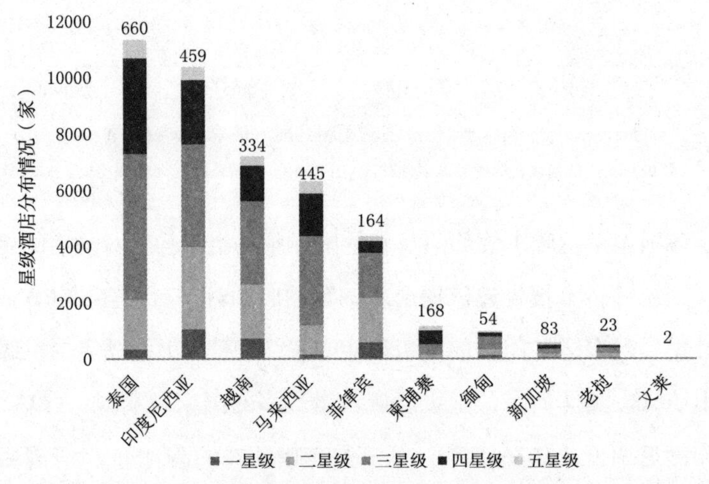


图7　东盟各国星级酒店星级分布情况

数据来源：https://www.booking.com/.
（注：图中柱状顶端的数字是五星级酒店的数量。）

综合以上各个指标可以看出，新加坡和柬埔寨两国的情况较为相似。虽在酒店数量上，两国均不具备优势，但在酒店接待方面总体的效率和质量较高，这主要体现在较高的入住率及所占比例较高的五星级酒店方面。据相关资料显示，2019 年，新加坡在酒店交易方面达到了近年来最高的交易价值。截至 2019 年 11 月底，酒店交易价值已接近 60 亿美元，比截至2018年11月的酒店交易额（42亿美元）增长18美元[1]。并且，新加坡旅游行政主管部门的统计数据显示，2018年，住宿业的收入占新加坡旅游总收入的21%[2]。这些数据足以说明新加坡酒店接待业的高品质和高效益。泰国酒店的数量庞大，客房入住率也较为理想，只是高星级酒店的比例仍需提升。对于酒店数量较多的越南和印度尼西亚来说，两国的酒店客房入住率和高星级酒店的数量还有很大的提升空间。缅甸、老挝和文莱三个国家在接待设施方面较为落后，还需努力减少与其他国家的差距。

2. 交通

旅游现象的本质在于空间位移。因此，交通同样是旅游业极为重要的组成部分。下文将从空中交通（飞机）与水路交通（邮轮）两方面来分析东盟各国的旅游交通情况。

（1）空中交通。东盟各国国际机场数量及机场总量可以反映出各国航空基建设施的情况。如表5所示，截至2019年年底，印度尼西亚的国际机场数量与机场总量均最多，分别为29个和212个[3]。文莱则仅有1个机场，即文莱国际机场。国际机场与国际旅游业的关联更大，因为它们主要承担着运送全球各地旅客的任务，因而也更能反映出旅游交通基础设施发展的现状。东盟国家中，泰国、菲律宾和越南拥有国际机场的数量均在10个以上[4]，为快速增长的国际旅游市场提供了通行保障。以越南为例，位于东北地区的广宁省的云屯国际机场是最近（2018年年末）投入运营的国际机场之一。目前，越南开通的国际航线总计在50条以上，共

1 Tourism and hotel industry in Singapore-Statistics & Facts [EB/OL].https://www.statista.com/topics/5234/tourism-and-hospitality-in-singapore/.

2 数据来源：https://www.stb.gov.sg/content/stb/en/statistics-and-market-insights/tourism-statistics/tourism-receipts.html.

3 Number of international airports [DB/OL]. https://data.aseanstats.org/indicator/ASE.TRP.AIR.A.302.

4 同3。

有5家国内航空公司和68家海外航空公司在运营，总计运行连接越南各地至28个国家和地区的国际航线近130条[1]。新加坡虽然仅有2个国际机场，但其中的樟宜国际机场是东南亚乃至全世界最为繁忙的机场之一，年旅客吞吐量已经突破3000万人次。樟宜机场现有飞往约100个国家和地区、380个城市的120多家国际航空公司提供服务，每星期7400次航班，为当今世界第七大繁忙的国际机场[2]。

表5　2019年东盟各国国际机场数量及机场总数

| 国别 | 国际机场数量 | 机场总数 | 国别 | 国际机场数量 | 机场总数 |
|---|---|---|---|---|---|
| 文莱 | 1 | 1 | 缅甸 | 3 | 39 |
| 柬埔寨 | 3 | 16 | 菲律宾 | 11 | 73 |
| 印度尼西亚 | 29 | 212 | 新加坡 | 2 | 2 |
| 老挝 | 4 | 24 | 泰国 | 10 | 49 |
| 马来西亚 | 8 | 62 | 越南 | 11 | 36 |

数据来源：国际机场数量来自东盟国家统计局，机场总数来自通用运费网。

为满足东盟快速扩大的旅游市场，不少国家在积极兴建机场或扩大原有机场规模。例如，柬埔寨首相洪森表示，因为金边国际机场目前的乘客吞吐量有限，政府正在积极制定建造新国际机场的长期规划，提升机场吞吐能力，以承接大型飞机起降和接待更多游客。柬埔寨计划在未来5年内投资37亿美元兴建或修复至少6个机场，即金边新国际机场、暹粒吴哥新国际机场、国公省七星海新机场、王家军市机场、卜迭棉芷省波贝市机场以及蒙多基里省机场[3]。

世界银行发布的世界发展指标中，包含有对世界各国的航空客运量的

1　越南旅游业增长率跃居世界前十位[EB/OL].https://www.traveldaily.cn/article/133384.

2　百度百科. 新加坡樟宜机场[DB/OL].https://baike.baidu.com/.

3　蓄势起飞！金边新国际机场最快2023年竣工[EB/OL].https://www.realestate.com.kh/zh-hans/news/phnom-penh-new-international-airport/.

统计。本报告据此摘录出东盟各国2015—2018年的航空客运量数据，并计算出四年间的年平均增长率，如图8所示。可以看出，近年来，东盟各国的航空客运量均呈现增长趋势，这与东盟逐年增长的游客接待量是相符的。然而，各国之间的差距较大。以2018年为例，印度尼西亚的航空客运量最多，高达1.15亿人次；随后为泰国（7605万人次）、马来西亚（6048万人次）、越南（4705万人次）、菲律宾（4308万人次）、新加坡（4040万人次）；缅甸、柬埔寨、老挝和文莱的航空客运量较少，均不足400万人次[1]。从年平均增长率来看，越南、泰国和缅甸的航空客运量年均增长率均超过10%。其中，越南的增长率最高，为16.41%。据越通社报道，2019年，越南航空市场继续保持增长势头，越南各家航空公司旅客运输量达5470万人次，同比增长11.4%[2]。据国际航空运输协会（IATA）数据显示，预计到2035年，越南将拥有1.5亿人次航空乘客，是全球发展最快的航空市场之一[3]。越南交通运输部宣布，计划到2020年投资37亿美元，境内20个机场的设计旅客吞吐量将达到1.44亿人次；计划到2030年，投资154亿美元，涉及境内28个机场，设计总容量为3.08亿人次。

1 数据来源：https://data.worldbank.org.cn/indicator/is.air.psgr.

2 2019年越南各家航空公司旅客运输量达近5500万人次[EB/OL].https://zh.vietnamplus.vn/.

3 飞速发展的越南航空产业[EB/OL]. http://www.chinaerospace.com/news/113.html.

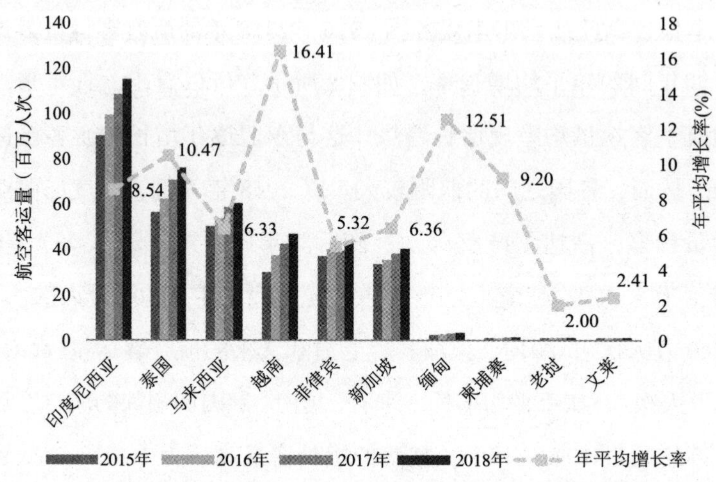


图8　2015—2018年东盟各国航空客运量及年平均增长率

数据来源：https://data.worldbank.org.cn/indicator/is.air.psgr.
（注：航空客运量包括在所在国注册的航空承运人的国内和国际航班乘客数。）

（2）水路交通。近年来，东盟各国邮轮旅游也正在迅速发展。邮轮港口等相关基础设施的完善是邮轮旅游发展的关键。由于老挝是东盟唯一的内陆国家，不具备发展邮轮旅游的自然条件，因此以下数据统计与分析均只覆盖除老挝以外的 9 个东盟国家。表 6 统计了 2019 年东盟各国的国际港口及主要邮轮港口数量，其中，主要邮轮港口是指能够用于国际邮轮停靠的港口，且多接近各国主要旅游资源所在地，旅游可达性更高。作为一个群岛国家，鉴于独特的地理特点，印度尼西亚拥有的主要邮轮港口最多（12 个）[1]，其中，巴厘岛国际邮轮港口是境内建设较早且规模较大的港口之一。其次，马来西亚有主要邮轮港口 10 个[1]。这离不开近年来政府对私人部门和民营资本投资邮轮产业的积极引导。例如，马来西亚政府无偿将旅游特区卡兰威岛的深水港提供给丽星邮轮公司，将其建设成为国际邮

1　数据来源：根据东盟旅游官网整理。

轮中途停靠港[1]。越南的国际港口数量也较多，但主要邮轮港口较少。近几年，越南也正加快完善邮轮港口的基础设施。例如，近年来，越南将资金更多地用于投资建设可接待五星级邮轮的国际港口（如承天顺化省的云脚港、庆和省金兰港、巴地头顿省盖梅港、岘港市仙沙港等）。2018 年 12 月 30 日，下龙国际邮轮码头（Halong International Cruise Port）正式投入使用，可停靠总吨位达 22.5 万吨的邮轮并可接待 8460 人（包括旅客和水手团），可同时为两艘邮轮提供服务，是越南首个专业国际邮轮码头[2]。新加坡、柬埔寨、文莱和缅甸的邮轮港口数量较少，均为 1 或 2 个[3]。

表6　2019年东盟各国国际港口及主要邮轮港口数量

| 国别 | 国际港口 | 主要邮轮港口 | 国别 | 国际港口 | 主要邮轮港口 |
|---|---|---|---|---|---|
| 印度尼西亚 | 85 | 12 | 柬埔寨 | 3 | 2 |
| 马来西亚 | 15 | 10 | 新加坡 | 2 | 2 |
| 泰国 | 8 | 7 | 文莱 | 1 | 1 |
| 菲律宾 | 189 | 6 | 缅甸 | 9 | 1 |
| 越南 | 163 | 5 | | | |

数据来源：国际港口来自东盟国家统计局，主要邮轮港口来自东盟旅游官网。

近年来，东盟各国的邮轮游客数量也呈现出显著的变化。如图 9 所示，接待邮轮入境游客量较大的三个国家分别是印度尼西亚、新加坡和马来西亚。2015—2018 年，新加坡入境邮轮游客量增长最为显著，由 2015 年的 101.7 万人次增加到 2018 年的 186.6 万人次[4]。虽然新加坡仅有 2 个邮轮港口，但现代化的港口停泊设施和完善的邮轮旅游服务让新加坡港被世界邮轮组

1　东盟邮轮旅游业发展方兴未艾[EB/OL].http://gxrb.gxrb.com.cn/html/2017-12/06/content_1454351.htm.

2　新国际航空港及越南首个专业国际邮轮码头拉近下龙湾与游客距离[EB/OL].https://www.prnasia.com/story/233936-1.shtml.

3　数据来源：根据东盟旅游官网整理。

4　数据来源：根据联合国世界旅游组织（UNWTO）东盟各国旅游统计指标整理。

织誉为“全球最有效率的邮轮码头经营者”。通过枢纽港口型邮轮产业发展模式，新加坡已成为国际邮轮旅游的重要母港，众多国际邮轮公司将新加坡港设为远东航程与环游世界航程亚洲段的必停站[1]。据越南旅游行政主管部门发布的数据，2019 年，越南累计接待的邮轮游客数量为 26.4 万人次，同比增长 22.8%[2]，这一成绩主要归功于越南境内专业国际邮轮码头的建设。

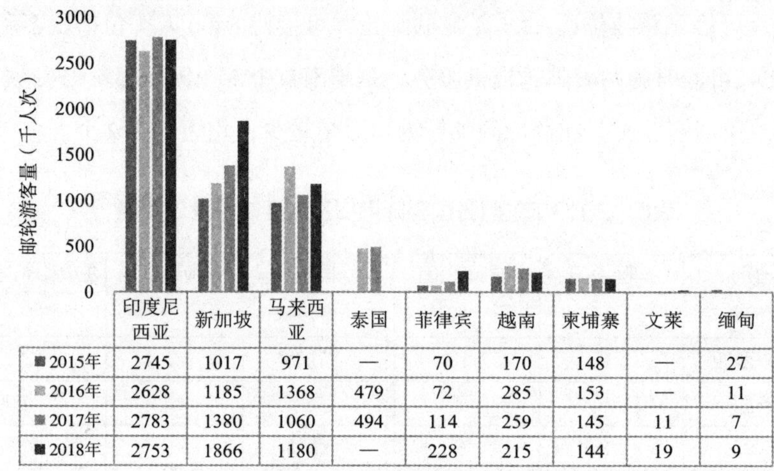


| | 印度尼西亚 | 新加坡 | 马来西亚 | 泰国 | 菲律宾 | 越南 | 柬埔寨 | 文莱 | 缅甸 |
|---|---|---|---|---|---|---|---|---|---|
| 2015年 | 2745 | 1017 | 971 | — | 70 | 170 | 148 | — | 27 |
| 2016年 | 2628 | 1185 | 1368 | 479 | 72 | 285 | 153 | — | 11 |
| 2017年 | 2783 | 1380 | 1060 | 494 | 114 | 259 | 145 | 11 | 7 |
| 2018年 | 2753 | 1866 | 1180 | — | 228 | 215 | 144 | 19 | 9 |

图9　2015—2018年东盟各国邮轮游客数量

数据来源：根据联合国世界旅游组织（UNTWO）各国旅游统计指标整理。

2015—2019 年，东盟各港口邮轮停靠次数经历了显著的变化。如图 10 所示，马来西亚、泰国和新加坡的邮轮停靠次数位列东盟前三；其中，近三年来，泰国的邮轮停靠次数增长较多，新加坡的邮轮停靠次数在过去五年中都较为稳定。从复合年均增长率来看，印度尼西亚的增长率最高，达 17%，其次为菲律宾（16%）和泰国（13%），这三个国家的增长率均高于东盟整体的复合年均增长率（7%）[3]。

1　东盟邮轮旅游业发展方兴未艾[EB/OL].http://gxrb.gxrb.com.cn/html/2017-12/06/content_1454351.htm.

2　数据来源：http://www.vietnamtourism.gov.vn/.

3　CLIA Asia. 2019 Asia Cruise Deployment and Capacity Report & 2018 Asia Cruise Industry Ocean Source Market Report[R/OL].https://cliaasia.org/research/.

近年来，亚洲邮轮旅游产业飞速发展，东盟国家在其中扮演着重要角色。如表7所示，在2018年、2019年亚洲邮轮停靠次数前十位的国家中，分别有6个、5个东盟国家上榜。在2018年、2019年，新加坡、马来西亚、泰国、越南和印度尼西亚五个东盟国一直占据着第3位到第7位的位置。这表明，在这五个国家的引领下，东盟的邮轮旅游发展在亚洲处于领先地位，所占市场份额较大。但是，东盟内部的邮轮旅游发展差距也不容忽视，柬埔寨、文莱和缅甸在邮轮基础设施和服务方面的建设与提升仍亟待加强。

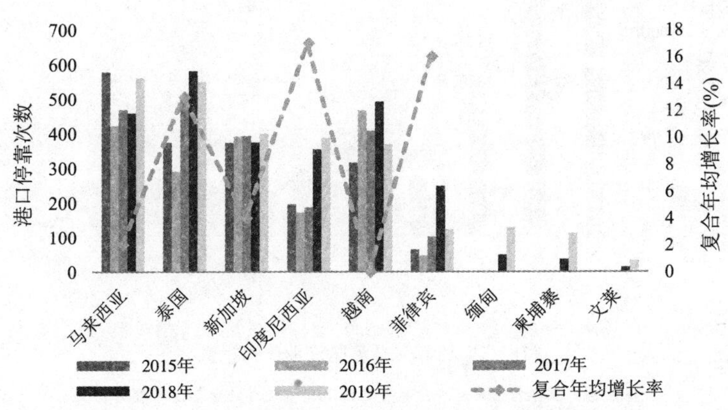


图10　2015—2019年东盟各国港口邮轮停靠次数

数据来源：根据CLIA Asia国际邮轮协会（亚洲）发布的2018年度和2019年度的亚洲邮轮产业报告整理。

表7　2018年和2019年亚洲邮轮停靠次数前十名国家（地区）

| 排名 | 2018年（次） | 2019年（次） | 排名 | 2018年（次） | 2019年（次） |
|---|---|---|---|---|---|
| 1 | 日本（2601） | 日本（2681） | 6 | 新加坡（374） | 印度尼西亚（387） |
| 2 | 中国大陆（1012） | 中国大陆（809） | 7 | 印度尼西亚（354） | 越南（368） |
| 3 | 泰国（581） | 马来西亚（561） | 8 | 中国台湾（346） | 中国台湾（304） |
| 4 | 越南（493） | 泰国（550） | 9 | 中国香港（249） | 中国香港（255） |
| 5 | 马来西亚（458） | 新加坡（400） | 10 | 菲律宾（248） | 韩国（172） |

数据来源：根据CLIA Asia国际邮轮协会（亚洲）发布的2018年度、2019年度的亚洲邮轮产业报告整理。

3. 旅行社

如图 11 所示，2019 年，东盟各国中注册旅行社数量位列前三的是马来西亚（5019 个）、印度尼西亚（4906 个）和越南（2648 个）[1]。这表明这三个国家的旅游发展较快，且具备为大量游客提供旅游咨询、预订服务的能力。旅行社数量较少的国家为柬埔寨和文莱，分别只有 255 个和 55 个 [1]。可以看出，文莱与其他国家在注册旅行社数量方面的差距较为明显。

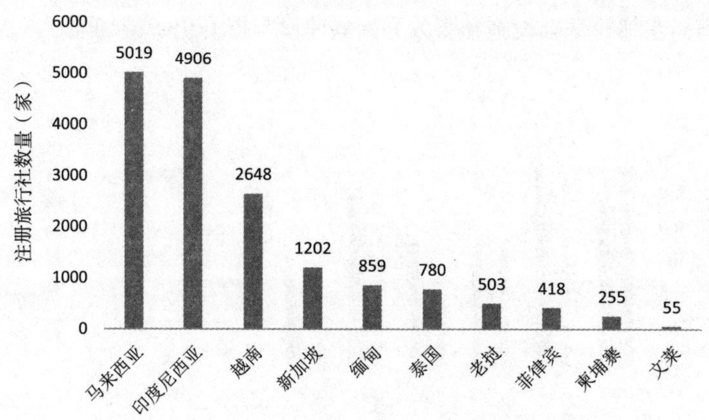


图11　2019年东盟各国注册旅行社数量

数据来源：根据各国旅游行政主管部门网站、旅行社协会发布数据整理.

4. 其他产业要素

由于在餐饮、娱乐、购物与景区方面没有官方统计数据，所以本报告主要依据猫途鹰网（TripAdvisor）提供的相关数据和其他定性资料对这几个产业要素进行分析。猫途鹰网是一家全球知名的旅游网站，主要提供来自全球旅行者的点评和建议，且全面覆盖目的地的酒店、景点、餐厅、航空公司以及旅行规划和酒店、景点、餐厅预订功能。因而，在该旅游网站获取的数据也能在一定程度上反映各个产业要素的发展现状。

（1）餐饮。在东盟旅游发展中，美食一直作为一种文化符号和旅游吸

1　数据来源：根据各国旅游行政主管部门网站、旅行社协会发布数据整理。

引物深受国际游客喜爱。因而，每个国家在发展旅游时都特别注重对本地美食的挖掘、精进与宣传。新加坡旅游局（Singapore Tourism Board）将美食与购物并列在新加坡最佳吸引物之中。新加坡政府每年7月举办“新加坡美食节”，以宣扬新加坡的多元美食文化。需要注意的是，2019年，新加坡米其林星级餐馆跃升至44家[1]，成为新加坡旅游的又一大吸引力。为提升泰国美食的知名度，从2017年起，泰国国家旅游局与国际著名餐馆和旅馆评选机构米其林公司进行为期5年的合作，2019年年底在此前推出的泰国美食指南的基础上推出涵盖曼谷、清迈、普吉及攀牙等旅游胜地的美食指南，且在旅游产品方面也推出了从食材采摘到烹饪指导服务的“学做泰国菜一日游”线路[2]。

（2）热门景点、景区。近年来，东盟各国的景点数量随着旅游发展也逐渐壮大。其中，新加坡的景点数量最多（851个）[3]。根据上文对世界遗产地数量的统计可知，新加坡仅有1处世界遗产数量，但它的旅游景点的吸引力丝毫不逊色。这部分归因于新加坡有多个世界级的大型旅游项目（人造景点）。例如，海湾花园拥有全世界最大的玻璃温室，而圣淘沙名胜世界的SEA水族馆则被称为世界第二大水族馆。2019年，新加坡又在它的世界级旅游项目的名单中增加了另一个最高级的景点——坐落于樟宜机场核心位置的“星耀樟宜”。这是一幢集航空设施、购物休闲、住宿餐饮、景观花园等多功能于一身的综合性建筑，其中，世界最高的室内瀑布尤为令人瞩目[4]。新加坡在打造人工旅游吸引物方面的经验和成就值得传统旅游资源同样匮乏的国家结合本国实际借鉴和学习。

1 2019年米其林星级餐馆榜单[EB/OL].https://www.visitsingapore.com.cn/editorials/michelin-star-restaurants-singapore/.

2 泰国积极推广美食游以增加旅游收入[EB/OL].http://www.xinhuanet.com/.

3 数据来源：根据猫途鹰网热门景点数据整理。

4 “星耀樟宜”正式亮相[EB/OL].https://baijiahao.baidu.com/s?id=1630503564003176768&wfr=spider&for=pc.

（3）娱乐场所。娱乐场所可细分为休闲与游戏、夜生活、赌场三个类别，东盟各国的场所数量如表8所示[1]。休闲与游戏场所包括咖啡馆、室内游戏场所等，夜生活主要包括酒吧、夜店等夜间娱乐场所。从表8可以看出，新加坡的娱乐场所是最多的，其次为泰国、柬埔寨和马来西亚。菲律宾的赌场数量最多（4个），其次为新加坡和缅甸，各有2个赌场[2]。新加坡的赌场均位于综合度假胜地内；其中一家为滨海湾金沙酒店，另一家则为圣淘沙名胜世界（新加坡环球影城和冒险湾水上乐园的所在地）。文莱的娱乐场所最少，主要受到该国宗教文化的限制。文莱大多数人是穆斯林，禁烟、禁酒。因此，在文莱是没有夜间娱乐场所的（如KTV、酒吧、夜店等），赌博和异性按摩也是被禁止的，文莱的夜生活仅有夜市——加东夜市。

**表8　东盟各国餐厅、景点、娱乐场所数量统计**

| 国别 | 热门餐厅 | 热门景点 | 娱乐场所 | | | |
|---|---|---|---|---|---|---|
| | | | 总计 | 休闲与游戏 | 夜生活 | 赌场 |
| 文莱 | 443 | 231 | 64 | 41 | 1 | 0 |
| 柬埔寨 | 42 | 305 | 160 | 39 | 58 | 0 |
| 印度尼西亚 | 610 | 333 | 91 | 15 | 6 | 1 |
| 老挝 | 41 | 265 | 78 | 22 | 19 | 1 |
| 马来西亚 | 332 | 530 | 125 | 48 | 37 | 1 |
| 缅甸 | 75 | 402 | 99 | 34 | 23 | 2 |
| 菲律宾 | 591 | 576 | 101 | 29 | 29 | 4 |
| 新加坡 | 5925 | 851 | 894 | 227 | 188 | 2 |
| 泰国 | 642 | 314 | 158 | 34 | 44 | 0 |
| 越南 | 202 | 282 | 113 | 14 | 45 | 0 |

数据来源：https://www.tripadvisor.cn.

1　在表8中，除文莱和新加坡的数据为餐厅总数外，其余国家均为推荐的最佳餐厅数量。因而，数量上有较大差异，但依旧可以作为参考。

2　数据来源：根据猫途鹰网景点数据整理。

（4）购物。由于尚无东盟各个国家确切的购物场所的官方统计数据，本报告仅能通过一些新闻报道、行业报告来收集数据和展开分析。购物是东盟不少国家主要的旅游收入来源。据新加坡旅游行政主管部门统计，2018年，新加坡在旅游购物方面的收入占旅游总收入的20%[1]。购物也因此被新加坡旅游局列为重要的旅游吸引物。在新加坡，滨海湾、武吉士街、唐人街、芽笼士乃与阿拉伯街、北桥路、乌节路和郊区，都有各种购物区，并致力于成为东南亚的商业中心。此外，相关统计数据显示，2018年1月至9月，马来西亚所有游客中，有95.7%的游客的主要活动是购物[2]。这充分说明购物在马来西亚旅游业中占据十分重要的地位。截至2019年，马来西亚拥有671间商场；其中，雪隆地区就有263间。2016—2018年，马来西亚共有102间购物中心落成，大部分位于巴生谷一带。截至2019年，吉隆坡市内便有118间购物商场[3]。除新加坡和马来西亚外，泰国也是许多游客热衷的购物目的地，除了当地特色的旅游商品外，免税政策也是吸引游客大量购物的一个重要原因。

### （三）产业竞争力

世界经济论坛（WEF）发布的《2019年旅游业竞争力报告》涉及对东盟国家旅游产业的竞争力评价。这些评价有利于我们对东盟国家旅游业的发展现状有更加全局的把控，且有利于我们对东盟及内部各国在全球旅游业的地位有更加直观的了解。世界经济论坛的旅游业竞争力报告每两年发布一次。2019年的报告以全球140个国家和地区为对象，衡量的指标包括旅游环境（商业环境、安全程度、健康等）、旅游政策和条件（旅游业优先级、国际开放程度、价格竞争力、环境可持续性）和基础设施（航

1 数据来源：https://www.stb.gov.sg/content/stb/en/statistics-and-market-insights/tourism-statistics/tourism-receipts.html.

2 数据来源：https://www.statista.com/topics/5741/travel-and-tourism-in-malaysia/.

3 维基百科.马来西亚购物商场[DB/OL].https://zh.wikipedia.org/wiki/.

空基础设施、地面和港口交通、旅游服务设施）等。

如表 9 所示，在东盟国家中，新加坡是最具旅游业竞争力的国家，2019 年全球排名最高（第 17 位），但较 2017 年下降 4 位，降幅最大；2019 年的总得分为 4.8 分，比 2017 年下降 2%[1]。全球排名靠前的还有马来西亚和泰国。这三个国家都是东盟旅游发展起步较早且如今已发展得较为成熟的国家，在全球旅游业中具备有一定竞争力。但 2019 年的数据显示，三个国家中仅有泰国在全球中的排名较 2017 年有所提高。2019 年，泰国排名第 31，较 2017 年上升了 3 位，在总得分上也有所增长[1]。这说明泰国在旅游发展方面仍然在不断地改进与完善，尤其在旅游服务和基础设施方面位居全球前列。2019 年，东盟的 9 个国家中，有 6 个国家的旅游业竞争力有所提高。上升最快的是菲律宾，较 2017 年上升 5 个名次，全球排名第 75；其次是越南，上升 4 个名次，全球排名第 63[1]。上述数据说明，近两年来，这两个国家的旅游发展较为迅速，在旅游业的各个方面上均有较大的提升。尤其是，菲律宾在整体基础设施上表现出较大的改善。柬埔寨（第 98 位）仍然是东盟国家中得分最低的，但在名次和分数上均有所提高。中国的旅游业竞争力比东盟所有国家都高，位于全球第 13 名，较 2017 年提升 2 名；2019 年，得分 4.9 分，较 2017 年提高了 3.2%[1]。由此可见，东盟的旅游业竞争力与中国相比还存在一定差距，进一步加强与中国的旅游合作是提升东盟旅游业竞争力的有效途径之一。

1 World Economic Forum. The Travel & Tourism Competitiveness Report 2019[R/OL]. http://www3.weforum.org/docs/WEF_TTCR_2019.pdf.

表9 东盟各国旅游业竞争力得分及全球排名（与中国对比）

| 国别 | 全球排名 | 排名变化 | 总分 | 增长率（%） |
| --- | --- | --- | --- | --- |
| 新加坡 | 17 | −4 | 4.8 | −2 |
| 马来西亚 | 29 | −3 | 4.5 | 0.4 |
| 泰国 | 31 | 3 | 4.5 | 2.6 |
| 印度尼西亚 | 40 | 2 | 4.3 | 2.8 |
| 越南 | 63 | 4 | 3.9 | 3.4 |
| 文莱 | 72 | — | 3.8 | — |
| 菲律宾 | 75 | 5 | 3.8 | 4.2 |
| 老挝 | 97 | −3 | 3.4 | 0.4 |
| 柬埔寨 | 98 | 3 | 3.4 | 2.4 |
| 中国 | 13 | 2 | 4.9 | 3.2 |

数据来源：根据世界经济论坛《2019年旅游业竞争力报告》整理。

在《2019年旅游业竞争力报告》中，“基础设施”这个一级指标又分为航空基础设施、地面与港口设施和旅游服务设施三个二级指标。需要指出的是，这三个指标还包含了对基础设施质量的量化分析，包含的测量指标更加全面细致。每个指标下的具体测项如下[1]：①航空基础设施，包括交通基础设施的质量、国内及国际航空的载客容量、飞行班次、机场密度和运营航线数量。②地面和港口交通，包括道路质量、道路密度、铁路设施质量、铁路密度、港口设施质量、地面运输效率。③旅游服务设施，包括酒店房间数量、旅游基础设施数量、汽车租赁公司情况、ATM机数量。

如表10所示，东盟国家中在基础设施方面“表现”最好的依然是新加坡，在航空基础设施和地面港口交通两项指标的得分均为最高。在旅游服务设施指标中，泰国的得分最高[1]。柬埔寨的基础设施得分位列东盟末尾，

1 World Economic Forum. The Travel & Tourism Competitiveness Report 2019[R/OL]. http://www3.weforum.org/docs/WEF_TTCR_2019.pdf.

航空、地面和港口的相关设施得分均为最低。越南的旅游服务设施是东盟国家中最低的，仅 2.8 分[1]。这也再次说明，越南在大力发展航空业的同时，也要注重旅游服务设施的建设和完善，才能进一步提高其旅游竞争力。

根据现有数据可以计算出东盟在基础设施这三个方面的平均得分。将之与中国、亚太地区和欧盟进行对比后可以看出，在航空基础设施与地面和港口交通两个指标中，东盟均低于亚太地区的平均水平，在四个纳入比较的地区（国家）中，得分最低。尤其是在地面和港口交通方面，东盟（3.6 分）与欧盟（4.6 分）的差距很大。在旅游服务设施方面，东盟刚刚达到亚太地区的平均水平，得分比中国高，但仍然远远落后于欧盟[1]。

表10　东盟各国基础设施各项得分情况（与中国、亚太地区、欧盟对比）

| 国家（地区） | 航空基础设施 | 地面和港口交通 | 旅游服务设施 |
|---|---|---|---|
| 新加坡 | 5.5 | 6.4 | 5.1 |
| 马来西亚 | 4.6 | 4.5 | 4.5 |
| 泰国 | 4.6 | 3.3 | 5.9 |
| 印度尼西亚 | 3.9 | 3.3 | 3.1 |
| 越南 | 3.4 | 3.0 | 2.8 |
| 文莱 | 3.3 | 3.8 | 4.0 |
| 菲律宾 | 3.2 | 2.8 | 3.6 |
| 老挝 | 2.4 | 2.5 | 3.4 |
| 柬埔寨 | 2.3 | 2.5 | 3.2 |
| 东盟 | 3.7 | 3.6 | 4.0 |
| 中国 | 4.3 | 3.9 | 3.5 |
| 亚太地区 | 3.8 | 3.9 | 4.0 |
| 欧盟 | 3.9 | 4.6 | 5.5 |

数据来源：根据世界经济论坛《2019年旅游业竞争力报告》整理。

1 World Economic Forum. The Travel & Tourism Competitiveness Report 2019[R/OL]. http://www3.weforum.org/docs/WEF_TTCR_2019.pdf.

总而言之，近年来，东盟旅游产业的发展势头良好，各国的旅游产业规模均呈现出增长的趋势，在全球旅游市场中的份额不断提高，在世界范围内的竞争力也有所提升。旅游业的发展也带动了当地酒店、餐饮、航空等产业的发展，促进了当地基础设施建设和完善。但仍然需要注意到的是，东盟旅游发展仍然存在国家间不均衡的问题，主要产业要素的发展差距也十分明显。起步早、发展较为成熟的旅游大国（如新加坡、泰国、马来西亚）占据了大部分市场份额，并且东盟的旅游产业与中国、欧盟相比，都仍存在一定差距，尤其需要在旅游服务设施和交通基础设施方面投入更多力量，以增强目的地的可达性，并提升游客旅游服务体验。对于东盟整体而言，如何整合区域内旅游资源和其他各种资源、提高各国之间的旅游合作效率、提升整体旅游吸引力是值得东盟及各国思考的问题。

## 四、东盟旅游市场发展

### （一）入境旅游市场

1. 东盟国家国际旅游接待人数

根据联合国世界旅游组织（UNWTO）的统计口径，国际旅游接待人数仅指接待的入境过夜游客的数量，一日游客不在统计当中。2015—2018年，东盟各国入境（国际）旅游接待人数变化显著。如图 12 和表 11 所示，总体来看，四年间东盟接待入境游客人数呈持续增长趋势，入境旅游市场规模正不断扩大，入境旅游市场体量增速明显[1]。2018 年，东盟各国总计接待入境游客已达到 1.2868 亿人次[2]，未来东盟入境旅游市场的发展潜力不可小觑。但是，东盟各国接待入境游客数量差异较大。这与东盟各国旅游

1　因统计原因，越南国际接待人数包含当日访客。

2　数据来源：根据联合国世界旅游组织（UNWTO）东盟各国入境旅游统计指标整理。

业发展水平、旅游承载力密切相关。2015—2018 年，东盟各国接待入境游客数量的排名变化不大。其中，接待入境游客人数最多的国家均为泰国（2018 年接待入境游客超过 3820 万人次），其次是马来西亚（2018 年接待入境游客超过 2580 万人次），接待入境游客最少的国家是文莱（2018 年仅接待入境游客 28 万人次）[1]。

东盟各国接待入境旅游人数的增长情况从侧面反映了各自对其他客源国的旅游吸引力的变化。2015—2018 年，东盟各国的入境旅游人数每年都有增长，但增速变化大。这可能与各国的政治局势、旅游政策和旅游发展战略紧密相关。2018 年，入境旅游人数同比增长最快的国家是越南，增长幅度达 20%，其次是老挝，增长率约为 16%。需要注意的是，马来西亚入境旅游人数连续两年为负增长[1]。

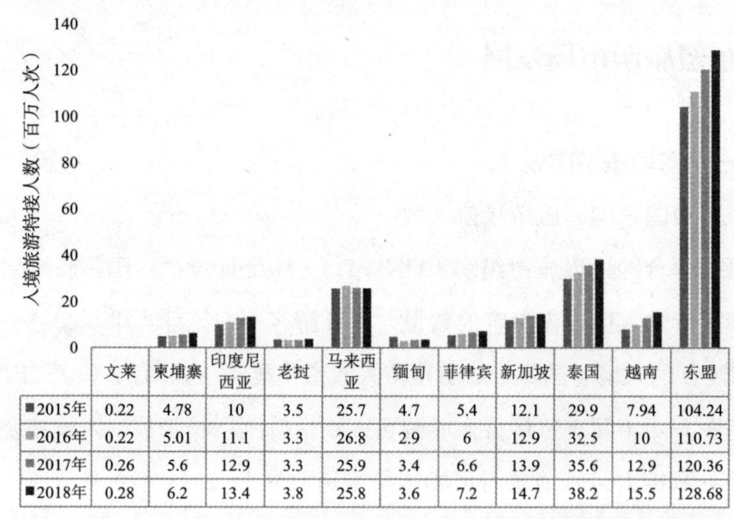


| | 文莱 | 柬埔寨 | 印度尼西亚 | 老挝 | 马来西亚 | 缅甸 | 菲律宾 | 新加坡 | 泰国 | 越南 | 东盟 |
|---|---|---|---|---|---|---|---|---|---|---|---|
| 2015年 | 0.22 | 4.78 | 10 | 3.5 | 25.7 | 4.7 | 5.4 | 12.1 | 29.9 | 7.94 | 104.24 |
| 2016年 | 0.22 | 5.01 | 11.1 | 3.3 | 26.8 | 2.9 | 6 | 12.9 | 32.5 | 10 | 110.73 |
| 2017年 | 0.26 | 5.6 | 12.9 | 3.3 | 25.9 | 3.4 | 6.6 | 13.9 | 35.6 | 12.9 | 120.36 |
| 2018年 | 0.28 | 6.2 | 13.4 | 3.8 | 25.8 | 3.6 | 7.2 | 14.7 | 38.2 | 15.5 | 128.68 |

图12　2015—2018年东盟各国入境（国际）旅游人数

数据来源：根据联合国世界旅游组织（UNWTO）东盟各国入境旅游统计指标整理。

1　数据来源：根据联合国世界旅游组织（UNWTO）东盟各国入境旅游统计指标整理。

表11 2015—2018年东盟各国入境旅游人数变化情况（%）

| 国别＼年份 | 2015年 | 2016年 | 2017年 | 2018年 |
|---|---|---|---|---|
| 文莱 | 9% | 0 | 18% | 7% |
| 柬埔寨 | 6% | 5% | 12% | 11% |
| 印度尼西亚 | 6% | 11% | 17% | 3% |
| 老挝 | 12% | -6% | -2% | 16% |
| 马来西亚 | -6% | 4% | -3% | 0 |
| 缅甸 | 52% | -38% | 18% | 3% |
| 菲律宾 | 11% | 11% | 11% | 8% |
| 新加坡 | 2% | 7% | 8% | 6% |
| 泰国 | 21% | 9% | 9% | 7% |
| 越南 | 0 | 26% | 29% | 20% |

数据来源：根据联合国世界旅游组织（UNWTO）各国出入境旅游统计指标整理。

通过收集东盟各国旅游部门发表的2019年入境旅游市场相关报告和报道发现，2019年东盟各国入境旅游市场保持良好的发展势头，入境旅游市场规模不断扩大，入境旅游人数总体保持增长态势。据泰国旅游行政主管部门公开的泰国旅游业统计数据显示，2019年，赴泰国旅游的国际游客人数从2018年的3800万人次提升到3900万人次，创历史新高[1]。据马来西亚旅游行政主管部门官网数据显示，2019年，马来西亚接待入境游客超3820万人次[2]。据柬埔寨旅游行政主管部门统计，2019年，柬埔寨累计接待入境游客661万人次，同比增长6.6%[3]。缅甸旅游行政主管部门表示，2019年，缅甸累计接待入境游客436万人次，与2018年同期相比，

1 2019年泰国接待国际游客刷新纪录，2020年目标已定下[EB/OL].https://new.qq.com/omn/20200105/20200105A0KDMF00.html.

2 https://www.tourism.gov.my/campaigns/view/visit-malaysia-year.

3 2019年柬埔寨接待外国游客增长明显[EB/OL].http://www.mofcom.gov.cn/article/i/jyjl/j/202003/20200302941222.shtml.

增加了 23%[1]。

2. 东盟国家国际旅游收入

按照联合国世界旅游组织（UNWTO）的统计口径，国际旅游收入指一定时期内，一个国家或地区因接待来访的入境游客并向其提供各种商品和服务而获取的直接收入，一般不包含游客因入境而乘坐各类交通工具产生的旅行交通费用。2015—2018 年，东盟国家国际旅游收入情况如图 13 和表 12 所示[2]。从中可以看出，2015—2018 年，东盟入境旅游市场规模不断扩大，国际旅游收入增速迅猛。这得益于东盟各国入境旅游人数的不断增长，也从侧面反映出东盟入境游客较强的购买力。2018 年，东盟国家累计实现国际旅游收入 1396.11 亿美元，与 2017 年相比，增长了 10.7%；并且，2017—2018 年，东盟国际旅游收入的年均增长率超过 10%[3]。可以预见的是，未来几年内，东盟入境旅游市场规模仍将不断扩大，旅游业对东盟经济发展的贡献也将越来越凸显。

但由于入境旅游人数、旅游资源开发现状以及旅游经营能力上的较大差异，东盟各国的国际旅游收入一直保持着很大差距。2015—2018 年的四年间，国际旅游收入最高的国家均为泰国。2018 年，泰国国际旅游收入超过 600 亿美元。新加坡排名第二，2018 年的国际旅游收入超过 200 亿美元。国际旅游收入最少的国家是文莱，2018 年的国际旅游收入仅为 1.9 亿美元[3]。马来西亚每年接待的入境旅游人数是新加坡的两倍，但国际旅游总收入仍少于新加坡。这可能是旅游资源开发利用程度、旅游产品结构、旅游经营能力的差异造成的。总体而言，东盟各国在国际旅游收入上的差异体现了它们在旅游发展水平上的较大差异。

1 缅甸在2019年接待了超过400万外国游客[EB/OL].http://www.bjnljd.com/xinwen/guoji/202001308509.html.

2 因统计原因，越南的国际旅游收入包含旅游交通费用。

3 数据来源：根据联合国世界旅游组织（UNWTO）东盟各国入境旅游收入统计指标整理。

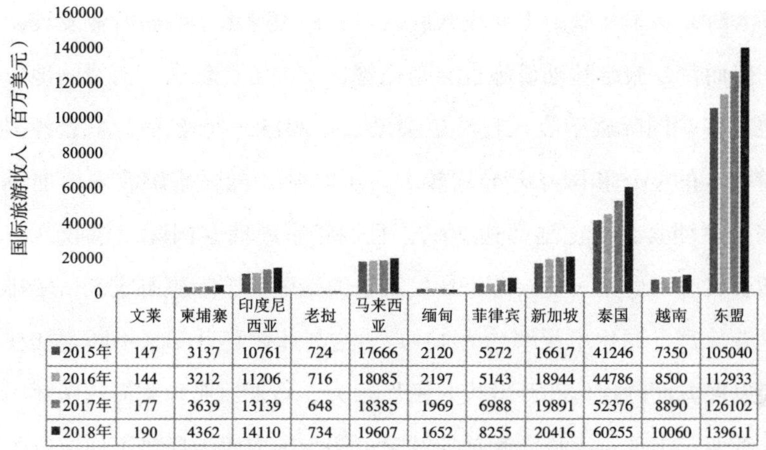


| | 文莱 | 柬埔寨 | 印度尼西亚 | 老挝 | 马来西亚 | 缅甸 | 菲律宾 | 新加坡 | 泰国 | 越南 | 东盟 |
|---|---|---|---|---|---|---|---|---|---|---|---|
| 2015年 | 147 | 3137 | 10761 | 724 | 17666 | 2120 | 5272 | 16617 | 41246 | 7350 | 105040 |
| 2016年 | 144 | 3212 | 11206 | 716 | 18085 | 2197 | 5143 | 18944 | 44786 | 8500 | 112933 |
| 2017年 | 177 | 3639 | 13139 | 648 | 18385 | 1969 | 6988 | 19891 | 52376 | 8890 | 126102 |
| 2018年 | 190 | 4362 | 14110 | 734 | 19607 | 1652 | 8255 | 20416 | 60255 | 10060 | 139611 |

图13　2015—2018年东盟国家国际旅游收入

数据来源：根据联合国世界旅游组织（UNWTO）各国入境旅游收入统计指标整理。

表12　东盟各国2015—2018年与上年相比国际旅游收入变化情况

| 国别＼年份 | 2015年 | 2016年 | 2017年 | 2018年 |
|---|---|---|---|---|
| 文莱 | 87% | -2% | 23% | 7% |
| 柬埔寨 | 7% | 2% | 13% | 20% |
| 印度尼西亚 | 5% | 4% | 17% | 7% |
| 老挝 | 13% | -1% | -10% | 13% |
| 马来西亚 | -7% | 9% | 5% | 7% |
| 缅甸 | 31% | 4% | -10% | -16% |
| 菲律宾 | 5% | -2% | 36% | 18% |
| 新加坡 | -6% | 15% | 4% | 2% |
| 泰国 | 18% | 9% | 17% | 15% |
| 越南 | -1% | 16% | 5% | 13% |
| 东盟 | — | 7.5% | 11.7% | 10.7% |

数据来源：根据联合国世界旅游组织（UNWTO）各国出入境旅游统计指标整理。

国际旅游收入的增长情况能够从侧面反映出各国接待入境旅游人数、旅游发展投资以及对旅游业发展的重视程度的变化。当接待入境旅游人数变化不大时，在国际旅游方面投入的人力和物力越多、对旅游业发展越重视，一般而言，旅游基础设施也会越完善，可供游客玩乐、消费的地方和商品也越多，国际旅游收入自然也会增加。2015—2018 年，东盟各国国际旅游收入的变化和国际差异均较大。2018 年，国际旅游收入增加最多的国家是柬埔寨，同比增幅达 20%，且四年来柬埔寨国际旅游收入一直处于增长状态，可见入境旅游市场发展较为稳健。国际旅游收入增幅排第二的是菲律宾，同比增长率约为 18%[1]。这与菲律宾近年来不断增加在海岛旅游发展方面的宣传和开发投入密切相关。马来西亚和缅甸的国际旅游收入连续两年出现负增长。缅甸的情况可能与国内政治局势不稳定有关。

通过收集东盟各国旅游主管部门发表的与 2019 年国际旅游收入相关的报道、报告发现，随着东盟入境旅游市场规模持续扩大，国际旅游收入也得以持续增加。据柬埔寨旅游行政主管部门统计，2019 年，柬埔寨实现国际旅游收入 49.19 亿美元，同比增长 12.4%[2]。据菲律宾旅游行政主管部门报道，2019 年上半年，菲律宾实现国际旅游收入约 2450 亿比索（46.7 亿美元），较 2018 年同期增加 17.57%[3]。

3. 东盟国家入境旅游市场客源结构

从表 13 和图 14、图 15 可以发现，东盟国家主要吸引来自亚洲的游客，对欧洲、拉丁美洲、非洲国家游客的吸引力相对较小。东盟入境客源市场除了东盟内 10 个国家之外，大多为邻近国家和地区，如中国、日本、韩国、澳大利亚、印度等[4]。

1 数据来源：根据联合国世界旅游组织（UNWTO）东盟各国入境旅游收入统计指标整理。

2 2019年柬埔寨接待外国游客增长明显[EB/OL].http://www.mofcom.gov.cn/article/i/jyjl/j/202003/20200302941222.shtml.

3 菲律宾旅游业2019年上半年的收入达到467亿美元[EB/OL].http://www.jiaozuojd.com/xinwen/gundong/201908175686.html.

4 数据来源：根据东盟统计局到达访客数据整理。

表13　2015—2018年东盟国家排名前十的客源国情况（人次）

| 国别＼年份 | 2015年 | 2016年 | 2017年 | 2018年 |
|---|---|---|---|---|
| 中国 | 18596288 | 20339261 | 25285205 | 29117608 |
| 新加坡 | 16047128 | 16528806 | 15639444 | 14076771 |
| 马来西亚 | 6827787 | 7021226 | 7714252 | 8874609 |
| 泰国 | 6520843 | 5424253 | 6579961 | 7031027 |
| 印度尼西亚 | 6446579 | 6690735 | 6799955 | 7912203 |
| 韩国 | 5838540 | 6464721 | 7861599 | 9031601 |
| 日本 | 4702988 | 4781782 | 5027813 | 5228556 |
| 澳大利亚 | 4190633 | 4314008 | 4343215 | 4413295 |
| 越南 | 3690227 | 3655285 | 3622179 | 3847856 |
| 美国 | 3382318 | 3787942 | 4109340 | 4498538 |

数据来源：根据东盟统计局到达访客数据整理。

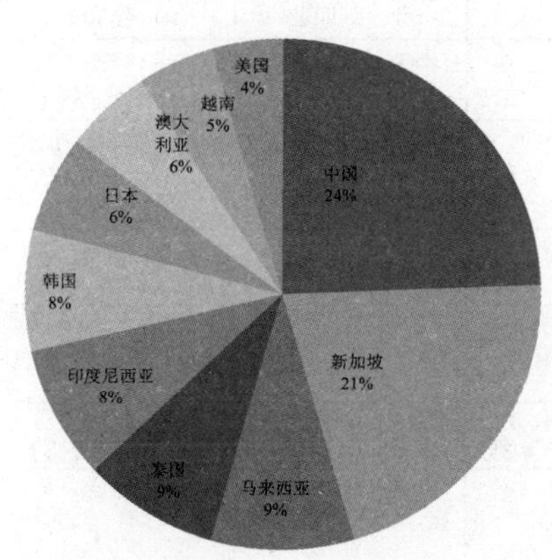

图14　2015年东盟国家入境旅游客源国情况

数据来源：根据东盟统计局到达访客数据整理。

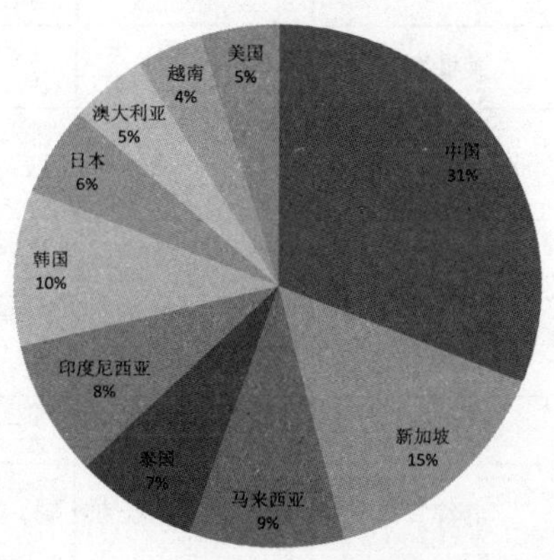

图15　2018年东盟国家入境旅游客源国情况

数据来源：根据东盟统计局到达访客数据整理。

2015 年，中国游客占东盟入境游客总量的 24%。2018 年，中国向东盟输送超 2900 万人次游客，占东盟入境游客总量的 31%。可见，中国已成为推动东盟旅游市场发展的最重要的客源国，为东盟旅游业的发展做出了重要的贡献。另外，中国在 2018 年已成为文莱、柬埔寨、新加坡、泰国和越南的第一大客源国，也是其他国家（印度尼西亚、老挝、马来西亚、缅甸和菲律宾）重要的第二/第三客源国[1]。

总体而言，2015—2018 年，东盟各国有相当一部分客源市场来自东盟内部的其他国家，东盟以外的客源国家和地区包括中国、韩国、中国香港、日本、澳大利亚、印度、东帝汶、中国台湾等。2015—2018 年，东盟各国的主要客源市场结构略有变化，但大多数游客仍然来自东盟内部国家以及东亚各国。东盟国家 2015—2018 年排名前五的客源国（地区）情况如表 14 所示。

表14　2015—2018年东盟国家排名前五的旅游客源国（地区）情况

| 年份 / 目的地国家 | 2015年 | 2016年 | 2017年 | 2018年 |
| --- | --- | --- | --- | --- |
| 文莱 | 马来西亚、中国、菲律宾、印度尼西亚、新加坡 | 马来西亚、中国、印度尼西亚、菲律宾、新加坡 | 马来西亚、中国、菲律宾、印度尼西亚、新加坡 | 中国、马来西亚、印度尼西亚、菲律宾、新加坡 |
| 柬埔寨 | 越南、中国、老挝、韩国、泰国 | 越南、中国、泰国、老挝、韩国 | 中国、越南、老挝、泰国、韩国 | 中国、越南、老挝、泰国、韩国 |
| 印度尼西亚 | 新加坡、马来西亚、中国、澳大利亚、日本 | 中国、马来西亚、新加坡、澳大利亚、日本 | 马来西亚、中国、新加坡、澳大利亚、东帝汶 | 马来西亚、中国、新加坡、东帝汶、澳大利亚 |
| 老挝 | 泰国、越南、中国、韩国、美国 | 泰国、越南、中国、韩国、美国 | 泰国、越南、中国、韩国、美国 | 泰国、越南、中国、韩国、美国 |
| 马来西亚 | 新加坡、印度尼西亚、中国、泰国、文莱 | 新加坡、印度尼西亚、中国、泰国、文莱 | 新加坡、印度尼西亚、中国、泰国、文莱 | 新加坡、印度尼西亚、中国、泰国、文莱 |
| 缅甸 | 中国、泰国、日本、美国、韩国 | 泰国、中国、日本、美国、韩国 | 泰国、中国、日本、印度、美国 | 泰国、中国、日本、印度、韩国 |
| 菲律宾 | 韩国、美国、日本、中国、澳大利亚 | 韩国、美国、中国、日本、澳大利亚 | 韩国、中国、美国、日本、澳大利亚 | 韩国、中国、美国、日本、澳大利亚 |
| 新加坡 | 印度尼西亚、中国、马来西亚、澳大利亚、印度 | 印度尼西亚、中国、马来西亚、印度、澳大利亚 | 中国、印度尼西亚、印度、马来西亚、澳大利亚 | 中国、印度尼西亚、印度、马来西亚、澳大利亚 |
| 泰国 | 中国、马来西亚、日本、韩国、老挝 | 中国、马来西亚、韩国、日本、老挝 | 中国、马来西亚、韩国、老挝、日本 | 中国、马来西亚、韩国、老挝、日本 |
| 越南 | 中国、韩国、日本、蒙古国、美国 | 中国、韩国、日本、美国、中国台湾 | 中国、韩国、日本、中国台湾、美国 | 中国、韩国、日本、中国台湾、美国 |

数据来源：根据东盟统计局到达访客数据整理。

1　数据来源：根据东盟统计局到达访客数据整理。

## （二）国内旅游市场

1. 东盟国家国内旅游接待人数

按联合国世界旅游组织（UNWTO）的统计口径，国内旅游接待人数指某个国家（地区）接待的国内过夜游客和国内一日游客。如图 16 所示，基于已有数据来看[1]，2015—2018 年，东盟各国接待国内旅游人数持续增长，反映出东盟各国国内旅游市场规模正不断扩大，也在一定程度上反映出东盟国家经济发展向好，人民物质生活水平和精神生活水平不断提高。

从图 16 可以看出，2018 年，国内旅游人数最多的国家是印度尼西亚，为 3.034 亿人次，首次超过马来西亚。马来西亚位列第二，2018 年的国内旅游人数同样突破 3 亿人次，为 3.0242 亿人次。2018 年，泰国仍居第三，为 2.2777 亿人次[2]。此外，与入境旅游人数的格局类似，东盟各国接待国内旅游人数的差异较大。这与东盟各国经济发展水平、国内人口规模存在的较大差异密切相关。

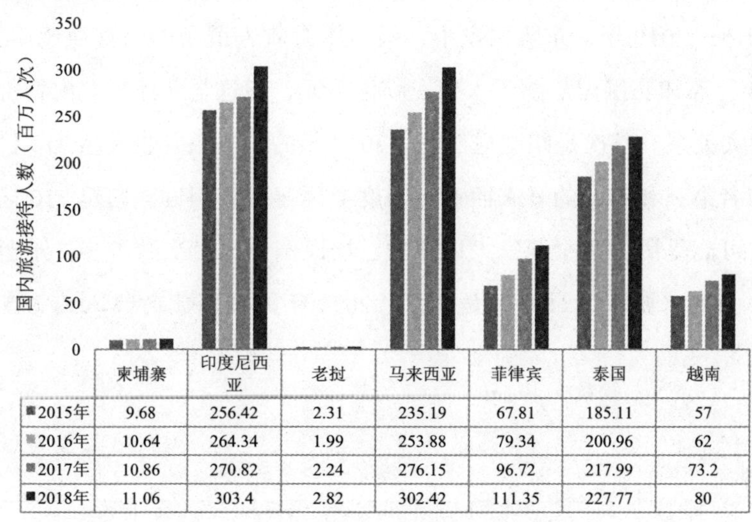


| | 柬埔寨 | 印度尼西亚 | 老挝 | 马来西亚 | 菲律宾 | 泰国 | 越南 |
|---|---|---|---|---|---|---|---|
| 2015年 | 9.68 | 256.42 | 2.31 | 235.19 | 67.81 | 185.11 | 57 |
| 2016年 | 10.64 | 264.34 | 1.99 | 253.88 | 79.34 | 200.96 | 62 |
| 2017年 | 10.86 | 270.82 | 2.24 | 276.15 | 96.72 | 217.99 | 73.2 |
| 2018年 | 11.06 | 303.4 | 2.82 | 302.42 | 111.35 | 227.77 | 80 |

图16　2015—2018年东盟国家国内旅游人数

数据来源：根据联合国世界旅游组织（UNWTO）各国国内旅游统计指标整理。

1　因统计原因，缺文莱、缅甸、新加坡三国的国内旅游接待人数的数据。

2　数据来源：根据联合国世界旅游组织（UNWTO）各国国内旅游统计指标整理。

2. 东盟国家国内旅游收入

按照世界旅游业理事会（WTTC）的统计口径，国内旅游收入指因旅游接待部门（或国家、地区）在一定时期内通过向该国进行商务和休闲旅行的居民销售旅游商品而获取的全部货币收入。从图 17 可以看出，2015—2019 年，由于国内旅游市场规模不断扩大，国内旅游收入也保持持续增长。2019 年，东盟国家累计实现国内旅游收入 1451.03 亿美元，与 2018 年相比，增长了 5.59%[1]。与国际旅游收入年均 10% 的增速相比，东盟国内旅游业发展速度并不如国际旅游发展[2]。但值得一提的是，如前文所述，东盟及各国的国际旅游收入变化波动大，偶有出现负增长的情况，这可能是各种原因（例如，政局、政策、目的地国家旅游吸引力等）造成的。但是，东盟国内旅游收入保持稳定的发展态势。2015—2019 年，东盟各国未有国内旅游收入下降的情况[1]。因此，东盟各国仍需持续关注并稳中有进地推动东盟国内旅游发展，提升各国人民生活质量和幸福感。

2015—2019 年，东盟国家中，国内旅游收入最高的一直为菲律宾。2019 年，菲律宾国内旅游收入超 600 亿美元，但这与菲律宾国内物价高昂有很大关系。其次是印度尼西亚，2019 年的国内旅游收入超 213 亿美元。排名第三和第四的马来西亚与印度尼西亚十分相近，均超 210 亿美元。这可能是因为两个国家人口庞大、居民国内出游次数较多。东盟国家中，国内旅游收入最少的是文莱，2019 年的国内旅游收入约为 3.29 亿美元[1]。

1 数据来源：根据世界旅游业理事会旅游卫星账户系统数据整理。

2 数据来源：根据联合国世界旅游组织（UNWTO）各国入境旅游收入统计指标整理。

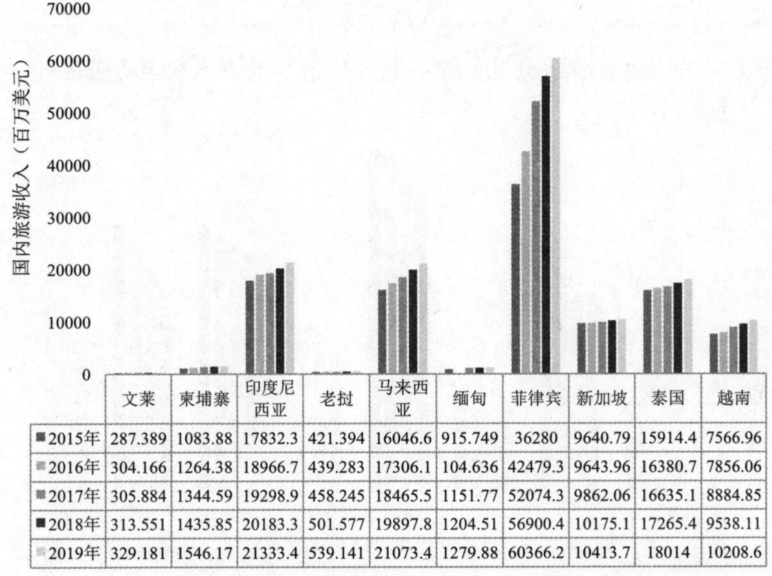


| | 文莱 | 柬埔寨 | 印度尼西亚 | 老挝 | 马来西亚 | 缅甸 | 菲律宾 | 新加坡 | 泰国 | 越南 |
|---|---|---|---|---|---|---|---|---|---|---|
| 2015年 | 287.389 | 1083.88 | 17832.3 | 421.394 | 16046.6 | 915.749 | 36280 | 9640.79 | 15914.4 | 7566.96 |
| 2016年 | 304.166 | 1264.38 | 18966.7 | 439.283 | 17306.1 | 104.636 | 42479.3 | 9643.96 | 16380.7 | 7856.06 |
| 2017年 | 305.884 | 1344.59 | 19298.9 | 458.245 | 18465.5 | 1151.77 | 52074.3 | 9862.06 | 16635.1 | 8884.85 |
| 2018年 | 313.551 | 1435.85 | 20183.3 | 501.577 | 19897.8 | 1204.51 | 56900.4 | 10175.1 | 17265.4 | 9538.11 |
| 2019年 | 329.181 | 1546.17 | 21333.4 | 539.141 | 21073.4 | 1279.88 | 60366.2 | 10413.7 | 18014 | 10208.6 |

图17　东盟各国2015—2019年国内旅游收入

数据来源：根据世界旅游业理事会旅游卫星账户系统数据整理。

## （三）出境旅游市场

### 1. 东盟国家出境旅游人数

按联合国世界旅游组织（UNWTO）的统计口径，出境旅游人数仅统计过夜游客，一日游客不包含在内。2015—2018 年东盟国家出境旅游人数及其变化情况如图 18 所示[1]。从已有数据来看，在 2015—2018 的 4 年间，东盟各国的出境旅游人数均有所增长[2]，这反映出东盟各国人民生活水平和生活质量持续提高、出境旅游能力持续提升。但与此同时，与东盟各国入境旅游人数相比则可以发现，东盟国家出境旅游人数低于入境旅游人数。

从已有数据分析东盟各国出境旅游市场情况发现，2015—2018 年，出境旅游人数最多的国家是马来西亚，每年出境旅游人数均超 1100 万人次。

1　老挝的数据包含过夜游客和一日游客，越南数据来自其国家官网，文莱、缅甸两国及部分国家的某些年份数据缺失。

2　数据来源：根据联合国世界旅游组织（UNWTO）各国出境旅游统计指标整理。

这可能与马来西亚人口基数大、人均可支配收入高有关。2015—2018 年，出境旅游人数最少的国家是柬埔寨，每年仅有 100 万人次出境游客[1]。

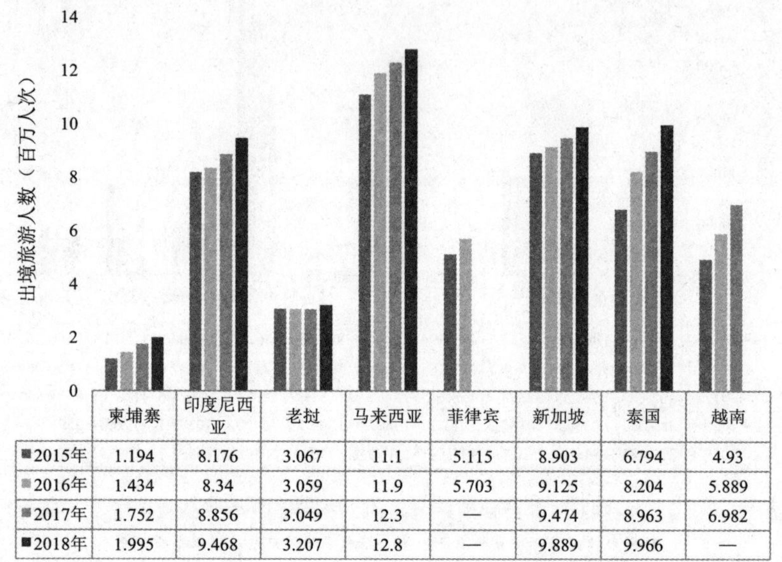


| | 柬埔寨 | 印度尼西亚 | 老挝 | 马来西亚 | 菲律宾 | 新加坡 | 泰国 | 越南 |
|---|---|---|---|---|---|---|---|---|
| 2015年 | 1.194 | 8.176 | 3.067 | 11.1 | 5.115 | 8.903 | 6.794 | 4.93 |
| 2016年 | 1.434 | 8.34 | 3.059 | 11.9 | 5.703 | 9.125 | 8.204 | 5.889 |
| 2017年 | 1.752 | 8.856 | 3.049 | 12.3 | — | 9.474 | 8.963 | 6.982 |
| 2018年 | 1.995 | 9.468 | 3.207 | 12.8 | — | 9.889 | 9.966 | — |

图18　2015—2018年东盟国家出境旅游人数

数据来源：根据联合国世界旅游组织（UNWTO）各国出境旅游统计指标整理。

### 2. 东盟国家出境旅游总花费

按照世界旅游业理事会（WTTC）的统计口径，出境旅游花费指居民在国外的所有出国旅行支出。东盟国家 2015—2019 年出境旅游花费情况如图 19 所示。从图中可以看出，2015—2019 年东盟出境旅游花费规模持续扩大。这一定程度上反映了东盟国家部分居民较高的生活水平和消费能力。2019 年，东盟国家出境旅游总花费已达 790.91 亿美元，与 2018 年相比，增长了 4.58%[2]。这也意味着东盟各国人民生活水平和出境旅游消费水平逐年提高。

1　数据来源：根据联合国世界旅游组织（UNWTO）各国出境旅游统计指标整理。

2　数据来源：根据世界旅游业理事会旅游卫星账户系统数据整理。

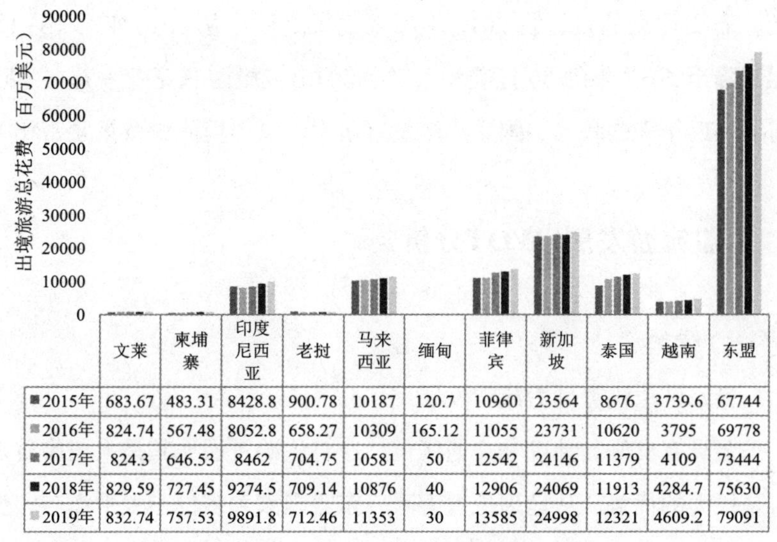


| | 文莱 | 柬埔寨 | 印度尼西亚 | 老挝 | 马来西亚 | 缅甸 | 菲律宾 | 新加坡 | 泰国 | 越南 | 东盟 |
|---|---|---|---|---|---|---|---|---|---|---|---|
| 2015年 | 683.67 | 483.31 | 8428.8 | 900.78 | 10187 | 120.7 | 10960 | 23564 | 8676 | 3739.6 | 67744 |
| 2016年 | 824.74 | 567.48 | 8052.8 | 658.27 | 10309 | 165.12 | 11055 | 23731 | 10620 | 3795 | 69778 |
| 2017年 | 824.3 | 646.53 | 8462 | 704.75 | 10581 | 50 | 12542 | 24146 | 11379 | 4109 | 73444 |
| 2018年 | 829.59 | 727.45 | 9274.5 | 709.14 | 10876 | 40 | 12906 | 24069 | 11913 | 4284.7 | 75630 |
| 2019年 | 832.74 | 757.53 | 9891.8 | 712.46 | 11353 | 30 | 13585 | 24998 | 12321 | 4609.2 | 79091 |

图19　2015—2019年东盟各国出境旅游总花费

数据来源：根据世界旅游业理事会旅游卫星账户系统数据整理。

但与国际旅游收入 10% 的增速（2019 年）[1]、国内旅游收入 5.59% 的增速（2018 年）[1] 相比可以发现，东盟出境旅游的发展速度比入境旅游、国内旅游的发展速度更慢。这意味着，总体上来看，东盟依旧是旅游服务出口多于旅游服务进口，东盟各国更多地依赖入境旅游业的发展，尤其是其所带来的国际旅游收入及其对国内经济的带动作用。

东盟各国出境旅游花费的差异反映出各国经济发展水平、人口规模与居民人民生活水平（可支配收入）的差异。2015—2019 年，东盟国家中，出境旅游总花费最多的一直是新加坡。这也不难理解，因为新加坡虽然人口不多，但经济高度发达，人均 GDP、居民生活水平和人均可支配收入都较高。排名第二的是菲律宾，2019 年的出境旅游总花费约 135.85 亿美元。出境旅游总花费最少的是缅甸，2019 年的出境旅游总花费仅为 0.3 亿

1　数据来源：根据联合国世界旅游组织（UNWTO）东盟各国入境旅游收入统计指标整理。

美元。需要注意的是，自2017年出现锐减之后（从2016年的165.12亿美元下降至2017年的50亿美元），缅甸的出境旅游总花费一直在下降[1]，这与缅甸近年来的政局、国家经济发展水平以及出境旅游政策紧密相关。

## 五、东盟旅游发展SWOT分析

### （一）优势

1. 良好区位优势助力旅游发展

东盟具有良好的地理和交通区位，这对旅游发展尤其是入境旅游发展而言是极大的优势。从地理位置上看，东盟国家大多位于太平洋与印度洋中间，北接中国，南临大洋洲，位于海上“十字路口”，是“海上丝绸之路”的重要节点，具有优越的交通区位条件。东盟国家大多数临海（老挝除外），航运便利，有利于促进物资的进出口以及拓展与周边国家在港口建设、海洋能源等领域的全方位合作。对于旅游业而言，便利的交通则增强了东盟国家的可进入性，为国际游客入境及国内游客出境提供了诸多便利。

从区位特点的比较来看，新加坡和马来西亚由于临近马六甲海峡，交通条件最为便利。泰国、柬埔寨、越南等临海国家由于具有优良的港口和面积不等的海域，具备良好的航运条件，适合发展邮轮旅游。老挝位于内陆，加上国内地形多为山地与高原，交通条件相对较差。由于国土面积小、与其他国家距离远，文莱的航运优势并不明显。

此外，临海、低纬度的热带环境使得东盟国家形成了优越的气候条件与颇具特色的自然景观，有利于旅游业的发展。以北纬10°为分界线，以北的缅甸、越南、老挝、泰国、马来西亚及菲律宾以热带季风气候为主；以南的印度尼西亚、新加坡、文莱以热带雨林气候为主。在热带雨林气候下，不少

1 数据来源：根据联合国世界旅游组织（UNWTO）东盟各国入境旅游收入统计指标整理。

国家形成了独特的雨热条件与热带地区文化。但东盟也有区位优势较薄弱的国家，如缅甸。缅甸北部由于地形地势高，多为高山高原气候，再加上临近两国边界、多发地震等复杂因素，旅游业发展的自然基础相对薄弱。

2. 快速增长的区域经济带动旅游消费

近年来，在世界经济增长持续放缓的形势下，东盟国家的经济增速亦普遍减缓，但仍然保持较高的增长速度。《东盟旅游统计年鉴 2019》发布的数据显示，2018 年，东盟 GDP 总量达到 2.97 万亿美元，相比 2017 年同期增长 5.2%，保持中速增长（见表 15）。从各国具体情况来看，在经济总量方面，印度尼西亚的 GDP 总量最高，达 1.04 万亿美元，在东盟国家中仍然保持领先地位。排名第二的是泰国，2018 年的 GDP 达到 5050 亿美元。新加坡维持了 2017 年的排名（第三），2018 年 GDP 总量为 3642 亿美元。在经济增速方面，大多数东盟国家保持中高速增长。2018 年增速最高的为柬埔寨，达到 7.5%，相比 2017 年提高了接近 0.3 个百分点。其次是越南，为 7.1%；缅甸位列第三，为 6.8%；文莱增速最低，仅为 0.1%，且比 2017 年还下降了约 1 个百分点[1]。东盟国家近年来维持的中高速经济增长为旅游业发展提供了良好的环境和支撑。具体而言，经济发展通过带动旅游消费与旅游投资的增长，能够促进本国旅游设施的建设和完善，有利于旅游业的可持续发展。

表15　2017—2018年东盟各国GDP总量及增幅

| 国别 | 2017年GDP（亿美元） | 同比增长（%） | 2018年GDP（亿美元） | 同比增长（%） |
|---|---|---|---|---|
| 文莱 | 121.3 | 1.3 | 135.7 | 0.1 |
| 柬埔寨 | 221.6 | 7.2 | 245.7 | 7.5 |
| 印度尼西亚 | 10154.2 | 5.1 | 10421.7 | 5.2 |
| 老挝 | 168.5 | 6.9 | 181.3 | 6.3 |

1　数据来源：东盟统计局.东盟旅游统计年鉴2019[EB/OL].https://www.aseanstats.org/wp-content/uploads/2020/01/ASYB_2019.pdf.

续表

| 国别 | 2017年GDP（亿美元） | 同比增长（%） | 2018年GDP（亿美元） | 同比增长（%） |
|---|---|---|---|---|
| 马来西亚 | 3147.1 | 5.7 | 3543.5 | 4.7 |
| 缅甸 | 670.7 | 6.8 | 712.1 | 6.8 |
| 菲律宾 | 3136.0 | 6.7 | 3309.1 | 6.2 |
| 新加坡 | 3239.1 | 3.7 | 3641.7 | 3.2 |
| 泰国 | 4553.0 | 4.2 | 5049.9 | 4.3 |
| 越南 | 2237.8 | 6.8 | 2449.5 | 7.1 |
| 合计 | 27649.3 | 5.3 | 29690.1 | 5.2 |

数据来源：东盟统计局官网发布的《东盟旅游统计年鉴2019》。

3. 政府通过提供政策支持发挥主导

东盟各国政府普遍重视和促进旅游发展。旅游业在各国国民经济中占据重要地位，各国政府通过出台相关政策发挥政府主导地位，支持旅游发展。部分东盟国家的中央政府通过设立独立的旅游部（局）对旅游业进行行政管理。例如，柬埔寨设立了独立的旅游部，旅游部下设国际合作与东南亚联盟、营销与促进、规划发展、旅游业、文化旅游开发、统计与旅游信息等部门[1]。在国家层面设立独立的旅游部（局）的国家还有缅甸、菲律宾、马来西亚。也有部分东盟国家的中央政府通过设立文化旅游部、旅游与体育部等机构的方式，对旅游业及相关产业进行统一管理。例如，文莱将旅游与工商部门相结合；印度尼西亚、老挝与泰国则将旅游部门与文化部门或体育部门结合。总体来看，机构设置反映了政府对旅游业的战略意义的考量，也体现出各国旅游业发展所处的政治、经济和生态环境等的实际情况。

近年来，东盟各国政府还致力于通过旅游合作将东盟作为一个整体旅游目的地加以推广。例如，泰国旅游协会计划于 2019 年计划推出东盟签证即 ASEAN Visa，借助单张签证，便可以免签入境东盟各国。相比 2009

1　各国旅游管理体制述评之一[EB/OL].https://www.sohu.com/a/224627124_109002.

年，2019 年旅游业对东盟各国 GDP 贡献率有所上升。从表 16 可以得出，2019 年，旅游业对本国 GDP 贡献率最大的是柬埔寨，为 32.71%；其次是菲律宾（24.65%）；排在第三的是泰国（21.87%）。相比 2009 年，三个国家旅游业对本国 GDP 的贡献率均实现大幅提升。旅游对本国 GDP 贡献率最低的为印度尼西亚，仅为 6.09%；文莱次之，为 6.57%。且与 2009 年相比，两国的这一比率均有小幅下降[1]。总体来看，在过去的 10 年中，旅游业日益成为东盟国家的支柱产业。

表16　2009年、2019年东盟各国旅游业对GDP贡献率（%）

| 国家 / 年份 | 文莱 | 柬埔寨 | 印度尼西亚 | 老挝 | 马来西亚 |
| --- | --- | --- | --- | --- | --- |
| 2009年 | 7.68793 | 24.4447 | 6.15858 | 13.9241 | 13.3319 |
| 2019年 | 6.56888 | 32.7148 | 6.09124 | 11.9697 | 13.2696 |
| 国家 / 年份 | 缅甸 | 菲律宾 | 新加坡 | 泰国 | 越南 |
| 2009年 | 3.18682 | 10.9269 | 8.80458 | 15.791 | 9.18343 |
| 2019年 | 6.65405 | 24.6483 | 10.0484 | 21.8656 | 9.09591 |

数据来源：根据世界旅游业理事会旅游卫星账户系统数据整理。

4. 旅游资源丰富助力产品体系初步形成

东盟国家海岸线漫长，具有多样的海岛自然景观，气候优越。同时，东盟国家历史悠久，具有独特的宗教与民俗文化。自然资源与人文资源丰富多彩、相得益彰。在过去的几十年中，东盟各国已经对独具特色的旅游资源进行了开发，初步构建起东盟国家的特色旅游产品体系（见图 20）。在旅游发展中，各国已依托特色资源及其比较优势，逐步构筑起自己的发展定位与目的地形象。作为亚洲新兴的工业化国家，新加坡的城市度假、购物旅游成为标志性旅游产品。马来西亚受益于资源多样的半岛、海岛风光，滨海旅游发展迅速。泰国则依靠特色宗教文化、民俗活动以及优美的

1　数据来源：根据世界旅游业理事会旅游卫星账户系统数据整理。

海岛、滨海资源，形成了独具特色的宗教与文化旅游产品、海滨度假旅游产品，并针对中国旅游市场深度开发了美食旅游与商务旅游等[1]。

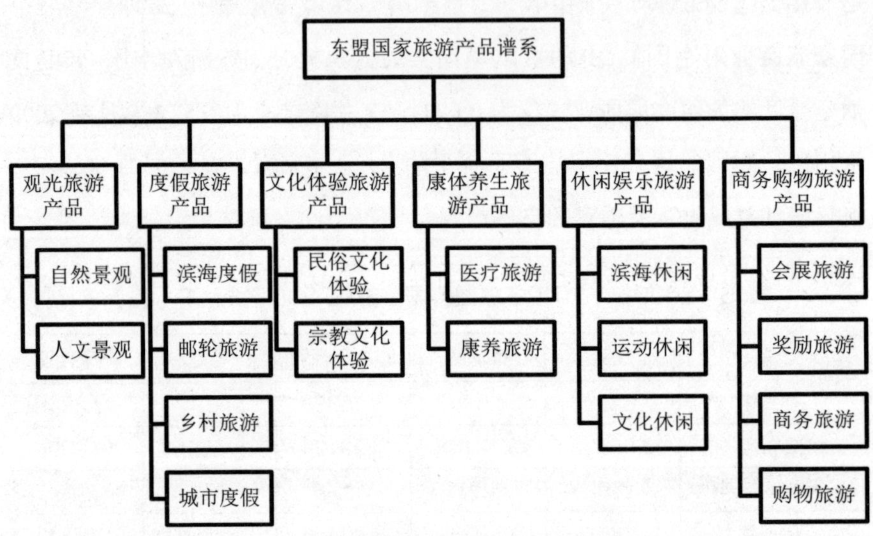


图20　东盟国家旅游产品谱系

近年来，随着东盟旅游业的快速发展，旅游市场份额与旅游业竞争力不断提升，各国的旅游服务设施及交通条件也开始逐步完善。完善的旅游服务设施能够为国内外游客提供舒适的旅游环境，良好的交通条件则能够提高旅游可进入性，弱化游客的感知距离，对旅游业发展具有积极的促进作用。总体来看，东盟国家的旅游服务设施与条件是其旅游业发展的核心优势。

从酒店行业来看，新加坡、柬埔寨的酒店入住率高、高星级酒店占比大，表现出良好的酒店接待质量和运营效率。泰国的酒店入住率高，但高星级酒店比例仍需进一步提升。越南、印度尼西亚的酒店数量充足，但在提升入住率和增加高星级酒店占比方面有较大发展空间。在旅游接待人数较少的老挝与文莱，酒店数量基本与旅游服务需求量匹配。但随着中国游

1　泰国推旅游新政吸引中国商务客[EB/OL].http://www.chinanews.com/cj/2016/04-07/7826678.shtml.

客的进一步增加，市场供给将需要进一步扩大。缅甸酒店业曾一度出现过度发展的情况[1]，亟须缅甸政府的宏观调控来优化供给结构，实现供需匹配。

在航运交通方面，由于海域广阔，新加坡、马来西亚等国家具有良好的交通区位条件，在港口建设与航运方面有明显的优势。两国进一步依托航运大力发展了邮轮旅游产业，形成了较为完善的邮轮产业体系。近年来，随着泰国、越南政府加快国际港口建设和邮轮旅游发展，邮轮旅游市场份额明显增加。此外，老挝、缅甸等国经济发展相对落后，基础设施欠缺，交通条件较差。随着外来旅游投资的增加，基础设施及交通条件将在可预见的未来获得进一步的完善。

5. 业态创新推动旅游产业转型升级

为了扩大旅游供给、提高旅游产品质量、提升旅游服务水平，东盟各国不断通过创新旅游业态，以实现旅游业的转型升级，实现旅游综合效益的进一步提升。通过对独特自然资源与人文资源的进一步开发利用，东盟各国都在致力于推出多种新型旅游产品，包括邮轮旅游、美食旅游等，以将资源优势转化为经济优势与旅游发展优势。例如，泰国利用自己的美食资源与市民文化，以中国为主要目标市场进行美食旅游推广，致力于将泰国打造成东盟美食中心，并以美食为媒介开发了多样化的旅游产品及线路。这些业态创新举措不仅有助于丰富游客的旅游体验，也能增加目的地旅游收入，促进旅游产业转型升级[2]。通过发展新兴旅游业态，东盟国家旅游目的地的形象也将进一步得到提升，知名度与影响力也得以进一步扩大。

6. 多元市场结构保证充足客源

总体来看，东盟国家在国际旅游方面具有多元化的市场。近年来，客源市场构成呈现出两大特点：其一，东盟内部国家之间开展的双向旅游活

1 Heijmans P，布雨. 酒店开发过剩缅甸旅游业遭遇瓶颈[J]. 商业周刊（中文版），2017：37.

2 泰国积极推广美食游以增加旅游收入[EB/OL].http://www.xinhuanet.com/travel/2019-04/28/c_1124425667.htm.

动扩大了入境旅游市场规模。东盟国家邻近的地理位置、日益便利的交通条件、深层合作带来的红利等极大推动了国家间旅游活动的开展。例如，近年来，老挝入境旅游市场中占比最大的两个国家是泰国和越南。马来西亚入境旅游市场中占比最大的国家分别为新加坡和印度尼西亚。其二，中国市场增长迅速，日益成为东盟国家主要客源国。近年来，中国游客在境外的消费力持续增强。在东盟国家不断推出的政策红利的刺激下，前往东盟旅游的中国游客数量大幅增长。例如，赴柬埔寨的中国游客数量近年来猛增，并于2017年超越越南，成为柬埔寨最大的客源国，且仍旧保持高速的增长。2018年，中国超越马来西亚成为文莱最大的客源国。多年来，中国稳居泰国和越南第一大客源国的位置。

此外，除东盟内部国家和中国外，美国、韩国、日本、澳大利亚等发达经济体也逐渐成为东盟国家入境旅游市场的重要贡献者。例如，近年来，日本、美国、韩国分别为缅甸第三、第四、第五大客源国，且游客数量一直较为稳定。但东盟各国在市场结构方面的差异依旧显著。例如，越南、泰国、缅甸、马来西亚的主要客源市场较为单一，最大客源市场的首位度明显。因此，相对而言，这些国家的旅游业的抗风险能力还需进一步提升。

7. 后发优势

除新加坡、马来西亚和泰国外，东盟国家的旅游发展起始时间较晚，且当前大部分旅游资源还处于初步开发状态。东盟国家能通过借鉴其他旅游发达地区（例如，欧洲、大洋洲、北美等）的经验、吸取失败的教训、引进相应的理论知识与科学技术、大力引进国外高素质人才与外来资本，将潜在资源与区位优势转化为旅游发展的有利条件，促进旅游业的高质量发展与后发追赶。在东盟内部，旅游业发展相对落后的国家，如老挝、缅甸、柬埔寨等，可以通过与旅游业相对发达的国家开展交流合作，通过向它们学习，来发挥后发优势。例如，2019年，柬埔寨与第五大贸易伙伴马来西亚签订了贸易投资与旅游领域的双边合作协议。这有利于扩大马来西亚对柬埔寨的贸易投资额，带动资金投入旅游产业的发展[1]。

## （二）劣势

### 1. 旅游发展起步时间晚且资源保护性开发程度有限

东盟各国虽然旅游资源丰富，但由于旅游业发展起步较晚、发展相对滞后、高素质人才匮乏等原因，深度体验式旅游与新业态开发还不够。这些劣势在一定程度上影响了旅游收入的增长和经济效益的发挥。此外，由于不少人文资源（古建筑等）年久失修、部分东盟国家城镇化进程缓慢、资源保护与监管力度较弱导致旅游资源受到一定破坏等，旅游资源的开发利用难度进一步增加。当然，在旅游资源的保护和开发方面，东盟各国依旧存在显著的国际差异。例如，新加坡在20世纪70年代就成立了诸如古迹保护委员会等专业机构[2]。至今，新加坡国民已经具有强烈的资源保护意识。但老挝[3]、越南[4]等国的旅游产品大多停留在观光旅游产品阶段，且由于管理不到位、制度不规范等原因，文物资源保护效果不佳，极大影响了东盟未来旅游业的发展。

### 2. 旅游安全系数低导致旅游风险增大

从《2019年旅游业竞争力报告》所发布的世界各地区旅游安全系数来看（见表17），东盟所处亚太地区的安全系数为5.4分，略高于全球平均水平，但略低于欧洲及欧亚大陆（5.8分）、中东及北非地区（5.5分）[5]。

具体到东盟十国，如表18所示。据《2019全球和平指数报告》所发布的国际排名[6]：排名最前的是新加坡，和平指数列世界第7位；其次是马

1 柬埔寨和马来西亚扩大贸易投资与旅游合作[EB/OL].https://zh.vietnamplus.vn/.

2 王才强，沙永杰，魏娟娟.新加坡的城市规划与发展[J].上海城市规划，2012（3）：136-143.

3 贤淑. 老挝旅游业发展研究[D].天津大学，2011.

4 CAO XUAN THANH（高春成）. 越南古建筑遗产的保护理论与实践研究[D]. 北京工业大学，2015.

5 World Economic Forum. The Travel & Tourism Competitiveness Report 2019[R/OL]. http://www3.weforum.org/docs/WEF_TTCR_2019.pdf.

6 该排名未纳入文莱。

来西亚，排名为全球第16位；排名最靠后的是菲律宾，在全球排第134位；缅甸、泰国则分别排在第125位和第117位，也都在第100位之后[1]。总体来看，除了新加坡、马来西亚外，东盟总体旅游安全程度较低。对于国外游客而言，这意味着更高的旅游成本与更高概率的风险，从而对旅游目的地的形象和各国旅游业发展有一定负面影响。例如，2018年7月，在泰国普吉岛发生的观光游船翻覆事件造成了47名中国游客死亡，使得短时间内前往泰国的中国游客数量急剧减少，对泰国旅游业产生了重大的负面影响。但近年来，为了进一步吸引游客，降低游客感知风险，各国也纷纷加强管理力度，并出台旅游优惠政策，开发新的旅游产品，提振旅游业发展信心。

**表17　世界各地区安全系数**

| 地区 | 安全系数 |
|---|---|
| 美洲地区 | 4.7 |
| 亚太地区 | 5.4 |
| 欧洲及欧亚大陆 | 5.8 |
| 中东和北非 | 5.5 |
| 撒哈拉以南非洲 | 5.0 |

数据来源：世界经济论坛发布的《2019旅游业竞争力报告》。

**表18　东盟十国全球和平指数排名**

| 国别 | 国际排名 | 国别 | 国际排名 |
|---|---|---|---|
| 文莱 | — | 缅甸 | 125 |
| 柬埔寨 | 89 | 菲律宾 | 134 |
| 印度尼西亚 | 41 | 新加坡 | 7 |
| 老挝 | 45 | 泰国 | 117 |
| 马来西亚 | 16 | 越南 | 57 |

数据来源：澳大利亚国际独立智库经济与和平研究所发布的《2019全球和平指数报告》。

1　澳大利亚国际独立智库经济与和平研究所.2019全球和平指数报告[R/OL].http://visionofhumanity.org/app/uploads/2019/07/GPI-2019web.pdf.

3. 高素质人才匮乏影响旅游业发展

总体而言，目前东盟国家中，高素质的旅游专业人才比较缺乏。东盟旅游业的高速发展，需要大量复合型、高素质的国际化应用型旅游人才，但旅游人才的培训和供给难以满足现有快速增长的需求。新加坡、泰国、马来西亚等经济基础好、旅游业发展历史较早的国家，已在旅游人才培养、职业技能培训、人才引进上建立了较完善的政策制度和流程。除这些国家外，诸如老挝、缅甸等经济相对落后的国家，并未建立起有效的旅游人才培养和引进机制。例如，在老挝的旅游景区中，管理人员的学历偏低、管理经验普遍不足。因此，在对旅游景区运营管理的过程中，常常产生因管理不当而造成的景区资源受到破坏的现象[1]。高素质旅游人才的高质量供给对于旅游业服务水平的提高来说十分重要。近年来，东盟国家也采取了相应的合作政策，改善人才供给情况。例如，2017年，由中国与东盟国家非政府机构及高校联合组织的“中国—东盟旅游教育联盟”成立。该联盟将通过旅游教育合作交流的形式培养高素质旅游人才，提高东盟旅游人才队伍的整体质量[2]。

4. 国家间旅游发展差距较大阻碍一体化进程

在入境旅游市场方面，东盟各国的差异较为明显，主要表现在东盟各国每年接待的入境旅游人数与国际旅游收入的差距较大。具体而言，泰国的入境旅游人数及旅游收入持续保持领先地位，马来西亚、新加坡、印度尼西亚、越南在入境旅游人数和国际旅游收入上保持良好优势，缅甸、老挝和文莱这三个国家的入境旅游人数最少。尤其是文莱，近年来，其入境旅游人数一直保持在20万人次左右，国际旅游收入则保持在2亿美元以下。

在国内旅游市场方面，马来西亚、印度尼西亚、泰国的国内旅游人数居

1 薛云建,邓默.老挝旅游市场营销的问题与对策[J].企业研究, 2017（3）：50-53.

2 中国—东盟旅游教育联盟成立[EB/OL].http://m.haiwainet.cn/middle/3541089/2017/0729/content_31044284_1.html.

于领先地位。国内旅游人数最少的国家是老挝，且近年来未见较大的市场扩张。在国内旅游收入方面，收入最多的国家是菲律宾，其次为国内旅游人数具有明显优势的印度尼西亚与马来西亚，国内旅游收入最少的国家是文莱。

通过分析东盟国际旅游市场和国内旅游市场的状况，可以将东盟十国的旅游业发展现状分为三个梯队。第一梯队包括泰国、马来西亚、新加坡、印度尼西亚，第二梯队包括越南、菲律宾、柬埔寨，第三梯队包括文莱、老挝及缅甸。经济发展水平高、旅游服务设施完善、交通条件便利的第一梯队在国际旅游与国内旅游发展方面均取得巨大成绩且优势明显；而经济发展水平居中、旅游服务设施与交通条件有待提升的第二梯队，与第一梯队相比，在旅游业发展方面仍有进一步改进的空间；经济发展落后、旅游经营环境有所欠缺的第三梯队处于劣势，在国际和国内旅游市场上的表现均不理想。东盟十国旅游发展存在的较大差距以及近年来梯队间在增速方面日益呈现出的马太效应阻碍了东盟旅游一体化的进程。

### （三）机遇

#### 1. 生态环境整治将有利于旅游可持续发展

东盟国家良好的生态环境和优越的气候条件是具有竞争力的特色旅游资源。良好的生态环境的维护有利于实现发展与保护的良好平衡，促进人与自然的和谐相处。近年来，东盟各国均加大了对生态环境的整治力度，在旅游发展和环境保护之间初步实现了一定的协调，有利于旅游业的可持续发展。例如，2019 年，新加坡已经实现 60% 的垃圾可被循环利用；38% 的垃圾可进行燃烧发电，且所产生的电力占全国使用量的 2%~3%；并预期到 2030 年将实现 70% 的整体垃圾回收率[1]。面对往年一直存在的垃圾进口问题，2018—2019 年，东盟国家也纷纷通过出台禁令、提高环境保护标准、加强执法力度等措施来进行控制，在环境治理方面取得较大进

1　东盟各国关注生态城市与海洋生态 [EB/OL].http://epaper.cenews.com.cn/html/2019-10/18/content_88342.htm.

展。在这些方面，泰国、马来西亚、越南、印度尼西亚、菲律宾与柬埔寨均做出了良好的示范[1]。近年来，东盟各国政府还通过健全法案法规、建立良好的生态合作机制、完善城市废弃物管理模式、废弃物处理数据透明化、研制相关处理技术等多种途径进行生态整治。2019年，东盟领导人通过了东盟合力治理海洋垃圾的首份协议《曼谷宣言》。这标志着东盟各国合作层次的进一步深入，有利于为旅游合作的深入和旅游一体化发展提供良好借鉴。

2. 区域合作深化将促成旅游发展合力

东盟这一平台在各国之间的合作中发挥着中心作用。国际旅游交流与合作作为区域经济合作与一体化进程的重要组成部分，日渐受到各国政府的重视。早在1971年，东盟便成立了东盟旅游协会，旨在促进旅游合作发展。通过定期召开会议、联合举办旅游年活动、联合进行区域开发、联合开展新型旅游项目等多种方式，东盟国家在旅游发展上实现了广泛合作。此外，东盟各国也开始致力于开拓东盟内部旅游市场，通过区域内国家间的旅游流动，实现多方共赢。近年来，东盟着力推动本区域向着单一目的地的方向发展，通过形成统一的品牌，促进地区旅游资源的整合，形成竞争合力。随着各国旅游业的发展，东盟旅游合作将实现合作层次的深入、合作水平的进一步提高。在东盟国家中，泰国对旅游一体化表现得最为积极，其他知名度较大、旅游业发达的东盟国家对单一旅游目的地建设及旅游市场一体化同样有着较强的意愿和期待。但由于东盟各国之间经济水平差异大，新加坡、马来西亚等经济发达、基础设施完善的国家与老挝、缅甸等经济落后、基础设施薄弱的国家之间难以实现互联互通。因此，相对而言，落后国家的参与积极性较低、参与程度较低、获得红利也较少。

1　东盟国家不欢迎“洋垃圾”[EB/OL].http://www.chinanews.com/cj/2019/07-22/8902745.shtml.

3. 法律法规日趋完善将推动旅游市场规范化发展

囿于经济基础、旅游业发展基础和立法环境等原因，相比世界其他地区而言，东盟法律体系并不完善，法律法规之间也存在难以协调的问题。具体到国家来看，经济发展基础良好、旅游业发展时间长的旅游目的地，如新加坡、马来西亚等，旅游法律、法规更加规范；而经济相对落后、现代化程度较低的国家，法律体系的完善程度还较为欠缺。例如，老挝的法律制度较大程度上受习惯法的影响，现代法律体系仍处于萌芽阶段，司法机构的水平也有待进一步提高[1]。

但是，随着东盟各国旅游业的发展，各国政府开始逐步完善与旅游相关的法律法规，为旅游业提供更规范的经营发展环境。例如，2019 年，越南政府发布第 45 号法令，详细地规定了在旅游领域中发生的行政违法行为以及相应的处理方式、程度、权限、补救措施等[2]。法律环境的改善，更进一步增强了旅游投资者与游客的信心，促进东盟旅游业的发展。

4. 智慧产业发展与科技渗透将提升旅游业发展质量

随着全球化进程的深入，国际产业分工格局将进一步调整。面对第四次工业革命，东盟各国政府纷纷制定相应的战略规划和政策，推进国内经济结构转型升级。主要措施包括大力发展智慧产业，以应对产业变革浪潮和未来经济社会发展的趋势。在智慧产业发展浪潮下，旅游业的科技渗透率也将进一步提升。社交媒体网络、智能手机应用等渠道技术的持续发展将使得游客能够更加便利地实现线上查询信息、购票、预订酒店等业务。智慧旅游的发展将带动旅游产业往高端化、智能化的方向升级，旅游服务质量和旅游业竞争力也有望得到进一步提升。许多东盟国家也都纷纷加入

1　熊殷泉,张宇.“一带一路”倡议背景下云南企业在缅甸、越南、老挝面临的法律问题及对策[J].法制与社会, 2019（2）：75-77.

2　越南加强旅游法，从严处罚在旅游领域中的违规行为 [EB/OL].https://www.sohu.com/a/316710571_100093606.

智慧产业发展与科技渗透的队伍中。例如，新加坡制定了“智慧国2025计划”，越南政府出台了“2018—2025智慧城市发展计划”，泰国政府推出了“泰国4.0”的经济战略计划。在这些智慧发展与科技渗透的政策中，智慧旅游都作为发展战略计划的重要部分得到政府的高度重视[1]。

（四）挑战

1. 全球经济放缓影响旅游业发展

世界经济还处在经济周期的复苏阶段，复苏乏力，且越发受到国际性危机事件的影响。地缘政治矛盾、局部地区军事冲突、贸易保护主义抬头等不确定因素的增加影响了全球贸易、金融市场以及人们投资与消费的信心，全球经济增速放缓。在此大局势下，东盟国家的经济增速也会受到影响。在经济增速放缓的背景下，作为非生活必需品，旅游消费需求也将受到一定程度的抑制。这对于包括东盟国家在内的全世界的旅游发展都是严峻的挑战。

在全球经济增速放缓、不确定因素增加的环境下，制造业的发展也较为缓慢。以往凭借劳动力成本优势、地理区位优势等发展制造业的国家，例如，印度尼西亚、越南、菲律宾、马来西亚、泰国等，都已经开始走上差异化发展路线，寻求产业结构的高端化、高科技化，并强化本国制造优势[2]。柬埔寨、老挝、缅甸等产业结构层次低但资源丰富、劳动力廉价、消费需求尚未被开发的国家，如何通过吸引外资来进一步完善国内基础设施条件，刺激旅游业发展，这是许多欠发达国家需要思考的重要问题和面临的重大挑战。

2. 日趋激烈的全球旅游市场考验竞争优势

从图21和图22可以看出，在太平洋地区内，东盟所在的东南亚地区接待的入境旅游人数及国际旅游收入具有较高的竞争力。2018年，东南亚地区的入境旅游接待量已达到1.423亿人次，国际旅游收入达128.7亿美

1 赵朋. 东盟国家“智慧城市”建设与中国企业的参与策略研究[D].对外经济贸易大学, 2018.

2 差异化崛起中的东盟制造业[J]. 时代金融, 2017, 656（10）: 49-50.

元。在上述两方面，东南亚地区都远超大洋洲和南亚[1]。在东南亚，新加坡、马来西亚与泰国是传统旅游目的地，知名度高，入境旅游人数多。近年来，越南、印度尼西亚、菲律宾、柬埔寨在中国市场的热度也日益升高[2]。虽然老挝、缅甸与文莱的热度有所上升，但竞争优势仍不明显。

然而，从全世界范围来看（见图 23），欧洲的国际旅游收入常年稳居首位，美洲的国际旅游收入与东盟所在的亚太地区则不相上下。东盟旅游发展面临着来自欧洲地区与美洲地区的激烈竞争[2]。同时，由于经济发展水平、旅游发展历史、社会环境等条件的差异，以欧盟为主的欧洲地区和以北美洲为主的美洲地区的产业制度与经营环境更规范、知名度和世界影响力更广、国内市场发育程度更高。因此，欧洲和美洲的旅游发展具备更加有利的条件，也给世界其他地区（包括东盟）的旅游业发展带来了激烈的竞争。相比之下，从上述分析可以发现，东盟的旅游产业竞争优势尚显不足。

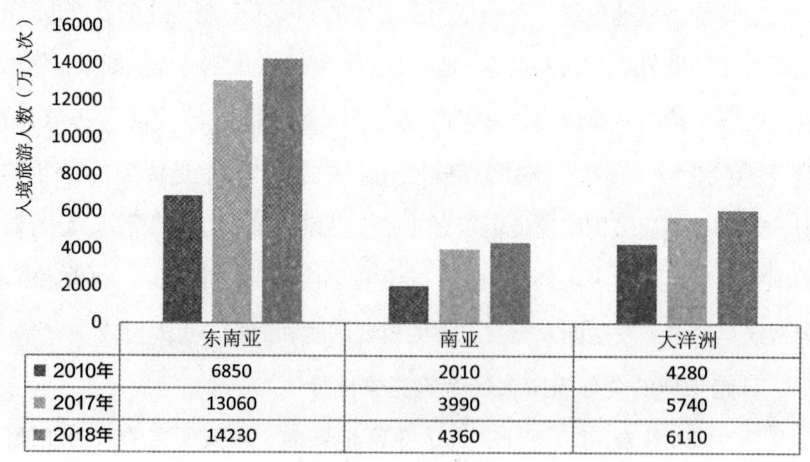


| | 东南亚 | 南亚 | 大洋洲 |
|---|---|---|---|
| 2010年 | 6850 | 2010 | 4280 |
| 2017年 | 13060 | 3990 | 5740 |
| 2018年 | 14230 | 4360 | 6110 |

图21　东盟所在的东南亚及周边地区入境旅游人数

数据来源：根据联合国世界旅游组织发布的《2019年国际旅游报告》整理。

1　World Tourism Organization.International Tourism Highlights 2019 [DB/OL].https://doi.org/10.18111/9789284421152.

2　新时代的南亚东南亚跨境旅游现状和趋势 [EB/OL].https://new.qq.com/omn/20180221/20180221G0BQS1.html.

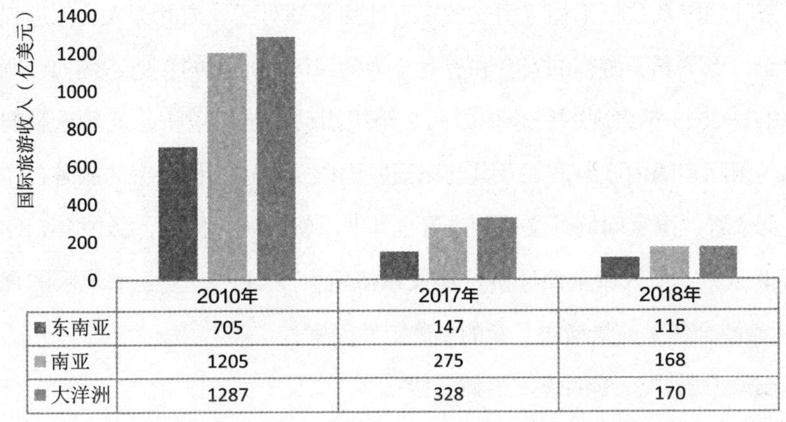


| | 2010年 | 2017年 | 2018年 |
|---|---|---|---|
| 东南亚 | 705 | 147 | 115 |
| 南亚 | 1205 | 275 | 168 |
| 大洋洲 | 1287 | 328 | 170 |

图22　东盟所在的东南亚及周边地区国际旅游收入

数据来源：根据联合国世界旅游组织公布的《2019年国际旅游报告》整理。

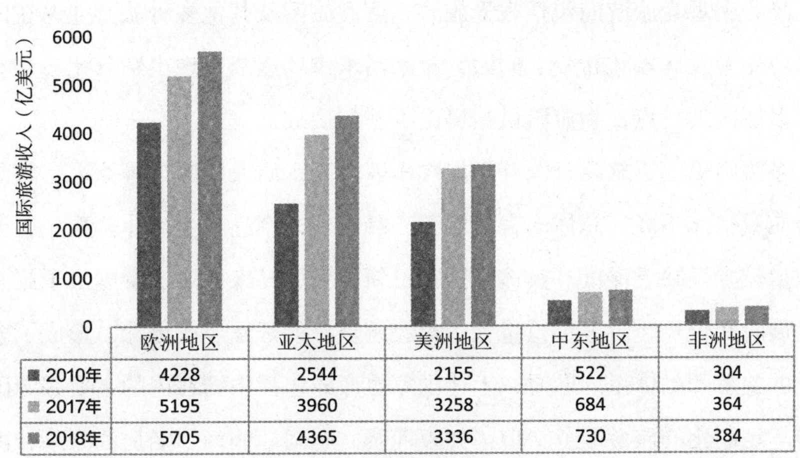


| | 欧洲地区 | 亚太地区 | 美洲地区 | 中东地区 | 非洲地区 |
|---|---|---|---|---|---|
| 2010年 | 4228 | 2544 | 2155 | 522 | 304 |
| 2017年 | 5195 | 3960 | 3258 | 684 | 364 |
| 2018年 | 5705 | 4365 | 3336 | 730 | 384 |

图23　世界各地区国际旅游收入

数据来源：联合国世界旅游组织公布的《2019年国际旅游报告》整理。

### 3. 仍旧存在的区域摩擦阻碍旅游合作

近年来，如上文所述，东盟各国在区域旅游合作方面已经取得不少进展。国际合作协定的制度红利也日益惠及各国，且大部分国家处于社会稳定状况。但从局部来看，东盟仍然存在不稳定的因素。从内部来看，作为一个多民族、多文化、多宗教的地区，宗教和文化因素往往引发区域民族问题。贫富悬殊等经济问题以及政权不稳定引发的军事冲突等都对区域内的深入合作进程形成阻碍，也不利于游客的安全和有竞争力的目的地形象的塑造。例如，缅甸在2017—2018年出现的民族地方武装组织活动及难民危机，就严重影响了该国的国际和国内旅游发展及其与东盟各国以及周边其他国家的旅游合作[1]。从外部来看，国家间的外交谈判进展也并非一帆风顺。例如，2019年，印度政府拒绝加入《区域全面经济伙伴关系协定》（RCEP），为亚太地区的合作（包括旅游合作）前景增添了新的不确定性因素[2]。

4. 旅游需求变革倒逼供给侧升级

随着经济水平的发展、人均收入水平的提高，人们的旅游需求也正在发生变化。休闲和度假旅游日益成为旅游消费的主流。世界各地的旅游发展正经历由观光旅游向包括观光旅游、度假旅游及其他多种旅游业态在内的综合旅游发展模式转变。同时，旅游需求市场逐渐呈现出细分化、多元化、多层次的特点，为旅游供给提出了新的挑战。

东盟国家由于旅游资源开发层次不够、高素质人才匮乏等原因，旅游供给质量整体不高。总体而言，旅游产品以观光产品为主，体验型旅游产品数量较少且缺乏深度。具体到国家，新加坡、马来西亚、泰国由于旅游业发展时间较长、游客接待量大，对旅游资源的开发层次更深，形成了多元化的旅游产品体系。同时，上述国家也面向包括中国在内的主要客源国展开了定制化的旅游服务。但诸如柬埔寨、越南、缅甸、老挝和文莱，由于旅游发展基础薄弱，在旅游产品开发深度、人才培养体系上面临着诸多挑战，旅游供给质量还有待进一步提升。

1 彭丽颖，邓起杰，祝湘辉.缅甸：2018年回顾与2019年展望[J].东南亚纵横，2019（1）：43-51.

2 《区域全面经济伙伴关系协定》（RCEP）第三次领导人会议联合声明 [EB/OL].https://zh.vietnamplus.vn/.

## 六、总结与展望

### （一）总结

在整理2015—2019年与东盟旅游发展有关的统计数据、报道和文献的基础上，本报告分四个部分对近年来东盟旅游发展的情况进行了介绍和分析。这四个部分分别是东盟旅游资源禀赋、东盟旅游产业发展（旅游产业规模、旅游产业要素、旅游产业竞争力）、东盟旅游市场发展、东盟旅游发展SWOT分析。

1. 东盟旅游资源禀赋

在自然资源方面，东盟各国拥有大量具备旅游吸引力和开发潜力的地文景观、水域景观、生物景观以及天象与气候景观。在人文资源方面，东盟各国拥有具备代表性的和受游客欢迎的建筑与设施、历史遗迹、旅游购品和人文活动。截至2019年年底，东盟共有41处世界遗产（占全世界遗产总量的3.7%），包括13处世界自然遗产、27处世界文化遗产及1处世界自然及文化双遗产。

2. 东盟旅游产业发展

（1）旅游产业规模。近年来，东盟旅游产业规模正不断扩大，东盟各国的经济对旅游产业的依赖程度越来越高，旅游业日益成为东盟各国国民经济的支柱产业。据世界旅游业理事会（WTTC）的统计，东盟旅游业对GDP的总贡献值由2015年的2985.6亿美元上升至2019年的3931.2亿美元，年均增长率为7.9%。无论是旅游人数还是旅游收入，东盟整体上以及各个国家都呈现逐年递增的趋势。东盟的入境旅游人数和国际旅游收入的全球份额也在逐年提升，显示出较大的发展潜力。

（2）旅游产业要素。东盟各国旅游产业各要素正不断发展、完善，但各国在旅游产业要素上呈现出结构性差异。例如，在住宿业方面，近年来，东盟各国的酒店（住宿业场所）数量均有所增加。新加坡和柬埔寨两国虽在酒店数量上不具优势，但在酒店的运营效率和服务质量方面具备较大优势。在交通方面，由于各个国家的地理位置不同，国际入境游客的到达方式也有很大的差异。近年来，东盟各国着力建设和完善空中交通和水路交通（邮轮），以满足不断增长的国际旅游市场的需求。

（3）旅游产业竞争力。经过多年的发展，东盟各国的旅游业竞争力均有所提高，但仍存在严重的区域间不均衡以及各国在不同竞争力领域的结构性差异。并且，与世界其他旅游发达地区（中国、欧盟、美洲等）相比，东盟旅游业竞争力还有待进一步提升。如何整合区域内旅游资源、提高各国间旅游合作效率、提升整体旅游吸引力，仍是未来东盟旅游产业发展需要解决的问题。

3. 东盟旅游市场发展

（1）入境旅游市场。近五年来，东盟接待入境旅游人数呈持续增长趋势，入境旅游市场规模不断扩大。随着入境旅游市场规模不断扩大，国际旅游收入增速迅猛。旅游业对东盟经济发展的贡献越来越显著。近年来，东盟入境旅游客源市场结构较稳定，除东盟内部国家外，中国是东盟最大的客源国，也是文莱、柬埔寨、新加坡、泰国和越南五个国家的第一大客源国。但是，东盟各国旅游发展差异较大，入境旅游市场份额分化严重。根据旅游市场发展情况，可将东盟国家分为三个梯队：第一梯队为泰国、马来西亚、新加坡、印度尼西亚；第二梯队为越南、菲律宾、柬埔寨；第三梯队包括文莱、老挝及缅甸。近年来，梯队间增速呈现马太效应，不利于东盟旅游一体化和可持续发展。

（2）国内旅游市场和出境旅游市场。这两个市场反映了东盟各国经济发展水平、国民生活水平和生活质量。近年来，总体而言，东盟各国的国内旅游市场规模不断扩大，国内旅游人数、国内旅游收入持续增长。同时，东盟各国出境旅游人数逐年增加，出境旅游总花费逐渐增多。但与世界平均水平相比，东盟国家出境旅游市场规模还较小，出境旅游总花费仍然较少。

4. 东盟旅游发展 SWOT 分析

（1）优势。东盟旅游发展有如下优势：良好区位优势助力旅游发展、快速增长的区域经济带动旅游消费、政府通过提供政策支持发挥主导、旅游资源丰富助力产品体系初步形成、业态创新推动旅游产业转型升级、多元市场结构保证充足客源、后发优势。

（2）劣势。需要面对的是，东盟旅游发展也存在不少劣势：旅游发展起步时间晚且资源保护性开发程度有限、旅游安全系数低导致旅游风险增大、高素质人才匮乏影响旅游业发展、国家间旅游发展差距较大阻碍一体化进程。

（3）机遇。东盟旅游发展面临的机遇有：生态环境整治将有利于旅游可持续发展、区域合作深化将促成旅游发展合力、法律法规日趋完善将推动旅游市场规范化发展、智慧产业发展与科技渗透将提升旅游业发展质量。

（4）挑战。东盟旅游发展的挑战有：全球经济放缓影响旅游业发展、日趋激烈的全球旅游市场考验竞争优势、仍旧存在的区域摩擦阻碍旅游合作、旅游需求变革倒逼供给侧升级。

综上所述，东盟仍亟须在大环境中审视自身、扬长避短，以推动旅游业的可持续发展。

### （二）东盟旅游发展的总体趋势研判与展望

1. 旅游经济总量或将持续增长，但旅游经济脆弱性不容忽视

2015—2019 年，东盟旅游业规模不断扩大、旅游接待人数不断增多、旅游收入也呈现出持续增长的趋势。旅游业作为第三产业中的朝阳产业，与社会、经济发展有着紧密的关系。长期来看，东盟旅游经济总量将持续增长，体现在旅游接待人数、旅游收入和旅游产业规模等方面。东盟各国有着良好的区位与交通优势，还拥有得天独厚的旅游资源，这足以吸引丰

富的旅游客源。东盟各国在旅游签证方面推出的政策使得入境旅游更加便利化；东盟各国在旅游基础设施方面的投入正逐渐提高东盟国家的旅游吸引力和可进入性。随着人们经济水平的不断提高、可支配收入的增加，前来东盟旅游的游客及参与东盟各国国内旅游的游客数量也将持续增加，从而推动东盟旅游经济的可持续发展。

但与此同时，旅游产业、旅游经济也具有脆弱性。例如，2020 年 1 月暴发的新冠肺炎疫情对国际旅游发展产生了重大影响。受新冠肺炎疫情影响，2020 年 1 月至 3 月，中国前往东盟国家旅游的人数锐减。据不完全统计，新冠肺炎疫情将会使得以中国游客为主要客源的东南亚国家的短期旅游收入减少 30%。就经济总量的影响而言，2020 年全球旅游发展速度都趋缓[1]。长期来看，旅游业也具有强大的恢复力，一时的危机阻挡不了旅游业的发展。对东盟乃至全球旅游业的发展仍需给予足够的信心。

2. 旅游市场结构差异仍将存在，多边合作有望缩小差异

从 2015—2019 年旅游市场发展情况来看，未来东盟旅游发展仍将以入境旅游为主，国内旅游市场和出境旅游市场的发展将会持续缓慢。这意味着，东盟国家仍将在很长时间内作为旅游服务出口国而非旅游服务进口国。这与东盟整体及各个国家的社会、经济发展水平有着密切关系。国家间的旅游市场结构差异也重点体现在入境旅游市场上：近年来，东盟各国间进行的双向旅游活动所形成的市场份额增多，中国客源市场也增长迅速，日益成为东盟国家主要客源国。在未来几年，如何在吸引更多来自东盟国家和中国的入境游客的同时，不断地拓展吸引力半径，多元化入境旅游市场，也将成为东盟旅游发展需要重点关注的问题。

东盟国家邻近的地理位置、日益便利的交通条件、深层合作带来的红利，有利于区域间旅游活动的进行。但这些主要是在新加坡、马来西亚、

1　保继刚.一时危机挡不住旅游发展，借归零重新认识旅游业[EB/OL].http://rrd.me/gn2Mx.

印度尼西亚等位于马来群岛的国家之间产生的双向旅游活动。相比之下，中南半岛上的东盟国家之间产生的双向、多向旅游活动还较少。未来几年内，如果双向旅游活动仍集中在马来群岛上的国家间，那么，东盟国家的旅游市场结构差距仍将持续存在甚至进一步扩大。

缩小东盟国家间在旅游市场结构上的差距有赖于多边合作的开展。可以预期的是，未来几年内，区域旅游合作将持续成为东盟内部以及东盟与周边国家之间经济社会合作的重要组成部分。例如，2019 年，柬埔寨与第五大贸易伙伴马来西亚签订了贸易投资与旅游领域的双边合作协议，有利于扩大马来西亚对柬埔寨的贸易投资额，带动资金投入包括旅游业在内的各产业的发展[1]。近年来，柬埔寨也凭借后发优势，借鉴旅游发展较发达国家的经验教训，引入投资推动旅游基础设施的建设和完善，带动了旅游产业的发展。此外，中国与东盟国家也频繁开展旅游合作以推动双向旅游的发展。例如，2019 中国—东盟博览会旅游展在中国桂林成功举办。旅游展持续扩大了中国与东盟十国的旅游合作，进一步促进了中国和东盟的旅游经贸往来[2]。

3. 提高旅游服务质量、促进旅游产品转型升级成必然选择

随着全球主要客源国出境旅游人数越来越多，国际旅游市场逐渐呈现出细分化、多元化、多层次等特点。这对包括东盟在内的世界各地区的旅游业供给侧改革提出了新的要求。在竞争日趋激烈的国际旅游市场环境中，东盟旅游发展亟须保持强劲的竞争优势。但是，不容忽视的是，除少数几个国家（新加坡、泰国、马来西亚等）外，当前东盟旅游产品总体上仍以观光产品为主，体验型旅游产品虽然有增加但数量仍较少且深度和特色不够。尤其是，在部分国家（例如，缅甸、越南、文莱等），旅游服务

1　柬埔寨和马来西亚扩大贸易投资与旅游合作 [EB/OL].https://zh.vietnamplus.vn/.

2　2019中国—东盟博览会旅游展成果丰硕 [EB/OL].http://www.ctnews.com.cn/art/2019/10/24/art_511_53919.html.

质量也亟待提升。

因此，扩大旅游供给、完善旅游基础设施、提升旅游服务水平、不断创新旅游业态等是实现东盟旅游业转型升级的必要要求。在今后的旅游发展中，东盟各国可以通过对独特自然资源与人文资源的进一步开发、利用，找准细分市场，不断创新旅游业态，以丰富游客体验，提升旅游业核心竞争力。

4. 持续开展国际合作，推动东盟旅游业共同发展

旅游业具有推动经济发展、提高人民生活水平和生活质量、促进国家间文化交流的重要作用。近年来，旅游发展已成为东盟区域发展战略的重要组成部分。实际上，东盟十国在旅游发展上呈现领先级、成长级、滞后级三类情况，区域间旅游发展情况呈现不协调、不均衡的局面。总体而言，东盟一体化成效并不明显，区域旅游发展差距依旧不容忽视。未来仍需持续开展国际合作，以缩小区域间旅游发展差距，推动东盟旅游产业共同发展以及一体化进程。

一直以来，东盟及各国推动旅游乃至区域经济一体化进程的脚步从未停歇。例如，东盟旅游协会联合会（FATA）为东南亚地区开发了多个单程和多程旅游套餐产品，还将于 2020 年推出名为“东盟微笑”（ASEAN Smiles）的旅游项目[1]，串联东盟内多个国家，凸显东盟各国的旅游资源优势，实现区域间带动效应。此外，东盟还制定了《2017—2020 年东盟旅游营销战略》，通过数字渠道和合作伙伴关系，并通过各国营销合作，提高对东盟地区多样性和东盟旅游品牌的第一优先意识。

5. 各方面措施实现东盟旅游业的可持续发展

旅游资源是旅游业发展的基础，做好旅游资源保护是实现东盟旅游可持续发展需要长期坚持的任务。东南亚以其“3S”（阳光、海水、沙滩）

1　东盟强化单一目的地推广，二月推出“东盟微笑”旅游计划[EB/OL].https://ttgchina.com.

自然资源、多样化的民族融合、宗教与人文旅游资源吸引众多国际和国内游客到访。旅游资源具有不可替代性的特点。有些旅游资源，例如，自然旅游资源中的山体、洞穴、古生物化石等和人文旅游资源中的文物、古迹等，一经破坏便不可逆，修复可能性极低。因此，最大限度地保护各类旅游资源，就是保护东盟旅游发展的可持续性。

政治局势长期稳定有利于东盟各国降低游客风险感知，从而提升目的地形象，推动旅游可持续发展。东盟总体的旅游安全程度较低，这对于国外游客而言意味着更高的旅游成本与更高概率的风险，对旅游目的地形象和各国旅游业发展有一定负面影响。为进一步吸引国际游客，需要采取各种措施来维护地区和平、稳定，以降低游客风险感知，提振旅游业各利益相关者的信心。

随着全球信息通信技术（ICT）和大数据产业的飞速发展，智慧旅游将不可避免地成为未来东盟旅游业以及更广范围内的服务业的建设重点。全球社交媒体网络、智能手机应用等渠道技术的迅猛发展为全球游客的线上查询、预订、主客互动、旅游体验共创与分享等提供了可能。发展智慧旅游有利于带动东盟各国旅游业往高端化、智能化的方向升级，因而也是提升旅游服务质量、增强旅游业竞争力、实现旅游业可持续发展的重要措施。

总而言之，在未来的发展中，东盟及各国仍需从各方面入手，紧跟国际发展趋势，发挥自身优势，增强和维持旅游业核心竞争力，实现旅游业的可持续发展。

## 参考文献

[1] 薛云建，邓默．老挝旅游市场营销的问题与对策 [J]. 企业研究，2017（3）：50–53.

[2] 熊殷泉，张宇．“一带一路”倡议背景下云南企业在缅甸、越南、老挝面临的法律问题及对策 [J]. 法制与社会，2019（2）：75–77.

[3] World Economic Forum. The Travel & Tourism Competitiveness Report 2019[R/OL]. http://www3.weforum.org/docs/WEF_TTCR_2019.pdf.

[4] 越南旅游业增长率跃居世界前十位 [EB/OL].https://www.traveldaily.cn/article/133384.

[5] 东盟邮轮旅游业发展方兴未艾 [EB/OL]. http://gxrb.gxrb.com.cn/html/2017-12/06/content_1454351.htm.

[6]Heijmans P，布雨．酒店开发过剩缅甸旅游业遭遇瓶颈 [J]. 商业周刊（中文版），2017：37.

[7] 王才强，沙永杰，魏娟娟．新加坡的城市规划与发展 [J]. 上海城市规划，2012（3）：136–143.

[8] 贤淑．老挝旅游业发展研究 [D]. 天津大学，2011.

[9] 赵朋．东盟国家“智慧城市”建设与中国企业的参与策略研究 [D]. 对外经济贸易大学，2018.

[10] 彭丽颖，邓起杰，祝湘辉．缅甸：2018 年回顾与 2019 年展望 [J]. 东南亚纵横，2019（1）：43–51.

# 东盟旅游经济增长与碳排放

章杰宽

**摘要：**本研究运用2000—2014年的面板数据探讨了东盟国家的旅游、经济、能源和$CO_2$排放之间的短期和长期联系。作为重要的国际性旅游目的地，东盟的旅游发展对于经济、环境和能源消耗的影响仍然鲜有学者关注。本研究在东盟国家旅游、经济、环境和能源之间的均衡关系、因果关系以及变量的贡献度方面取得了一些有意义的发现：$CO_2$排放、人均GDP、能源消耗、可再生能源利用和旅游业之间存在着显著的长期均衡关系，上述各变量的短期波动受其自身以及其他四个变量的影响，由此回到长期均衡路径；从长期来看，$CO_2$排放和人均GDP之间、人均GDP和可再生能源利用之间、能源消耗和可再生能源之间、旅游和可再生能源利用之间存在双向因果关系，但是没有发现短期的双向因果关系存在；旅游发展对$CO_2$排放、人均GDP和可再生能源利用无论是长期还是短期都有显著的影响。

**关键词：**旅游；国内生产总值；能源；可再生能源；二氧化碳排放；东盟；面板数据分析

## 一、前言

旅游业已经成为$CO_2$排放的重要来源（黄和平等，2019；王凯等，2014；Alam 和 Paramati，2017；Eyuboglu 和 Uzar，2019）。文章旨在调查东盟这一重要的全球旅游目的地的旅游和$CO_2$排放以及相关的经济和能

章杰宽，桂林旅游学院副教授，研究方向为低碳旅游与旅游可持续发展。

源之间的均衡和因果联系。在促进经济进步以遏制气候变暖的背景下，经济、能源、$CO_2$ 排放和旅游发展之间的关系已经成为重要的学术热点。大量的研究从全球和区域尺度运用不同的方法探讨了这些关系尤其是变量之间的因果联系，如 Danish 和 Wang（2018）、Dogan 和 Aslan（2017）、Isik 等（2018）、Jebli 和 Hadhri（2018）、Katircioglu 等（2014）、Roudi 等（2019）和 Zaman 等（2017）。但是区域特征的差异导致了这些研究的结论在经济增长、气候变迁和旅游发展的因果方向方面也有着明显的不同，因此，不同区域的实证研究是非常有必要的。

1967 年 8 月 8 日，印度尼西亚、马来西亚、菲律宾、新加坡、泰国在曼谷签署《东南亚国家联盟成立宣言》，标志着东南亚国家联盟（简称东盟）成立。后期，文莱（1984 年）、越南（1995 年）、老挝（1997 年）、缅甸（1997 年）和柬埔寨（1999 年）先后加入，从而形成一个拥有 10 个成员国的国际性区域组织。2017 年东盟国家接待境外旅游者总人数达 1.2572 亿人次，国际旅游收入达到 1269.35 亿美元。旅游业已经成为东盟国家社会经济发展的重要引擎，成为增强东盟国家与其他国家友好往来的重要纽带（叶莉和陈修谦，2014）。在气候变迁形势越发严峻的情形下，世界银行数据显示，东盟也已经成为全球重要的能源消耗和 $CO_2$ 排放主体（世界银行数据）。东盟十国的 $CO_2$ 排放量由 2000 年的 76.41 百万吨增加到 2014 年的 139.15 百万吨，年均增长 4.37%。相应地，Heidari 等（2015）考察了东盟 5 个国家经济增长、能源消耗和 $CO_2$ 排放之间的关系，并证实了该区域环境库兹涅茨曲线（Environmental Kuznets Curve，EKC）的存在。相反，Zhang 和 Liu（2019）则否认了东盟六个国家存在 ECK 假设。 Azam 等（2018）探讨了新加坡、泰国和马来西亚的旅游发展和 $CO_2$ 排放之间的关系。此外，Sherafatian-Jahromi 等（2017）在有关马来西亚、印度尼西亚、泰国、新加坡和菲律宾的研究中证实了 EKC 的存在。具体来说，研究者发现旅游业对 $CO_2$ 排放量的影响是长期的，经济增长和能源消耗大大增加了 $CO_2$ 排放量。但是，考虑到旅游业在东盟社会经济发展中的重要性，考察旅游和上述三个变量之间的关系是非常重要的。

作为全球重要的旅游目的地以及可持续旅游发展的典型示范地，同时由于地理环境因素，该区域也是气候变迁影响比较大地方之一，迄今为止东盟国家的旅游发展与 $CO_2$ 排放之间的关系仍然鲜有学者关注。因此，探寻该区域旅游和 $CO_2$ 排放以及相关因素之间的关系，对于深入认识旅游影响以及东盟的国家的可持续旅游发展具有重要的实践意义。本研究与已有研究的区别在于，首次运用计量经济学方法包括面板单位根检验、面板协整检验、向量误差修正模型（Vector Error Correction Model，VECM）和面板格兰杰因果检验等来估计东盟国家的旅游发展、经济增长、能源消耗、可再生能源利用和 $CO_2$ 排放之间的因果关系。限于数据可得性，面板数据的时间跨度为 2000—2014 年。

本研究的主要贡献包括两个方面。首先，从实证的视角而言，首次关注东盟国家的旅游和 $CO_2$ 排放问题。在“一带一路”倡议以及中国—东盟自由贸易区建设背景下，旅游业已经成为深化中国与东盟国家贸易、深入二者文化交流、促进地区和平的重要的手段。该研究对于认知东盟国家的旅游与经济、能源和环境等关键变量之间的关系具有重要意义。尽管在研究范式上有大量相似的研究，正如 Bella（2018）所云，由于不同旅游目的地的不同社会经济特征和旅游政策环境，研究不同旅游目的地具有非常重要的价值，从而可以提供更合理的政策建议。在国家数量方面，本研究纳入了东盟十国中的八个国家，从而更具说服力，分别是越南、柬埔寨、菲律宾、泰国、缅甸、印度尼西亚、马来西亚和新加坡。由于数据的欠缺，老挝和文莱两个国家被排除在外。其次，在研究方法和变量选择方面也有一定创新之处。在研究方法上，考虑不同变量之间的长期和短期均衡以及因果关系，因此本研究综合应用向量误差修正模型（Vector

Errorcorrection Model，VECM）和向量自回归模型（Vector Autoregressive Model，VAR）。为进一步考察各变量相互之间的贡献度，本研究引入方差分解方法。在变量选择上，本研究在旅游和 $CO_2$ 排放两个变量之外，引入经济、能源消耗和可持续能源利用三个变量，从而有助于更深入地了解不同变量之间的因果关系。

## 二、文献综述

旅游和经济增长、能源消耗以及 $CO_2$ 排放之间的关系是学者们关注的热点之一。在这些研究中，变量的选择具有多样性，包括旅游与其中一个变量或者多个变量之间的关系。基于研究主题，本研究的文献梳理从以下四个方面展开。

### （一）旅游和经济增长

大量的研究已经证实了旅游和经济增长之间存在着一定的联系，例如赵磊等（2014）、吴玉鸣（2014）、Antonakakis 等（2019）、Aratuo 和 Etienne（2019）、Aratuo 等（2019）、Balaguer 和 Cantavella-Jorda（2002）、Belloumi（2010）、Chou（2013）、Dritsakis（2012）、Faber 和 Gaubert（2019）、Fayissa 等（2008）、Jiao 等（2019）、Lee 和 Chang（2008）、Narayan 等（2010）、Oh（2005）、Yazdi（2019）。但是在不同实证对象、不同时间跨度方面，这些联系往往有较大的区别。例如，Antonakakis 等（2019）认为，增长导向型旅游假设在发展中国家始终占主导地位。Belloumi（2010）、Dritsakis（2012）、Lee 和 Chang（2008）、Yazdi（2019）等也支持旅游业与经济增长之间的均衡关系。然而，这一发现与 Oh 的研究结果相矛盾，Oh（2005）通过调查韩国经济中旅游业与经济增长之间的关系，否认了均衡关系的存在。

在因果关系方面，Balaguer 和 Cantavella-Jorda（2002）、Belloumi（2010）、Chou（2013）、Cortes-Jimenez 和 Pulina（2010）、Dritsakis（2012）、Faber 和

Gaubert（2019）、Jiao 等（2019）、Lee 和 Chang（2008）、Yazdi（2019）认为存在从旅游到经济增长的长期单向因果关系。但是 Oh（2005）、Aratuo 和 Etienne（2019）、Aratuo 等（2019）否认了这一结果。认为在一些旅游子行业中，只存在经济增长到旅游的单向格兰杰因果关系。还有一些研究发现了旅游和经济增长之间的双向因果关系，如 Fayissa 等（2008）、Lee 和 Chang（2008）。此外，无论是长期还是短期的旅游经济增长假设都已被 Narayan 等（2010）、Yazdi（2019）证实。

### （二）旅游和 $CO_2$ 排放

低碳经济的兴起，使得低碳旅游成为旅游研究领域的主流方向，从而催生了日益增多的旅游业与 $CO_2$ 排放关系的研究。例如，Akadiri 等（2019）和 Sharif 等（2017）指出旅游者人次与 $CO_2$ 排放之间存在长期均衡关系。此外，Dogan 和 Aslan（2017）、Alam 和 Paramati（2017）、Akadiri 等（2019）、Raza 等（2016）、Sharif 等（2017）、Sherafatian-Jahrom 等（2017）指出存在从旅游业到 $CO_2$ 排放的单向因果关系。王凯等（2018）也认为旅游发展对于区域碳排放增加的影响较为显著。这些研究的区别在于有的学者认为旅游发展可以减少 $CO_2$ 排放［（Dogan 和 Aslan（2017 年、Alam 和 Paramati（2017）以及 Akadiri 等（2019）］，而一些研究发现旅游发展增加了 $CO_2$ 排放［（Chen 等（2018）、Raza 等（2016）、王凯等（2018）］。Wang 和 Wang（2018）、Chen 等（2018）和 León 等（2014）进一步指出，旅游业增长未来将增加更多的 $CO_2$ 排放。此外，Paramati 等（2018）证实了旅游投资、旅游收入和 $CO_2$ 排放之间存在长期均衡关系。

值得注意的是，旅游业与 $CO_2$ 排放之间的关系在不同的目的地也有很大差异。Azam 等（2018）指出，旅游业对马来西亚的 $CO_2$ 排放有显著的积极影响，然而泰国和新加坡的情况则相反。León 等（2014）还指出，发达国家旅游业对 $CO_2$ 排放的影响大于欠发达国家。因此，有必要审视不同区域旅游和 $CO_2$ 排放之间的关系，从而更全面地认知可持续旅游发展。

### （三）旅游和（可再生）能源消耗

第三类相关的文献集中在旅游和能源消耗的关系研究。Amin 等（2019）使用 Dumitrescu–Hurlin 面板非格兰杰因果关系检验方法调查了 1995—2015 年南亚国家旅游业与能源消耗之间的因果关系。研究者认为，从长期来看，旅游业与能源消耗之间存在单向因果关系。同样，基于 EKC 假设，Zaman 等（2016）肯定了 2005—2013 年三个不同国际性区域（东亚和太平洋国家、欧盟、经合组织国家）的旅游业发展导致的能源消耗。此外，一些学者致力于探讨旅游业与可再生能源之间的关系。例如，Ali 等（2018）利用 VECM 模型确认了 1995—2015 年 19 个亚洲合作对话成员国从旅游业到可再生能源消耗的长期单向因果关系。Alola（2018）通过动态自回归分布滞后（Dynamic Autoregressive Distributed Lag，ARDL）方法对 16 个地中海沿岸国家进行研究，得到了同样的结论。

### （四）旅游、经济增长、（可再生）能源消耗和 $CO_2$ 排放

尽管本研究主观地提出上述三类研究，但是实际上很多研究并没有严格地局限于旅游与经济或者 $CO_2$ 排放或者能源消耗，而是更多地涉及到旅游与这些变量之间关系的综合分析，从而得出一些更重要的政策启示。例如，Katircioglu（2014）和 Katircioglu 等（2014）分别探讨了土耳其和塞浦路斯旅游业、能源消耗和 $CO_2$ 排放之间的长期均衡关系。研究者肯定了这种均衡关系的存在，并验证了旅游业主导的能源利用和 $CO_2$ 排放这一假设。在一些岛屿发展中国家的实证中，Roudi 等（2019）同样认为旅游业、能源消耗和 GDP 之间存在长期均衡关系，他们还进一步地发现了这三个变量之间的双向因果关系。Nepal 等（2019）以尼泊尔为例，发现了经济驱动型旅游业的有力证据，并且指出了能源消耗对入境游客的负面影响。Isik 等（2018）使用 Bootstrap 面板格兰杰因果关系模型，调查了美国、法国、西班牙、中国、意大利、土耳其和德国的旅游业、可再生能源消耗和经济增长之间的关系。结果发现，在不同的国家三个变量之间的

因果关系也存在着较大的差异。查建平（2016）、谢园方和赵媛（2012）、石培华和吴普（2011）等则分别计算了湖北省、长三角地区和中国的旅游相关的能源消耗和 $CO_2$ 排放，当然这属于碳计量的研究，并没有涉及旅游—能源—排放之间的关系研究。

不同于旅游—能源—$CO_2$ 的研究，还有一些学者研究了旅游业、经济增长和 $CO_2$ 排放之间的关系。在不同的实证研究中，Balli 等（2019）、Brahmasrene 等（2013）、Danish 和 Wang（2018）都认为旅游业、GDP 和 $CO_2$ 排放之间存在着正向的长期均衡关系。此外，Lee 和 Brahmasrene（2013）还发现了这三个变量之间的双向因果关系，但是 Danish 和 Wang（2018）只发现了旅游收入和 $CO_2$ 排放之间的双向因果关系。同样的，Zhang 和 Gao（2016）认为，国际旅游业长期影响中国的经济增长和 $CO_2$ 排放，经济增长与 $CO_2$ 排放之间存在双向因果关系。Paramati 等（2017）还研究了发达国家和发展中国家的旅游业、经济增长和 $CO_2$ 排放之间的关系，发现尽管旅游业带动了经济增长，但是发达国家发展旅游业导致的 $CO_2$ 排放量要比发展中国家少得多。发达经济体的旅游业对 $CO_2$ 排放的影响比发展中国家减少得更为迅速。此外，Bella（2018）和 Taizeng 等（2019）分别采用 VECM 模型和 ARDL 估计以及异质因果检验验证了旅游业导致的 $CO_2$ 排放和经济增长假设。

在旅游和相关变量的综合性研究中，一些学者将注意力集中在了本研究所分析的四个变量之间的关系上。例如，在 1995—2013 年的十大国际旅游目的地调查中，Jebli 和 Hadhri（2018）采用 VECM 模型和 Granger 因果关系检验方法，检验了这些变量之间的动态因果关系。研究者发现，经济增长、能源使用和国际旅游之间存在双向因果关系，$CO_2$ 排放到经济增长存在单向因果关系。Jebli 等（2019）通过对 1995—2010 年 22 个中南美洲国家的数据分析发现，可再生能源、旅游业和 $CO_2$ 排放之间存在长期的双向因果关系，而从可再生能源到 $CO_2$ 排放、从经济增长到可再生能源和旅游业则存在短期的单向因果关系。

Eyuboglu 和 Uzar（2019）、Dogan 等（2017）、Sherafatian-Jahromi 等（2017）同样调查了旅游业、经济增长、能源消耗和 $CO_2$ 排放之间的因果关系。Eyuboglu 和 Uzar（2019）通过 VECM 因果检验指出，旅游业、经济增长和能源消耗是 $CO_2$ 排放的格兰杰原因，从此长期来看，经济增长、$CO_2$ 排放和能源消耗是旅游发展的格兰杰原因。基于拉格朗日乘数 Bootstrap 面板协整检验和 Dumitrescu-Hurlin 因果关系检验，这些变量之间的长期联系和各种因果关系同样被发现（Dogan 等，2017）。此外，在马来西亚、印度尼西亚、泰国、新加坡和菲律宾的研究中，Sherafatian Jahrom 等（2017）证实了 EKC 的存在。具体来说，研究者发现旅游业对 $CO_2$ 排放量的影响是长期的，经济增长和能源消耗大大增加了 $CO_2$ 排放量。此外，Zaman 等（2017）调查了 1995—2013 年 11 个转型国家的旅游交通、$CO_2$ 排放、能源消耗和经济增长之间的动态关系。证实了能源导致的排放和旅游业导致的增长假设。Zhang 和 Liu（2019）探讨了 1995—2014 年亚洲 10 个国家的 $CO_2$ 排放量、GDP、不可再生能源、可再生能源和旅游业之间的关系。发现在不同地区，被分析变量之间的因果关系存在显著差异，但是旅游导致的 $CO_2$ 排放增加全部存在。

上述文献分析表明，在不同的研究中，旅游与经济增长、能源消耗、$CO_2$ 排放变量之间存在着不同的甚至相互矛盾的结果，这取决于不同的区域、研究方法、估计特征以及时间跨度等。这同样意味着，考察东盟国家旅游与经济、能源、$CO_2$ 排放之间的关系具有重要的理论和实践意义。更重要的是，旅游业、经济增长、能源消耗和 $CO_2$ 排放是相互关联的，因此，需要使用一个综合框架来调查它们之间的关系。尽管旅游—经济—能源—排放的相关研究越来越多，但是东盟国家的旅游业、经济增长、能源消耗、可再生能源使用和 $CO_2$ 排放之间的关系研究仍然鲜有学者关注。本研究使用 2000—2014 年东盟 8 个国家的面板数据对这些关系进行了定量和全面的检验。

## 三、研究方法和数据

### （一）数据来源和处理

本研究的数据为东盟国家2000—2014年的年度数据。其中，参考惯用的研究指标，旅游用国际旅游者人数表示，经济增长用人均GDP（现价美元）表示，能源消耗用人均消耗石油当量（千克）表示，可再生能源利用用占能源使用总量的百分比表示，$CO_2$排放用每美元GDP的排放量（千克/美元）表示。上述数据来源为世界银行发展指标数据。需要指出的是，尽管东盟由10个国家组成，但是由于老挝和文莱两个国家的相关数据缺失，本研究只选定越南、柬埔寨、菲律宾、泰国、缅甸、印度尼西亚、马来西亚和新加坡8个国家来探讨东盟国家旅游和经济、能源以及$CO_2$排放之间的关系。此外，由于越南2014年的能源消耗数据缺失，本研究采用Excel的线性插值Trend函数插入越南2014年的人均消耗石油当量和可再生能源占能源使用总量的比例值。当然，相对于已有的研究如Heidari等（2015）、Zhang和Liu（2019）、Sherafatian Jahrom等（2019）的研究，本研究的覆盖范围更广。此外，为了降低数据的量级，本研究将人均GDP、人均消耗石油当量和国际旅游者人数分别取自然对数。表1给出了东盟国家2000—2014年五个指标数据的描述性统计结果。总体来看，面板数据的均值和中位数比较接近，并且标准误相对较小，这表明文章的面板数据相对均匀。

表1　描述性统计结果

| | $CO_2$ | Ln人均GDP | Ln能源 | 可替代能源 | Ln旅游 |
|---|---|---|---|---|---|
| | 柬埔寨 | | | | |
| 均值 | 0.388951 | 6.370576 | 5.748825 | 0.601489 | 14.31534 |

续表

| | $CO_2$ | Ln人均GDP | Ln能源 | 可替代能源 | Ln旅游 |
|---|---|---|---|---|---|
| 中位数 | 0.377099 | 6.448137 | 5.755974 | 0.114242 | 14.51613 |
| 最大值 | 0.449917 | 6.997135 | 6.032698 | 3.319266 | 15.32025 |
| 最小值 | 0.332738 | 5.712336 | 5.526549 | 0.002507 | 13.05194 |
| 标准误 | 0.041241 | 0.447586 | 0.190541 | 1.106144 | 0.720091 |
| | | | 马来西亚 | | |
| 均值 | 8.377547 | 6.916644 | 2.316609 | 15.76583 | 16.73044 |
| 中位数 | 8.200575 | 6.725708 | 1.109230 | 15.85022 | 16.85875 |
| 最大值 | 10.92498 | 8.530933 | 6.937204 | 17.03571 | 17.12740 |
| 最小值 | 6.857388 | 5.638053 | 0.187057 | 13.61217 | 16.14005 |
| 标准误 | 1.269672 | 0.981134 | 2.198261 | 1.042020 | 0.336062 |
| | | | 缅甸 | | |
| 均值 | 0.357365 | 6.090084 | 5.695338 | 1.882801 | 13.57475 |
| 中位数 | 0.347283 | 6.008146 | 5.712537 | 1.377120 | 13.48144 |
| 最大值 | 0.631097 | 7.132354 | 5.911697 | 3.585289 | 14.94076 |
| 最小值 | 0.197174 | 4.921209 | 5.582526 | 0.787380 | 12.93844 |
| 标准误 | 0.126580 | 0.838119 | 0.082980 | 1.071796 | 0.531813 |
| | | | 泰国 | | |
| 均值 | 0.836780 | 8.186654 | 7.350033 | 0.697612 | 16.49105 |
| 中位数 | 0.832617 | 8.287282 | 7.371537 | 0.644233 | 16.46523 |
| 最大值 | 0.892887 | 8.727173 | 7.596690 | 1.109230 | 17.09443 |
| 最小值 | 0.790186 | 7.546060 | 7.045994 | 0.395588 | 16.07508 |
| 标准误 | 0.033109 | 0.424109 | 0.170482 | 0.230172 | 0.332103 |
| | | | 新加坡 | | |
| 均值 | 0.217967 | 10.48988 | 8.545203 | 0.169132 | 15.86884 |
| 中位数 | 0.194481 | 10.56945 | 8.530304 | 0.177019 | 15.84208 |
| 最大值 | 0.367273 | 10.96063 | 8.905262 | 0.204186 | 16.29196 |
| 最小值 | 0.097058 | 9.985068 | 8.356502 | 0.097325 | 15.36371 |

续表

| | $CO_2$ | Ln人均GDP | Ln能源 | 可替代能源 | Ln旅游 |
|---|---|---|---|---|---|
| 标准误 | 0.080770 | 0.360971 | 0.127672 | 0.031315 | 0.281970 |
| | | | 印度尼西亚 | | |
| 均值 | 0.612093 | 7.490650 | 6.692656 | 0.759443 | 15.62250 |
| 中位数 | 0.613127 | 7.528333 | 6.677600 | 0.764662 | 15.52135 |
| 最大值 | 0.752998 | 8.214560 | 6.784365 | 0.947815 | 16.05994 |
| 最小值 | 0.492659 | 6.617747 | 6.601112 | 0.639576 | 15.31223 |
| 标准误 | 0.067337 | 0.591547 | 0.060731 | 0.091990 | 0.237487 |
| | | | 越南 | | |
| 均值 | 1.101076 | 6.786839 | 6.271437 | 4.502677 | 15.19478 |
| 中位数 | 1.125270 | 6.809353 | 6.277560 | 3.986847 | 15.13647 |
| 最大值 | 1.235481 | 7.615920 | 6.588232 | 6.937204 | 15.87908 |
| 最小值 | 0.877315 | 5.966386 | 5.885002 | 3.101582 | 14.57632 |
| 标准误 | 0.097819 | 0.587218 | 0.227933 | 1.204781 | 0.432867 |
| | | | 菲律宾 | | |
| 均值 | 0.460445 | 7.371307 | 6.115165 | 3.303550 | 14.88152 |
| 中位数 | 0.425215 | 7.420932 | 6.109423 | 3.296251 | 14.91977 |
| 最大值 | 0.584827 | 7.948497 | 6.239783 | 3.735179 | 15.39098 |
| 最小值 | 0.410005 | 6.864002 | 6.023960 | 2.906361 | 14.40163 |
| 标准误 | 0.059692 | 0.402238 | 0.056220 | 0.231419 | 0.333444 |
| | | | 总体情况 | | |
| 均值 | 0.598725 | 7.700723 | 6.781950 | 1.595067 | 15.33490 |
| 中位数 | 0.559359 | 7.535452 | 6.594672 | 0.805116 | 15.43322 |
| 最大值 | 1.235481 | 10.96063 | 8.905262 | 6.937204 | 17.12740 |
| 最小值 | 0.097058 | 4.921209 | 5.526549 | 0.002507 | 12.93844 |
| 标准误 | 0.289237 | 1.450653 | 0.982314 | 1.597535 | 1.087165 |

## （二）模型设定

本研究综合应用 VECM 格兰杰因果检验和 VAR 模型来探讨旅游和经济、能源以及 $CO_2$ 排放之间的长期和短期均衡以及因果关系。

本研究理论假设的出发点在于假设旅游发展是经济增长、能源消耗和 $CO_2$ 排放的驱动因素，因此本研究参考 Jebli 和 Hadhri（2018）、Katircioglu（2014）和 Katircioglu 等（2014）的研究，建立如下对数线性方程来检验 $CO_2$ 排放（$CO_2$）、人均 GDP（GDPpc）、能源消耗（E）、可再生能源利用（RE）和旅游（T）之间的长期联系：

$$\ln GDPpc_{it}=\beta_0+\beta_1 CO_{2it}+\beta_2 \ln E_{it}+\beta_3 RE_{it}+\beta_4 \ln T_{it}+\varepsilon_{it} \quad (1)$$

$$CO_{2it}=\beta_0+\beta_1 \ln GDPpc_{it}+\beta_2 \ln E_{it}+\beta_3 RE_{it}+\beta_4 \ln T_{it}+\varepsilon_{it} \quad (2)$$

$$\ln E_{it}=\beta_0+\beta_1 \ln GDPpc_{it}+\beta_2 CO_{2it}+\beta_3 RE_{it}+\beta_4 \ln T_{it}+\varepsilon_{it} \quad (3)$$

$$RE_{it}=\beta_0+\beta_1 \ln GDPpc_{it}+\beta_2 CO_{2it}+\beta_3 RE_{it}+\beta_4 \ln T_{it}+\varepsilon_{it} \quad (4)$$

其中，时间由下标 $t$（$t$=2000，2001，2002，…，2014）表示，ln 表示取自然对数转换，$i$（$i$=1，2，3，…，8）表示横截面成员，$\varepsilon_{it}$ 表示估计的残差，用来描述与长期关系的偏差。

如 Katircioglu 等（2014）和 Bella（2018）所云，方程（1）到方程（4）的独立变量从长期来看可能不会立即调整到其均衡水平，因此，需要分析 lnGDPpc、$\ln CO_2$、lnE 和 lnRE 在短期和长期均衡之间的调整速度。为此，本研究建立动态 VECM 模型来估计这一调整速度。首先，本研究建立 5 个拥有滞后期 p 的 VAR 模型。

假设 $y_t$=（$\ln CO_2$，lnGDPpc，$\ln E_t$，lnRE，$\ln T_t$），本研究建立如下 VAR 模型：

$$y_t=\alpha_t+\sum_{j=1}^{p}\prod_j y_{t-j}+\xi_t, \quad (5)$$

其中，$\alpha_t$=（$\alpha_1$，$\alpha_2$，$\alpha_3$，$\alpha_4$，$\alpha_5$），$\xi_t$=（$\xi_1$，$\xi_2$，$\xi_3$，$\xi_4$，$\xi_5$）。

对方程（5）进行协整变换得到：

$$\Delta y_t=\sum_{j=1}^{p-1}\Gamma_j \Delta y_{t-j}+\prod_j y_{t-j}+\mu_t \quad (6)$$

其中，$\prod=\sum_{j=1}^{p}\prod j\text{-}1$，$\Gamma_j=\sum_{k=1+j}^{p}\prod j$，$\mu_t$ 表示白噪音。如果在 $Y_{it}$ 之间存在协整关系，方程（6）可以写成如下 VECM 形式：

$$\Delta y_t=\sum_{j=1}^{p}\Gamma_j \Delta y_{t-j}+\beta ECT_{t-1}+\mu_t \tag{7}$$

更直观地，方程（7）可以写成如下矩阵形式：

$$\begin{pmatrix}\Delta \ln GDP_t\\ \Delta \ln CO_{2t}\\ \Delta \ln E_t\\ \Delta \ln T_t\end{pmatrix}=\begin{pmatrix}\beta_1\\ \beta_2\\ \beta_3\\ \beta_4\end{pmatrix}+\sum_{k=1}^{p}\begin{pmatrix}\omega_{11,k} & \omega_{12,k} & \omega_{13,k} & \omega_{14,k}\\ \omega_{21,k} & \omega_{22,k} & \omega_{23,k} & \omega_{24,k}\\ \omega_{31,k} & \omega_{32,k} & \omega_{33,k} & \omega_{34,k}\\ \omega_{41,k} & \omega_{42,k} & \omega_{13,k} & \omega_{44,k}\end{pmatrix}\begin{pmatrix}\Delta \ln GDP_{t-1}\\ \Delta \ln CO_{2t-1}\\ \Delta \ln E_{t-1}\\ \Delta \ln T_{t-1}\end{pmatrix}+\begin{pmatrix}\varphi_1\\ \varphi_2\\ \varphi_3\\ \varphi_4\end{pmatrix}ECT_{t-1}+\begin{pmatrix}\xi_{1,t}\\ \xi_{2,t}\\ \xi_{3,t}\\ \xi_{4,t}\end{pmatrix} \tag{8}$$

其中，Δ 是一阶差分，表示变量的短期变化；$p$ 表示由施瓦茨信息准则（Schwarz Information Criterion，SIC）自动确定的回归滞后时间，本研究将其设定为 2；$ECT_{it-1}$ 表示由方程（1）到（4）导出的一期滞后误差修正项（Error Correction Term，ECT）；$\varphi$ 和 $\xi_t$ 分别表示调整速度和误差项。$\varphi$ 的绝对值越大，则表示调整得越快。

## 四、结果和讨论

### （一）面板单位根检验

面板单位根检验有两种类型，一种假设面板数据的一阶自回归系数对所有的横截面都是相同的，另一种假设该系数跨界面自由地变化。因此，面板数据单位根检验包括共同单位根过程和不同单位根过程两类。其中，共同单位根过程包括 Levin–Lin–Chu（LLC）检验和 Breitung 检验两种类型，不同单位根过程包括 Im–Pesaran–Shin（IPS）检验、Augmented Dickey–Fuller（ADF）–Fisher 检验和 Phillips–Perron（PP）–Fisher 检验三种类型。表 2 显示了各类型单位根检验的结果。

表2　面板单位根检验结果

| 阶数 | 类型 | $CO_2$ | | LnGDPpc | | LnE | | RE | | LnT | |
|---|---|---|---|---|---|---|---|---|---|---|---|
| | | 统计量值 | P值 | 统计量值 | P值 | 统计量值 | P值 | 统计量值 | P值 | 统计量值 | P值 |
| 0阶 | Null：单位根（假定为共同单位根进程） | | | | | | | | | | |
| | LLC | 3.99384 | 1.0000 | -0.03874 | 0.4845 | -1.79102 | 0.0566 | -1.88775 | 0.0595 | 1.03751 | 0.8503 |
| | Breitung | 0.77803 | 0.7817 | -0.07741 | 0.4691 | 2.41823 | 0.9922 | 1.71573 | 0.9569 | -0.06059 | 0.4758 |
| | Null：单位根（假定为不同单位根进程） | | | | | | | | | | |
| | IPS | 0.11155 | 0.5444 | 3.48298 | 0.9998 | 0.23826 | 0.5942 | -0.46151 | 0.3222 | 4.39057 | 1.0000 |
| | ADF - Fisher | 0.92938 | 0.6283 | 2.00836 | 1.0000 | 12.8525 | 0.6835 | 16.2948 | 0.4326 | 2.33440 | 1.0000 |
| | PP - Fisher | 22.8609 | 0.0000 | 1.92943 | 1.0000 | 13.9645 | 0.6014 | 14.8872 | 0.5329 | 7.51793 | 0.9619 |
| 1阶 | Null：单位根（假定为共同单位根进程） | | | | | | | | | | |
| | LLC | -12.6205 | 0.0000 | -7.27301 | 0.0000 | -5.16173 | 0.0000 | -5.80527 | 0.0000 | -8.60934 | 0.0000 |
| | Breitung | -2.53835 | 0.0056 | -1.73592 | 0.0413 | -2.94317 | 0.0016 | -1.58253 | 0.0468 | -3.42101 | 0.0003 |
| | Null：单位根（假定为不同单位根进程） | | | | | | | | | | |
| | IPS | -9.94917 | 0.0000 | -5.47640 | 0.0000 | -4.04825 | 0.0000 | -5.97965 | 0.0000 | -6.83484 | 0.0000 |
| | ADF - Fisher | 25.9938 | 0.0000 | 56.8542 | 0.0000 | 50.5462 | 0.0000 | 62.4790 | 0.0000 | 70.5429 | 0.0000 |
| | PP - Fisher | 20.4735 | 0.0000 | 68.8757 | 0.0000 | 75.0699 | 0.0000 | 83.3940 | 0.0000 | 94.4347 | 0.0000 |

表2显示的单位根检验结果表明，对于原始序列的单位根检验，$CO_2$、lnGDPpc、lnE、RE和lnT的检验统计量对应的P值均大于0.05。这表明在5%的显著性水平下都不能拒绝各截面序列具有相同和不同单位根过程的原假设，即所有数据序列都存在单位根，因此各变量序列是非平

稳的。进一步地，文章对面板数据序列的一阶差分进行单位根检验，表 2 的结果显示，在 5% 的显著性水平下，各截面序列的检验统计量对应的 P 值均小于 0.05，由此可见面板数据序列的一阶差分序列是平稳的。因此本研究的原序列属于一阶单整，即 I(1)，满足协整检验的前提条件。

## （二）面板协整检验

这里文章考察东盟国家旅游和 $CO_2$ 排放、人均 GDP、能源消耗和可再生能源利用之间的协整关系，即长期均衡关系。表 3 给出了三种不同类型协整检验的结果，包括 Pedroni 检验、Kao 检验和 Johansen Fisher 检验。Pedroni 检验结果表明，面板和群组检验的 7 个统计量对应的 P 值有 5 个小于 0.05，这表明在 5% 甚至更低的显著水平下，方程（1）到方程（4）中的变量是面板协整的。Kao 检验的结果则表明五个变量在 1% 的显著性水平上具有协整关系。因此，表 3 表明，东盟国家的 $CO_2$ 排放、人均 GDP、能源消耗、可再生能源利用和旅游业之间存在着显著的长期均衡关系。这一结果与 Zhang 和 Gao（2016）关于中国的研究、Balli 等关于地中海国家的研究、Dogan 等（2017）关于经合组织国家的研究、Katircioglu（2014）关于土耳其的研究、Katircioglu 等（2014）关于塞浦路斯的研究以及 Roudi 等（2019）关于海岛国家的研究中得出的结论相似。此外，Johansen Fisher 检验的结果显示最多 4 个协整方程的零假设的 P 值为 0，这表明在该假设被拒绝，即表明在 $CO_2$、lnGDPpc、lnE、RE 和 lnT 之间存在 5 个协整方程。

表3　面板数据协整检验结果

| Pedroni Test | | |
|---|---|---|
| | 统计量值 | P值 |
| Panel v-Statistic（加权统计值） | −2.825425 | 0.9976 |
| Panel rho-Statistic （加权统计值） | −1.614886 | 0.0432 |
| Panel PP-Statistic （加权统计值） | −25.04181 | 0.0000 |
| Panel ADF-Statistic （加权统计值） | −12.60121 | 0.0000 |

续表

| | | | | |
|---|---|---|---|---|
| Group rho-Statistic | | | -0.700009 | 0.2420 |
| Group PP-Statistic | | | -32.78715 | 0.0000 |
| Group ADF-Statistic | | | -16.03592 | 0.0000 |
| Kao Test | | | | |
| ADF | | | -3.408963 | 0.0003 |
| Johansen Fisher Test | | | | |
| 零假设 | Fisher 统计量值（from trace test） | P值 | Fisher统计量值（from max-eigen test） | P值 |
| None | 11.09 | 0.8039 | 11.09 | 0.8039 |
| At most 1 | 113.30 | 0.0000 | 113.30 | 0.0000 |
| At most 2 | 147.40 | 0.0000 | 147.40 | 0.0000 |
| At most 3 | 103.70 | 0.0000 | 90.93 | 0.0000 |
| At most 4 | 60.42 | 0.0000 | 60.42 | 0.0000 |

表 4 分别给出了 $CO_2$、人均 GDP、能源消耗和可再生能源利用为独立变量的协整方程的估计结果。从长期来看，旅游业每增长 1%，东盟国家 1 美元 GDP 导致的 $CO_2$ 排放将增加约 0.241%，人均 GDP 将增长约 0.491%，人均能源消耗将降低约 0.183%，而可替代能源利用将降低约 1.076%，并且上述结果在统计上非常显著。

表4　协整方程

| $CO_2$作为因变量 | | | | |
|---|---|---|---|---|
| 变量 | 系数 | 标准误 | t-值 | 显著性 |
| C | -2.798811 | 0.181756 | -15.39870 | 0.0000 |
| lnGDPpc | -0.343369 | 0.021565 | -15.92232 | 0.0000 |
| LnE | 0.325990 | 0.036810 | 8.856080 | 0.0000 |
| RE | 0.087320 | 0.008240 | 10.59653 | 0.0000 |
| LnT | 0.240732 | 0.017228 | 13.97329 | 0.0000 |

续表

| | | | | |
|---|---|---|---|---|
| LnGDPpc作为因变量 | | | | |
| C | -6.370357 | 0.487156 | -13.07662 | 0.0000 |
| $CO_2$ 排放 | -2.003506 | 0.125830 | -15.92232 | 0.0000 |
| LnE | 1.093132 | 0.053917 | 20.27429 | 0.0000 |
| RE | 0.202449 | 0.020656 | 9.800822 | 0.0000 |
| LnT | 0.491307 | 0.050726 | 9.685415 | 0.0000 |
| LnE作为因变量 | | | | |
| C | 3.602094 | 0.522605 | 6.892574 | 0.0000 |
| $CO_2$ 排放 | 1.243813 | 0.140447 | 8.856080 | 0.0000 |
| lnGDPpc | 0.714816 | 0.035257 | 20.27429 | 0.0000 |
| RE | -0.168626 | 0.016273 | -10.36234 | 0.0000 |
| LnT | -0.182621 | 0.052585 | -3.472871 | 0.0007 |
| RE作为因变量 | | | | |
| C | 16.82014 | 2.023297 | 8.313235 | 0.0000 |
| $CO_2$ 排放 | 5.657704 | 0.533921 | 10.59653 | 0.0000 |
| lnGDPpc | 2.248081 | 0.229377 | 9.800822 | 0.0000 |
| LnE | -2.863515 | 0.276339 | -10.36234 | 0.0000 |
| LnT | -1.076245 | 0.204474 | -5.263495 | 0.0000 |

## （三）VECM 模型分析

在证实了东盟国家旅游、经济、能源和 $CO_2$ 排放之间的协整关系之后，本研究运用 VECM 模型考察了不同变量之间的长期均衡和短期波动情况。表 5 显示了 VECM 模型的估计结果。

表5　VECM估计结果

| | D（$CO_2$） | D（Ln GDPpc） | D（LnE） | D（RE） | D（LnT） |
|---|---|---|---|---|---|
| 误差修正系数 | -0.023304 | 0.447151 | -0.011080 | 0.899792 | 0.494088 |
| | （0.04572） | （0.15889） | （0.10803） | （0.28533） | （0.21122） |
| | [-0.50972] | [ 2.81429] | [-0.10257] | [ 3.15355] | [ 2.33918] |

续表

| | D（$CO_2$） | D（Ln GDPpc） | D（LnE） | D（RE） | D（LnT） |
|---|---|---|---|---|---|
| D [$CO_2$（-1）] | -0.121609 | -0.929170 | -0.290658 | -2.242687 | -1.123731 |
| | （0.15077） | （0.52395） | （0.35623） | （0.94091） | （0.69654） |
| | [-0.80659] | [-1.77339] | [-0.81593] | [-2.38353] | [-1.61330] |
| D [$CO_2$（-2）] | -0.261700 | 0.160775 | -0.284804 | 0.736204 | 0.131569 |
| | （0.14779） | （0.51358） | （0.34918） | （0.92229） | （0.68276） |
| | [-1.77080] | [0.31305] | [-0.81563] | [0.79823] | [0.19270] |
| D [LnGDPpc（-1）] | -0.029691 | -0.111757 | -0.072599 | -0.621798 | -0.393784 |
| | （0.06251） | （0.21724） | （0.14770） | （0.39011） | （0.28879） |
| | [-0.47498] | [-0.51445] | [-0.49154] | [-1.59390] | [-1.36355] |
| D [LnGDPpc（-2）] | -0.074732 | 0.057746 | -0.132213 | 0.370614 | 0.153543 |
| | （0.06013） | （0.20897） | （0.14207） | （0.37526） | （0.27780） |
| | [-1.24283] | [0.27634] | [-0.93059] | [0.98761] | [0.55271] |
| D [LnE（-1）] | 0.048967 | 0.056306 | 0.061187 | 0.724145 | 0.300496 |
| | （0.08223） | （0.28577） | （0.19429） | （0.51318） | （0.37990） |
| | [0.59549] | [0.19703] | [0.31492] | [1.41109] | [0.79099] |
| D [LnE（-2）] | 0.070032 | 0.044768 | 0.098273 | -0.333239 | -0.171996 |
| | （0.08158） | （0.28352） | （0.19276） | （0.50915） | （0.37691） |
| | [0.85839] | [0.15790] | [0.50981] | [-0.65450] | [-0.45633] |
| D [RE（-1）] | -0.006600 | 0.076814 | 0.014220 | 0.384051 | 0.107201 |
| | （0.02028） | （0.07048） | （0.04792） | （0.12657） | （0.09369） |
| | [-0.32546] | [1.08989] | [0.29676] | [3.03440] | [1.14415] |
| D [RE（-2）] | 0.019441 | 0.022042 | 0.016913 | -0.079311 | -0.032023 |
| | （0.02038） | （0.07084） | （0.04816） | （0.12721） | （0.09417） |
| | [0.95373] | [0.31115] | [0.35116] | [-0.62345] | [-0.34004] |
| D [LnT（-1）] | 0.032752 | 0.292702 | 0.064809 | 0.408732 | 0.327162 |
| | （0.04484） | （0.15581） | （0.10594） | （0.27981） | （0.20714） |
| | [0.73047] | [1.87852] | [0.61177] | [1.46074] | [1.57942] |
| D [LnT（-2）] | 0.054348 | 0.006371 | 0.081257 | 0.017619 | 0.077424 |
| | （0.04309） | （0.14975） | （0.10182） | （0.26893） | （0.19908） |
| | [1.26118] | [0.04254] | [0.79807] | [0.06552] | [0.38890] |
| C | -0.008616 | 0.036204 | 0.022030 | -0.034142 | 0.011167 |
| | （0.01077） | （0.03744） | （0.02545） | （0.06723） | （0.04977） |
| | [-0.79986] | [0.96710] | [0.86557] | [-0.50787] | [0.22439] |

续表

| | D（$CO_2$） | D（Ln GDPpc） | D（LnE） | D（RE） | D（LnT） |
|---|---|---|---|---|---|
| $R^2$值 | 0.062586 | 0.112268 | 0.020581 | 0.161014 | 0.072226 |
| 调整的$R^2$值 | −0.035619 | 0.019268 | −0.082024 | 0.073121 | −0.024969 |
| F值 | 0.637297 | 1.207179 | 0.200588 | 1.831921 | 0.743104 |

注：（ ）内的数值表示标准误，[ ]内的数值表示T值。

根据表5的显示结果，本研究得到如下ECM方程的表达式：

$$ECM=CO_{2t-1}+0.117258*\ln GDPpc_{t-1}+0.163225*\ln E_{t-1}-0.129152*RE_{t-1}-0.505719*\ln T_{t-1}+5.352526 \quad (9)$$

如表5所示，第2到6列分别呈现了变量$CO_2$、lnGDPpc、lnE、RE和lnT的VECM模型的估计结果，分别命名为模型Ⅰ、模型Ⅱ、模型Ⅲ、模型Ⅳ和模型Ⅴ。根据方程（8），ECT的系数即误差修正系数表明长期均衡关系对短期变化的调整。模型Ⅰ表明，$CO_2$排放量的短期变化受自身、经济增长、能源消耗、可再生能源利用和旅游人数的影响。模型Ⅱ～模型Ⅴ同时表明经济增长、能源消耗、可再生能源利用和旅游人数的短期变化也受到自身同其他四个变量的影响。具体地，表5表明，当$CO_2$排放受到干扰并偏离平衡状态时，经济增长、能源消耗、可再生能源利用和旅游人数等因素将共同作用并以0.023304的反向调整速度使其回到长期均衡路径。同样地，经济增长通过$CO_2$排放、能源消耗、可再生能源利用和旅游人数等渠道向长期均衡路径收敛，调整速度为0.447151；能源消费通过$CO_2$排放、经济增长、可再生能源利用和旅游人数等渠道向长期均衡路径收敛，调整速度为−0.011080；可再生能源利用通过$CO_2$排放、经济增长、能源消耗和旅游人数等渠道向长期均衡路径收敛，调整速度为0.899792；旅游人数通过$CO_2$排放、经济增长、能源消耗和可再生能源利用等渠道向长期均衡路径收敛，调整速度为0.494088。

### （四）脉冲响应分析

在 VECM 模型的基础上，本研究进一步刻画脉冲响应曲线来表示 $CO_2$ 排放、经济增长、能源消耗、可再生能源利用旅游发展之间的动态联系，结果如图 1 所示。脉冲响应函数描述了系统中一个变量对其他变量的单位冲击，并能提供冲击的正负方向、调整滞后周期和稳定过程等信息。

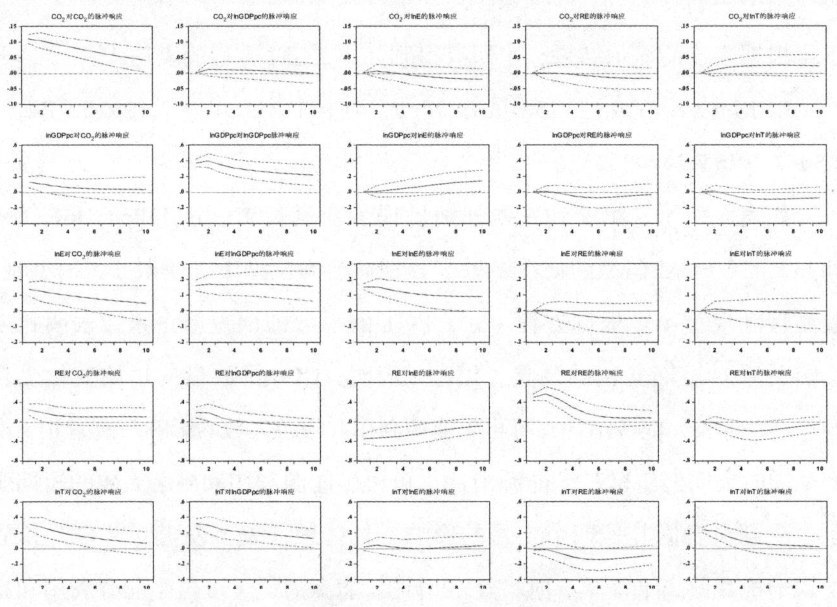


图1　$CO_2$、lnGDPpc、lnE、RE 和lnT的脉冲响应

图 1 显示，短期来看，人均 GDP 的增加对 $CO_2$ 排放的增加有着正向影响，并且该正向影响呈逐渐收敛趋势。这一结果基本上与已有的研究结论相似，经济增长导致了越来越多的 $CO_2$ 排放，但同时，经济增长与 $CO_2$ 排放之间存在倒 U 形关系，即存在 EKC 曲线。当经济增长达到一个阈值时，对 $CO_2$ 排放的正向影响逐渐削弱乃至转向负向影响。具体到东盟国家，本研究的这一结论与 Heidari 等（2015）和 Sherafatian-Jahromi 等（2017）的结论一致，但是与 Zhang 和 Liu（2019）的结论相反。能源消耗增加对 $CO_2$ 排放增加的影响由开始的正向转变为后期的负向。能源消

耗是导致全球包括东盟国家 $CO_2$ 排放的主要原因，因此很容易理解能源消耗对 $CO_2$ 排放的正向影响。需要注意的是，随着全球气候治理以及可持续发展议程的推进，可再生能源在总能源消耗中的比例不断增加。这在东盟八国可再生能源利用的时间序列数据中得到了很好的体现。因此，尽管总体能源消耗增加，但是可再生能源比重的增加反而降低了 $CO_2$ 排放。这在图 1 中也有着较好的体现。图 1 的脉冲曲线表明，可再生能源利用的增加对于 $CO_2$ 排放增加有着负面影响，并且负面影响随着时间的推进不断增加。这也表明对于东盟而言，可再生能源的普及是实现低碳发展的重要举措。图 1 同时表明旅游人次的增加导致了 $CO_2$ 排放的增加，这与 Zhang 和 Liu（2019）的结论相似。该结果表明旅游业正给东盟带来越来越多的 $CO_2$ 排放，旅游业的减排工作对于东盟旅游目的地的低碳发展的重要性应该引起关注。

通过脉冲响应曲线，本研究还发现，短期来看，$CO_2$ 排放的增加对于经济增长有着正向影响，但是该影响逐渐变弱；能源消耗的增加对于经济增长同样有着正向影响，不同的是该影响逐渐走强。对于后者，原因在于能源作为经济增长的重要驱动力，增加其投入当然会实现经济的不断增长。对于前者而言，可能的解释在于：由于 $CO_2$ 排放主要来源于生产环节，因此可以认为 $CO_2$ 的增加一定程度上增加了产出，从而促进经济增长，但是 $CO_2$ 排放带来的负面影响如气候变迁对于经济的负面影响也同样显著，并且这种影响越到后期越会凸显。可再生能源利用的增加对于经济增长总体上有着负面影响，而旅游人数的增加在短期内对于经济增长有着正向作用，后期则变为负面影响。对于东盟而言，当前的经济增长更多的还是依赖于传统的化石能源的消耗。实际上，根据《BP 世界能源统计年鉴》的统计数据，在东盟国家的经济实践中，可再生能源消耗的比例一直处于较低水平。此外，尽管旅游业在东盟各国发展得比较快，但是扩展到整个经济体系，这种影响可能需要进一步提升，并且需要降低旅游发展对于其他产业的挤出效应。

其他方面，旅游人数的增加对于能源消耗的增加由正向影响转向负向影响，对于可再生能源的增加有着负向影响。这一定程度上说明在东盟国家，旅游业的能源消耗水平总体较低，并且可再生能源的利用程度较低。尽管旅游发展导致的$CO_2$排放越来越多，但是横向比较来看，在东盟国家旅游业仍然是一个相对低排放的产业，并且对于再生能源的利用有着较大的空间。这将会极大促进未来东盟国家旅游的低碳转型。$CO_2$排放的增加对于旅游增长有着正向影响，但是该影响逐渐降低，经济增长对于旅游的影响与$CO_2$排放有着相似的影响轨迹。原因在于经济增长和$CO_2$排放之间有着极大的相关性，而经济增长对于旅游目的地竞争力的提升（如旅游资源开发、基础设施建设、旅游环境治理等）具有重要的推动作用，从而吸引更多的游客前来。能源消耗增加对旅游人数的增加有着正向影响，但是影响的强度相对较弱，可再生能源的增加对于旅游人数有着显著的负面影响。因此当前的旅游产出更多的仍然是传统能源的推动，可再生能源的推广对于旅游者的旅游体验可能仍有一定的负面影响。脉冲响应结果表明，在减排和增长之间，东盟国家的旅游发展仍面临较大的考验。

### （五）面板格兰杰因果检验

本研究运用面板格兰杰因果检验方法探讨$CO_2$排放、经济增长、能源消耗、可再生能源利用和国际旅游人数之间的短期和长期因果关系，结果如表6所示。本研究采用滞后2期的VAR模型检验长期因果关系，采用滞后1期的VECM模型检验短期因果关系。

表6　格兰杰因果检验

| | 零假设 | F-统计量 | P值 | 结论 |
|---|---|---|---|---|
| 短期因果关系 | 人均GDP不是$CO_2$排放的格兰杰原因 | 1.17472* | 0.0570 | 拒绝假设 |
| | $CO_2$排放不是人均GDP的格兰杰原因 | 0.07574 | 0.9277 | 接受假设 |
| | 能源消耗不是$CO_2$排放的格兰杰原因 | 0.85615* | 0.0603 | 拒绝假设 |

续表

| | 零假设 | F-统计量 | P值 | 结论 |
|---|---|---|---|---|
| | $CO_2$ 排放不是能源消耗的格兰杰原因 | 0.56050 | 0.5918 | 接受假设 |
| | 可再生能源利用不是$CO_2$ 排放的格兰杰原因 | 0.15736 | 0.8570 | 接受假设 |
| | $CO_2$ 排放不是可再生能源利用的格兰杰原因 | 0.28879 | 0.7567 | 接受假设 |
| | 旅游不是$CO_2$ 排放的格兰杰原因 | 0.06783 | 0.9349 | 接受假设 |
| | $CO_2$排放不是旅游的格兰杰原因 | 2.38419 | 0.1541 | 接受假设 |
| | 能源消耗不是人均GDP的格兰杰原因 | 1.31422 | 0.3210 | 接受假设 |
| | 人均GDP不是能源消耗的格兰杰原因 | 1.04031 | 0.3967 | 接受假设 |
| | 可再生能源利用不是人均GDP的格兰杰原因 | 2.12084 | 0.1824 | 接受假设 |
| | 人均GDP不是可再生能源利用的格兰杰原因 | 15.5915*** | 0.0017 | 拒绝假设 |
| | 旅游不是人均GDP的格兰杰原因 | 0.29257 | 0.7540 | 接受假设 |
| | 人均GDP不是旅游的格兰杰原因 | 2.21621 | 0.1714 | 接受假设 |
| | 可再生能源利用不是能源消耗的格兰杰原因 | 2.08078 | 0.1872 | 接受假设 |
| | 能源消耗不是可再生能源利用的格兰杰原因 | 7.53560** | 0.0145 | 拒绝假设 |
| | 旅游不是能源消耗的格兰杰原因 | 0.27024 | 0.7699 | 接受假设 |
| | 能源消耗不是旅游的格兰杰原因 | 1.58930 | 0.2623 | 接受假设 |
| | 旅游不是可再生能源利用的格兰杰原因 | 1.66776 | 0.2481 | 接受假设 |
| | 可再生能源利用不是旅游的格兰杰原因 | 4.56648** | 0.0475 | 拒绝假设 |
| 长期因果关系 | 人均GDP不是$CO_2$排放的格兰杰原因 | 8.69637*** | 0.0058 | 拒绝假设 |
| | $CO_2$排放不是人均GDP的格兰杰原因 | 4.60424* | 0.0863 | 拒绝假设 |
| | 能源消耗不是$CO_2$排放的格兰杰原因 | 7.23202** | 0.0252 | 拒绝假设 |
| | $CO_2$排放不是能源消耗的格兰杰原因 | 4.09914 | 0.2056 | 接受假设 |
| | 可再生能源利用不是$CO_2$排放的格兰杰原因 | 3.83926* | 0.0972 | 拒绝假设 |
| | $CO_2$排放不是可再生能源利用的格兰杰原因 | 1.95857 | 0.3654 | 接受假设 |
| | 旅游不是$CO_2$排放的格兰杰原因 | 6.66936** | 0.0346 | 拒绝假设 |
| | $CO_2$排放不是旅游的格兰杰原因 | 6.33420 | 0.1410 | 接受假设 |
| | 能源消耗不是人均GDP的格兰杰原因 | 2.42932** | 0.0122 | 拒绝假设 |
| | 人均GDP不是能源消耗的格兰杰原因 | 2.53450 | 0.3024 | 接受假设 |
| | 可再生能源利用不是人均GDP的格兰杰原因 | 137.521*** | 0.0072 | 拒绝假设 |
| | 人均GDP不是可再生能源利用的格兰杰原因 | 119.490*** | 0.0083 | 拒绝假设 |
| | 旅游不是人均GDP的格兰杰原因 | 4.95784* | 0.0748 | 拒绝假设 |
| | 人均GDP不是旅游的格兰杰原因 | 3.08260 | 0.2596 | 接受假设 |
| | 可再生能源利用不是能源消耗的格兰杰原因 | 94.5963** | 0.0105 | 拒绝假设 |
| | 能源消耗不是可再生能源利用的格兰杰原因 | 68.3209** | 0.0145 | 拒绝假设 |
| | 旅游不是能源消耗的格兰杰原因 | 3.30722 | 0.2454 | 接受假设 |

续表

| | 零假设 | F-统计量 | P值 | 结论 |
|---|---|---|---|---|
| | 能源消耗不是旅游的格兰杰原因 | 2.37975 | 0.3171 | 接受假设 |
| | 旅游不是可再生能源利用的格兰杰原因 | 38.6194** | 0.0254 | 拒绝假设 |
| | 可再生能源利用不是旅游的格兰杰原因 | 49.7848** | 0.0198 | 拒绝假设 |

注：* 表示 $P < 0.1$，** 表示 $P < 0.05$，*** 表示 $P < 0.01$。

首先，从短期因果关系来看，表 6 的结果在 10% 的显著水平上拒绝了人均 GDP 不是 $CO_2$ 排放的格兰杰原因假设和能源消耗不是 $CO_2$ 排放的格兰杰原因的假设，在 1% 的显著水平上拒绝了人均 GDP 不是可再生能源利用的格兰杰原因的假设，在 5% 的显著水平上拒绝了能源消耗不是可再生能源利用的格兰杰原因的假设和可再生能源利用不是旅游的格兰杰原因的假设。结果表明，东盟国家存在人均 GDP 和能源消耗到 $CO_2$ 排放的短期因果关系，存在人均 GDP 和能源消耗到可再生能源利用的短期因果关系，存在可再生能源利用到旅游的短期因果关系。此外，短期因果关系检验结果表明旅游不是 $CO_2$ 排放、人均 GDP、能源消耗和可再生能源利用的格兰杰原因。这意味着从短期来看，东盟国家的旅游业无法对上述四个变量产生显著的影响。同时，$CO_2$ 排放、人均 GDP 和能源消耗也不是旅游的格兰杰原因，不存在从上述三个变量到旅游的短期因果关系。因此，本研究的五个变量之间不存在短期的双向因果关系。在东盟国家的相关研究中，变量之间的短期因果关系还没有文献涉及，因此该结论无法与此进行对比。但是本研究的结论与 Katircioglu 等（2014）对塞浦路斯，Zhang 和 Gao（2016）对中国，Jebli 和 Hadhri（2018）对中国、美国、西班牙、意大利等全球排名前十的国际旅游目的地的研究发现有显著的差异。

其次，长期因果关系检验的结果表明，在 $CO_2$ 排放方面，人均 GDP、能源消耗、可再生能源利用和旅游分别在 1%、5%、10% 和 5% 的显著性水平上拒绝零假设，这表明这四个变量从长期来看是 $CO_2$ 排放的格兰杰原因。该结果也证实了东盟国家的经济、能源和旅游为主导的排放假设。这一结论与大多现有的研究发现一致，如 Eyuboglu 和 Uzar（2019）对土耳其的研究，Zhang 和 Gao（2016）对中国的研究，Dogan 和 Aslan（2017）对欧盟及候选国的研究，Dogan 等（2017）对经合组织国家的研究等。在人均 GDP 方面，$CO_2$ 排放、能源消耗、可再生能源利用和旅游分别在 10%、5%、1% 和 10% 的显著水平上拒绝零假设，这表明这四个变量从长期来看是人均 GDP 的格兰杰原因。在能源消耗方面，可再生能源利用在 5% 的显著水平上拒绝零假设，而其他三个变量则接受了零假设，因此可再生能源利用是能源消耗的长期格兰杰原因。在可再生能源利用方面，人均 GDP、能源消耗和旅游分别在 1%、5% 和 5% 的显著水平上拒绝零假设，这表明这三个变量是可再生能源利用的长期格兰杰原因。在旅游方面，可再生能源利用在 5% 的显著水平上拒绝零假设，即表明可再生能源利用从长期来看是旅游发展的格兰杰原因。

上述结果表明，长期来看，$CO_2$ 排放和人均 GDP 之间、人均 GDP 和可再生能源利用之间、能源消耗和可再生能源利用之间、旅游和可再生能源利用之间存在双向因果关系。该结论与 Zhang 和 Liu（2019）关于东盟六国的研究有较大的差异性，其并没有发现双向因果关系的存在。在东盟，人均 GDP、能源消耗、可再生能源利用和旅游对 $CO_2$ 排放以及 $CO_2$ 排放、能源消耗、可再生能源利用和旅游对人均 GDP 具有一定的预测能力，该结论一定程度上支持了 Sherafatian–Jahromi 等（2017）关于东盟五国的研究发现。人均 GDP 和 $CO_2$ 排放之间的双向长期因果关系也被前期的研究如 Roudi 等（2018）、Eyuboglu 和 Uzar（2019）、Jebli 、Hadhri（2018）和 Dogan 等（2017）发现。但是本研究并没有发现 Eyuboglu 和 Uzar（2019）证实的 $CO_2$ 排放和旅游之间的双向长期因果关系，也没有发现 Roudi 等（2018）、Eyuboglu 和 Uzar（2019）以及 Isik 等（2017）等所发现的人均 GDP 和旅游之间的双向因果关系。同时，本研究也没有发现 Roudi 等（2018）和 Zaman 等（2016）所发现的人均 GDP 和能源消耗之间的双向长期因果关系，但是除了旅游外，本研究发现能源消耗单向格兰杰影响人均 GDP、$CO_2$ 排放和可再生能源利用。

### （六）方差分解分析

前文分析了东盟国家旅游、经济增长、能源消耗、可再生能源利用和 $CO_2$ 排放之间的长期均衡、短期扰动、脉冲响应以及因果关系。方差分解方法的主要目的在于分析各个变量对其他变量变化的贡献度，从而有助于我们更好地理解变量之间的相互影响。方差分解的结果如图 2 所示。

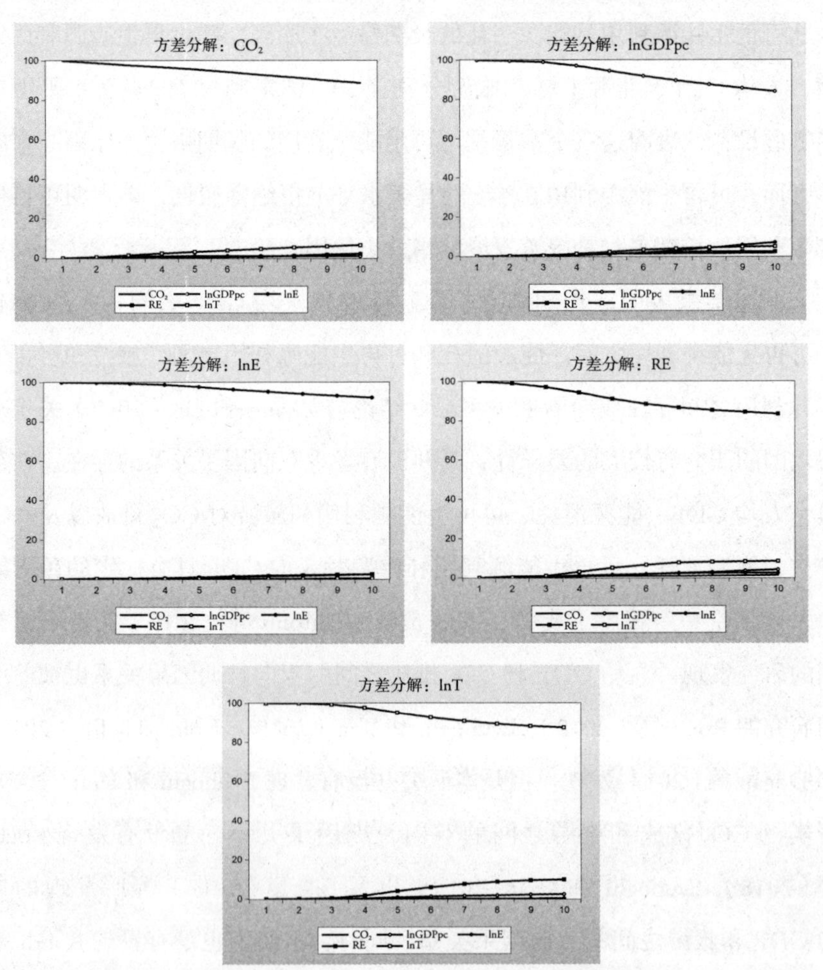


图2　方差分解结果

图 2 中，横坐标表示方差分解的时期数，即各变量标准差的预测期。通过图 2 可以发现，各变量的预测方差在第 1 期中全部是由自身扰动所引起的，随着时间的推移，其他变量开始的扰动开始逐渐影响各变量预测的方差。总体上来看，在第 10 期左右，各变量的分解结果基本趋于稳定。在第 10 期预测中，$CO_2$ 排放的预测方差 88.67% 是由自身的扰动引起的，人均 GDP、能源消耗、可再生利用和旅游分别贡献了 0.85%、2.23%、1.89% 和 6.35%；人均 GDP 的预测方差 84.04% 是由自身的扰动引起的，$CO_2$ 排放、能源消耗、可再生能源利用和旅游分别贡献了 1.59%、7.07%、2.28% 和 5.03%；能源消耗的预测方差 92.21% 是由自身的扰动引起的，$CO_2$ 排放、人均 GDP、可再生能源利用和旅游分别贡献了 2.41%、2.57%、2.56% 和 0.25%；可再生能源利用的预测方差 83.45% 是由自身的扰动引起的，$CO_2$ 排放、人均 GDP、能源消耗和旅游分别贡献了 1.39%、4.23%、2.49% 和 8.44%；旅游的预测方差 87.37% 是由自身的扰动引起的，而 $CO_2$ 排放、人均 GDP、能源消耗和可再生能源利用分别贡献了 0.23%、2.28%、0.24% 和 9.89%。结果表明，在东盟国家，旅游发展对 $CO_2$ 排放、人均 GDP 和可再生能源利用无论是长期还是短期都有着一定程度的影响，这跟前文的脉冲分析和格兰杰因果关系检验的结果一致。

## 五、结论

旅游和 $CO_2$ 排放以及相关变量如经济、能源之间的关系已经成为学术研究的热点。将旅游、$CO_2$、经济和能源置于一个综合框架内，基于多样化的方法在不同的旅游目的地探讨各变量之间的关系具有较高的实证和理论价值。作为全球新兴以及重要的国际性旅游目的地，东盟的旅游发展取得了令人瞩目的成就，同时也给当地的经济、环境和能源消耗带来了显著的影响。在中国东盟自贸区以及“一带一路”倡议逐步推进的背景下，认知旅游、经济、能源和环境之间的相互联系对于了解、借鉴、促进东盟的可持续旅游发展非常必要。然而，这些联系在东盟仍然不够清晰，尽管Heidari 等（2015）、Zhang 和 Liu（2019）、Azam 等（2018）、Sherafatian-Jahromi 等（2019）关注了东盟的相关研究，但是在变量选择、空间范围乃至研究方法方面仍有一定的不足之处。基于这样的考虑，本研究综合应用 VECM 和 VAR Granger 因果检验方法，以 2000—2014 年东盟八国的面板数据，探讨了国际旅游人次、人均 GDP、能源消耗、可再生能源利用和 $CO_2$ 排放之间的长期和短期联系。

本研究的实证结果显示：第一，本研究中几乎所有被分析变量的原始数据序列都包含面板单位根，但时间经过一阶差分之后，变量数据序列变得平稳，即东盟国家的国际旅游人数、人均 GDP、能源消耗、可再生能源利用和 $CO_2$ 排放一阶单整。第二，东盟国家的旅游发展、经济增长、能源消耗、可再生能源利用和 $CO_2$ 排放之间存在长期均衡关系，即使这种关系一时被破坏，在短期内内这些变量也会恢复长期均衡。第三，上述五个变量的短期变化同时受到自身同其他四个变量的影响。当某一变量受到干扰并偏离平衡状态时，其他四个变量因素将共同作用并以一定的调整速度使其回到长期均衡路径。第四，旅游发展对于东盟国家的 $CO_2$ 排放有着一定的正向影响，而对于人均 GDP、能源消耗和可再生能源利用则有着一定的负向影响。$CO_2$ 排放、人均 GDP、能源消耗对于东盟旅游发展具有一定的正向影响，而可再生能源利用则有一定的负向影响。第五，本研究在国际旅游人数、人均 GDP、能源消耗、可再生能源利用和 $CO_2$ 排放之间没有发现双向短期因果关系，但是 $CO_2$ 排放和人均 GDP 之间、人均 GDP 和可再生能源利用之间、能源消耗和可再生能源之间、旅游和可再生能源利用之间存在双向长期格兰杰原因。第六，无论是长期还是短期，旅游发展对 $CO_2$ 排放、人均 GDP 和可再生能源利用都有着一定程度的影响。

基于研究结果，本研究对东盟旅游可持续发展的政策启示包括以下几个方面。第一，也是最重要的是，建议加大对东盟国家旅游业能源消耗和 $CO_2$ 排放的关注，促进区域旅游业的低碳转型。旅游导致的排放增长在本研究中得到了充分的证实，而东盟国家由于特殊的地理环境，气候变迁对其的影响也十分显著。在旅游管理中，政府应该鼓励和推广生态旅游、低碳旅游和共享旅游经济。考虑到旅游产业中交通和住宿在整体 $CO_2$ 排放中占比较高，旅游业节能减排的部门差异化管理也非常重要，尤其针对旅游交通、住宿等一些公认的高排放行业。第二，考虑到旅游发展并没有显著增加东盟国家的能源消耗，因此通过大力发展旅游业来促进经济增长进而保护环境是东盟国家实现可持续发展的重要选择。由于东盟国家大多数仍然是发展中国家，旅游相关的配套设施建设仍有巨大的提升空间，需要在旅游相关的基础设施尤其是交通建设方面投入大量的资金。对于东盟内部而言，国家之间的免签证旅行也期望在一个合理的框架下尽快落实，这样一方面可以促进区域旅游的发展，另一方面还可以减少处理过程中的 $CO_2$ 排放。第三，当前东盟旅游业发展中可再生能源的利用比例仍然较低，因此建议通过提高能源利用效率和推广可再生能源的应用，发展环境友好型旅游交通和住宿。大力发展可再生能源，逐步降低化石能源的消耗，考虑到东盟的地理环境，开发新的海洋能源具有极大的可行性。此外，考虑到可再生能源的不稳定性，如何提升可再生能源的存储或转换技术也非常重要，而可再生能源的成本也可以通过技术进步来降低。

## 参考文献

[1]Akadiri S S，Akadiri A C，Alola U V. Is there growth impact of tourism? Evidence from selected small island states[J]. Current Issues in Tourism，2019，22（12）：1480–1498.

[2]Alam M S, Paramati S R. The dynamic role of tourism investment on tourism development and $CO_2$ emissions[J]. Annals of Tourism Research, 2017（66）: 213–215.

[3]Ali Q, Khan M T I, Khan M N I. Dynamics between financial development, tourism, sanitation, renewable energy, trade and total reserves in 19 Asia cooperation dialogue members[J]. Journal of cleaner production, 2018（179）: 114–131.

[4]Alola A A, Alola U V. Agricultural land usage and tourism impact on renewable energy consumption among Coastline Mediterranean Countries[J]. Energy & Environment, 2018, 29（8）: 1438–1454.

[5]Amin S B, Kabir F A, Khan F. Tourism and energy nexus in selected South Asian countries: a panel study[J]. Current Issues in Tourism, 2019: 1–5.

[6]Antonakakis N, Dragouni M, Eeckels B, et al. The tourism and economic growth enigma: Examining an ambiguous relationship through multiple prisms[J]. Journal of Travel Research, 2019, 58（1）: 3–24.

[7]Aratuo D N, Etienne X L. Industry level analysis of tourism–economic growth in the United States[J]. Tourism Management, 2019（70）: 333–340.

[8]Aratuo D N, Etienne X L, Gebremedhin T, et al. Revisiting the tourism–economic growth nexus: evidence from the United States[J]. International Journal of Contemporary Hospitality Management, 2019.

[9]Azam M, Alam M M, Hafeez M H. Effect of tourism on environmental pollution: Further evidence from Malaysia, Singapore and Thailand[J]. Journal of Cleaner Production, 2018（190）: 330–338.

[10]Balaguer J, Cantavella–Jorda M. Tourism as a long–run economic growth factor: the Spanish case[J]. Applied economics, 2002, 34（7）: 877–884.

[11]Balli E, Sigeze C, Manga M, et al.The relationship between tourism, $CO_2$ emissions and economic growth: a case of Mediterranean countries[J]. Asia Pacific Journal of Tourism Research, 2019, 24（3）: 219–232.

[12]Bella G. Estimating the tourism induced environmental Kuznets curve in France[J]. Journal of Sustainable Tourism, 2018, 26（12）: 2043–2052.

[13]Belloumi M. The relationship between tourism receipts, real effective

exchange rate and economic growth in Tunisia[J]. International journal of tourism research, 2010, 12（5）: 550–560.

[14]2018 BP Statistical Review of World Energy[EB/OL].https://www.bp.com/content/dam/bp–country/zh_cn/Publications/2018SRbook.pdf.

[15]Saltik I A, Ceylan R, et al. Panel cointegration analysis of relationship between international trade and tourism: Case of Turkey and silk road countries[J]. Tourism Management Perspectives, 2019（31）: 361–369.

[16]Chen L, Thapa B, Yan W. The relationship between tourism, carbon dioxide emissions, and economic growth in the Yangtze River Delta, China[J]. Sustainability, 2018, 10（7）: 2118.

[17]Chen Y, Wang Z, Zhong Z. $CO_2$ emissions, economic growth, renewable and non–renewable energy production and foreign trade in China[J]. Renewable energy, 2019（131）: 208–216.

[18]Chou M C. Does tourism development promote economic growth in transition countries? A panel data analysis[J]. Economic Modelling, 2013（33）: 226–232.

[19]Cortes–Jimenez I, Pulina M. Inbound tourism and long–run economic growth[J]. Current Issues in Tourism, 2010, 13（1）: 61–74.

[20]Danish, Wang Z. Dynamic relationship between tourism, economic growth, and environmental quality[J]. Journal of Sustainable Tourism, 2018, 26（11）: 1928–1943.

[21]Dogan E, Aslan A. Exploring the relationship among $CO_2$ emissions, real GDP, energy consumption and tourism in the EU and candidate countries: Evidence from panel models robust to heterogeneity and cross–sectional dependence[J]. Renewable and Sustainable Energy Reviews, 2017（77）: 239–245.

[22]Dogan E, Seker F, Bulbul S. Investigating the impacts of energy consumption, real GDP, tourism and trade on $CO_2$ emissions by accounting for cross–sectional dependence: A panel study of OECD countries[J]. Current Issues in Tourism, 2017, 20（16）: 1701–1719.

[23]Dritsakis N. Tourism development and economic growth in seven Mediterranean countries: A panel data approach[J]. Tourism Economics, 2012, 18（4）: 801–816.

[24]Eyuboglu K，Uzar U. The impact of tourism on $CO_2$ emission in Turkey[J]. Current Issues in Tourism，2019：1–15.

[25]Faber B，Gaubert C. Tourism and economic development：evidence from Mexico's coastline[J]. American Economic Review，2019，109（6）：22–45.

[26]Fan W，Hao Y. An empirical research on the relationship amongst renewable energy consumption，economic growth and foreign direct investment in China[J]. Renewable Energy，2020（146）：598–609.

[27]Fayissa B，Nsiah C，Tadasse B. Impact of tourism on economic growth and development in Africa[J]. Tourism Economics，2008，14（4）：807–818.

[28]IPCC guidelines for national greenhouse gas inventories[EB/OL].http://www.ipcc–nggip.iges.or.jp/public/2006g l/index.html，2006.

[29]Isik C，Dogru T，Turk E S. A nexus of linear and non - linear relationships between tourism demand，renewable energy consumption，and economic growth：Theory and evidence[J]. International Journal of Tourism Research，2018，20（1）：38–49.

[30]Ben Jebli M，Hadhri W. The dynamic causal links between $CO_2$ emissions from transport，real GDP，energy use and international tourism[J]. International Journal of Sustainable Development & World Ecology，2018，25（6）：568–577.

[31]Jebli M B，Youssef S B，Apergis N. The dynamic linkage between renewable energy，tourism，$CO_2$ emissions，economic growth，foreign direct investment，and trade[J]. Latin American Economic Review，2019，28（1）：2.

[32]Jiao S，Gong W，Zheng Y，et al. Spatial spillover effects and tourism–led growth：an analysis of prefecture–level cities in China[J]. Asia Pacific Journal of Tourism Research，2019：1–10.

[33]Katircioglu S T. International tourism，energy consumption，and environmental pollution：The case of Turkey[J]. Renewable and Sustainable Energy Reviews，2014（36）：180–187.

[34]Katircioglu S T，Feridun M，Kilinc C. Estimating tourism–induced energy consumption and $CO_2$ emissions：The case of Cyprus[J]. Renewable and Sustainable Energy Reviews，2014（29）：634–640.

[35]Lee C C, Chang C P. Tourism development and economic growth: A closer look at panels[J]. Tourism management, 2008, 29 (1): 180–192.

[36]Lee J W, Brahmasrene T. Investigating the influence of tourism on economic growth and carbon emissions: Evidence from panel analysis of the European Union[J]. Tourism management, 2013 (38): 69–76.

[37]León C J, Arana J E, Hernández Alemán A. $CO_2$ Emissions and tourism in developed and less developed countries[J]. Applied Economics Letters, 2014, 21 (16): 1169–1173.

[38]Li L, Li J, Tang L, et al. Balancing Tourism's Economic Benefit and $CO_2$ Emissions: An Insight from Input–Output and Tourism Satellite Account Analysis[J]. Sustainability, 2019, 11 (4): 1052.

[39]Lin V S, Yang Y, Li G. Where can tourism–led growth and economy–driven tourism growth occur?[J]. Journal of Travel Research, 2019, 58 (5): 760–773.

[40]Narayan P K, Narayan S, Prasad A, et al. Tourism and economic growth: a panel data analysis for Pacific Island countries[J]. Tourism economics, 2010, 16 (1): 169–183.

[41]Nepal R, Irsyad M I, Nepal S K. Tourist arrivals, energy consumption and pollutant emissions in a developing economy–implications for sustainable tourism[J]. Tourism Management, 2019 (72): 145–154.

[42]Oh CO. The contribution of tourism development to economic growth in the Korean economy[J]. Tourism management, 2005, 26 (1): 39–44.

[43]Paramati S R, Alam M S, Chen C F. The effects of tourism on economic growth and $CO_2$ emissions: a comparison between developed and developing economies[J]. Journal of Travel Research, 2017, 56 (6): 712–724.

[44]Paramati S R, Alam M S, Lau C K M. The effect of tourism investment on tourism development and $CO_2$ emissions: empirical evidence from the EU nations[J]. Journal of Sustainable Tourism, 2018, 26 (9): 1587–1607.

[45]Raza S A, Sharif A, Wong W K, et al. Tourism development and environmental degradation in the United States: evidence from wavelet–based analysis[J]. Current Issues in Tourism, 2016: 1–23.

[46]Roudi S，Arasli H，Akadiri S S. New insights into an old issue–examining the influence of tourism on economic growth：evidence from selected small island developing states[J]. Current Issues in Tourism，2019，22（11）：1280–1300.

[47]Sghaier A，Guizani A，Jabeur S B，et al. Tourism development，energy consumption and environmental quality in Tunisia，Egypt and Morocco：A trivariate analysis[J]. GeoJournal，2019，84（3）：593–609.

[48]Sharif A，Afshan S，Nisha N. Impact of tourism on $CO_2$ emission：evidence from Pakistan[J]. Asia Pacific Journal of Tourism Research，2017，22（4）：408–421.

[49]Sherafatian–Jahromi R，Othman M S，Law S H，et al. Tourism and CO2 emissions nexus in Southeast Asia：New evidence from panel estimation[J]. Environment，Development and Sustainability，2017，19（4）：1407–1423.

[50]Taizeng R，Can M，Paramati S R，et al. The Impact of Tourism Quality on Economic Development and Environment：Evidence from Mediterranean Countries[J]. Sustainability，2019，11（8）：2296.

[51]Wang MC，Wang C S. Tourism，the environment，and energy policies[J]. Tourism Economics，2018，24（7）：821–838.

[52]Wu T P，Wu H C. The influence of international tourism receipts on economic development：Evidence from China's 31 major regions[J]. Journal of Travel Research，2018，57（7）：871–882.

[53]Yazdi S K. Structural breaks，international tourism development and economic growth[J]. Economic research–Ekonomska istraživanja，2019，32（1）：1765–1776.

[54]Zaman K，Moemen M A，Islam T. Dynamic linkages between tourism transportation expenditures，carbon dioxide emission，energy consumption and growth factors：evidence from the transition economies[J]. Current Issues in Tourism，2017，20（16）：1720–1735.

[55]Zaman K，Shahbaz M，Loganathan N，et al. Tourism development，energy consumption and Environmental Kuznets Curve：Trivariate analysis in the panel of developed and developing countries[J]. Tourism Management，2016（54）：275–283.

[56]Zhang L，Gao J. Exploring the effects of international tourism on

China's economic growth, energy consumption and environmental pollution: Evidence from a regional panel analysis[J].Renewable and Sustainable Energy Reviews, 2016: 225–234.

[57]Zhang S, Liu X. The roles of international tourism and renewable energy in environment: New evidence from Asian countries[J]. Renewable energy 2019 (39): 385–394.

[58]Zhu X, He Y. Does Tourism Promote Economic Growth in the Ethnic Areas of China?[J]. Emerging Markets Finance and Trade, 2019: 1–14.

[59]Heidari H, Katircioğlu S T, Saeidpour L. Economic growth, $CO_2$ emissions, and energy consumption in the five ASEAN countries[J]. International Journal of Electrical Power & Energy Systems, 2015 (64): 785–791.

[60] 黄和平，乔学忠，张瑾，李亚丽，曾永明 . 绿色发展背景下区域旅游业碳排放时空分异与影响因素研究——以长江经济带为例 [J]. 经济地理，2019，39（11）：214–224.

[61] 王凯，邵海琴，周婷婷，邓楚雄 . 基于 EKC 框架的旅游发展对区域碳排放的影响分析——基于 1995—2015 年中国省际面板数据 [J]. 地理研究，2018，37（4）：742–750.

[62] 查建平 . 旅游业能源消费、$CO_2$ 排放及低碳效率评估 [J]. 中国人口 · 资源与环境，2016，26（1）：47–54.

[63] 王凯，李娟，席建超 . 中国旅游经济增长与碳排放的耦合关系研究 [J]. 旅游学刊，2014，29（6）：24–33.

[64] 赵磊，方成，吴向明 . 旅游发展、空间溢出与经济增长——来自中国的经验证据 [J]. 旅游学刊，2014，29（5）：16–30.

[65] 吴玉鸣 . 旅游经济增长及其溢出效应的空间面板计量经济分析 [J]. 旅游学刊，2014，29（2）：16–24.

[66] 谢园方，赵媛 . 长三角地区旅游业能源消耗的 $CO_2$ 排放测度研究 [J]. 地理研究，2012，31（3）：429–438.

[67] 石培华，吴普 . 中国旅游业能源消耗与 $CO_2$ 排放量的初步估算 [J]. 地理学报，2011，66（2）：235–243.

[68] 叶莉，陈修谦 . 基于旅游竞争力评价的中国与东盟国家旅游贸易互动分析 [J]. 经济地理，2013，33（12）：177–181.

# 东盟旅游市场及安全研究

龚箭　李淑贤

**摘要：**当前，旅游业是东盟国家发展势头最强劲的产业之一，是东盟国家吸引外资、保持市场繁荣以及促进相关产业发展和落后地区开发起先导作用的支柱型产业。随着旅游产业的繁荣发展，东盟各国间的旅游竞争日益加剧，其实质表现为对入境旅游市场的争夺。因此，报告将东盟十个国家作为一个整体，以 2018 年世界到访东盟各国的国际旅游人数为基础数据，围绕客源市场分布、客源市场亲景度和客流集中率对其客源市场进行了分析，同时利用竞争态理论分析了东盟旅游目的地市场的竞争态势。结果发现，除老挝和马来西亚外，其余各国的客源市场大多来自东盟外部国家和地区。整体来看，东盟各国的强亲景度客源市场均以周边邻国为主，弱亲景度客源市场主要辐射在中国、法国、印度、英国、德国、美国等。近十年，随着中国游客到访率的急剧增加，东盟旅游市场集中率呈上升趋势。在旅游目的地竞争态势方面，马来西亚稳定于金牛市场，泰国、新加坡波动于明星市场和金牛市场，印度尼西亚和越南从瘦狗市场持续增长涌入明星市场，其余几个国家主要处在瘦狗市场和幼童市场。

随着东盟旅游市场逐渐发展壮大，潜在的旅游安全问题也日益凸显，旅游安全逐渐成为游客出行东盟国家的首要关注点。因此，报告在旅游市场分析的基础上结合 2019 年东盟涉旅安全事件对东盟旅游安全风险进行了分析，结果显示：事故灾难是第一大旅游安全风险，社会治安是第二大旅游安全风险，自然灾害是第三大旅游安全风险。考虑到中国游客在东盟

龚箭，华中师范大学城市与环境科学学院副教授，中国旅游研究院武汉分院副院长、研究员，研究方向为旅游可持续发展。

李淑贤，桂林旅游学院讲师，研究方向为旅游文化与旅游安全。

旅游市场份额中的重要地位，研究还结合知乎平台上中国游客针对东盟国家旅游安全的相关话题讨论，运用 ROST Content Mining 6.0 对中国游客的东盟旅游安全感知进行了专项研究，最后基于安全研究提出“杜防事故灾难发生，维护旅游市场平稳运行；削弱自然灾害威胁，培育壮大市场发展后劲；规范旅游市场秩序，优化国际客源市场结构；开展安全专项治理，保障中国客源市场稳定”四个方面的旅游市场提升建议。

**关键词：**东盟，旅游市场；旅游安全；市场提升

## 一、东盟旅游市场研究

### （一）旅游市场的概念

旅游市场是旅游研究的基本内容之一，相关学者大多依据经济学理论或营销学理论对旅游市场的概念进行界定。在经济学视角下，旅游市场是衡量旅游经济发展状况的重要指标，反映着区域之间、区域与旅游经营者之间、旅游经营者之间、旅游经营者与旅游者之间错综复杂的经济关系；在营销学视角下，旅游市场是具有各式各样旅游需求的顾客群，为更好地满足现实和潜在旅游者的需求，通常按照一定标准将顾客群划分为若干个子群，即细分市场，从而针对性地制订和调整旅游市场营销组合策略。在旅游术语词典中，旅游市场是一个经济系统，旅游需求、旅游产品供应、价格和竞争这四个因素相互作用。综上，本研究认为旅游市场是一种将旅游生产者和对某种旅游产品感兴趣的消费者联系起来的系统，这个系统中主体是旅游者，客体为生产旅游服务的企业，当然还包括旅游中介机构作为介体，这个系统中的全部内容共同构成了旅游客源市场和旅游目的地市场两类。

### （二）东盟旅游客源市场

1. 客源市场分布

客源市场分析对旅游目的地发展起到举足轻重的作用，在一定程度上

关系到旅游目的地的长远发展。报告以 2018 年世界到访东盟各国的国际旅游人数为基础数据，将东盟旅游客源市场划分为东盟内部地区和东盟外部地区两大市场，如图 1 所示，折线图表示东盟外部市场在总体客源市场的占比，用以判断东盟各国旅游客源市场的地域分布情况。从图中可以看出，2018 年菲律宾、越南两国的入境游客中 85% 以上来自东盟外部地区，说明这两个国家对东盟以外地区的旅游吸引力大于对东盟内部地区的旅游吸引力，同时也说明其入境旅游市场的繁荣发展在较大程度上依赖东盟以外国家和地区。以东盟为界的客源市场分布相对较为平衡的是泰国、新加坡、印度尼西亚和柬埔寨，四个国家的国际到访游客中 60% 以上来自东盟外部地区。另外，缅甸和文莱两国的客源市场在东盟界限上分布大约各占一半，老挝、马来西亚的客源市场大约 70% 分布在东盟内部，过度依赖东盟内部地区将会制约其旅游业的繁荣发展。

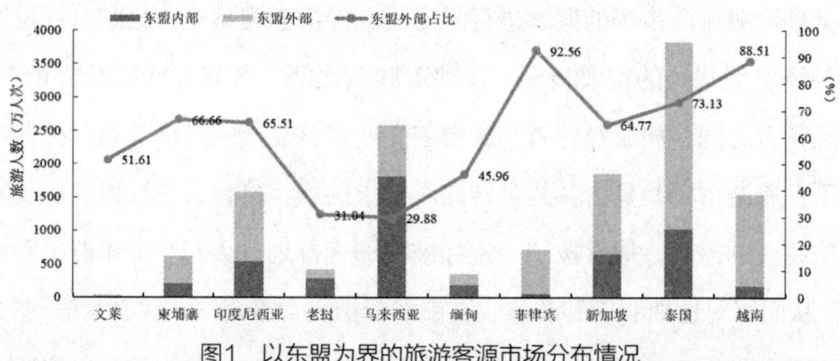

图1　以东盟为界的旅游客源市场分布情况

2. 客源市场亲景度

亲景度指的是某区域既定客源市场占有率与该既定客源市场在区域所在国占有率的比值，是反映旅游者对旅游目的地偏好程度的指标，其大小与游客数据未必正相关。依据亲景度的含义，将东盟旅游市场看作一个整体，那么东盟每个国家旅游市场即为该整体的一部分，以此来求得每个国家客源市场的亲景度情况。东盟各国旅游市场亲景度的计算公式如下：

$$D_i=\frac{P_i}{C_i}$$

其中，$D_i$表示某客源市场对东盟某国的亲景度，$P_i$表示该客源市场在东盟某国的旅游市场占有率，$C_i$表示该客源市场在整个东盟旅游市场的占有率。根据亲景度的大小，可将客源市场分为亲景客源市场（$D_i \geqslant 1$）和疏景客源市场（$0 \leqslant D_i < 1$），根据亲景和疏景程度则可把客源市场进一步细分为强亲景度客源市场（$D_i \geqslant 2.0$）、弱亲景度客源市场（$1.0 \leqslant D_i < 2.0$）、弱疏景度客源市场（$0.5 \leqslant D_i < 1.0$）和强疏景度客源市场（$0 \leqslant D_i < 0.5$）。按照东盟入境旅游客源市场的规模大小，筛选出了前20个客源市场，排在第20位的客源国是东帝汶，由于部分国家缺少东帝汶的数据，故将其排除在外，最终确定了19个东盟旅游客源市场，通过运用亲景度计算模型，得到2018年东盟主要入境客源市场的亲景度情况。

受距离、文化和出行时间等的影响，东盟各国的强亲景度客源市场均以周边邻国为主，弱亲景度客源市场主要辐射在东盟内部其他国家，如中国、法国、印度、英国、德国、美国等，不同国家的亲景客源市场有一定的差异。从亲景客源市场的覆盖范围来看，2018 年泰国、新加坡和柬埔寨三个国家的亲景客源市场的范围最广，涵盖了 10 个以上国家和地区，可见这三个国家备受广大游客的关注和喜爱。与之形成鲜明对比的是老挝、马来西亚和缅甸，这三个国家的亲景客源市场数量不足 5 个，大多数国家和地区属于疏景客源市场，说明其旅游吸引力的辐射范围很小（见表 1）。

表1　2018年东盟入境旅游主要客源市场的亲景度情况

| 国别 | 强亲景度客源市场 | 弱亲景度客源市场 | 弱疏景度客源市场 | 强疏景度客源市场 |
|---|---|---|---|---|
| **文莱** | 菲律宾、马来西亚 | 英国、印度尼西亚、中国、澳大利亚 | 印度、中国香港、越南 | 日本、韩国、新加坡、美国、德国、泰国、法国、俄罗斯、老挝、中国台湾 |
| **柬埔寨** | 越南、老挝 | 法国、中国、美国、泰国、英国、中国台湾、德国 | 菲律宾、日本、韩国、澳大利亚、俄罗斯 | 马来西亚、印度、印度尼西亚、新加坡、中国香港 |

续表

| 国别 | 强亲景度客源市场 | 弱亲景度客源市场 | 弱疏景度客源市场 | 强疏景度客源市场 |
|---|---|---|---|---|
| 印度尼西亚 | 澳大利亚、马来西亚 | 法国、德国、英国、印度、新加坡 | 菲律宾、日本、印度尼西亚、美国、中国台湾、中国 | 俄罗斯、韩国、越南、泰国、老挝、中国香港 |
| 老挝 | 泰国、越南 | — | 中国、法国、韩国 | 美国、德国、英国、日本、菲律宾、澳大利亚、俄罗斯、马来西亚、中国台湾、印度、新加坡、印度尼西亚、中国香港 |
| 马来西亚 | 新加坡、印度尼西亚 | 泰国 | 菲律宾、中国台湾、印度、英国、中国、越南 | 澳大利亚、日本、法国、韩国、德国、美国、俄罗斯、老挝、中国香港 |
| 缅甸 | 泰国 | 中国 | 印度、法国、日本、美国、越南、德国 | 中国台湾、英国、菲律宾、韩国、澳大利亚、马来西亚、新加坡、俄罗斯、印度尼西亚、老挝、中国香港 |
| 菲律宾 | 美国、韩国、日本 | 中国台湾、英国、澳大利亚、中国香港 | 德国、中国、法国 | 印度、马来西亚越南、新加坡、俄罗斯、印度尼西亚、泰国、老挝、菲律宾 |
| 新加坡 | 印度尼西亚、菲律宾、印度 | 澳大利亚、英国、德国、日本、越南、中国台湾、美国、马来西亚、中国香港 | 中国、法国、泰国、韩国 | 俄罗斯、老挝 |
| 泰国 | 老挝、俄罗斯、中国香港 | 马来西亚、德国、法国、中国、印度、英国、日本 | 越南、美国、中国台湾、菲律宾、韩国、澳大利亚 | 印度尼西亚、新加坡 |
| 越南 | 韩国、中国台湾、俄罗斯 | 中国、日本、美国、法国 | 德国、英国、澳大利亚、菲律宾、马来西亚 | 老挝、泰国、中国香港、印度、新加坡、印度尼西亚 |

3. 客流集中率

客流集中率是指目的地前 $m$ 为客源市场游客数量占所有游客人数的比例，是反映客源市场均衡程度的重要指标。本部分内容借助该方法测算东盟各国客流集中率情况，其公式为：

$$\beta=\sum_{i=1}^{m} r_i / \sum r_{i\,i=1}^{\,n}$$

其中，$b$ 为东盟某国客流集中率，$r_i$ 为东盟某国接待 $i$ 地区旅游者人次，$m$ 取值为 3，$n$ 为东盟某国的客源地数量。

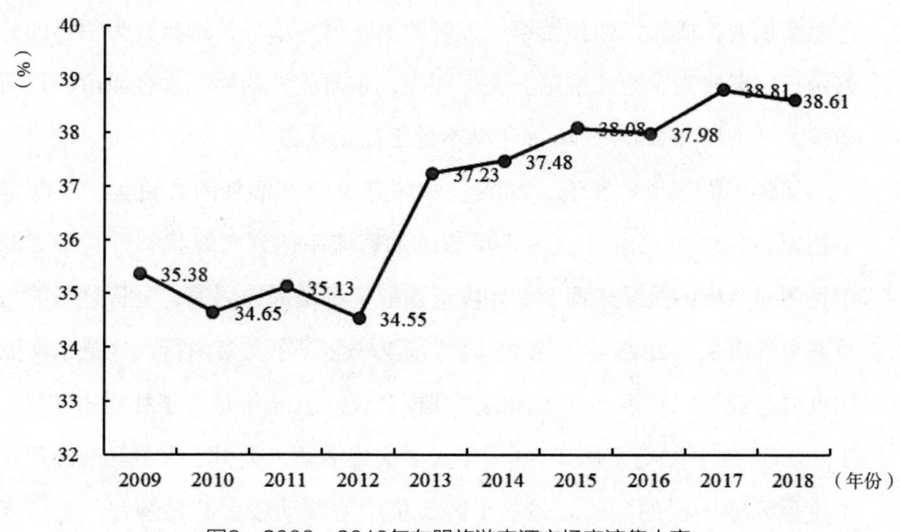


图2　2009—2018年东盟旅游客源市场客流集中率

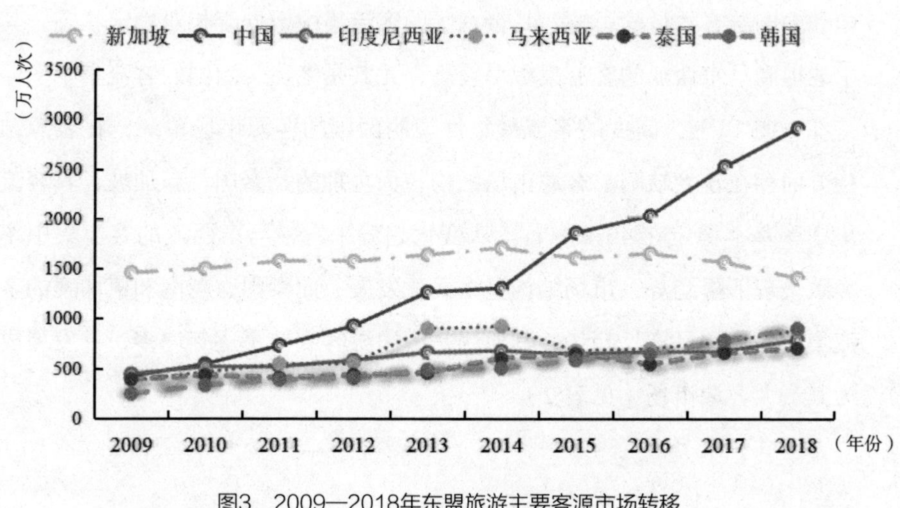


图3　2009—2018年东盟旅游主要客源市场转移

从图 2 可以看出，2009—2018 年整个东盟旅游客源市场集中率保持在 40% 以下，较为合理，但从趋势来看，总体呈上升态势，这说明东盟旅游市场的结构正在向单一化发展，而过度地依赖某一客源市场会增大东盟旅游产业的脆弱性。结合图 3 来看，2009—2018 年到访东盟国家游客人数发生变化最大的客源市场是中国，呈逐年快速增长趋势，在 2015 年赶超新加坡，成为东盟旅游第一大客源国。另一个增长态势较为明显的是韩国，逐渐成为东盟旅游第三大客源国，东盟旅游的第二大客源市场是新加坡，该市场在 2009—2018 年基本处于稳定状态。

从各国的客流率来看，2008—2016 年文莱和缅甸的客流集中率非常不稳定，2013—2014 年文莱入境旅游的客流率达到高峰状态，其中客源市场明显激增的是马来西亚和印度尼西亚，都是周边国家，分析这可能与重要事件有关。2013 年，第 25 届“东亚峰会”在文莱举行，这是东南亚国家协会成员国代表共同参加的大规模会议。2014 年是文莱独立 30 周年，于 2014 年 1 月举行了国庆 30 周年大型庆典活动，吸引了大量马来西亚和印度尼西亚国民的到访。另一个客流集中率波动较大的是缅甸，整体来看，2008—2016 年缅甸的客流市场集中率处于不稳定状态，主要受到泰国和中国游客数量的影响。其余八国的客流集中率处于相对稳定状态，其中老挝和马来西亚的客流集中率较高，尤其是老挝，两国的客流集中率保持在 60% 以上，高度的客流聚集性说明两国的客源市场单一，在客源结构方面存在较大缺陷。客源市场结构较为合理的是泰国、新加坡，其客流集中率基本稳定在 40% 左右。从变化趋势来看，马来西亚的客流集中率大致呈现下降趋势，市场结构呈多元化发展，而泰国、越南和柬埔寨的客流集中率大致呈增长趋势，其原因是中国游客到访量逐年增多，并发展成为其最大客源市场（见表 2）。

表2　2008—2016年东盟国家客源市场客流集中率情况

| 国别 \ 年份 | 2008 | 2009 | 2010 | 2011 | 2012 | 2013 | 2014 | 2015 | 2016 |
|---|---|---|---|---|---|---|---|---|---|
| 文莱 | 44.68 | 43.43 | 44.86 | 47.37 | 49.21 | 91.21 | 92.66 | 51.69 | 53.04 |
| 柬埔寨 | 30.10 | 30.64 | 37.24 | 41.78 | 37.69 | 41.62 | 42.78 | 43.72 | 43.65 |
| 印度尼西亚 | 47.62 | 39.33 | 41.33 | 48.88 | 41.20 | 46.16 | 46.15 | 41.74 | 40.05 |
| 老挝 | 75.33 | 84.60 | 83.96 | 84.17 | 85.37 | 85.05 | 85.95 | 85.83 | 83.83 |
| 马来西亚 | 67.68 | 70.15 | 69.20 | 68.58 | 67.73 | 68.12 | 66.97 | 67.63 | 68.94 |
| 缅甸 | 83.52 | 80.51 | 76.51 | 18.01 | 20.10 | 14.63 | 75.53 | 81.12 | 18.17 |
| 菲律宾 | 49.35 | 46.58 | 48.28 | 49.14 | 49.06 | 48.58 | 48.87 | 48.77 | 50.62 |
| 新加坡 | 36.35 | 36.28 | 38.78 | 40.32 | 42.11 | 42.65 | 39.62 | 39.45 | 42.12 |
| 泰国 | 26.56 | 25.06 | 26.20 | 28.05 | 29.74 | 35.36 | 35.80 | 42.64 | 42.35 |
| 越南 | 35.65 | 34.29 | 36.50 | 40.48 | 39.52 | 43.06 | 43.73 | 44.88 | 49.75 |

### （三）东盟旅游目的地市场

1. 旅游市场竞争态理论

旅游市场竞争态理论是指某一既定市场在市场占有率（$\alpha_i$）和市场增长率（$\beta_i$）双指标作用下所表现出的状态特征，是李景宜和孙根年依据波士顿矩阵理论所提出的。从现有研究来看，竞争态理论更多地被应用于既定区域的入境旅游市场分析中，分为入境旅游客源市场竞争态和入境旅游目的地市场竞争态两类。入境旅游客源市场竞争态从客源市场角度出发，反映的是既定区域内主要旅游客源市场间的竞争状态，这从另一方面可以对既定区域的目标市场及细分市场进行判定。而入境旅游目的地市场竞争态是从旅游目的地角度考虑，更加强调旅游目的地之间的竞争态势。本研究旨在分析东盟各国在入境旅游市场中的竞争状态，故从旅游目的地视角出发进行分析，下文统称为东盟国家入境旅游市场竞争态分析。

根据旅游市场竞争态理论，东盟国家入境旅游市场竞争态是指东盟某一国家的入境旅游市场在所有东盟国家入境旅游市场中的占有率和增长率状态特征，记为 $\omega_i$（$\alpha_i$，$\beta_i$），计算模型如下：

$$\alpha_i=\frac{X_i}{\sum_{i=1}^{n}X_i}\times 100\%，\beta=\frac{X_i-X_{i-1}}{X_i-1}\times 100\%$$

其中，$X_i$为第$i$年到访东盟某一国家的入境旅游人次，$\sum_{i=1}^{n}$为第$i$年到访东盟各国入境旅游人数的总和，$X_{i-1}$为第$i-1$年到访东盟某一国家的入境旅游人数。每个国家在东盟入境旅游市场中的竞争态值都对应二维坐标系中一点，该点既能确定这个国家在东盟入境旅游市场中的地位，同时可以清楚地描述该国家入境旅游市场的未来发展趋势，是一个能够准确衡量市场竞争力大小的量。如果以$\alpha=m$，$\beta=n$为界，东盟国家入境旅游市场竞争态可以被划分为4个象限，如图4所示，从左下角象限按顺时针方向依次为瘦狗市场、幼童市场、明星市场、金牛市场。当然，不同类型的市场是相对而言的，所以$m$、$n$的取值根据所研究市场的特征而定，通常利用3种方法来确定$m$、$n$的取值。第一种方法即平均值法，以市场占有率的平均值确定$m$，以市场增长率的平均值确定$n$。第二种方法为坐标散点法，即依据市场占有率和市场增长率在竞争态坐标中的天然分异而确定。第三种方法为综合法，是结合前两种方法，先计算平均值，再结合竞争态坐标图中点的分布特征对平均值进行修正。相比前两种方法，综合法可以保证竞争态的划分分布均衡，更加科学合理，是目前使用最为广泛的方法，故采用综合法确定$m$、$n$的取值。四类市场的基本特征及战略方向如表3所示。

表3　四类市场的基本特征及战略方向

| 市场类型 | 划分依据 | 基本特征 | 战略方向 |
|---|---|---|---|
| 明星市场 | $m\geqslant\alpha\geqslant n$ | 占有率和增长率“双高”，具有可观的获利和发展机会，但需要更多投资 | 扩张性战略，增大投资、扩大生产，保持市场增长率、提高占有率 |
| 金牛市场 | $\alpha\geqslant m$<br>$\beta<n$ | 占有率高、增长率低，能大量回收资金，但市场趋于成熟和饱和 | 收获性战略，适量减少投入或不增加投入，以实现收益最大化 |
| 幼童市场 | $\alpha<m$<br>$\beta\geqslant n$ | 占有率低、增长率高，是发展的新生力量和后备军，但方向不定、前程未卜 | 选择性战略，对有可能成为明星的市场进行培育，反之则放弃 |

续表

| 市场类型 | 划分依据 | 基本特征 | 战略方向 |
|---|---|---|---|
| 瘦狗市场 | $\alpha<m$<br>$\beta<n$ | 占有率和增长率“双低”，有某种难以克服的原因使其处于“不景气”状态 | 撤退性战略，减少投入、缩小规模，将投资转向其他市场 |

2. 东盟国家旅游市场竞争态

以 2018 年东盟国家接待入境旅游人数之和为基础数据，根据公式计算 2018 年东盟各国在入境旅游目的地市场中的占有率和增长率，取 $m$=10%，$n$=7.93%，运用 SPSS 25 软件绘制 2018 年东盟国家入境旅游目的地市场竞争态图，如图 4 所示。

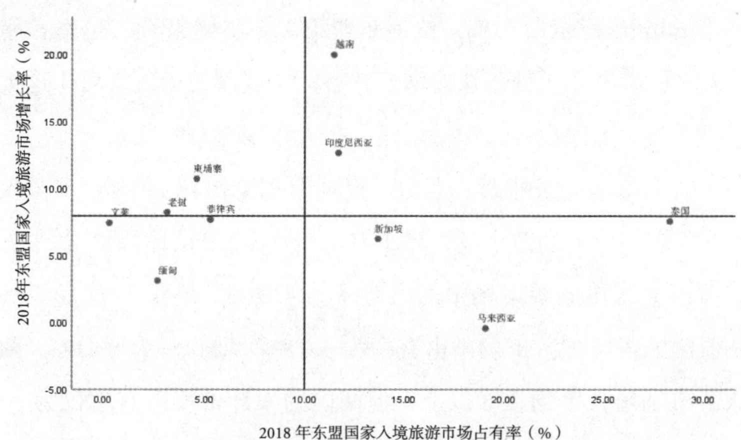


图4　2018年东盟国家入境旅游市场竞争态

（1）金牛市场：新加坡、马来西亚、泰国。“新马泰”在 2018 年东盟入境旅游市场竞争态中位列金牛市场，属于旅游发展相对成熟的目的地，在整个东盟旅游市场中的占有率高达 50% 以上，其中，泰国的市场占有率最高，达 28.30%，其次为马来西亚，占比 19.10%，新加坡相对次之，占比 6.22%。从三国市场的增长率来看，泰国的市场增长率最高，达 7.54%，新加坡的市场增长率弱于泰国，为 6.22%，马来西亚的市场增长率在东盟国家中排名末位，呈现负增长。以上数据说明，作为东南亚旅游线路的经典，“新马泰”仍然备受旅游者青睐，其中泰国在东盟入境旅游市场中占有领先地位，相比之下，新加坡入境旅游市场的发展潜力较大，但市场占有率有待进一步拓展，而马来西亚入境旅游市场的发展遇到瓶颈，应当适时开发新的市场，避免走向衰退。

（2）明星市场：越南、印度尼西亚。越南和印度尼西亚在2018年东盟入境市场竞争态中位列明星市场，属于成长期型旅游目的地。在市场占有率方面，两个国家的入境旅游市场占有率相近，两者总体市场总份额为23.15%，约为东盟国家入境旅游市场的1/5。从两个国家的市场增长率来看，越南入境旅游市场增长率最高，为19.93%，列东盟首位，印度尼西亚的市场增长率为12.61%，位列东盟第二。整体来看，越南和印度尼西亚的入境旅游市场正处于快速增长状态，发展潜力极大，对于这类型市场，需要适当地加大投入，保持增速，扩大市场占有率。

（3）幼童市场：柬埔寨、老挝。柬埔寨和老挝在2018年东盟入境旅游市场竞争态中位列幼童市场，属于有待培育型旅游目的地。其中，柬埔寨在东盟国家入境旅游市场中的占有率为4.58%，增长率为10.69%，老挝在东盟国家入境旅游市场中占有率为3.09%，增长率为8.21%。两国的入境旅游市场增长率均在8以上，但两国的累计市场占有率仅为7.67%。两国对比来看，柬埔寨的竞争力更强，发展后劲更大。但总体来看，两个国家的入境旅游市场均表现出了高增长率、低占有率的问题，需要采取高度关注的态度，引导和培育该部分市场，推动其进入高速发展和成长期，进入明星市场行列。

（4）瘦狗市场：菲律宾、文莱、缅甸。菲律宾、文莱和缅甸三个国家在2018年东盟入境旅游市场竞争态中处于瘦狗市场，属于衰退型旅游目的地。菲律宾、文莱和缅甸三个国家的市场占有率分别为5.27%、0.21%和2.62%，三个国家的入境旅游市场份额累计为8.10%，仅是东盟国家入境旅游市场“大蛋糕”中的极小一块。从市场增长率来看，菲律宾的入境旅游市场增长率为 7.65%，文莱的入境旅游市场增长率为 7.41%，但从增速来看，这两个国家具有一定发展空间，靠近瘦狗市场和幼童市场的临界位置，而缅甸的入境旅游市场增长率为 3.09，处于东盟入境旅游市场的队尾。就三个国家总体而言，其入境旅游市场都不景气，相关部门需要解决影响其旅游发展的主要问题，注入发展动力，扩大旅游需求。

3. 东盟国家旅游市场的竞争态转移

竞争态转移模型又称为旅游市场动态发展模型，其是在竞争态模型的基础上加入时间维度，分析一段时间内某一既定市场竞争态在时间序列上的变化规律，用以预测该既定市场的发展趋势。根据竞争态转移模型，在不受外部环境条件影响下，市场竞争态的自然转移模式遵循着“瘦狗市场—幼童市场—明星市场—金牛市场”的发展方向，如图 5 所示。需要指出的是，这种自然转移是一种理想条件下的变化，而由于旅游发展环境的复杂性和旅游系统的脆弱性，这种循环机制会在外部环境条件的作用下发生相应的变化，从而表现出相对稳定型、持续增长型、跳跃增长型、周期波动型和稳定回落型 5 种动态转移模式。

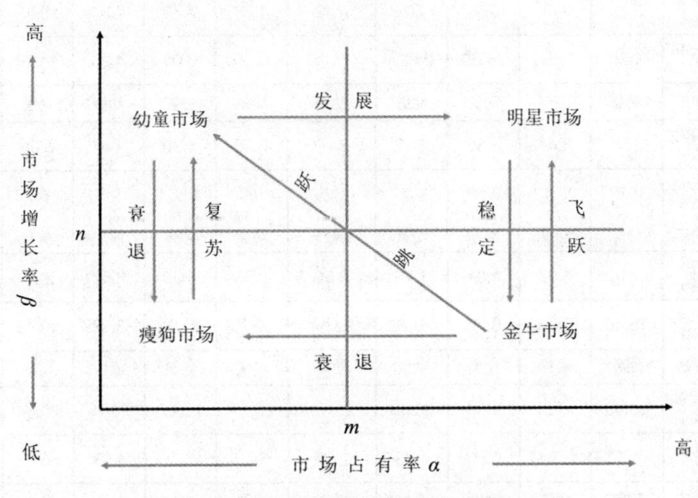


图5　旅游市场竞争态转移模型

在 2009—2018 年东盟各国入境旅游人数的基础上，利用 SPSS 25 软件制作东盟各国入境旅游市场竞争态分布散点图，运用同样的方法确定临界值 $m'$ 和 $n'$，据此整理形成 2009—2018 年东盟国家入境旅游市场竞争态分布表。由表 4 可知，2009—2018 年东盟国家入境旅游市场竞争态转移主要呈现出周期波动型、相对稳定型和持续增长型三种状态。

表4　2009—2018年东盟国家入境旅游市场竞争态转移

| 国家 | 指标 | 2009年 | 2010年 | 2011年 | 2012年 | 2013年 | 2014年 | 2015年 | 2016年 | 2017年 | 2018年 |
|---|---|---|---|---|---|---|---|---|---|---|---|
| | $m$ | 10 | 10 | 10 | 10 | 10 | 10 | 10 | 10 | 10 | 10 |
| | $n$ | -1.89 | 17.41 | 11.52 | 12.89 | 17.39 | 6.70 | 7.00 | 4.79 | 11.75 | 7.93 |
| 文莱 | 占有率（%） | 0.24 | 0.29 | 0.30 | 0.23 | 3.21 | 3.70 | 0.20 | 0.19 | 0.21 | 0.21 |
| | 增长率（%） | -30.25 | 36.09 | 12.96 | -13.61 | 1468.17 | 18.49 | -94.38 | 0.27 | 18.35 | 7.41 |
| | 竞争态 | 瘦狗 | 幼童 | 幼童 | 瘦狗 | 幼童 | 幼童 | 瘦狗 | 瘦狗 | 幼童 | 瘦狗 |
| 印度尼西亚 | 占有率（%） | 9.63 | 9.50 | 9.42 | 9.02 | 8.61 | 8.98 | 9.56 | 9.97 | 11.17 | 11.69 |
| | 增长率（%） | -1.64 | 10.74 | 9.24 | 5.16 | 9.42 | 7.19 | 10.29 | 10.69 | 21.88 | 12.61 |
| | 竞争态 | 幼童 | 瘦狗 | 瘦狗 | 瘦狗 | 瘦狗 | 幼童 | 幼童 | 幼童 | 明星 | 明星 |
| 泰国 | 占有率（%） | 21.54 | 21.61 | 23.51 | 25.05 | 25.98 | 23.58 | 27.44 | 28.15 | 28.31 | 28.30 |
| | 增长率（%） | -3.07 | 12.63 | 19.84 | 17.05 | 18.76 | -6.66 | 20.59 | 8.86 | 9.41 | 7.54 |
| | 竞争态 | 金牛 | 金牛 | 明星 | 明星 | 明星 | 金牛 | 明星 | 明星 | 金牛 | 金牛 |
| 柬埔寨 | 占有率（%） | 3.29 | 3.40 | 3.55 | 4.02 | 4.12 | 4.28 | 4.38 | 4.34 | 4.46 | 4.58 |
| | 增长率（%） | 1.70 | 16.04 | 14.89 | 24.37 | 17.46 | 6.95 | 6.05 | 4.95 | 11.78 | 10.69 |
| | 竞争态 | 幼童 | 瘦狗 | 幼童 | 幼童 | 幼童 | 幼童 | 瘦狗 | 幼童 | 幼童 | 幼童 |
| 老挝 | 占有率（%） | 3.06 | 3.41 | 3.35 | 3.73 | 3.70 | 3.96 | 4.30 | 3.67 | 3.08 | 3.09 |
| | 增长率（%） | 0.18 | 25.13 | 8.38 | 22.27 | 13.50 | 10.03 | 12.64 | -9.51 | -8.73 | 8.21 |
| | 竞争态 | 幼童 | 幼童 | 瘦狗 | 幼童 | 瘦狗 | 幼童 | 幼童 | 瘦狗 | 瘦狗 | 幼童 |
| 缅甸 | 占有率（%） | 1.16 | 1.07 | 1.01 | 1.19 | 2.00 | 2.93 | 4.30 | 2.52 | 2.74 | 2.62 |
| | 增长率（%） | 15.40 | 3.80 | 3.14 | 29.72 | 93.04 | 50.73 | 51.91 | -37.89 | 18.43 | 3.09 |
| | 竞争态 | 幼童 | 瘦狗 | 瘦狗 | 幼童 | 幼童 | 幼童 | 幼童 | 瘦狗 | 幼童 | 瘦狗 |
| 马来西亚 | 占有率（%） | 36.00 | 33.32 | 30.43 | 28.06 | 25.16 | 26.11 | 23.62 | 23.15 | 20.64 | 19.10 |
| | 增长率（%） | 7.22 | 3.94 | 0.56 | 1.29 | 2.73 | 6.70 | -6.25 | 4.03 | -3.02 | -0.45 |
| | 竞争态 | 明星 | 金牛 | 金牛 | 金牛 | 金牛 | 明星 | 金牛 | 金牛 | 金牛 | 金牛 |

续表

| | | | | | | | | | | | |
|---|---|---|---|---|---|---|---|---|---|---|---|
| 菲律宾 | 占有率（%） | 4.59 | 4.77 | 4.82 | 4.79 | 4.58 | 4.60 | 4.92 | 5.16 | 5.27 | 5.27 |
| | 增长率（%） | -3.90 | 16.68 | 11.28 | 9.07 | 9.56 | 3.25 | 10.91 | 11.31 | 10.96 | 7.65 |
| | 竞争态 | 瘦狗 | 瘦狗 | 瘦狗 | 瘦狗 | 瘦狗 | 瘦狗 | 幼童 | 幼童 | 瘦狗 | 瘦狗 |
| 新加坡 | 占有率（%） | 14.74 | 15.78 | 16.22 | 16.24 | 15.23 | 14.36 | 13.99 | 14.19 | 13.86 | 13.68 |
| | 增长率（%） | -4.30 | 20.22 | 13.17 | 10.02 | 7.43 | -3.04 | 0.90 | 7.70 | 6.22 | 6.22 |
| | 竞争态 | 金牛 | 明星 | 明星 | 金牛 | 金牛 | 金牛 | 金牛 | 明星 | 金牛 | 金牛 |
| 越南 | 占有率（%） | 5.74 | 6.85 | 7.40 | 7.67 | 7.41 | 7.49 | 7.29 | 8.66 | 10.28 | 11.46 |
| | 增长率（%） | -11.32 | 33.87 | 19.09 | 13.86 | 10.58 | 3.99 | 0.88 | 26.05 | 29.06 | 19.93 |
| | 竞争态 | 瘦狗 | 幼童 | 幼童 | 幼童 | 瘦狗 | 瘦狗 | 瘦狗 | 幼童 | 明星 | 明星 |

（1）周期波动型转移。2009—2018年，文莱、老挝和缅甸三个国家的入境旅游市场占有率没有明显改善，主要在瘦狗市场和幼童市场之间波动，整体发展表现出不太稳定的态势。与之形成对比的是泰国和新加坡，这两个国家在入境市场占有率方面表现出强大的优势，但受市场增长率的影响，呈现出“金牛市场—明星市场—金牛市场”的周期性波动。

（2）相对稳定型转移。2009—2018年，马来西亚的入境旅游市场相对稳定于金牛市场，其中也发生了两次微小波动，一次发生在2009年，另一次发生在2014年。这里值得一提的是，2009年国际金融危机席卷全球，再加上受到甲型H1N1流感疫情的影响，全世界的旅游业都表现出下跌之势。在这一困难时期，马来西亚特别强调维持区域内外和平稳定对发展旅游业的重要性，通过相关举措加强与东盟各国和中国、美国等大国的合作，使得其旅游业继续发展，可以看出旅游政策的正确制定和实施是马来西亚旅游业取得成功的重要原因之一。第二个处于相对稳定状态的是柬埔寨，基本保持在幼童市场，在甲型H1N1流感疫情过后，从2010年开始，柬埔寨入境旅游业逐渐回升，但长期居于幼童市场，没有实现向明星市场的突破。第三个处于相对稳定状态的是菲律宾，基本稳定于瘦狗市场，但从2015年开始，菲律宾的入境旅游业开始表现出增长迹象，但还未形成持续性增长的竞争态转移。

（3）持续增长型转移。在2009—2018年入境旅游市场竞争态转移过程中，印度尼西亚和越南一致表现出“瘦狗市场—幼童市场—明星市场”持续性增长态势。从转移的时间节点来看，印度尼西亚的两次市场转移分别发生在2014年和2017年。回顾历史，发现2013年中国国家主席习近平应印度尼西亚总统苏西洛的邀请对印度尼西亚进行国事访问，此次访问开辟了两国关系新纪元，打开了印度尼西亚入境旅游市场新大门，2017年《咖喱咖喱》歌曲的发行使得印度尼西亚旅游形象在中国深入人心。越南的入境旅游市场转移主要发生在近三年，这得益于越南在旅游产品上的系统开发。近年来，越南凭借其优质的旅游资源，专注于海岛旅游、文化旅游、自然景观和都市旅游4个领域，分别打造各具特色的旅游产品来吸引国内外游客，从而推动了其入境旅游业的快速发展。

## 二、东盟旅游安全研究

### （一）旅游安全的相关概念

根据联合国1994年颁布的《人类发展报告》，“人的安全”（Human Security）事关人的生命和尊严，其内涵包括两方面：免受饥饿、疾病和压迫等威胁，在日常生活、工作或社区中免遭灾难和突发事件。按照这一逻辑，旅游安全应当包含游客的人身安全和合法权益两个方面，游客的人身安全是指关乎游客生命、健康、行动自由、人格、名誉等方面的安全，威胁游客人身安全的因素包括海啸等自然灾害、车祸等灾难性事故以及恐怖袭击等社会治安事件；游客的合法权益包括旅游自由权、旅游服务自主选择权、旅游获知权、旅游公平交易权等，威胁游客合法权益的因素包括遭遇诈骗、被索要小费等经济权益受损事件，主要取决于当地旅游市场的规范性。此外，游客自身违法违规或不文明行为也会给自身安全造成威胁。

在过去的十年里，旅游安全事件频有发生，受一系列认知功能和自我防卫功能判断的影响，旅游安全事件一旦发生，将会影响游客对旅游目的地安全性评估与风险感知，进而会影响潜在游客对旅游目的地的选择，对旅游目的地的旅游业发展造成致命打击，因此旅游安全事件的统计分析是旅游地安全风险评估的重要途径。关于旅游安全事件的分类，国内相关领域学者主要将其划分为自然灾害、事故灾难、公共卫生、社会安全四大类，具体见表5。自然灾害类事件指由自然界发生变异，给游客带来经济损失和人员伤亡的事件；事故灾难类事件由人为原因或技术性过错引发造成重大伤亡或财产损失，产生较大社会影响；公共卫生类事件是指造成或可能造成旅游者健康受到严重损害的重大传染病、重大动物疫情、食物中毒以及其他严重影响游客健康的卫生事件等。社会安全类事件是指由于人为因素造成或可能造成严重社会危害并产生重大社会影响的突发事件。

表5　旅游安全事件分类及所包含的内容

| 类别 | 内容 |
| --- | --- |
| 自然灾害类 | 气象灾害包括暴雨、洪水、台风等；海洋灾害包括海啸、风暴潮等；地质灾害包括地震、山地滑坡、泥石流、火山爆发等；由极端地理环境、气温等所造成的游客伤亡、财产损失、资源破坏等事件 |
| 事故灾难类 | 旅游交通安全事故，表现为公路、航空、铁路、水运等类型的交通安全突发事件；设施设备安全事故，主要指因游乐或服务设施设备故障、运行失灵导致的旅游突发事件；火灾安全事故;动物攻击事故；其他事故灾难，如爆炸、煤气中毒、核事故等可能对旅游者造成伤害的事故 |
| 公共卫生类 | 重大传染病、重大动物疫情、食物中毒以及其他严重影响旅游者健康的卫生事件等 |
| 社会安全类 | 针对旅游者的刑事犯罪事件，如盗窃、诈骗、抢劫、性犯罪、赌博、恐怖袭击、政治动乱、种族暴乱等威胁旅游者生命和财产安全以及影响旅游可持续发展的安全事件 |

### （二）东盟旅游安全事件分析

报告以2019年中国外交部领事司官方网站、中方驻东盟各国使领事馆官方网站以及新华网、环球网等权威媒体、各地文化旅游部公布的东盟国家涉旅安全事件为搜索范围，并结合广西一家与越南旅行社对接的旅游公司所接到的旅游投诉案件数据，分类汇总了各类旅游安全事件的发生频次。总体来看，东盟国家旅游安全事件类别多样，除文莱外，游客在其余九个东盟国家遭遇的安全事件类别均包括三种以上（见表6）。

表6　2019年东盟国家涉旅安全事件统计

| 类型 | 事故亚类 | 频次 |
| --- | --- | --- |
| 自然灾害类 | 火山、地震及海啸 | 2 |
| | 台风及暴雨天气 | 4 |
| | 暗流及巨浪等 | 3 |
| 事故灾难类 | 涉水活动类 | 8 |
| | 交通事故类 | 4 |
| 公共卫生类 | — | 0 |
| 社会安全类 | 网络诈骗、赌博类 | 7 |
| | 旅游市场欺客宰客类 | 数起 |

数据来源：根据中国外交部领事司官方网站、中方驻东盟各国使领事馆官方网站、权威媒体及公众号整理。

1. 自然灾害类涉旅安全事件

自然灾害类涉旅安全事件对当地旅游业的影响极大，1999 年中国台湾地区地震造成 9 月至 12 月国际游客减少 15%。2004 年 12 月 26 日，印度洋海啸造成 22.5 多万人死亡。这场海啸灾难是过去 200 年来造成全世界最大伤亡（包括游客和旅游业从业人员）的灾难，导致泰国旅游业损失的经济高达 4 亿泰铢，其他东盟国家的旅游目的地也出现严重的游客流失现象。受 2010 年冰岛火山喷发产生的火山灰云影响，欧洲航空业可能损失高达 25 亿欧元。2018 年泰国普吉岛游船倾覆事件对普吉岛的自然生态休闲价值、社会经济发展水平、城市安全环境、旅游基础设施、紧急救援水平等的影响很大，其中对城市安全环境这一旅游目的地形象影响的程度是最大的。2019 年东盟国家自然灾害类涉旅安全事件 9 起，主要为气象灾害类事件和海洋灾害类事件。

（1）火山、地震及海啸类。

①普吉府区域地震。泰国普吉府位于安达曼海的西南部，其所管辖的普吉岛被称为“安达曼海上的一颗明珠”，是泰国最大的岛屿，以丰富的旅游资源闻名全世界，是大众游客心中旅游、度假的理想之地。受2018年“7·5普吉岛凤凰号游船倾覆”事故的影响，赴泰游客大幅减少。2019年3月23日，泰国普吉府西北方向、印度属安达曼海域发生两次地震，震级分别为5.0级和5.2级，震源深度10公里，地震后官方发布海啸预警。众所周知，地震是一种危害极大的自然灾害，因地震而上下浮动的海水容易形成巨浪涌入陆地，即引发海啸，会给人类带来巨大的灾难，因此地震也是威胁游客安全的重要“危险信号”。

②印度尼西亚巴厘岛东北部的阿贡火山再喷发。巴厘岛是独享盛名的旅游胜地，以海滨景观和名胜古迹每年吸引了无数的游客们前来度假。根据环球网新闻报道，2019年4月21日，印度尼西亚巴厘岛东北部的阿贡火山喷发，喷出灰柱高达3000米。巴厘岛伍拉莱国际机场在火山喷发后不久将航空预警升至红色最高级。中国驻登巴萨总领馆建议广大游客密切关注总领馆发布的最新提醒，时刻保持警惕，建议有出行计划的游客请提前评估风险，谨慎安排行程。此次爆发是继2018年6月持续爆发后的再次爆发，由于印度尼西亚地处环太平洋火山地震带上，地壳运动活跃，阿贡火山未来仍有喷发可能。火山的频繁爆发也是旅游安全的重大隐患之一[1]。

（2）台风及暴雨天气类。

作为全球台风灾害最为频发的国家之一，菲律宾每年平均遭遇约20

1　巴厘岛阿贡火山再次喷发，机场航空预警升至最高级[EB/OL].https://baijiahao.baidu.com/s?id=1631482478982377182&wfr=spider&for=pc.

场台风的侵袭。2019 年 7 月，台风“丹娜丝”在菲律宾吕宋岛北部登陆，当天，菲律宾大气地球物理和天文服务管理局发布“黄色暴雨警告”。受台风“丹娜丝”影响，海上交通通道关闭，海上旅游暂停。2019 年 12 月，台风“北冕”在菲律宾中部沿海登陆。由此引发的大风和强降雨，导致黎牙实比市机场等多处被淹；同样是在 12 月，强台风“巴蓬”在菲律宾东萨马省登陆，给菲律宾中部地区的安蒂克省、民都洛省、巴拉望省、阿克兰省和朗布隆省带来强降雨和暴风，导致菲律宾热门旅游胜地长滩岛等被迫关门歇业，计划飞往菲律宾的航班被取消，其中由中国浙江飞往菲律宾的旅游团当天被困大巴 30 小时，引起了游客的恐慌[1]。

除菲律宾外，越南也常伴有台风，其台风季在每年的 6 月至 9 月。2019 年 11 月，第 24 号台风“娜基莉”在越南平定省至庆和省一带登陆，给中国游客集中的庆和省芽庄市带来大风及强降雨天气。另外，泰国、印度尼西亚等地也偶受台风影响。2019 年 1 月，台风“帕布”登陆泰国，导致泰国南部地区出现暴风和强降雨天气，其间，泰国及安达曼海海面浪高达 3~5 米，受此影响，普吉岛、苏梅岛、丽贝岛机场和码头出现了停航情况，部分中国游客被滞留[2]。

每年 10 月至次年 4 月为东盟地区雨季，其中作为东盟地区最大群岛的印度尼西亚常常在此期间遭到暴风雨侵袭，引发泥石流与洪灾。据央广网报道，2019 年 3 月，印度尼西亚巴布亚加雅布拉地区发生洪水，有 4 名游客遇难[3]，同年 4 月，因暴雨侵袭再次引发洪水，造成数千名游客

1 12月31日电台风“巴蓬”重创菲律宾致50死，另有5人失踪[EB/OL].https://baijiahao.baidu.com/s?id=1654426023422304479&wfr=spider&for=pc.

2 受台风“帕布”影响有中国游客滞留泰国海岛，我总领馆：暂未有中国人伤亡[EB/OL].https://baijiahao.baidu.com/s?id=1621804327110512254&wfr=spider&for=pc.

3 印度尼西亚巴布亚洪水造成14人遇难 其中包括4名游客[EB/OL].https://news.cnr.cn/gjxw/gnews/20190317/t20190317_524545809.shtml.

“无家可归”。自 2020 年 1 月开始，印度尼西亚首都雅加达及周边地区出现连续强降雨天气，导致多个地区河流漫堤和溃堤，往返雅加达市的航班、快速列车及多趟火车临时取消[1]。

（3）暗流及巨浪等海洋高危水动力类。

暗流指海底水的流动和水的漩涡现象，一般是海水涌动过程中因为海底礁石对海水的阻挡回流作用而形成的。离岸流属于其中一种，离岸流的生成和海底高低不平地形有关，同时受到潮汐、天文、风力风向等多种因素的影响。离岸流常在人毫无防备的情况下突然出现，与惊涛骇浪不同，离岸流不会引起人的注意，直到人身陷其中才会发觉，被比喻为海滩边最危险的夺命“杀手”。巨浪大部分是海风所造成的，风在离岸边很远的地方与海面接触而形成浪，巨浪具有千钧之力，被称为“海上覆舟杀手”。

①“恶魔眼泪”多次伤及游客。“恶魔眼泪”位于巴厘岛东南方向的蓝梦岛之上，当巨浪喷涌来袭，撞击崖石下的两个巨大空洞时，会瞬间激起十多米高的水柱，蔚为壮观。有些游客近距离拍摄彩虹“悬挂”的场景，还有游客走到崖石边拍照，高耸的水柱极易将岸边游客卷入，从而引发伤亡事件。2019 年，巴厘岛“恶魔眼泪”曾发生 3 名游客死亡事件，其中中国公民 1 死多伤。据不完全统计，自 2017 年以来，“恶魔眼泪”曾发生十多起海浪卷走游人的事故，造成十余人死亡。中国驻印度尼西亚登巴萨总领事馆发布消息称，自“恶魔眼泪”成为“网红景点”以来，伤亡事件频发，成为巴厘岛高危旅游目的地[2]。

②菲律宾溥荷岛海浪袭人。2019 年 12 月，有十余名中国游客在菲律宾薄荷岛参加了旅行社组织的乘船出海观赏落日活动，其中两名中国游客

1　印度尼西亚首都雅加达遭遇强降雨：导致9人死亡，近两万人撤离[EB/OL].https://baijiahao.baidu.com/s?id=1654593944094054154&wfr=spider&for=pc.

2　巴厘岛“恶魔眼泪”再夺命，浪漫的代价太大！中国领事馆：切勿冒险前往！[EB/OL].https://3w.huanqiu.com/a/832e23/7Q6cbFuRS1i?agt=35.

在乘船游览时，由于海上风浪过大，从帆船上落水，并被巨浪吞没。事发后，救援船只前来救援，但两名游客被救起时已死亡。事发当日船上其余数十名中国游客，均未穿救生衣[1]。同年10月，有11名中国游客在薄荷岛附近乘船观赏萤火虫时因海浪翻船，所有游客落水，被同行的另一艘船及时相救，未造成人员伤亡[2]。

③其他因海浪过大遇难事件。2019年8月28日，在马来西亚，一名中国籍游客在仙本那独自浮潜时不幸溺亡[3]。同年8月，一名中国游客和妻儿前往泰国普吉岛奈汉海滩游玩，男游客和其儿子因海浪过大而溺水身亡。9月1日，一名中国籍男性游客在卡伦海滩边游玩时，被突然袭来的大浪卷走失踪。

2. 事故灾难类涉旅主要安全事件

（1）涉水活动类。

东盟国家海岛游一直是广大游客心驰神往的休闲度假胜地。其中，涉水旅游项目具有较强的观赏性、娱乐性和刺激性，深受游客欢迎，但却存在不同程度的安全风险，已成为引发海外中国游客旅游安全事故的主要方面，其中，溺水和水上交通事故是造成游客死伤的最主要因素。

①因游船撞击导致的涉水活动事故。2019年2月7日，一艘载有约20名中国游客的快艇在泰国沙美岛附近海域倾覆，事发后当地救援队迅速开展救援，将入水中国游客全部安全救上岸。时隔两日，于2月9日由泰国皮皮岛返回普吉岛时，一艘载有11名中国游客的快艇撞上一艘停泊的邮轮，导致11名中国游客和2名船员受伤。同年8月，17名中国游客

1　两名中国游客菲律宾溺亡，船上十余名中国人均未穿救生衣[EB/OL].https://www.uschinapress.com/2019/1230/1177576.shtml.

2　菲律宾薄荷岛两名溺亡游客系四川籍[EB/OL].http://www.bjnews.com.cn/world/2019/12/30/668114.html.

3　内蒙古夫妇马来西亚度蜜月，丈夫浮潜不幸溺亡[EB/OL].https://www.sohu.com/a/338625882_120065065.

于菲律宾阿克兰省的长滩岛海岸乘坐一艘名为“MBCA LMJ Ⅲ”的旅游船，后该船遭到一艘服务船撞击，导致倾覆。中国游客和船员获救，并被送往长滩岛当地医院。该事故导致12名中国游客受轻伤[1]。

②因安全设施建设不足和安全工作管理不到导致的涉水活动事故。在涉水项目中，安全设施建设和安全管理工作是游客旅游安全的保障，2019年东盟国家中因安全设施建设不到位和管理工作不到位等其他原因导致的涉水活动事故主要有两起。一起发生于菲律宾薄荷岛内，上海游客一家三口在乘坐“突突车”时遭遇翻车，受伤住院。中国驻宿务总领馆称，薄荷岛属于菲律宾新兴景区，一些小的旅行社对当地的安全风险缺乏了解。当地旅游部门数据显示，在旅游旺季，长滩岛每日接待游客过万人。作为客流量如此之大的旅游目的地，旅游安全问题亟须加以重视。另一起事故发生在泰国甲米宏岛，一名23岁中国女游客在甲米宏岛离海滩20米处浮潜时，腿部抽筋溺水，后通过抢救及时挽回了游客生命。当事人在接受媒体采访时，表示当天由于船上救生衣不足，她把自己的救生衣给了不会游泳的朋友。在潜水途中，因泳镜断裂导致呛水[2]。

③因其他方面导致的涉水活动事故。水面以下的涉水活动非常危险，而且不易被发觉，因而有很多不明原因可能导致涉水事故的发生。据不完全统计，2019年不明原因的涉水事故有三起。一起发生在泰国罗勇府直辖县沙美岛，一名中国男游客在沙美岛塞考海滩（Sai Kaew）附近溺水，在送抵医院前，不幸身亡。第二起发生于菲律宾中部的长滩岛上，一艘载有21人的船只在距海岸约300米处水域倾覆，该事件造成7人死亡，其余14人生还者被安置于当地医院救治，事故原因不明。第三起事故也发

1　菲律宾长滩岛发生翻船事件致7人死亡[EB/OL].https://www.xinhuanet.com/world/2019-09/25/c_1125038377.htm.

2　中国游客泰国溺水：泰方称其执意不穿救生衣，实因数量不够让给朋友[EB/OL]. https://www.sohu.com/a/333126713_255783.

生于泰国沙美岛，一名中国籍游客在游玩时溺水，疑似下水玩耍时因抽筋被海水淹没，抢救无效后身亡。

（2）交通事故类。

①陆路交通事故涉旅主要安全事件。在旅游交通事故可能造成旅游者的重大伤害，后果很严重，不仅给旅游者及其家属造成不可估量的损失，而且也给旅行社造成很大困扰，其中旅游车事故是造成旅游人身伤害的主要原因。根据相关媒体报道统计，2019 年在东盟地区发生的旅游交通事件有四起。2019 年 7 月 27 日，某中国企业项目考察组在菲律宾本格特省发生车辆坠崖致人员伤亡事件，造成 5 名中国公民受伤，其中 2 人发生内出血等严重症状被送入 ICU 抢救。受暴雨影响，菲律宾山区多发泥石流和塌方，如若不熟悉当地地形和交通状况很容易导致交通事故的发生。泰国当地时间 2019 年 3 月 25 日，一辆满载中国游客团的旅游大巴失事侧翻，造成车内乘客 7 名重伤、6 名轻伤。据泰国媒体报道，这辆大巴载着中国游客团去芭堤雅用餐，行驶途中为躲避前方突然插入的调头摩托车，司机紧急刹车，加上雨后路滑导致大巴车失控侧翻。同年 7 月 21 日，一辆搭载 14 名中国游客的巴士在柬埔寨暹粒省荔枝山区域下坡行驶时翻覆，3 名中国游客因车祸身亡，巴士司机在事发后逃离了现场。8 月 19 日，一辆载有 44 名中国游客的旅游大巴，在从老挝万象市前往琅勃拉邦市途中发生严重车祸，造成多人伤亡。

②航空交通事故类涉旅主要安全事件。2019 年航空交通事故类涉旅安全事件较少。2019 年 11 月 21 日，菲律宾航空公司一架从洛杉矶国际机场前往菲律宾马尼拉的波音 777 双引擎飞机起飞后不久，因发动机发生故障，火焰从飞机的引擎之一喷出，冒出黑烟。飞行员宣布紧急状态，飞机返回洛杉矶国际机场，并安全降落，本次事故所幸未造成人员伤亡。

3. 公共卫生类涉旅主要安全事件

旅游目的地的公共卫生条件关系到游客健康，公共卫生管理中涉旅内容包括对全球性传染病的事前防控以及事后治疗，也包括对当地常见疾病、传染疾病的防范以及旅游相关产业卫生状况管理。全球性暴发的传疾病如“非典”、新冠肺炎等的传播途径较广，而且难以控制，尤其是流感，由于病毒不断地变异会不断地出现新的毒株，让人们防不胜防。流感作为最常见的呼吸道传染病，在东南亚地区呼吸道传染病中所占比重也较大。2009 年甲型 H1N1 流感大流行中，东南亚地区作为全球甲型 H1N1 流感发病率较高的地区之一，流感持续的时间较长。泰国等一些东南亚国家在 WHO 宣布甲型 H1N1 流感大流行结束后的很长时间内还处于疫情较为严峻的流行阶段。根据 WHO 的统计，2012 年 H5N1 型禽流感病毒的暴发也以东南亚国家为主。此外，由于东盟国家属于热带雨林地区，天气炎热潮湿，利于蚊虫繁衍和疾病传播。多年来，疟疾、登革热和基孔肯亚热等一直是马来西亚、菲律宾、泰国、越南等东盟地区常见的蚊媒传染病。在老挝、柬埔寨的部分地区由于卫生设施使用人口比例较低，霍乱、伤寒、副伤寒、细菌性和阿米巴性痢疾等肠道传染病也给游客安全构成一定威胁。随着全球化旅游的发展，游客呈规模流动，以各类传染病为表征的公共卫生威胁呈现跨区域传播姿态，如何在开展旅游活动过程中，做好疾病的防控成为对东盟各国乃至全世界所面临的挑战。

4. 社会安全类涉旅主要安全事件

旅游目的地的社会治安状况直接影响游客财产和人身遭到侵害的概率，由于游客对目的地危险地区的信息掌握较少，因此更有可能进入到高犯罪率区域，或是更容易被潜在的犯罪识别。通过整理近一年来有关社会治安的旅游安全事件，发现东盟国家旅游安全事件中主要分为偷盗抢劫、电信欺诈两类。

（1）盗窃抢劫类。

国际出境旅游安全事件中，偷盗抢劫类事件是普遍发生频率较高的涉旅安全事件。近年来，游客在东盟国家遭遇盗窃抢劫事件屡见不鲜，其中越南胡志明市是涉及此类案件最多的旅游目的地。据相关报道，2019 年 2 月，4 名游客在越南芽庄遭遇飞车党抢包后伤势较重被送往医院。2019 年 10 月，一名来自中国河南的男性游客在越南芽庄遭遇“飞车党”抢劫，并与抢劫犯发生了肢体冲突。除抢劫事件外，胡志明市、芽庄、河内等城市的一些盗窃团伙也常常威胁到游客人身财产安全。通常这些盗窃犯以团伙的形式出现，“扒手”与街上的摊贩联手，在摊贩与游客交谈时被分散注意力时，“扒手”会悄悄偷走游客的贵重物品。

另外，柬埔寨也是类似案例发生较多的国家，以其首都金边市最为突出。金边市近年发展迅猛，是一个典型消费高收入低的城市，部分民众铤而走险走上犯罪道路。和胡志明市“飞车党”抢劫较为类似，金边市抢劫犯多是两个人合作，目标多是手无寸铁的女游客，抢劫手段残忍，曾经有欧美女游客被撞倒在地、钱财被抢走的恶性事件发生。2019 年马来西亚也发生了多起抢劫财产事件，据相关媒体报道，2019 年 4 月马来西亚吉隆坡发生抢劫案，一名中国游客被抢受伤；2019 年 6 月初，一名游客在马来西亚沙巴州亚庇市被抢劫。泰国作为东盟国家旅游接待量最大的旅游目的，也曾有盗窃抢劫事件发生，尤其是在芭堤雅。芭堤雅是一个治安相对混乱的城市，据相关媒体报道，每年都有多起游客被抢案件，而且主要集中在夜间，另外曼谷等其他地方也偶有发生。

除此之外，印度尼西亚、老挝、菲律宾等旅游热点区域也曾发生过盗窃抢劫事件。2019 年 4 月，赴菲律宾旅游的一名中国籍游客，在马尼拉遭到了“黑出租”抢劫。两名犯罪嫌疑人均持有武器，上车后立即宣称抢劫，殴打游客并抢走了其身上的贵重物品。2019 年 10 月，中国驻老挝大使馆接报多起在老中国游客被迷药抢劫案件。据报道称，数名中国籍不法分子以谈生意等名义与受害人接触，并主动提供疑放入迷药的香烟、饮料或食品，受害人食用后当即昏迷不醒被抢走身边钱物，或者神志不清听从不法分子摆布，通过微信转账等方式向不法分子转钱。受害人不但蒙受钱财损失，身体健康也受到伤害。

（2）电信诈骗类。

近年来，东盟国家电信诈骗层出不穷，柬埔寨、菲律宾、泰国、马来西亚、老挝等国家是电信诈骗者的“热门聚点”，2019年4月，驻马来西亚使馆发布消息称，中国驻马来西亚使馆陆续接到反映，不法分子假冒中国驻马来西亚使馆和国内公安机关等名义进行电信诈骗。10月17日，有百名左右中国游客赴中国驻马来西亚大使馆领事部，表示被马来西亚MBI公司以网上传销方式诈骗资金；11月20日，马来西亚政府获破了“中国公民在马来西亚最大的电信诈骗”，并逮捕了涉嫌进行外汇、在线投资诈骗的680名中国公民。部分诈骗、网络赌博团伙为招兵买马，用高薪吸引外籍游客出国从事非法工作，对游客进行跨境诈骗或诱导他们进行网络赌博。不少中国游客受骗到柬埔寨西哈努克港（亦称西港）、柬泰边境城市波贝、柬越边境城市巴域（木牌）等地从事网络博彩工作，遭遇经济纠纷、证件被扣、非法拘禁甚至人身伤害等问题。中国驻柬埔寨使馆近年已多次发布通知公告，提醒赴柬中国公民通过正规渠道来柬工作，不要参与和从事赌博或网络博彩等可能危及自身安全的活动。

（3）旅游市场欺客宰客类。

目前，旅游行业蓬勃发展的背后依然存在不少隐忧。为了抢占市场，“低价游”“购物游”“欺客宰客”等现象不断出现，市场较为混乱。以越南为例，广西一家与越南旅行社对接的旅游公司，2019年共接到了173宗中国游客的投诉单，其中，90宗投诉旅游时带去购物，25宗投诉在旅游过程中更换行程，8宗投诉临时取消旅游合同。数据显示，中国游客投诉最多的是越南导游带游客去购物，原因是导游带游客去商场购物可以从中拿到可观的回扣，这些商品以高于市场价格出售给游客。广宁文化和旅游局表示，在70起投诉案中，中国游客损失的金额超过93万元人民币，经投诉处理后得到66万余元人民币的赔偿。广宁文化和旅游局发现，导游跟商家一起勾结起来欺骗游客，调包商品替换为劣质产品，涉及主要产品有：越南橡胶产品、水晶产品、红玉产品等。此外，河内的水果摊以及北越沙坝的织布妇女等一些挑着扁担的商品摊贩也会出售假冒伪劣产品，以次充好，价格不真实，不诚信经营现象普遍。甚至有些摊贩还以邀请一些好奇的游客站过来一起合影，以此向游客索要费用，更有甚者，部分商贩勾结扒手，扒窃游客贵重物品。近年来，中国游客被印度尼西亚海关工作人员索要“小费”的事情屡见不鲜。2019 年 8 月，因在印度尼西亚过海关时未按工作人员要求每人支付 15 万印度尼西亚盾（约 75.7 元人民币）的“小费”，中国籍游客被印度尼西亚海关的工作人员拒绝入境。对此，中华人民共和国驻印度尼西亚大使馆表示，中国游客若遭遇印度尼西亚海关工作人员索贿，应坚决抵制并第一时间联系领事馆申请领事保护。

### （三）基于事件的东盟国家旅游安全风险分析

1. 事故灾难是第一大旅游安全风险

泰国、菲律宾两个国家有关游客涉水安全事件的报道最多，是游客在东盟国家面临的第一大安全风险。其他东盟国家没有报道该类安全事件，但不排除未曾发生的可能性。涉水安全事件主要原因有三个方面：一是一些国家的涉水项目安全设施建设不足，救生衣和救生人员配备不足。二是部分旅游目的地对游船等旅游企业疏于管理，旅游从业人员安全意识薄弱，救助等专业能力欠缺。例如，有的海岛旅游目的地的游览项目散布于各个海岛，而岛上救护条件有限，几乎没有专业的急救设备与仪器，一旦发生游客溺水事件，需借助快艇或水上飞机送到就近居民岛的医疗中心接受治疗，往往错过最佳抢救时机。三是个别游客自身安全防范意识不足，缺乏自我保护能力。

2. 社会治安是第二大旅游安全风险

遭遇盗窃、抢劫、欺客宰客事件是东盟国家旅游最常发生的社会治安事件，占比为 61%。究其原因，一些东盟国家失业和贫困现象严重，犯罪率高。根据《2019 年全球各国犯罪指数报告》，东盟成员国有 6 个国家犯罪率较高，其中马来西亚、柬埔寨、越南的犯罪率近 4 年来持续增高。2018 年菲律宾盗窃案件高居菲律宾犯罪案件榜首，2019 年犯罪率虽然有所下降，但对于入境游客来说，安全问题仍不容忽视。此外，近年来东盟部分国家和地区安全形势严峻，恐怖主义猖獗。爆炸、纵火、炸弹袭击等恐怖袭击成为威胁游客安全的主要因素之一。

3. 自然灾害是第三大旅游安全风险

自然灾害对游客的伤害是巨大的，东盟国家自然灾害事件以印度尼西亚最多。印度尼西亚应该地处板块交界处，而且印度尼西亚地处印度洋板块、亚欧板块和太平洋板块三大板块的消亡边界，受到三大板块相互碰撞挤压，从而多火山喷发和地震灾害。与此同时，印度尼西亚大部分属于热带雨林气候，受赤道低气压带控制，全年降水丰富，天气多变，因降雨导致道路湿滑引发的交通事故以及泥石流、山体滑坡、洪灾、雷电等自然灾害多发。除印度尼西亚外，泰国、越南、菲律宾等国家也常年遭受自然灾害的侵害。

### （四）中国游客对东盟国家旅游安全感知分析

近年来，中国逐渐成为东盟旅游市场中第一大客源市场，随着东盟旅游热的兴起，越来越多的中国游客到访东盟国家，并将其亲身经历和所思所想分享给大家，在这些分享中处处可见“安全”这一字眼。作为一个真实的网络问答社区，知乎连接各行各业的精英，以友好而理性的社区氛围备受广大网友的热爱。知乎网站于 2010 年 12 月开放，截至 2018 年 11 月底，用户数破 2.2 亿，以惊人的速度迅速攀升为排名前列的互联网社区。准确地讲，知乎更像一个论坛，用户可以围绕着某一感兴趣的话题进行相关的讨论，可以分享着彼此的专业知识、经验和见解，对于发散思维的整合，是知乎的一大特色。本研究以“国家名称 + 旅游 / 旅行 + 安全 / 危险”如“泰国旅游安全”作为搜索词，用 Request 库获取相关话题链接，然后使用 Python 的 Selenium 库，模拟登录及点击查看全部等操作，然后使用 Xpath 获取文本信息，最后用 CSV 库保存信息。通过人工筛选掉与搜索词不相近话题及不符合要求的话题后，共得到 689 条相关话题讨论，从总体数据来看，广大中国游客对东盟国家的旅游安全话题比较感兴趣，安全问题成为中国游客出游东盟的决策因素之一。

1. 高频词分析

本研究将 689 条有效话题讨论中的错别字进行修正后将其汇总到 txt 文本文档中。首先利用 ROST Content Mining 6.0 对文本文档的内容进行分词，对分词有误的词进行修正后进行词频分析。再汇总意思相近的高频词，如将“女生”“女性”“女孩”统一用“女生”表示，将“印度尼西亚”“印度尼西亚”统一用“印度尼西亚”来表示等。将与旅游安全感知内容无关的高频词过滤掉，如“其实”“后来”“这边”“那边”等过滤掉，再次进行词频分析。最后在词频统计的基础上，按词频的大小进行统计，频次排名前 50 的高频词如表 7 所示。

表7　频次排名前 50 的高频词

| 高频词 | 频次 | 高频词 | 频次 | 高频词 | 频次 | 高频词 | 频次 | 高频词 | 频次 |
|---|---|---|---|---|---|---|---|---|---|
| 安全 | 345 | 越南 | 52 | 金边 | 34 | 路上 | 25 | 老挝 | 18 |
| 泰国 | 230 | 女生 | 46 | 景点 | 33 | 友好 | 23 | 机场 | 18 |
| 旅游 | 206 | 抢劫 | 46 | 事故 | 32 | 普吉岛 | 23 | 出租车 | 18 |
| 危险 | 194 | 治安 | 43 | 马来西亚 | 31 | 住宿 | 22 | 交通 | 17 |
| 晚上 | 82 | 司机 | 42 | 马尼拉 | 29 | 钱包 | 22 | 吴哥窟 | 17 |
| 柬埔寨 | 81 | 曼谷 | 41 | 小心 | 28 | 经历 | 22 | 警察 | 17 |
| 菲律宾 | 69 | 当地 | 39 | 海滩 | 28 | 热情 | 20 | 路况 | 17 |
| 华人 | 60 | 当地人 | 36 | 飞车党 | 27 | 出门 | 20 | 骗子 | 15 |
| 酒店 | 58 | 摩托车 | 36 | 印度尼西亚 | 26 | 路边 | 20 | 小费 | 15 |
| 手机 | 54 | 暹粒 | 35 | 新加坡 | 25 | 缅甸 | 19 | 担心 | 15 |

2. 语义网络分析

在高频词提取的基础上，报告采用 Netdraw 工具绘制了高频词的语义网络图（见图 6），以更加直观地反映高频词之间的关联。图中节点表示高频词，线表示两个高频词间共现的次数，共现越频繁表示游客安全感知中两个高频词的关联越密切，高频词的连接线越多表示与其有直接语义关系的高频词数量越多。通过图 6 中的连线可以看出，整个网络中主要以“安全”和“旅游”作为核心节点，这两个高频词与其他高频词的联系最为广泛，且双方的共现次数最多，高达 93 次。表明这两个高频词是中国游客对东盟国家旅游安全感知语义网络的基础元素。其中与“安全”直接相连的前十个高频词，共现次数从高到低依次为“旅游”“危险”“泰国”“晚上”“华人”“抢劫”“菲律宾”“女生”“柬埔寨”“摩托车”；与“旅游”直接相连的前十个高频词，共现次数从高到低依次为“安全”“泰国”“晚上”“危险”“柬埔寨”“菲律宾”“华人”“景点”“抢劫”“事故”；从“安全”与“旅游”连接其他高频词的关系来看，中国游客对泰国、柬埔寨和菲律宾的旅游安全问题最为关注，具体表现的时间要素为“晚上”，主要安全事件为“抢劫”。

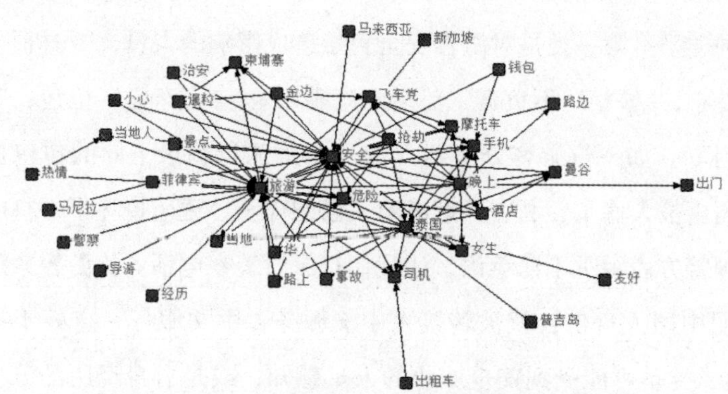

图6　中国游客对东盟国家旅游感知高频词的语义网络图

3. 主要内容分析

结合高频词分析和语义网络分析，可以发现游客对东盟国家旅游的安全感知主要内容具体表现在以下四个方面。

（1）地点感知。前50个高频词中涉及地点的有“泰国”“柬埔寨”“菲律宾”“酒店”“越南”“曼谷”“当地”“暹粒”“金边”“景点”“马来西亚”等，其中在语义网络图中，“泰国”与“酒店”“曼谷”“当地”的相关性较高。结合有关话题内容发现，游客分享的主要是自己在泰国曼谷旅游过程中离开酒店后的危险经历，以一条获得6人赞同的评论为例，评论内容为“2018年国庆去的泰国，到了曼谷去酒店。然后出来去吃东西，吃完东西蹲在路边抽烟，突然有个人从我边上冲了过去，还顺手打到我了，当我刚准备站起来时，我怂了，这货手里拿了一把枪，登上摩托车就跑了”，而切实与“酒店”相关的感知更多的是正面的。此外，“柬埔寨”与“暹粒”“金边”的共现次数也较高，通过查看相关话题内容发现，游客对柬埔寨的暹粒和金边两个地方的安全感知较低，如一位获得56条赞同的评论提到“刚从柬埔寨回来，9天，去了两个地方，暹粒（吴哥窟）和金边，抢劫行为较为普遍”。

（2）人物感知。高频词中涉及人物的有“华人”“女生”“司机”“当地人”“警察”“飞车党”“骗子”等。上述人员对游客安全感知的影响可分为两种类型：第一类是对游客安全直接造成影响的人员，“司机”宰客、开车不专心，“警察”不负责、英语交流能力差，“飞车党”抢包，“骗子”骗取钱财等。如一位游客分享到：“金项链放旅行箱最下面的包包里的内袋里在酒店被人偷了，酒店经理事不关己的样子，说监控坏了，打电话报警，泰国警方表示听不懂英语，让我们打旅游警察电话。旅游警察的电话一打表明中国人身份，就被转接入中文服务，中文服务一直处于占线状态。”第二类是可能受到安全威胁的人员感知，或是自身经历的分享，或是对安全信息的传达，这都将会对游客安全感知造成影响。包括“女生”不要独自出行、“女生”被抢包，欺宰“华人”等。如一位游客提到“金边飞车党横行，据说当地的商户和飞车党有勾结，会给他们通风报信，只抢中国人”，还有一位游客提到“我是一名到马来西亚游玩的女生，首先是被机场司机坑了……吉隆坡住的离机场不远，如果是女生单人行的话一定要小心，不少看起来比较像印度人的人会盯着你看，甚至还有吹口哨的，自由行尤其是女生并不安全，如果是晚上（8点后），真的蛮可怕”。

（3）行为感知。高频词中有关行为感知主要有“抢劫”，这类词主要反映的是游客在参加活动时引发的安全问题以及游客对安全事件的感知。游客在街边行走经常遭遇“抢劫”。如有一位游客关于菲律宾旅游安全的讨论中提到“晚上尽量不要出去玩，这里的晚上不安全，打车的话要下载Grab软件（安卓机还要下载一个Facebook注册才可以用），这边的出租车很黑，还会抢劫”。再如一位游客提道：“金边很乱。我们半自助游，当地导游跟我们讲了他在金边被抢劫的两次经历。”另外，游客对在东盟国家旅游过程中被索要“小费”事件感知也较为强烈。如“去普吉岛度蜜月，报的团，住在了areeca pool villa，按照导游要求放了小费20泰铢”，再如“今年五一刚去过暹粒，有一个男生遇到飞车党，护照和签证都丢了，去警察局报案还被要小费。我们下飞机的时候，也遇到同一架飞机上的一个阿姨和小伙子办落地签以不符合资格为由被海关从领导到办事员索贿100美元，索贿的时候不光收人民币还可以微信转账”。

（4）心理感知。高频词中涉及的最后一类词表现为心理感知，具体如“安全”“危险”“小心”“担心”等。这类心理感知主要表现的是游客对东盟国家安全环境或安全事件感知的心理活动。如游客在相关话题讨论中发表说“本人环游35个国家，遇到过最危险的事情就是在曼谷搭乘黑车的经历”。再如一位获得147条赞同的游客提道：“泰国社会的不安全，主要是安全意识淡薄以及经营管理方式过于灵活造成的不安全。例如，泰国人对摩托车的时速没概念，政府对改装车放任，火车老旧，行驶中还常不关车门，经营者将摩托车出租给完全没有驾驶经验的游客（我的学生就有这样撞死的，也有撞成腰椎粉碎性骨折的），经营者不顾天气情况，驾船出海”，并且多条讨论中提到“注意自己的贵重物品，特别是小心自己的手机，还有就是一些商家会‘宰人’，要多加小心。”诸如这类涉及心理活动的分享，会让阅读者感同身受，从而直接造成心理感知。

## 三、基于安全研究的东盟旅游市场提升建议

### （一）杜防事故灾难发生，维护旅游市场平稳运行

近年来，东盟的国际游客人数持续增速，在新加坡、泰国和马来西亚基本稳定于金牛市场的同时，印度尼西亚和越南一致表现出向好走势，逐渐进军明星市场行列，总体而言，东盟旅游市场正处于平稳运行状态。但随着“旅游安全”越来越备受游客重视，事故灾难事件成为威胁东盟旅游市场的第一要素，因为一旦发生安全事故，将会对旅游目的地的市场造成致命的打击。因此，杜防事故灾难类事件的发生是首要任务。一方面，要完善旅游目的地的安全设施设备，包括水上交通工具的检修和维护，保障救生衣等安全设备的充足，并且配备专业的急救设备与仪器，保证一旦发生安全事故，可以最大限度地争取抢救时间。另一方面，针对旅游企业实行统一管理，加大对酒店、旅游目的地交通、景区景点、购物店和娱乐项目等方面的安全投入力度，让游客在吃得安心、睡得舒心、坐得放心、游得随心、买得开心、玩得省心。此外，还应设立不同语言的安全提醒标识，并在旅游胜地配备救生人员和涉水项目教练。

### （二）削弱自然灾害威胁，培育壮大市场发展后劲

从近年来东盟各国的旅游目的地竞争态势来看，印度尼西亚、越南以及柬埔寨和老挝的市场增长率处于优先水平，分别位于明星市场和幼童市场，属于东盟旅游市场中的“后起之秀”。此外，泰国和菲律宾的旅游市场增速也相对靠前，同样代表着东盟旅游市场的发展后劲，然而受气候及地理位置的影响，尤其是印度尼西亚、越南和菲律宾，常有台风、洪水、

地震、火山等自然灾害的发生，导致东盟旅游市场的发展后劲不足。为削弱自然灾害的影响，东盟国家需加快构建涉旅自然灾害动态监测系统，建立景点高峰时段及特殊气候预警机制，在遭遇特殊气候影响的时候，相关旅游部门应在第一时间发布紧急警示，督促旅游团和游客及时取消行程；同时，增加旅游信息的发布渠道，管理部门适时开通专业的旅游发布网络社交账号，对旅游目的地及周边地区各热门景点客流情况做实时通报和适当的提醒、建议，完善旅游安全管理的信息报送，让游客及时、便捷地了解旅游信息，做出相应的调整，从而保障东盟“后起之秀”市场的游客安全，培育壮大东盟旅游市场的发展后劲。

### （三）规范旅游市场秩序，优化国际客源市场结构

规范旅游市场秩序有利于旅游业的整体发展，有利于旅游目的地树立良好的旅游形象，扩大旅游宣传，优化客源市场结构。首先，东盟国家政府部门要加大对旅游市场的监管力度，制定相关法律法规，约束旅游经营者和旅游从业人员的不法行为。其次，各部门之间要加强合作，在住宿安全、交通秩序、商品交易、景区安全等方面要加强合作，加大对不良环境的整治，减少欺客宰客事件的发生。最后，建议旅游部门利用物联网、大数据、人工智能等技术打造智慧旅游平台，建立旅游投诉处理专项服务。一是游客可以通过该平台加深对旅游目的地的了解，避免游客遭遇不合理的价格欺诈；二是可以为游客提供投诉渠道，有效解决安全事件；三是相关部门可以根据东盟旅游客源市场的亲景度情况，通过该平台进行有针对性的旅游宣传，吸引更多的经济发达的国家成为其主要客源国。除此之外，旅游政府部门还需要联合旅游企业对司机等旅游从业人员和当地居民开展安全培训教育，着重提升责任意识和安全意识，改善从业人员和居民对待游客的态度，打造安全舒适的旅游环境，为优化客源市场结构打好基础。

### （四）开展安全专项治理，保障中国客源市场稳定

作为东盟旅游第一大客源市场，中国游客对东盟国家的安全感知对整个东盟旅游市场的发展具有决定性作用，但从近年来中国游客对东盟旅游安全的感知来看，总体情况不太乐观。因此，针对中国市场开展安全的专项治理工作是保证旅游市场平稳发展的首要任务。根据中国游客的旅游安全感知内容分析，需要主抓泰国、柬埔寨、菲律宾、越南和马来西亚这五个国家的旅游安全治理，尤其是曼谷、暹粒、金边等旅游胜地。因此，安全专项整治首先要针对热点旅游目的地周边的秩序全面开展线索摸排和治理，针对盗窃抢劫、诈骗等违法犯罪活动集中开展专项行动。对“飞车党”经常出没的地方，采取定点值守、巡逻发现、便衣盯梢等措施；针对诈骗，应排查为诈骗犯罪提供“服务”的各个环节，开展重点类案件集中攻坚、规模打击，对治安重点地区可实施挂牌整治；针对索要小费、警察不负责行为，需要由政府部门带头，加强对公务体系人员的工作考核和监管。除此之外，需加强东盟国家政府与中国政府部门及媒体的合作。对于涉及中国游客的重特大旅游突发事件，东盟国家政府应积极配合中国政府部门进行处置，主动承担责任。联合中方媒体正向引导社会舆论，减弱或消除近年来旅游突发事件对东盟国家旅游形象的负面影响。

## 参考文献

[1] 吴易明，徐月芳 . 中国生态旅游业研究 [M]. 北京：对外经济贸易大学出版社，2007.

[2] 刘英琴，王素娟 . 旅游概论 [M]. 天津：复旦大学出版社，2011.

[3] 孙文秀，王敏 . 山东省国内旅游客源市场空间结构研究 [J]. 科学与管理，2017，37（5）：74–78.

[4] 马耀峰，梁旺兵．基于亲景度的美国旅华市场拓展研究——以我国六大旅游热点城市为例 [J]. 旅游学刊，2005（1）：35–38.

[5] 王力峰．桂林国际客源市场时空演替规律研究 [J]. 经济地理，2004（5）：688–691.

[6] 李景宜．广东省入境旅游市场竞争态分析 [J]. 华南师范大学学报（自然科学版），2002（3）：78–82.

[7] 李景宜．山西省入境旅游市场竞争态分析 [C]// 中国地理学会．土地覆被变化及其环境效应学术会议论文集，2002：538–542.

[8] 伍丹丹，祝明明，孙根年．基于竞争态及其转移模型的山东省旅游市场变化分析 [J]. 资源开发与市场，2015，31（2）：253–256.

[9] 李创新，蒋蕾，邓宇，张颖 .1990—2014 年美国入境旅游客源市场竞争态势分析 [J ]. 陕西师范大学学报（自然科学版），2020（4）：36–45.

[10] 周旗，赵景波．我国省级市场竞争态及其转移模型应用研究 [J]. 经济地理，2004（2）：167–171.

[11] 刘亚萍，于杰，王富强．中国赴东盟旅游流重心移动轨迹及旅游市场态分析 [J]. 旅游科学，2019，33（4）：85–95.

[12] 郑春丽，韩春鲜．中国丝绸之路客源市场动态发展变化研究 [J]. 陕西师范大学学报（自然科学版），2009，37（1）：93–97.

[13] 崔顺姬．人的发展与人的尊严：再思人的安全概念 [J]. 国际安全研究，2014，32（1）：63–77+158.

[14] 黄锐，谢朝武．中国出境旅游安全事故时空分布格局及形成机制 [J]. 人文地理，2019，34（6）：120–128.

[15] 陈岩英，谢朝武．全域旅游发展的安全保障：制度困境与机制创新 [J]. 旅游学刊，2020，35（2）：10–12.

[16] 骆泽顺，何洁．游客感知视角下旅游安全事件对目的地形象影响研究——以泰国普吉岛游船倾覆事件为例 [J]. 旅游纵览（下半月），2019

（6）：50–51.

[17] 朱尧，邹永广 . 中国游客赴欧洲旅游安全感知事件空间特征研究 [J]. 地域研究与开发，2019，38（6）：74–79.

[18] 魏冉 .“一带一路”背景下中国公民在东盟十国的安全风险和保护研究 [J]. 东南亚研究，2019（6）：106–129+157.

[19] 张蕊 . 知乎的使命：让所有瓶子都装满水 [J]. 华东科技，2013（9）：46–48.

# 东盟养生旅游的发展

黄晓瑜

**摘要：**本研究报告按照不同主题将东盟 10 国丰富的自然与人文养生资源进行了系统梳理和比较研究，对泰国、马来西亚和柬埔寨三个具有代表性的东盟国家养生旅游发展进行了案例分析，研究了东盟开展养生旅游具备的优势与发展的外部环境，在此基础上对东盟养生旅游发展的现状与趋势进行研判。

**关键词：**东盟；养生旅游；发展；趋势

## 一、养生旅游在全球范围内蓬勃发展，市场规模巨大

一般认为，养生旅游（Wellness Tourism）源于 20 世纪 30 年代的美国和墨西哥等地，主要涉及休闲养生、健身康养、医疗护理等内容，旅游者在旅游目的能够逃离日常烦琐事务，达到身心放松、平和健康的状态。养生旅游常常被定义为游客为提升个人健康，离开惯常居住地，到一个被认为有益于健康或有康复疗效的地方并至少停留一夜的旅游活动。在我国，“养生”这一概念源自庄子，后世的名人也多有论述，如韩愈、陆游、司马光等。原指道家通过各种方法增强体质、预防疾病，从而达到延年益寿的一种医事活动 。现代意义的“养生”指对人之身心进行养护，以实现延年益寿、身心健康愉悦之效果。在国际上，1959 年美国人 Halbert Dun 创造了“Wellness”（养生）一词，由 Well–being（幸福）和 Fitness（健康）

黄晓瑜，副教授，桂林信息科技学院创意设计学院院长，研究方向为数字媒体艺术和文化旅游。

两个英文单词合二为一，意即实现幸福与健康的理想状态。

养生旅游是利用优美的自然生态环境、现代养生手段、完善的设施与服务，为游客提供一种集观光、休闲、娱乐与养生为一体的新型旅游方式。养生旅游具有讲究文化底蕴内涵、业态丰富多样、产业链及产品周期长、经济社会效益较高等特点。人从大自然中来，需要与自然和谐相处，养生旅游为人类创造了亲近自然、融入自然的机会。此外，近年来人们赋予了旅游更多文化元素，养生为文旅融合提供了新的思路和舞台，同时现代科技，特别是医疗、环保、食品开发等技术的发展也为传统休闲养生注入新的技术元素。从需求的角度看，随着全球经济的发展，人们的生活节奏加快，加之环境污染、人口老龄化等因素，追求幸福健康、躲避压力污染成为人类生活的共同追求，而养生旅游的发展是各国人民实现这一目标的重要路径。2007 年 3 月 24 日，塞浦路斯举行的第二届世界健康（养生）旅游大会指出，健康（养生）旅游在世界范围内有很大市场，养生旅游能唤醒人们对健康的关注，完善对于疾病治疗及健康保护的认识，提升生活品质。经过数十年的蓬勃发展，养生旅游在全球范围已具备多种形态，多个国家以其独具特色的养生旅游而闻名于世，如亚洲地区日本的温泉养生、韩国的美容养生、欧洲地区瑞士的抗老养生、北美地区美国的医疗养生以及东盟地区泰国的美体养生等。 养生旅游的产业规模也在不断发展壮大，据有关数据显示，我国 2021 年养生旅游将超过 4000 亿元 ，2021 年全球的养生旅市场规模近万亿美元。

## 二、东盟主要养生旅游资源及种类

作为旅游活动三要素之一的旅游资源，是旅游业赖以生存和发展的物质基础和前提条件，作为特殊的旅游资源，养生旅游资源是自然界和人类社会中能激发游客参与养生旅游活动，并能产生经济、社会、文化和生态等综合效益的客体。不同国家和地区关于养生旅游发展的文化、内涵和实践基础各不相同，但主要根植于其不同资源禀赋与类型，东盟的情况也是如此。东盟总面积约449万平方公里，大部分位于热带地区，境内山川壮丽，湖泊星罗棋布，河流纵横，气候温热湿润，生物多样性显著。在文化层面，东盟地区整体属于亚洲文化圈，但受到东西方多元文化的影响，东盟具有非常丰富的养生资源，包括养生饮食、医疗保健、体育休闲、火山温泉、养生文化与传统等多种类型。这些资源在东盟10国广为分布、各具特色，经过多年的挖掘开发，已成为全球重要的旅游吸引物。

### （一）养生饮食

东盟各国养生饮食因区域和传统虽有不相同，由于其原料丰富、地区特色鲜明，并带有浓厚的多元文化印迹，深受国际游客喜爱，其养生饮食主要包括特色养生餐食、健康饮料和保健水果等。

#### 1. 特色养生餐食

由于处于东西方文明交汇的节点，东盟饮食文化受到欧美、中东、印度和中国的多重影响，并融入本地传统与特色。由于东南亚一些国家深受中国传统食疗养生理念的影响，在日常餐食中加入中草药成分，不仅能起到滋补作用，而且兼具调味之功效。如新加坡、马来西亚一带常见的传统保健食品肉骨茶，就是多元文化与本土特色的结合品。早期华人来南洋创业时，为抵御当地湿热的天气和艰苦的生活条件，采用当归、枸杞、党参等传统中药材，配以南洋当地香料，与中国人传统滋补佳品猪骨共同烹制而成，因忌讳而将药称为“茶”，如今肉骨茶成为国际游客到新、马旅游的特色养生食品。现代科学也证实，猪肉为人体提供优质蛋白质、脂肪酸和血红素等营养，可治疗缺铁性贫血，“肉骨茶”中的排骨富含磷酸钙、骨胶原等，可为人体提供钙质，原料并不昂贵的肉骨茶具有消渴羸瘦、滋阴润燥之功效。近年来热播的新加坡电视连续剧《小娘惹》使历史悠久的娘惹文化重新受到关注，娘惹菜及糕点所具有的独特文化内涵与养生作用，是娘惹文化吸引人的重要因素。娘惹菜是由中国菜和马来菜，通过多种香料的完美组合，融会了甜酸、辛香、微辣等多种风味，多采用东南亚特色有机食材，浓重口味，富含营养。如今娘惹菜还广泛传播至印度尼西亚、泰国、柬埔寨乃至中国广东等地，是东南亚知名的营养美食，一些旅行公司专门开启娘惹美食之旅，丰富了东盟养生旅游产品供给。

2. 健康饮料

由于极具特色的生物多样性、湿热的天气，东盟出产很多具有养生功能的饮料，主要有咖啡、鲜榨果汁、奶茶等种类。

咖啡原产非洲，17 世纪东印度公司将其带到印度尼西亚开始种植，后传遍东南亚各国，东盟目前是全球咖啡主产区之一。咖啡并非适用于所有人群，但医疗养生功效明显。现代研究表明，咖啡豆含有咖啡因、单宁酸、油和氮化合物，常饮可利尿、刺激中枢神经和呼吸系统、增强肌肉力量、缓解疲劳。另外，咖啡因帮助人体燃烧卡路里、加速代谢，还有美容健身之功效。咖啡在东盟广为种植饮用，以我国近邻越南为例，尽管深受中国文化影响，但越南人对于咖啡的痴迷一点都不亚于茶。街上遍布咖啡店，大多数人有喝咖啡提神的习惯，越南咖啡还被制成咖啡豆和速溶形式，行销全球，成为游客到越旅游的热门纪念品。除了大众化的咖啡品种，东盟还出产一些珍稀品种的咖啡，如最负盛名的麝香猫咖啡就产于印度尼西亚，俗称“猫屎咖啡”。麝香猫在吃完果实后把咖啡豆原样排出，经其胃液发酵而别具风味，是咖啡中的极品，每千克价格高达上千美元。

东盟可能是全球热带水果种类最多、品质最好的地区，鲜榨果汁的种类繁多，几乎所有的水果均可榨汁饮用，常见的有杧果汁、榴梿汁、椰子汁、青柠水、木瓜汁等。饮用鲜榨果汁养生健体已为大众所认知和接受，不同种类的果汁功效各不相同，如苹果汁可加速肠道蠕动，促进食物消化；西柚汁能增强肌体的解毒功能，美容护肤；杧果汁可降低胆固醇，保护视力；菠萝汁则可解暑止渴、消食止泻等。总体而言，常喝鲜榨果汁，有助于平衡人体营养，补充维生素，美容排毒。因此，国际游客在东盟旅游，各种热带新鲜水果汁是他们的主要饮品之一。除了咖啡、茶和果汁等常见养生饮品，东盟地区还有很多其他特色饮品，如印度尼西亚巴厘岛的巧克力牛油果汁、Loloh 草药茶、泰式奶茶等，也深受各国游客喜爱。

3. 保健水果

随着现代生活水平的提高，越来越多的人受到“富贵病”（现代文明病）的影响，表现在蛋白质、脂肪等动物营养吸收过多，而维生素、矿物质等营养素偏少。科学研究表明多种维生素、矿物质元素的主要来源于水果及蔬菜，与此相应，营养学家提出了“水果养生”或“水果保健”的养生概念。东盟大部分位于热带地区，由于气候炎热、雨量充沛，境内热带水果非常丰富，营养美味的热带水果是吸引各国养生游客的重要因素。公认兼具滋养功效的东南亚水果包括榴梿，桂圆、山竹、波罗蜜、木瓜、柠檬、释迦等。

榴梿为一种锦葵目巨型的热带常绿乔木，原产马来西亚，东盟国家为主产区，果肉由假种皮的肉包组成，肉色淡黄，被誉为“水果之王”。其营养价值极高，每百克榴梿肉含蛋白质 2.6 克、脂肪 3.3 克、碳水化合物 28.3 克、叶酸 116.9 微克，还富含钙、钾、碘等多种人体所需的微量元素。榴梿尤其对女性有益，能起到活血散寒、缓解痛经的作用，东南亚地区很多妇女有产后吃榴梿的习惯，并有“一只榴梿等于三只鸡”的说法。现代研究表明，由于富含维生素 A，榴梿还有抗癌防癌之功效，因此，榴梿不仅味美，形象、口感辨识度高，多食榴梿有助于平衡人体营养及增强免疫力，是养生滋补的佳品。2018 年国内知名在线旅游商飞猪、马蜂窝等纷纷推出“东南亚榴梿之旅”，在网络及市场上赚足了人气，尤其受到“90 后”年轻美食和养生爱好者的偏爱。

东盟地区其他热带水果也都各具特色，具有较高经济和养生价值，很多果实不仅可食用，还可药用，起到滋养身体、抵抗疾病和修身美体的功效。例如，东盟地区常用的柠檬，富含的柠檬酸可促进新陈代谢、延缓衰老，并具有淡化斑点、收缩毛孔、美白等功效，被誉为“美容圣品”。泰国的一些养生旅游酒店就为客人提供柠檬浴，具有消除疲劳、改善肌肉能力和活化表皮细胞等多种保健功效。

## （二）医疗保健

### 1. 传统医疗及保健

东盟地区传统医药及养生哲学深受中国文化影响，特别是与我国临近或华人华侨比较多的国家，如越南、泰国和马来西亚等。越南传统医药也称之为“南药”，是中国和越南传统医学融合的结果。同时越南医药也反过来影响中药的发展，早在东汉初年马援南征交趾时，就带回越南的薏苡（俗称薏米）作为医药，后期又传回丁香油、水安息、伽南香、胖大海等药材，明朝时期，越南的《菊堂遗草》和《药草新编》等医学著作传入中国，对中医药发展产生了积极影响。近现代以来，越南虎骨膏等药物风靡全球，受到各国游客喜爱，被誉为越南三宝之一。

马来西亚是东盟华人华侨较多国家之一，截至 2018 年有 668.55 万华人。中马交流的历史可追溯到汉代，明代郑和下西洋曾多次到达这里，大大推动了双方传统医药养生的交流互动，清末以后大量中国东南沿海地区的居民到马来西亚谋生，建立了一些中医医疗机构，与当地传统融合形成独具特色的马来西亚养生非遗文化，如吉兰丹治疗音乐、拔罐、传统按摩术等。

介绍东南亚传统医疗保健，不可忽略世界闻名的泰式按摩。按摩是泰国传统中最重要的放松理疗方式，如今也是各国游客赴泰旅游必须体验和尝试的项目。泰式按摩注重仪式感，手法细腻多样，可缓解哮喘、偏头痛、扭伤、焦虑等多种症状，有效改善人体睡眠，提高机体灵活性。泰式 SPA 水疗和美肤产品也闻名于世，讲究平衡，帮助人们实现身心健康。此外，融入佛教传统和文化的泰式瑜伽、冥想等活动还可帮助人们健身塑形，净化身体和心灵，游客在泰国普吉岛和潘安岛等旅游胜地就能找到很多瑜伽课程。

2. 现代医疗旅游

医疗旅游是将旅游和健康服务结合起来的一种旅游形式，世界旅游组织（UNWTO）将医疗旅游定义为以医疗护理、疾病与健康、康复与修养为主题的旅游服务，国际上一般翻译为 Medical Tourism、Wellness Tourism 等。医疗旅游的发展能给当地带来较为可观的经济收入，东盟地区相关国家 20 世纪 60 年代开始发展医疗旅游，其中新、马、泰三国发展较好，是全球医疗旅游主要目的地（见表 1）。

表1　东盟主要医疗旅游国家产业发展现状

| 国家 | 发展简况 | 主要医疗点 | 优势项目 | 签证 |
|---|---|---|---|---|
| 泰国 | 发端于20世纪70年代，最初凭借整形手术吸引游客，截至2018年，经JCI[1]认证的医院和医疗机构共有65家，在东盟国家中数量最多，2018年接待348万国际人士赴泰接受医疗服务 | 世界医疗中心医院、康民国际医院等65家机构主要分布于曼谷、空沙湾、清迈、清莱、孔敬、乌隆他尼、普吉岛等地 | 整形、美容、试管婴儿 | 签发1年多次往返的医疗签证 |
| 新加坡 | 全国共有22家医疗机构通过JCI认证，排名东盟第二，2018年接待近40万国际人士赴新接受医疗服务。一些国际医疗机构的区域总部设在新加坡，如世界家庭医生组织（WONCA）、国际糖尿病联合会（IDF）等 | 伊丽莎白医院、斐瑞医疗中心、鹰阁医院、约翰霍普金斯新加坡国际医疗中心等 | 体检、肿瘤、外科手术、眼科 | 签发2年多次往返的医疗签证 |
| 马来西亚 | 全国有13家医疗机构通过JCI认证，排名东盟第三，2018年接待了120万名国际医疗游客，6成为印度尼西亚人，医疗旅游收入达15 亿林吉特，比上年增长14%。过去5年，马来西亚的医疗旅游市场规模以年均16%~17% 的增幅增长，高于全球10%~12% 的平均值 | 槟城是马来西亚最大的医疗旅游目的地，主要医疗机构有阿儿法生殖助孕中心以及鹰阁、太子阁、康盛等国际医疗中心 | 肿瘤、试管婴儿 | 签发为期6个月的旅游签证 |

数据来源：课题组根据公开资料整理。

1　JCI是国际医疗卫生机构认证联合委员会（Joint Commission on Accreditation of Healthcare Organizations）用于对美国以外的医疗机构进行认证的附属机构，代表了医院服务和医院管理的先进水平，为世界卫生组织（WHO）认可，截至2018年年底，我国有99家医疗机构通过该认证。

泰国医疗旅游开端于20世纪60年代，最初凭借整形手术吸引游客，现在拓展至美容、整形外科和试管婴儿等多个领域。1997年亚洲经济危机发端于泰国，造成本地区经济下滑、出口锐减，泰国政府鼓励发展医疗旅游以应对危机。根据权威的美国联合市场研究机构（Allied Market Research）数据，预计到2023年全球医疗旅游业规模将达1653.45亿美元。马来西亚也非常重视医疗旅游的发展，2009年该国卫生部设立了马来西亚医疗旅游理事会（Malaysia Healthcare Travel Council），负责推广马来西亚医疗旅游业的发展，该理事会还在吉隆坡国际机场设立国际医疗游客接待室，直接对接赴马有医疗需求的国际游客，并协助办理相关手续，马来西亚还将2020年设定为“马来西亚医疗保健旅游年”。新加坡被世界卫生组织列为亚洲拥有最佳医疗系统的国家，2020年年初新加坡抗击新冠肺炎的措施和效果，也充分体现了世界卫生组织这一评估的可靠性，并获得世界的广泛称赞。但近年来，新加坡医疗旅游也受到本地区马来西亚、泰国乃至菲律宾等国家的竞争，在价格方面不具备优势。

### （三）传统体育休闲

1. 泰拳

顾名思义，泰拳为发源于泰国的拳术，经过数百年的发展，被称为“八条腿的运动”或“八体的科学”，其训练过程是上佳的体育运动模式。而今泰拳已风靡全球，成为世界各地人们喜爱的强身健体的拳式。泰拳在日常生活和操行等方面有严谨的规则可循，以期实现练习者体格上的健康、均衡、敏捷与健美之协调统一。不仅如此，泰拳还与传统泰国传统文化密切相关，兼具艺术与宗教色彩，泰国古典戏剧和舞蹈也吸收了泰拳的招式与哲学。 2019年泰国国家旅游局将重点放在“泰拳”上，以推动这一传统运动项目与旅游的结合。泰国国家旅游局专门推出了旅游指南《泰拳达人》，收录全国76个泰拳训练营，汇集有关纪念品商店、水疗和文身等旅游服务信息。这本指南还提供了有关课程、拳击学院历史和教练的咨询，游客可通过二维码在线查询预订。

2. 越武道

越武道创于20世纪30年代，初衷在于增强人之意志和体能，传统上越南武术深受中国武术的影响，同时也吸收泰拳等越南其他周边国家武术的精华，越南武术也保留了很多自身特点，多采用类似柔道、跆拳道式样的服装，并以不同颜色的腰带区分练习者达到的级别。21世纪以来，越南武术不断向全球传播，成立了一系列推广国际组织，如2009年成立的世界越武道联盟以及之后成立的欧洲、非洲和亚洲越武道联盟等。

3. 班卡苏拉

班卡苏拉，马来语成为Pencak Silat，意思是“巧妙的格斗”，也称印度尼西亚拳或马来拳。源于包括印度尼西亚、马来西亚和文莱的印马群岛等地，在马来文化中占据较为重要的历史地位，后传播至泰国和菲律宾等国，近年来在全球广泛传播，特别是欧美地区练习者较多，并于2018年被列为雅加达亚运会正式比赛项目，具备较强的观赏性。除具备强身健体的作用外，班卡苏拉被认为能锻炼心智和精神，塑造健康人格和意志品质。

4. 藤球

藤球产生于马来地区，是新加坡、马来西亚、印度尼西亚等国传统体育项目，练习者用自己的脚、膝等部分蹴球不让其落地，与我国传统健身项目踢毽子相似，也与排球运动有相通之处，强身健体的同时还可培养团队协作精神，因此近年来在东盟其他地区广泛流行，并传播至亚洲其他地区。现代藤球运动1965年被列为东南亚运动会的正式比赛项目，并于1990年列入北京亚运会正式项目。我国体育总局也在小球运动管理中心下设中国藤球协会，并于2016年、2017年连续在全国举办过广场藤球全民健身活动。

### （四）东盟养生资源类别齐全主题丰富

东盟10国养生旅游资源分布广泛、丰富多样，既包括衣、食、住、行等实体物质，又涵盖体育、宗教、歌舞、康养等非物质文化遗产，为东盟进一步发展养生旅游提供了资源禀赋。如表 2 所示，本研究将东盟养生旅游资源科按主题划分为内养正气强体养生、休闲康养防病养生、内外兼修文艺养生、天人合一生态养生四大主类和十余个亚类，如以越南韩松洞为代表的洞穴养生旅游资源，以柬埔寨洞里萨湖为代表的江河湖泊休闲养生旅游资源，以泰国普吉岛、印度尼西亚巴厘岛为代表的海岛型休闲度假旅游资源，以柬埔寨吴哥窟、越南“海上桂林”下龙湾为代表的摄影写生养生旅游资源，以印度尼西亚日惹婆罗浮屠、缅甸蒲甘古迹为代表的文化寻古养生旅游资源等，不论是自然还是人文休闲养生旅游方面资源优势都非常突出。得天独厚遍及各地的休闲养生旅游资源，有助于东盟开发美食文化探索之旅、养生文化追寻之旅、海岛休闲度假之旅、体育运动时尚之旅、医药保健体验之旅等主题鲜明、形式各异的养生之旅。

表2　东盟养生资源的分类

| 主类 | 亚类 | 代表性资源 |
| --- | --- | --- |
| 内养正气强体养生旅游资源 | 起居养生旅游资源 | 泰国奇瓦颂养生度假村、芭堤雅蒙特拉酒店、柬埔寨暹粒皇家皇冠水疗酒店、新加坡麦士威六善养生酒店、马来西亚桃源养生度假中心、越南西贡万韵酒 |
| 内养正气强体养生旅游资源 | 饮食养生旅游资源 | 特色餐食：新加坡肉骨茶，越南牛肉粉，印度尼西亚黄姜饭，泰国、老挝冬阴功汤，柬埔寨杧果沙拉<br>热带水果：榴梿、山竹、杧果、柠檬、火龙果、龙眼、荔枝、椰子、莲雾、菠萝<br>传统饮料：咖啡、红茶、牛油果汁等鲜榨果汁、Loloh草药茶、泰式奶茶 |
| | 药物养生旅游资源 | 灵芝、燕窝、桂圆、豆蔻、檀香、罗汉果、香茅、鸡血藤、八角莲、黄精、杜仲、金槐、金银花、鱼腥草、山苍子、金线莲、广金钱草、黄芪、黄栀子、鸡爪梨、野菊花、地稔果、山药、桑葚、绞股蓝、黄檗、厚朴、佛手、桔梗、葛根、土茯苓、薏米、越南人参 |
| | 运动养生旅游资源 | 潜水胜地：马来西亚诗巴丹岛；印度尼西亚美娜多岛、巴厘岛图兰奔；泰国斯米兰、洛克岛；菲律宾海豚湾<br>攀岩胜地：泰国甲米；越南下龙湾<br>冲浪胜地：泰国普吉岛芭东海滩；越南美奈海滩；印度尼西亚巴厘岛库塔海滩、金巴兰海滩、沙努尔海滩；菲律宾锡亚高岛、长滩岛海滩；马来西亚珍南海滨；新加坡圣淘沙 |
| | 温泉养生旅游资源 | 菲律宾科隆跳岛温泉、克拉克温泉；越南清新温泉、陇海温泉；柬埔寨吴哥温泉；新加坡三巴旺温泉；泰国清道温泉；马来西亚波令温泉 |

续表

| 主类 | 亚类 | 代表性资源 |
| --- | --- | --- |
| 休闲康养防病养生旅游资源 | 海岛型休闲养生旅游资源 | 泰国普吉岛、苏梅岛、皮皮岛；印度尼西亚巴厘岛、龙目岛、民丹岛；菲律宾巴拉望岛、长滩岛、薄荷岛；越南富国岛；柬埔寨高龙岛；马来西亚热浪岛；新加坡圣陶沙 |
| | 江河湖海休闲养生旅游资源 | 河流：湄公河；马来西亚拉让河；泰国湄南河； 新加坡新加坡河；文莱白拉奕河；菲律宾棉兰老河；缅甸伊洛瓦底江；印度尼西亚马哈坎河<br>湖泊：柬埔寨洞里萨湖；印度尼西亚多巴湖；缅甸茵莱湖；越南还剑湖<br>瀑布：越南板约瀑布；老挝达凡瀑布；印度尼西亚Madarakaripura瀑布、龙目岛的蒂乌科乐普瀑布；菲律宾Inambakan瀑布；缅甸黑马瀑布；马来西亚沙巴的兰老瀑布；泰国伊拉旺瀑布；柬埔寨荔枝山瀑布 |
| | 洞穴休闲养生旅游资源 | 越南韩松洞；峰牙洞；泰国维京洞；马来西亚黑风洞；印度尼西亚爪哇谷洞；缅甸散丹洞；老挝孔洛洞；菲律宾塔博洞 |
| 内外兼修文艺养生旅游资源 | 摄影写生养生旅游资源 | 柬埔寨吴哥窟、越南“海上桂林”下龙湾、柬埔寨洞里萨湖、菲律宾巴拿威梯田 |
| | 音乐舞蹈养生旅游资源 | 泰国南旺舞、兰达舞、特腾舞、诺拉舞；印度尼西亚巴丁林舞、巴厘岛的列同格拉冬舞、蝴蝶舞、巴郎山舞；菲律宾蒂克林竹竿舞；老挝南旺舞；柬埔寨高棉古典舞；缅甸紧那罗舞蹈 |
| | 文化寻古养生旅游资源 | 柬埔寨吴哥窟；印度尼西亚日惹婆罗浮屠、爪哇岛普拉巴兰；缅甸蒲甘古迹；越南顺化古皇宫；泰国素可泰历史公园、阿育塔亚 |
| 天人合一生态养生旅游资源 | 宗教精神养生旅游资源 | 佛教：泰国的玉佛寺；缅甸仰光的瑞光大金塔、曼德勒山、马哈木尼佛塔；老挝香通寺<br>伊斯兰教：印度尼西亚雅加达独立清真寺；马来西亚莎阿南清真寺<br>基督教：菲律宾圣奥古斯丁大教堂；越南胡志明市西贡圣母教堂等<br>印度教：印度尼西亚巴厘岛海神庙；新加坡马里安曼兴都庙；越南胡志明市马里阿曼印度庙；老挝瓦普神庙<br>道教：越南河内玉山祠；新加坡顺天宫；越南河内玉山祠 |
| | 自然生态养生旅游资源 | 马来西亚苏丹依斯干达海洋公园；泰国拷索山林国家公园；菲律宾普林塞萨港地下河国家公园； 新加坡武吉知马自然保护区；文莱墨林本湖、苏布琳生态村；老挝南欧河国家公园；缅甸波巴山国家公园；越南普马特国家公园、丰芽基邦国家公园；柬埔寨基里隆国家公园；印度尼西亚科莫多国家公园 |
| | 传统理疗养生旅游资源 | 泰式按摩及SPA；老挝琅勃拉邦“热石”按摩；新加坡圣淘沙ESPA水疗；老挝万荣瑜伽；文莱Bayu Permai 养生水疗；印度尼西亚普兰巴南神庙沉思、巴厘岛乌布传统水疗；经典越南式按摩 |

资料来源：课题组根据公开资料整理。

## 三、东盟开展养生旅游的巨大优势

### （一）自然条件得天独厚，养生旅游资源丰富

东盟拥有优良的自然生态环境和丰富的养生旅游资源，东盟是世界三大热带地区之一，天气温暖湿润，复杂多变的地貌和气候造就了东盟绚丽多姿的自然景观和生物多样性。东盟很多国家和地区处在火山地震带，火山、地震活动频繁，温泉较多，如菲律宾的科隆跳岛温泉、克拉克温泉，柬埔寨的吴哥温泉，越南的婆塔温泉、陇海温泉，新加坡的三巴旺温泉等，这些温泉水温适中，富含矿物质，是人们养生疗养的好去处。

东盟国家总体上处于热带地区，终年温暖湿润，一年四季均可开展养生休闲旅游活动。尽管地处热带，泰国的清迈、菲律宾的碧瑶、印度尼西亚的茂物、马来西亚的云顶高原等地区均为全球著名的避暑胜地，这些地方气候宜人、物产丰富，每年吸引数百万各国游客到此修身养性。东盟拥有全球近 10% 的热带雨林，2018 年年底全球陆地森林覆盖率为 25.60%，我国为 22.08%，而同期大多数东盟国家森林覆盖率在 40% 以上，其中文莱更是高达 72%。丰富的森林旅游资源使得东盟大多数度假胜地空气清新，富含臭氧及负氧离子，有利于人体康养活动的开展。

除老挝外，东盟国家都面临大海，海岛众多，海岸线长，全球海岛最多的 10 个国家中，印度尼西亚和菲律宾占据两席，分别拥有 17000 多个和 7100 多个岛屿，全球知名的海岛型旅游目的地更是数不胜数，如巴厘岛、长滩岛、普吉岛等。其他东盟国家均拥有数量不等的海岸线，如越南，国家面积比我国云南省略小，海岸线长达 3260 多公里（不包括岛屿）。东盟的海港及岛屿星罗棋布，海边的空气潮湿，颗粒物和化学污染物浓度普遍较低，利于健康；辽阔的海洋有助于舒缓现代人的压力，同时海洋食品大多比较健康，这些综合优势为东盟各国开展养生旅游提供了得天独厚的条件。

### （二）多元文化交融，多种宗教和谐共处

按照1989年世界卫生组织（World Health Organization，WHO）的定义，健康不仅包括躯体健康，还包括心理健康、社会适应良好和道德健康等元素。人们在养生活动中，除了追求与自然的亲近融合、身体健康、远离疾病之外，还致力于寻求内心的安宁与平静，修养身心，陶冶情操。东盟整体属亚洲文化圈，多国受中国文化影响，如新加坡、马来西亚、泰国和越南等国均有较为深厚的养生传统。由于特殊的地理位置，东盟位于亚洲东南部，主要包括中南半岛和马来群岛两部分，连接亚洲、欧洲和大洋洲，沟通太平洋与印度洋，地理位置极其重要，在大航海时代即为全球航运的重要通道，数百年来，这一地区深受中国文化、西方文化、伊斯兰文化等的影响，这些具有不同特点的外来文化与本土文化不断交融、互动、和谐共存，产生了极为丰富多彩的文化表现形式，为现代养生活动的开展增添了浓厚的文化气息。现代旅游业发展起来，国际游客蜂拥而至，切实感受到东盟社会及文化之多样性，这有助于各国人民在此交流思想、感受生活、开阔眼界，提升个体与群体的社会适应性。

东盟国家的人民大多信奉宗教，10国中菲律宾为唯一天主教国家，印度尼西亚、马来西亚、文莱为伊斯兰国家，新加坡为道教、佛教、印度教、伊斯兰教、基督教等共存的多宗教国家，其余为佛教国家，这些国家有虔诚的宗教信仰传统和为数众多的宗教圣地，前来观光修行的游客络绎不绝。例如，泰国是全球知名的佛教国家，全国95%以上居民信仰佛教，曼谷大皇宫的玉佛寺每年都吸引着世界各地的佛教徒和游客。一些有相同信仰的游客来到这里，旅游度假之余还能净化心灵、修养品行，排除心中的积郁与压力，实现心理的平和与健康。

### （三）毗邻中、日、韩等老龄化国家

随着全球经济的发展，大多数国家和人民已解决温饱问题，人们对健康养生的需求成为新的趋势和市场热点。过去50年以来，全球人口老龄

化现象日益突出，亚健康现象的普遍出现，据联合国推测，全球 60 岁以上人口比例将从 1950 年的 8% 提升至 2050 年的 21%，并将首次超过年轻人的数目。1998 年一些发达国家就已出现年轻人占比低于老年人的情况。截至 2019 年，日本是人口老龄化最严重的国家，65 岁以上人口比例高达 27%，排在其后的是意大利（23%）和德国（21%）。我国的人口老龄化程度也很高，2019 年我国 60 岁以上人口达到 18.1%，高于全球 11% 的平均水平。相对而言，东盟的人口较为年轻，除新加坡、泰国两国深受人口老龄化威胁以外，其他 8 个东盟国家老年人口比例均低于全球平均水平。

由于环境、食品及推迟生育等原因，少子化成为中、日、韩等东亚国家经济社会发展的重要挑战。根据中国人口协会和卫健委公布的 2018 年数据，中国育龄夫妇的不孕率从 20 年前的 2.5%~3% 攀升到近年 12% 左右，全国不孕不育者接近 5000 万。为应对人口老龄化和逐年下降的生育率，中国于 2016 年 1 月起实施二孩政策。截至 2017 年，中国共有 451 个辅助生殖中心、23 家人类精子库机构，其中，获试管婴儿牌照的医院仅 327 家，无法满足国内需求，因此每年有大量国人赴东盟新、马、泰等国进行试管婴儿手术，推动了这些地区医疗旅游的发展。

### （四）东盟国家各层面均重视旅游业发展

东盟 10 国家都非常重视旅游业的发展，作为区域内少数发达国家，新加坡早在 1964 年就成立了新加坡旅游局（Singapore Tourism Board，STB），比新加坡独立建国还要早，起初被称为新加坡旅游促进局，负责向全球推介新加坡旅游形象和目的地营销。印度尼西亚、泰国和马来西亚等国从 20 世纪 60 年代也开始发展旅游业。以泰国为例，历届政府一直将旅游作为本国支柱产业重点发展，2010 年以来泰国旅游业对其国民生产总值的贡献率一直高达 17.7%~20%，远高于全球 10% 左右的平均值。泰国 1960 年就成立了国家旅游局（Tourism Authorities of Thailand，TAT），致力于向世界宣传鼓励各国游客赴泰国旅行，并在全球主要客源市场设立办事处。目前在中国大陆就有 5 个办事处，分别设立于北京、上海、广州、成都以及昆明。旅游后发展国家中，越南、老挝等 1986 年“革新开放”后开始大力发展国际旅游业，将国际旅游业当作赚取外汇的重要手段。进入 20 世纪 90 年代，缅甸、柬埔寨等东盟国家逐渐实现国内民族和解，也开始发展旅游业，其中，柬埔寨国际旅游业发展较快，在其国民经济中占据重要位置。以 2018 年为例，入境旅游为柬埔寨 GDP 贡献率高达 12.7%，其次是越南（8.39%）和泰国（7.0%）等，远高于我国不到 1% 的同期水平。

东盟层面 1998 年开始每年举办一次成员国旅游部长会议和东盟旅游发展国际论坛，共同分析研讨国际旅游形势，制定共同的发展政策。2020 年 1 月，第 23 届东盟旅游部长会议暨 39 届东盟旅游论坛于文莱首都斯里巴加湾市举办，主要议题包括提升国际游客在东盟旅行的便利化，加大力度向全球推介东盟单一目的地。总部位于雅加达的东盟秘书处下设专门旅游管理协调机构，包括东盟旅游委员会、东盟旅游协会与东盟旅游信息中心等，这些机构在协调各方利益、推动东盟旅游业整体发展方面发挥了积极作用。东盟秘书处还开设有专门推介东盟旅游的网站，该网站用中英两种语言刊发消息，主页设有关于“东盟养生旅游”专栏，按国别详细推介东盟养生旅游资源及产业，可见东盟秘书处对中国这一最大客源国及新兴养生旅游的高度重视。

在区域合作层面，20 世纪 90 年代亚洲开发银行（Asia Development Bank，ADB）主导的大湄公河次区域合作机制（Great Mekong Subregion，GMS）启动以来，大湄公河次区域内各东盟国家积极在 GMS 下与流域内其他国家的合作，大力促进本流域单一目的地建设，并与 2011 年在泰国成立的大湄公河旅游协调办公室（Mekong Tourism Coordination Office，MTCO）推动次区域旅游业发展。由于东盟秘书处及各国政府、行业国际组织的大力推动，2019 年东盟接待国际旅客逾 1.33 亿人次，同比实现

7% 年增长率，巨大的国际游客市场为东盟开展形式多样的养生旅游提供了巨大的市场基础。

### （五）东盟大多数成员仍处在发展中国家阶段

东盟 10 国当中，新加坡和文莱为发达国家，马来西亚和泰国基本进入中等收入国家，而其他各国均为低收入发展中国家。优良的自然、人文条件，较高的产品性价比为东盟地区开展养生旅游提供了有利条件。按照国际经验，全球养生旅游发展较完备的地区基本为发展中国家，而客源主要是欧美、亚洲富裕国家的民众。与一般的观光旅游不同，养生旅游者对自然生态环境的要求较高，在目的地停留时间更长。一些欧美地区的退休人士会因为较为便宜的物价水平和较高的服务标准，在东盟国家度假数月甚至更长时间。为适应需求，一些东盟国家推出养老签证。以泰国为例，年龄在 50 岁以上并具有一定财务能力的外籍人士均可申请，一年一签，可多次往返，极大便利了养生游客的旅行需求。马来西亚、菲律宾、柬埔寨等国也纷纷推出类似的退休签证，以吸引富裕的中老年人士到该国休闲养生，带动旅游、酒店、健康、医疗等相关产业发展。近年来，随着我国人均可支配收入提高和人口老龄化趋势的影响，越来越多的中国人也开始选择前往东盟地区养老，据泰国有关部门统计，目前在泰国生活的 180 万的外国退休人士中，中国人的比例逐年上升。

## 四、东盟代表性国家养生旅游的发展模式

### （一）泰国

1. 医疗旅游在泰国的高速发展

泰国是目前东盟地区最热门，综合发展最好的旅游目的，2019 年全年接待国际游客近 4000 万人次，位居东盟国家之首，其中中国游客最多，达到 1090 万人次。赴泰旅游不再仅仅是购物、海岛度假和观看表演，据

彭博社 2017 年的报道，泰国已成为全球最大的医疗旅游目的地。如图 1 所示，每年有上百万外籍人士在泰国各类医院接受治疗，其中 2018 年一年泰国医院中就接待了 348 万的外籍人士，约为当年赴泰旅游国际游客的 1/10，其中很大一部分是中国游客，特别是 2016 年 1 月中国的“二孩政策”以后，来泰国寻求生育治疗的中国医疗游客激增。

泰国医疗旅游较高的发展水平，得益于其已经建立了较为先进的国际医疗服务体系。根据国际医疗卫生机构认证联合委员会（Joint Commission on Accreditation of Healthcare Organizations，JCAHO）的统计，泰国的医疗服务已达到世界领先水平，截至 2018 年泰国有 65 家 JCI 认证医院，居东盟之首。

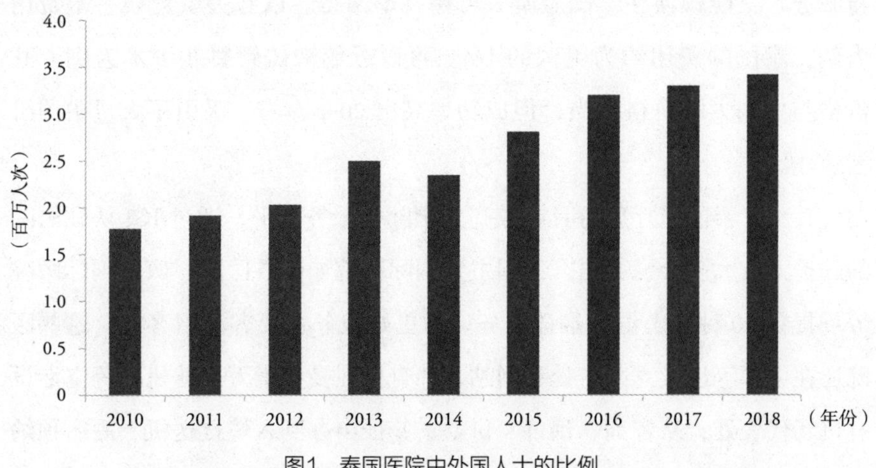


图1　泰国医院中外国人士的比例

数据来源：泰国投资局（Thailand Board of Investment）。

除了拥有全球标准的医院，泰国还是亚太地区最大的医疗设备生产国之一。泰国塑料研究所（Plastic Institute of Thailand）医疗器械情报部门的数据显示，截至 2017 年，泰国的医疗器械出口额已增至 1024.8 亿泰铢[1]，较

1　按照2020年4月汇率，1泰铢约等于0.217元人民币。

2016年增长了5.9%。同期，泰国的进口额也从487亿泰铢增长到623.9亿泰铢，表明其国内市场正在扩大。除了大量的医疗设备生产商外，泰国的制药行业在亚太地区也具备较为重要的地位，2017年，全国药品市场规模达1690亿泰铢，比上年增长5.3%，泰国还是东盟地区主要药品出口国，其产品主要销往东盟、日本和中国等国家和地区。

2. 泰国发展医疗旅游的显著优势

首先，过去10年泰国医疗旅游的发展成绩斐然，其主要优势在于拥有与欧美发达国家相当的国际较高水准，而诊疗费用较前者低得多，泰国国家旅游局的数据显示，泰国的医疗费用同等情况下通常比西方发达国家便宜40%~60%，国际人士赴泰就诊，不仅可以享受高性价比的医疗产品与服务，又能顺便在泰国旅游，可谓一举两得。以膝关节置换手术费用为例，泰国的费用约为美国的1/4。再以近年来试管婴儿手术为例，其价格与中国大陆价格相当，但成功率高出20%左右，吸引了大量中国游客前往。

其次，泰国医疗旅游具有较高的国际化服务水平，通过JCI认证医院的医护人员大多会说英语，泰国主要国际医院如曼谷医院、康民国际医院等均提供20种以上语种翻译服务。为更好服务主要客源国客户，这些医院还在中国等地设立办事处和网站，并直接在曼谷素万那普机场等空港设有机场代表处，从咨询、预订、付款、签证申办到入境接送机、酒店预约和游程安排等服务全程涵盖、无缝对接，其服务甚至比客户在本国看病更为便捷。

3. 政府推动，泰国要建成全球医疗旅游首选地

自2004年起，泰国政府开始着力推动医疗旅游发展，泰国体育与旅游部联合卫生部牵头医疗服务、健康保健和传统医药产业，先后提出了把泰国打造为“世界保健中心”和“亚洲健康旅游中心”的发展战略，泰国国家旅游局专门开设了医疗保健旅游网站，该网站为长期逗留泰国的外籍

人士开设专科门诊，推动泰国SPA及泰式按摩医疗中心的发展，推广泰国传统医学与现代旅游业的结合。除了泰国国家旅游局，其他政府部门也积极配合将泰国建成区域医疗旅游中心，泰国投资委员会（Thailand Board of Investment，BOI）为符合国家发展目标的医疗旅游项目提供技术支持和政策保障，在一定条件下免除企业所得税和医疗器械进口税，协助医疗机构引进和办理外籍员人士工作许可，并在土地使用和外汇金融等方面提供支持。泰国投资委员会由总理办公室直接管理，是泰国支持国际商业和鼓励投资的主要政府机构。

### （二）马来西亚

与泰国类似，马来西亚也积极发展医疗旅游。2009年，该国成立了附属于马来西亚卫生部的马来西亚医药旅游理事会（Malaysia Healthcare Travel Council，MHTC）。该理事会协调管理全马72家顶尖医疗旅游机构，大力推广马来西亚的医疗旅游，目前其主要市场为东盟、印度和中国。2018年8月底，MHTC东亚地区办事处在我国香港成立，深耕大中华区医疗旅游市场。2019年10月31日MHTC还正式启动了“2020年马来西亚医疗保健旅游年”，全面推动马来西亚医疗旅游业的发展。

马来西亚2019年再次被美国《国际生活》杂志评选为全球最佳医疗国家，同时在其公布的22个最适宜退休人士安享晚年的国家中，马来西亚以高品质医疗保健、低廉的生活成本及优良的娱乐设施等优势排名第三。早在1996年马来西亚就推出了“银发族项目”特别计划，吸引全球退休人士到马居住养生，这一计划于2002年升级为广为人知的“第二家园计划”，以吸引外国投资并促进旅游业发展。计划实施以来，以较低的门槛和简易的程序吸引了大批国外人士到马定居。中国一直是该计划主要客源国之一，据调查，居住在东北等寒冷地区的中国人士对该计划表现出特别的兴趣。与发达国家移民政策不同，“第二家园计划”无“移民监”要求，申请者也不需放弃原有国籍，获批后可自由出入马来西亚，无时间及停留长短之限制。马来西亚温润的天气、独特的美食、国际化医疗条件和多元文化，吸引了世界各地的人士到此休养生息、颐养天年。

### （三）柬埔寨

1993 年，经历多年战乱的柬埔寨恢复了君主制并实现民族和解，走上和平建设道路后开始大力发展国际旅游业。2018 年赴柬国际游客数量 620 万人次，全年国际旅游收入 43.56 亿美元，中国游客超过 200 万人次，中国是其最大客源国。寻古探幽、追求内心的平和与放松是游客赴柬旅游的重要原因。柬埔寨养生旅游发展主要基于其悠久的历史文化和浓厚的佛教传统，为游客提供强健体魄、净化思想和丰富精神的体验。截至 2017 年该国旅游部注册的 394 个旅游胜地当中历史文化胜地就有 114 个，占比近 1/3。

柬埔寨一些豪华酒店提供源自古代技艺的纳瓦图水疗放松、传统高棉按摩以及全面护理服务，如脉轮平衡、灵气疗法和呼吸控制法等，并通过瑜伽和冥想课程帮助游客滋养身心。传统高棉按摩源于古代泰式按摩，初始旨在舒缓僧侣因长期静坐冥想导致的肌肉酸胀，独特的无油按摩调用身体本源之力紧致润肤，促进人体能量流动与循环。当地最受欢迎的是 Bodia 和 Sokkhak 两家，其中 Bodia 更是其国宝级的柬式养生连锁店，机场和各大酒店都能看到，该品牌还推出很多身体护理产品，最著名的产品是身体磨砂，带有姜黄薄荷、茉莉玫瑰、柠檬香草、青柠、咖啡等多种香味，深受国际游客欢迎。

柬埔寨主要旅游城市均有一些世界知名的养生水疗中心，据全球知名在线旅行商缤客的数据，吴哥窟所在地暹粒现有 352 家酒店，主打寺庙、历史、文化和养生等主题，其中有数十家知名的柬式 SPA 中心全球闻名，如纳瓦图梦幻疗养度假村、安纳塔拉水疗世界、慈爱水疗公寓酒店等，为全球游客提供传统柬埔寨养生美食，柬式按摩和芳香烛光浴。2019 年柬埔寨人均 GDP 仅为 1679 美元，仍位于全球最不发达国家行列，该国注意扬长避短，充分利用自身历史文化传统发展特色养生旅游，走出了一条与新、马、泰等国不同的道路。

## 五、东盟养生旅游发展趋势与展望

### （一）新冠疫情后养生旅游将成为东盟旅游发展新热点

2020年年初暴发的新冠疫情席卷全球，对包括东盟在内的全球旅游业带来了全面系统性影响，危机发生的同时也孕育着新的产业和发展机会。疫情夺去了数万人的生命，上百个国家进入紧急状态，无数人被迫待在家中，人们突然意识到健康和自由的重要性。从这一层面讲，疫情将极大地改变人们生活的方式及态度，人们将更加重视个人健康与生活品质，对自然多一份敬畏，这对东盟在内的全球养生旅游会有一个较大促进。待疫情在全球范围内结束时，受影响最大产业之一的国际旅游业将迎来复苏，这种复苏不会一蹴而就，也不会全面开花，可以预见的是生态、康养及体育等与养生相关的旅游产业将最先迎来复苏的机会。

### （二）产品开发“五化”趋势明显

随着养生旅游在东盟地区的迅猛发展，基于其丰富多彩的国别文化和养生资源禀赋，相关国家的养生产品开发将进一步呈现多元化、系列化、主题化、品牌化和国际化五化趋势。按照所依托的特色资源，东盟养生旅游产品将主要体现为海岛滨水养生、美食体验养生、体育健身养生、精神文化养生等多元化系列产品。按照不同的主题，东盟一些养生产品现有优势将进一步凸显，如以新加坡、泰国和马来西亚为代表的现代医疗养生旅游产品；以传统泰式、柬式SPA为代表的生态水疗养生产品；以洞里萨湖日出及吴哥窟巴肯山日落为主题的摄影美学养生产品；以泰国、马来西亚等地重点推出的“养老天堂”为主题的退休养生产品；以柬埔寨、缅甸和泰国等佛教国家流行的禅修、农事、冥想和瑜伽等精神养生主题产品等。另外，东盟国家养生旅游产品品牌化、国际化趋势明显，如前文所述近年来逐渐打开市场的柬埔寨 Bodia 养生连锁店及系列美容产品，经过互联网时代的口碑营销，已成为国际游客蜂拥而至的热门网红打卡地，产品品牌效应日益凸显，成为柬埔寨旅游发展的新标志。

### （三）产业化进一步应对全球老龄化

如前所述，进入 21 世纪以来全球老龄化趋势日趋明显，特别是与东盟相邻的中、日和韩等东亚国家人口老龄化压力更大，这将为东盟地区养生旅游的全面发展带来前所未有的机遇。除马来西亚、泰国等传统退休养老旅游目的地国家以外，菲律宾、柬埔寨、老挝等东盟新兴旅游目的地也加快打造“银发养生旅游目的地”的步伐。如柬埔寨最大的海港和第二大城市，有“柬埔寨深圳”之称的西哈努克港，目前正在与来自中国等地的投资方打造“东盟医疗康养示范基地”等多个养生旅游国际项目，该项目包括教学医疗大厦和高端康养公寓等，并将建成心血管病、糖尿病及肿瘤康复中心。这些国家除提供退休签证等便利化措施外，还注重将养老养生与旅游地产结合起来，通过吸引各国特别是东亚退休人士到这些地方置业等形式吸引“银发”游客，并推出相应的医疗保险政策以解除游客们的后顾之忧。随着昆曼公路、泛亚铁路、中泰铁路、中老铁路的修建，泰国、老挝、柬埔寨和马来西亚等国可进入性进一步加强，不久的将来中国银发游客通过地面交通就能到达上述目的地，这无疑将为这一地区“银发”养生旅游提供巨大的客源市场。

### （四）科技含量不断提升

在开发传统养生文化与资源的同时，东盟国家注重利用国际先进设备和技术创新产品服务。一些东盟国家相继推出国家创新与发展计划，如 2016 年新加坡第六个科技五年规划——研究、创新、创业 2020：用科技赢未来（RIE2020 Plan），其核心内容之一为加快发展新加坡保健与生物医药；2017 年泰国启动国家发展 4.0 战略，将“高端旅游及养生旅游业”列入国家未来发展的五大支柱产业之一；2018 年印度尼西亚推出“印尼制造 4.0”（Making Indonesia 4.0）计划及路线图，以应对数字技术、生物科技、物联网和自动化为主要特征的第四次全球工业革命，这些新技术与养生康体相关的服务息息相关。具体产业方面，医疗是典型的技术、资本密集型产业，一般认为泰国、马来西亚等作为发展中国家，在这方面难以取得优势，但实际上得益于近年来医疗旅游的发展及全球康养目的地的定位，泰国、马来西亚的医疗技术和服务与新加坡一样，综合发展水平已位于全球先进行列。为保持领先地位，上述东盟国家已明确将新的数字技术、生物科技、物联网等新科技融入养生旅游发展战略。

## 六、结论

经历了 2020 年新冠疫情的考验，包括养生旅游在内的健康产业正成为全球经济复苏及增长的新支点。国际游客在旅游活动中体现的健康养生诉求与日俱增，反映出各国人民生活水平普遍提高后旅游需求从传统观光、猎奇向康养、休闲的转变。借助其得天独厚的自然与人文养生旅游资源以及优良的地理、生态、区位与产业优势，东盟成员国养生旅游发展各具特色、优势互补，各国政府正努力抓住发展新机遇，以养生旅游为抓手带动本国乃至东盟整体旅游产业的转型升级。养生旅游对中国更具深远的社会意义，不仅迎合了国内外旅游消费市场新需求，更能提升全民健康及生活水平，增加民众幸福感与获得感，彰显中国的制度优势与旅游业的社会功能。与东盟国家相比，我国的养生旅游产业也在蓬勃发展，但总体尚处在初期阶段，抓住历史机遇，研究借鉴东盟的发展经验，加强与东盟相关产业的合作互动，对促进我国的养生旅游发展具有重要意义。

## 参考文献


[1] 张海琳．“一带一路”背景下中国—东盟旅游合作现状与展望 [M]. 哈尔滨：哈尔滨工业大学出版社，2018.

[2] 李燕琴．旅游资源学 [M]. 北京：北京交通大学出版社，2007.

[3] 吴杰伟．东南亚宗教艺术研究 [M]. 北京：北京大学出版社，2018.

[4] 赵珊．健康旅游迎来黄金时代 [N]. 人民日报，2019-09-06.

[5] 林芮．借力一带一路，东盟旅游业谋求“弯道超车”[N]. 人民日报，2018-01-30.

[6] 覃秀红．泰国医疗保健旅游业发展策略研究 [J]. 东南亚纵横，2014.

[7] 周义龙．泰国医疗旅游业国际竞争策略及启示 [J]. 中国卫生事业管理，2017.

[8] 高亮．“体旅融合”视域下传统体育养生文化资源开发研究 [J]. 北京体育大学学报，2019.

[9] 任宣羽．康养旅游：内涵解析与发展路径 [J]. 旅游学刊，2016.

[10] 杨振之．论旅游的本质 [J]. 旅游学刊，2014.

[11] 杨懿，田里，胥兴安．养生旅游资源分类与评价指标体系研究 [J]. 生态经济，2015.

[12] 黄力远，徐红罡．巴马养生旅游——基于康复性景观理论视角 [J]. 思想战线，2018.

[13] 高静，刘春济．国际医疗旅游产业发展及其对我国的启示 [J]. 旅游学刊，2010.

[14] 李鹏，赵永明，叶卉悦．康养旅游相关概念辨析与国际研究进展 [J]. 旅游论坛，2020.

# 东盟艺术文化与旅游开发

黄晓瑜

**摘要：**东盟是世界上最受欢迎的旅游目的地之一，其艺术文化资源禀赋丰富、特色鲜明，发展艺术文化旅游得天独厚。本研究报告从传统宗教艺术、民间非遗艺术文化、现代艺术文化、影视演艺文化等层面探究东盟依托艺术文化资源发展旅游产业的现状，为我国旅游与文化的深度融合提供借鉴与参照。

**关键词：**东盟旅游；艺术文化；资源；开发；体验

## 一、“艺术 + 旅游”衍生出文化旅游的新业态

艺术文化是文化旅游活动中游客体验的重要内容之一，今天“艺术 + 旅游”的模式已成为一种风靡世界的旅游新业态，艺术文化业已成为旅游发展重要的引擎。英国哲学家 Alain de Botton 说：“如果将艺术视为一种疗愈，可以为人生的许多问题找到解决的办法。”众所周知，艺术具有缓解焦虑的作用，不仅艺术家通过绘画、书法、音乐、舞蹈等艺术创作得到陶冶和升华，普通人也会从艺术中得到身心的放松和慰藉，通过艺术了解自我、体察他人，实现自我的蜕变（见图 1）。

黄晓瑜，副教授，桂林信息科技学院创意设计学院院长，研究方向为数字媒体艺术和文化旅游。

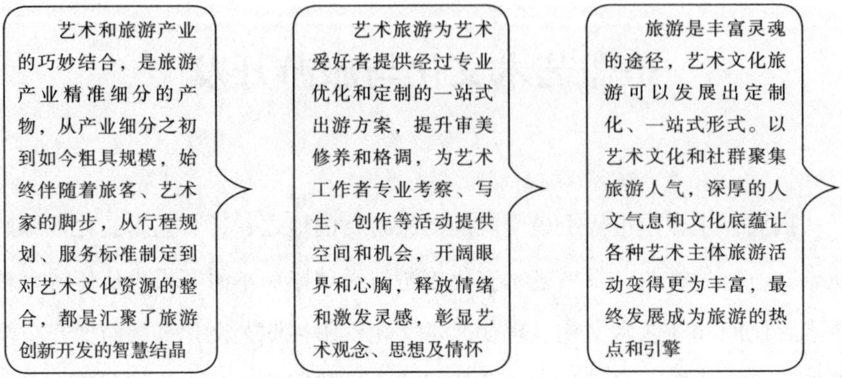

艺术和旅游产业的巧妙结合，是旅游产业精准细分的产物，从产业细分之初到如今粗具规模，始终伴随着旅客、艺术家的脚步，从行程规划、服务标准制定到对艺术文化资源的整合，都是汇聚了旅游创新开发的智慧结晶

艺术旅游为艺术爱好者提供经过专业优化和定制的一站式出游方案，提升审美修养和格调，为艺术工作者专业考察、写生、创作等活动提供空间和机会，开阔眼界和心胸，释放情绪和激发灵感，彰显艺术观念、思想及情怀

旅游是丰富灵魂的途径，艺术文化旅游可以发展出定制化、一站式形式。以艺术文化和社群聚集旅游人气，深厚的人文气息和文化底蕴让各种艺术主体旅游活动变得更为丰富，最终发展成为旅游的热点和引擎

图1　通过艺术实现自我蜕变

东南亚位于世界地理要冲，是一个各种文明汇聚之地和文化艺术多元化区域，当前许多东盟国家在发展旅游业的时候加强艺术文化与旅游产业的整合，促进艺术文化资源在特色、差异、集群之间形成旅游产业链联动，形成竞争力优势。如泰国清莱府（Chiangrai）就在大力发展艺术旅游，2019 年 6 月泰国旅游局清莱府办公室主任卡鲁娜表示，清莱府将通过宣传艺术旅游体验等活动提高清莱的知名度，以吸引包括中国游客在内的国内外游客。泰国清莱府因独特的人文与气候条件吸引着大量的艺术家定居创作，聚集的艺术家数量达到 300 多人，他们在清莱府成立了自己的协会——艺术桥，清莱府的艺术旅游包括白庙（白龙寺）、黑庙、蓝庙、艺术桥画廊及艺术餐饮等，此外还将推出白庙 3D 光影秀等艺术夜游活动。

## 二、东盟艺术文化与旅游产业融合发展

### （一）传统宗教艺术文化的旅游开发

宗教一直被认为是艺术门类的集大成，从古至今，文学、建筑、绘画等在这里都有着辉煌灿烂的表现。东盟的宗教作为一种文化形态千百年来深深影响着东盟国家的政治历史和社会生活，各种宗教通过教义和信徒的

感召力量，直接或间接地影响着政府的决策和社会的发展，东盟各国的社会历史很大程度上取决于宗教的发展史。美国著名亚洲问题专者 Robert A. Scalapino 指出：“东南亚各种族的代表性特点、文化类型、经济制度和政治制度纷繁杂陈，种类之多，范围之广，几乎囊括人类的全部类型，在这个地区全世界的主要宗教大部分都有其代表，许多伟大的文化也有其代表。”宗教艺术提供了理解东南亚文明的最为直观的视觉材料，东盟国家民族众多，同时堪称各种宗教的融汇之所，各种宗教在这个区域非常多样，目前可划为三大区域，即中南半岛是佛教区，马来半岛为伊斯兰教区，菲律宾是基督教区。缅、老、泰、柬四个地理上连为一体的东盟国家，以佛教为主，11 世纪上座部佛教就从印度开始传入，现在这一地区以小乘佛教为主。如老挝现有佛寺 2000 余座，而泰国有 95% 的人口信仰佛教，宪法将佛教规定为国教，佛寺更是有 30000 余座，这些宗教资源也成为东盟旅游的宝贵资源。印度尼西亚、马来西亚及文莱三个东盟国以伊斯兰教为主，印度尼西亚为世界上伊斯兰教人口最多的国家。菲律宾和东帝汶以信仰天主教为主，菲律宾有“亚洲唯一的天主教国家”之称，而东帝汶居民 91% 信奉罗马天主教。再如提倡宗教包容的新加坡，长期以来奉行宗教自由和多元的政策，有各种不同宗教信仰的人口占到全国的 83%，基督教、道教、佛教、印度教、锡克教、伊斯兰教及犹太教等在新加坡都有。东盟国家丰富而宝贵的宗教文化蕴含丰富的艺术资源，为东盟的旅游发展增加一份独特的魅力和色彩。

1. 宗教建筑艺术的旅游开发

东盟宗教建筑类型丰富，是深入了解东盟国家文化的重要路径，东盟宗教建筑艺术的代表无疑就是柬埔寨的国宝——吴哥窟，占地约 208 公顷的吴哥窟是世界上最大的宗教庙宇，同时也是世界上最早的高棉式建筑。吴哥窟（Angkor Wat）原始的名字为“Vrah Vishnulok”，意即“毗湿奴的神殿”，是吴哥古迹最精华的部分，也是柬埔寨早期建筑风格的代表，是一个提供心灵慰藉的宗教中心。吴哥古迹在 1992 年被联合国教科文组织列为世界文化遗产，从此吴哥窟成为柬埔寨最亮丽的旅游名片。吴哥寺建筑坐东朝西，平面呈长方形，中心建筑由三层长方形有回廊环绕的须弥台组成，为整体建筑的综合点，象征印度神话中位于世界中心的须弥山在祭坛顶部矗立着按梅花式排列的五座宝塔，像骰子的五点梅花，一个大宝塔巍然矗立正中，与印度金刚宝座式塔布局相似，五塔的间距宽阔，宝塔与宝塔之间通过游廊连接。建筑庄严匀称，比例和谐，建筑技巧和雕刻艺术都达到登峰造极的水准，令人目不暇接的装饰浮雕布满建筑回廊的墙壁及廊柱、窗楣、基石及栏杆（见图 2）。

图2　吴哥窟五座宝塔

东盟的宗教建筑艺术成就之高为世人赞叹，其他的代表也如众星一般熠熠生辉，如被誉为古代东方的四大奇迹之一、世界上最古老的佛塔——印度尼西亚的婆罗浮屠。婆罗浮屠塔位于印度尼西亚爪哇岛中部马吉冷婆罗浮屠村，婆罗浮屠（Vihara Buddha Ur）来自梵语，直译过来为“山顶的佛寺”，同中国长城、印度泰姬陵、柬埔寨吴哥窟并称为古代东方四大奇迹。于 750—850 年由佛教国家夏连特王朝修建，这里的数十座小型建筑堪称爪哇岛的艺术典范，是印度尼西亚佛教建筑艺术的杰出代表。2012 年 7 月，婆罗浮屠佛塔被世界吉尼斯认定为“世界最大佛教寺庙”，婆罗浮屠塔已成为印度尼西亚旅游不可错过的重要景区（见图 3）。

宗教文化从古到今一直被冠以特别的神秘感，越南最大规模的宗教建筑遗址——岘港的美山圣地（My Son Sanctuary）与柬埔寨的吴哥石窟、印度尼西亚的婆罗浮屠遗址、缅甸的蒲甘佛塔遗址齐名，被称为东南亚四大遗址。美山圣地位于岘港市西南 70 公里，修建于 500 年，曾是古占婆王国最重要的印度教圣地，其主要神塔供奉着湿婆神——林伽。建有 70 多座 7—13 世纪的砖石建筑，是占族建筑艺术的露天博物馆，达到占婆建筑艺术的顶峰。中国的史书曾经赞扬占婆人是“砌砖艺术大师”，美山圣地也被称为越南的小吴哥窟，这些建筑使用耐久性良好的灰浆涂刷砖墙表面，并雕刻着精美的艺术图案（见图 4）。分为三大区建筑群，风格统一，分布较广。建筑形式不仅是塔，更多的是寺庙，这些建筑的形式、装饰与同为印度教艺术的吴哥窟差异较大，与越南其他地区的建筑风格差异也很明显。联合国教科文组织世界遗产委员会认为，美山是文化交流的突出典型，生动地反映了占婆王国在东南亚文化史上的重要作用，1999 年 12 月，联合国教科文组织将美山寺庙作为文化遗产列入《世界遗产名录》。近年来，越南的基础设施建设发展很快，日益完善，美山圣地位于越南中部的广南省，交通便利，吸引的游客越来越多，尤其是喜欢印度教和占婆艺术的游客，这里是必不可少的打卡胜地。游客可以租用摩托车、汽车及坐大巴前来，2019 年全年有 20 余万游客前来游览，日均接待 500~700 名游客，周末节日有 1200~1500 名游客。

图3 印度尼西亚婆罗浮屠塔

图4 越南美山圣地

伊斯兰教是马来西亚的国教，在马来西亚境内有七个闻名遐迩的绝美清真寺，不但是马来西亚国民礼拜的场所，更因卓越的建筑艺术而成为世界游客旅游的打卡胜地。这七个美丽的清真寺分别是国家清真寺、亚庇水上清真寺、布城粉红清真寺、雪兰莪州蓝色清真寺、马六甲市海峡清真寺、吉隆坡嘉美清真寺、槟城吉宁甲必丹回教堂。其中最著名的国家清真寺（National Mosque），建于1965年，占地共5.5公顷，建筑设计风格现代独特，其层叠的伞状屋顶最令人瞩目，高达73米的尖塔更直指苍穹，象征着马来西亚独立自主的国家抱负和雄心，大殿屋顶由49个圆形造型构成，呈放射星芒状，蕴含着马来西亚的13个州和伊斯兰教的"五功"，这座清真寺建筑堪称世界伊斯兰建筑的最杰出代表。再如马来西亚最热门的清真寺——亚庇水上清真寺（见图5），1997年建成，也是马来西亚典型的伊斯兰建筑，修建于里卡士湾的人造湖中，每当夕阳西下金色的落日余晖洒在建筑物身上，与湖面的倒影显现出油画一般的影像与色调，游客站在湖边凝望都会被眼前的景观深深震撼。亚庇水上清真寺是来马来西亚著名的网红打卡地，一般游客都可以入内参观。游客游览清真寺时应注意自己的着装，穿上由清真寺提供的长袍，上衣不能露肩膀，不能穿背心或未及膝盖的短裤，并脱掉所穿的鞋子。如果游客所穿服装不符合要求，也可以在清真寺入口处租用穆斯林传统服装，费用并不贵。清真寺是神圣场所，在清真寺内部游览参观时不可喧哗，尊重礼仪，举止等不可浮夸。再如文莱奥玛尔·阿里·赛福鼎清真寺（SultanOmar Ali Saifuddien Mosque）被誉为亚太地区最美丽的清真寺，也是文莱的象征，清真寺以文莱苏丹的名字命名，因此也称为国王的清真寺。建筑金顶白身，所用的材料十分考究，如大理石全部从意大利进口，花岗岩来自中国，彩色玻璃和枝形吊灯来自英国，地毯则从比利时和沙特阿拉伯进口，金顶共有29个圆顶金拱，由300多万片金片制成。清真寺巍峨高大，庄严肃穆，被湖水环绕，一艘仿文莱古舟的石舫，纯洁的白墙和金色的圆顶相互交映（见图6），皇室的庄严和宗教的静谧集为一体。文莱是一个宽容和包容的国家，女性也可以进入清真寺参观，但需要穿上黑袍子带上头巾。

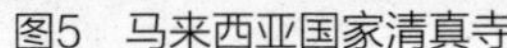

图5　马来西亚国家清真寺

图6　文莱奥玛尔·阿里·赛福鼎清真寺

泰国被称为“千佛之国”，其佛教寺庙是深受游客钟爱的景点，其中著名的有曼谷玉佛寺、呵叻府彩像寺、碧差汶府帕松桥寺、红统府廊曼寺、巴蜀府塔寨寺、乐丕府帕是阿寺、素可泰府西春寺、彭世洛府帕西雷达纳玛寺等，每一座寺庙的建筑都独具特点，佛塔上贴满了金箔、镶满了彩瓷，让游客流连忘返。如泰国的佛统大金塔（见图 7），又名帕巴吞金塔（PhrPatgom Chedi），位于泰国曼谷以西 80 公里处的佛统府。“佛统”意即第一座城市，这个词来自巴利文，大金塔塔高 130 米，呈螺旋状的塔尖部分高 40 米，底部直径 50 多米，塔身整体呈褐黄色，造型如一座极为壮观的巨钟，塔中有一尊金佛与一尊卧佛，并藏着十分珍贵的佛骨。每年佛历 11 月中旬佛统节，都要在此举行礼佛盛会，来自世界各地的善男信女、各国游客会前来拜佛和游览。佛统金塔周围有 4 座佛殿和 24 座钟亭，游客经过钟亭时喜欢以木击钟，所以这里各处都能够听到钟声回荡。

缅甸仰光大金塔（Shwedagon Pagoda），始建于公元前 588 年，与柬埔寨的吴哥窟、印度尼西亚的婆罗浮屠塔一并被称为东方艺术瑰宝，是缅甸的国家象征，供奉着四位佛陀的遗物，缅甸人称大金塔为“瑞大光塔”。金碧辉煌的大金塔位于圣丁固达拉山上，主塔高度接近达到 100 米，塔身被金箔包裹，共用金箔 7 吨多，塔冠镶嵌无数宝石，塔尖有一颗 76 克拉巨钻，早晨和傍晚阳光斜照时更加熠熠生辉。有一种说法，即去缅甸旅行若只能游览一个景点，那么必定就是仰光大金塔，可见缅甸仰光大金塔在缅甸旅游业中的重要地位，其既是缅甸人民心中的宗教圣地，也是各国游客心中的旅游圣地。游客游览大金塔需脱去鞋子，从东、南、西、北四个入口进入，可以按顺时针方向绕塔游览外观，然后参观金色佛堂和玉石佛像，了解大金塔的悠久历史。大金塔整个建筑群气势恢宏，一般下午是合适的游览时间，尤其傍晚夕阳下的大金塔更加金碧辉煌、美轮美奂，而夜幕下的大金塔又会有另一种不同的景致和风格（见图 8）。

图7　泰国佛统大金塔

图8　缅甸仰光大金塔

15 世纪末 16 世纪初基督教开始进入东南亚各国，受影响最深的是被称为“亚洲唯一的天主教国家”的菲律宾，菲律宾有 90% 的人信仰基督教。始建于 1581 年的菲律宾马尼拉大教堂（Manila Cathedral）是东盟基督教建筑的代表（见图 9），从古罗马时期巴西利卡式演变而来，现在的建筑已是第六次修建的成果。整个建筑十分雄伟气派，典型的罗马式拱券内部结构，内部神圣而华丽，每一格的玻璃上都是一幅色彩斑斓的画（见图 10），仿佛在诉说着一个故事。外形像坚固、沉重、敦厚、牢不可破的欧洲古典城堡，三个巨大拱门位于层层阶梯之上，正面墙壁上有六尊白色的教徒立像，而顶部则雕刻着两个可爱的小天使和庄严的十字架。教堂前方为罗马大广场（Plaza de Roma），广场中心的喷泉中央有西班牙波旁王朝查理四世的雕像。周边还有许多钟楼，经常有马车经过，饱含浓郁的宗教气息与古典韵味，著名的圣奥古斯丁教堂也在马尼拉大教堂不远处，可以一并参观游览。

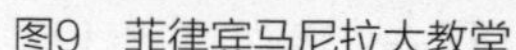
图9 菲律宾马尼拉大教堂

图10 菲律宾马尼拉大教堂彩绘玻璃

2. 宗教绘画艺术的旅游开发

泰国被誉为千佛之国，在泰国的佛寺之中保留了大量的佛教壁画，作品摄人心魄，呈现气象万千的景象，充满神秘的色彩，成为各国游客欣赏宗教美术的重要目的地。泰国遗留下来的佛教寺庙壁画可追溯至素可泰时期，兴盛期在拉达纳哥信时代，1782—1910 年是发展黄金期，来自皇家和信众的赞助使得佛教寺庙壁画达到艺术巅峰，如拉玛三世国王在位时就翻新了 70 余所寺庙，寺庙内的壁画装饰一新，气势恢宏，这是史无前例的皇家工程，泰国艺术史上将这一时期的艺术风尚称为国王喜好之艺术（Silapa Prarachaniyom）。这些寺庙包括泰国著名的玉佛寺、卧佛寺、苏泰寺、黎明寺、天使寺、甘拉亚那密寺等，同时这一时期佛寺壁画明显受到中国绘画元素的影响。历史上，参与泰国佛寺壁画创作的华人画工也不少，有记载的著名华人画工如曾担任拉玛三世御用画师的谷空佩（Khru Khongpae），参与过苏旺那蓝寺（Wat Suwannaram）、邦义柑寺（Wat Bang Yikhan）、道瓦登萨蓝寺（Wat Daowaduengsaram）、黎明寺（Wat Arun）壁画的绘制。曼谷国家博物馆普泰萨旺殿内的佛寺壁画是那个时期佛寺壁画的代表作，宛若一幅幅宏伟壮观、精工制作的织锦，各种景观跃然其上，画中宫殿建筑华丽，人物繁多，熙熙攘攘，而主要人物则形态文静妩媚，直抵观者的内心和灵魂深处。泰国佛寺壁画表现的内容大多是佛传和佛本生故事，其中涉及现实生活，被称为“泰国传统画”“泰国古画”，甚至有人赞为泰国艺术中最有趣的一个部分。除了受中国绘画的影响，泰国佛寺壁画受到其他多国艺术风格的影响，如有的受斯里兰卡锡吉里耶石窟壁画的影响，菩萨“山”字形的头饰，细细月牙形的眉毛，笔直的鼻梁线。有的受高棉艺术的影响，石壁画在不少地方也体现着泰民族自己的文化特色，如菩萨头部的某些特征及椭圆形的头光、花束上的飘带造型等。有的受印度风格的影响，如玉佛寺的壁画长廊，长度接近1公里，绘制了178幅华丽精美的印度古文学《罗摩衍那》，叙述了一个动人的史诗故事《拉玛坚》，来自长达2万多句的大型梵文史诗Ramayana（行记、历险记），壁画人物众多，内容丰富，情节离奇，在泰国家喻户晓、老幼皆知，其中的景物、宫殿、人物、战争的场面都色彩艳丽、精美绝伦，具有极高的文化价值。不同宗教的包容和融合在泰国佛寺壁画中也有反映，如曼谷那浓寺（Wat Nangnong Worawihan）戒殿主佛像正对面墙壁绘有福禄寿三星和中国门神，而布旺尼威寺佛殿后殿绘制的三幅中式神坛图则是以牡丹、官员和寿屏形象来象征福禄寿的存在。此外值得注意的是，玉佛寺内还有几块《三国演义》大瓷屏风，屏风上的人物栩栩如生。玉佛寺尖顶装饰、建筑装饰及回廊壁画名扬天下，到曼谷参观玉佛寺是泰国旅游的重要行程（见图11、图12）。

图11 玉佛寺壁画

图12 曼谷布旺尼威寺壁画中的红头船

缅甸的蒲甘城也是一个佛教中心，这座面积只有42平方公里的古城曾经拥有448.6万多座佛塔和寺院，寺院还留下了大量的佛教壁画（见图13），以佛传故事和本生故事以及其他佛教人物和事件为题材，也有一些是绘画印度教神像和天神像的。随着佛教文化的传播与发展，绘画艺术与建筑艺术在蒲甘时期（1044—1300年）取得了空前的发展，出现了一系列的佛教文化艺术瑰宝。佛教壁画作为重要形式之一在缅甸得到广泛的传播并产生了深远的影响。缅甸蒲甘时期的佛教壁画是缅甸传统文化的一个重要表现形式，其内容、风格以及艺术化的宣教表现凸显了缅甸蒲甘时期主要受印度文化影响的本土文化特点。缅甸的蒲甘城佛教壁画题材丰富，如佛陀传画、佛像画、佛本生、修行三藏画、经变画、因缘故事画、讲经图等。如缅甸现当代著名文学家佐基在《蒲甘王朝时期绘画艺术》中所说："蒲甘时期的画家遵照佛教虔诚的善男信女们的意愿，在新建好的佛塔寺庙里描绘上佛陀传各种故事。"目前现存代表性的佛寺壁画如被称为皇冠上的珍宝——苏拉玛尼寺（Su-la-ma-ni-Pahto）、塔内有500多幅壁画的古彪基寺（Abeyadana）、乌帕利寺等。因此，蒲甘又被誉为"宗教艺术荟萃""东方佛教艺术的宝库"。可以说蒲甘的壁画的规模堪比中国的敦煌壁画，只是敦煌壁画已经得到中国政府的保护，而缅甸蒲甘的壁画还在经受史上最大的人为破坏（成千上万的各国游客蜂拥而至）。相对于东盟其他旅游热门国家，缅甸保持相对低调的姿态，但随着近年缅甸改革的推进，蒲甘作为缅甸的原生态旅游资源逐渐为世人所熟知，蒲甘以动人心魄的历史、安抚心灵的栖息地吸引着世界各国游客的目光。

老挝琅勃拉邦是老挝名副其实的佛都，市区内寺庙佛、塔林立，居民笃信佛教，在琅勃拉邦帕华寺中就保留有阿努翁王朝的壁画。阿努翁王朝的佛教壁画，也以本生故事为主要题材，画面之中表现了老挝人当时的生活和服饰，其用色、构图、风格和精细的线条勾描，与拉玛二世、三世王朝的壁画无异。用红棕色勾画人物，用黑色勾画树丛、树叶，每一扇窗扉背后，描绘着成双成对合掌相向，站立平台的仙人图，至于窗扉前面，涂漆描金，呈芙蓉花图案，下部有动物、喜马拉雅山形象。每一扇门扉，涂漆描金，是泰国式的“萧刚”门神图，脚踩中国式狮子，头戴高尖帽，身穿铠甲。涂漆描金式绘画、构图等与泰国的壁画同一风格，从中可以看出东南亚佛教绘画彼此的融合与影响（见图 14）。

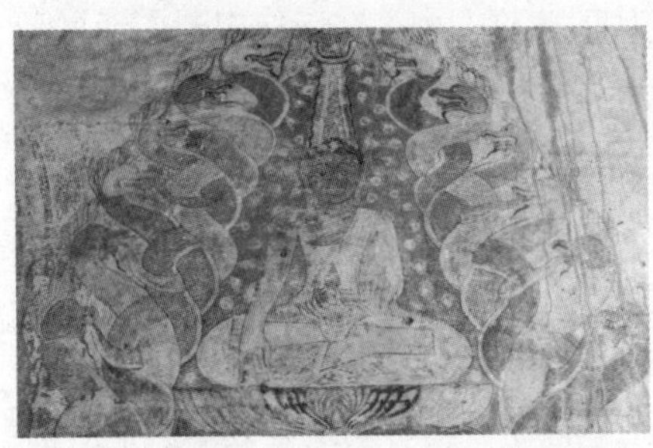

图13 缅甸蒲甘城苏拉玛尼佛塔寺壁画

图14 老挝琅勃拉邦帕华寺壁画

3. 宗教雕塑艺术的旅游开发

作为宗教艺术的杰作，吴哥窟的美不仅表现在建筑本身，更在于它的雕刻装饰，这座位于暹粒的 600 多处古迹群有大量史诗般的雕刻，精致的佛像、繁复的浮雕，让人目不暇接。吴哥巴戎寺高棉的微笑，不管世事如何变迁，从任一角度都能看到嘴角的微翘，表情各异的面孔都如蒙娜丽莎一般神秘的微笑，带着意味深长的表情俯视着世间众生。四面佛来自神王阇耶跋摩七世的面容，轩昂的眉宇，中稳的鼻梁，慈祥的气质，给游客留下了无法磨灭的印象，堪称世界艺术史的杰作，向世界展示了高棉能工巧匠的卓越才华（见图 15）。吴哥窟的浮雕无处不在，极富艺术表现力，如在回廊的内壁、廊柱、石墙、基石、窗楣、栏杆之上都布满浮雕（见图 16），表现题材以印度教大神毗湿奴传说为主，大多从《摩诃婆罗多》《罗摩衍那》《乳海》等印度史诗及神话里获得表现内容，也有表现战争、出行、烹饪、工艺、农业等世俗生活的，让游客能够直观感受吴哥王朝的繁华和古代高棉人的信仰。围绕吴哥窟主殿第一层台基的回廊被称为“浮雕回廊”，回廊有800米长，是吴哥浮雕的精华，回廊四面都雕满繁复的浮雕，刻画了11000多个人物，其中东边为乳海翻腾传说，南边为苏利耶跋摩二世骑象出征，北边为毗湿奴同魔怪交战，西边为这个神话的继续“神猴助战图”。这些浮雕手法娴熟，人物姿态生动，形象逼真，运用重叠的层次来显示幽远的空间，从中能够解读出修筑者的无限虔诚。对于很多游客而言，去吴哥窟不仅仅是去旅游观光，更是艺术朝圣。据有关机构统计，2019年上半年，吴哥古迹就接待国际游客220万人次。

图15　吴哥窟四面佛雕像

图16　吴哥窟浮雕回廊

1898年由法国学者巴黎发现了美山遗址，堪称占婆王国文化最重要的博物馆，被称为越南的“吴哥”，此处有30余座建于4—13世纪的占婆塔，还保留了大量极为宝贵的占塔群建筑雕刻（见图17、图18）。法国学者调查美山时以“雄伟的比例，古代的风格和丰富的装饰”形容公元6世纪所建筑的湿婆庙，占婆人对宇宙、神灵以及对自身的认识都凝聚在这一件件精美的艺术作品之中。他们将耐久性良好的灰浆涂刷砖墙表面，然后在其上雕满精美的图案，神庙上的雕花、神话故事依然可以辨认，整体气场还是很强大，让美山遗址成为东盟屈指可数的杰出艺术代表和深受各国游客青睐的旅游胜地，每年吸引着成千上万的游客亲临于此感受它独特的魅力和岁月光辉。

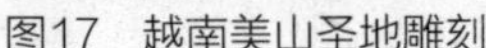

图17　越南美山圣地雕刻

图18　越南美山圣地雕像

“印度尼西亚”出自希腊文的 Indo（印度）和 Nusus（各岛），即印度各岛，雨林、火山、稻田构成了印度尼西亚的农业景观，在其历史遗迹的雕刻上证实了这一点，如婆罗浮屠和巴兰班南石雕上就有农民牛耕的形象（见图 19），游客还可看到统治者对农民征税的情景。印度尼西亚婆罗浮屠的雕刻既深受域外佛教的风格影响，也富有自身的民族特色与智慧创造，艺术风格上以严肃稳练、一丝不苟为主，但严谨中又不乏灵动，相比印度同时代的佛教雕刻更善于表现人物的性格特征与内心世界，工匠依据需要在人物轮廓的点、线上精确地造型，体现出高超而成熟的雕刻技巧，塑造了精湛而圆熟、可感而可知的宗教形象（见图 20）。

图19　印度尼西亚婆罗浮屠的牛耕雕刻

图20　印度尼西亚婆罗浮屠雕刻

老挝川圹省石缸平原，又被称为“查尔平原”，与英国的巨石阵、智利的巨石人像以及南美的石人圈被誉为“世界四大石器之谜”。目前石缸的来源和作用仍充满争议，2019 年 7 月 6 日联合国教科文组织在第 43 届世界遗产委员会会议上将老挝川圹省石缸平原列入《世界遗产名录》，这也是老挝第三个被列入世界文化遗产名录的遗址。早在 20 世纪 30 年代法国人对这些石缸进行了深入考察，将此地命名为“查尔平原”（Plains of Jars），法国研究者石缸里发现了人骨、动物骨、手镯、发簪、铁钎、铁凿、陶碗、头。这些数量繁多（2100 多个）、造型各异的远古石缸埋散在土地间，每个都由整块坚硬的岩石雕凿而成，用砂岩制造的石缸，雕凿手法古朴粗略，内外均长有较厚的绿苔藓，有的个体单独，有的三五成群，个体小的 1 吨多重，个体大的超过 5 吨（见图 21）。值得注意的是，在一些石缸中还发现了黏土制成的高约 10 厘米的小坐佛，佛像造型瘦长，顶戴高冠，这些石缸无疑是研究老挝文化起源与东南亚文明的重要资料，也是世界古代石雕艺术瑰宝，展示了古人的凿石技艺和造物智慧。今天，石缸平原已成为老挝国家的重要旅游景点和文化标志之一。老挝的其他佛教雕刻艺术也非常丰富，包括雕刻、青铜雕塑铸造和石灰雕塑，主题包括佛像、本生故事中的天仙、仙女和力士像等，分布在讲经殿、藏经阁、佛塔、佛堂、弘法座、烛台、经柜等各式各样的佛教建筑物之上。如首都万象东南约 25 公里的佛像公园（Buddha Park），又名香昆寺，是一个雕塑公园，汇集了近百座各式各样的佛像雕塑，形状各异、千奇百怪，融合了佛教和印度教风格。公园是由 Bunleua Sulilat 大师于 1958 年所建的，将印度教和佛教融会贯通，把他的思想寄托于佛像公园，包括了湿婆（Shiva）、毗湿奴（Vishnu）、阿朱那（Arjuna）、观音、佛祖以及印度教和佛教里所有可以想象到的神灵形象，雕像很密集，大小塑像错落有致，这是老挝旅游非常值得去的一个地方（见图 22）。再如神秘的巴乌石窟（Pak Ou Caves），佛像数量多达万尊，石窟内气氛令人敬畏，东南亚佛教造像的身形瘦削、衣带贴肤，与汉传佛像区别很大，每年前来拜佛求姻缘的游客络绎不绝。

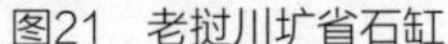
图21　老挝川圹省石缸

图22　老挝佛像公园的大卧佛

位于马来西亚槟城岛内的卧佛寺，是马来西亚佛教徒必来朝拜的宗教性旅游景点，寺内供奉着一座世界第三大的室内卧佛（见图 23），卧佛全长 33 米，全身金箔修饰，卧佛的周围还供奉了其他的佛像以及十八罗汉，祥和地卧躺在寺庙的大殿里，卧佛身穿金色袈裟，向右侧卧躺着，慈祥地望着远道而来的游客。马来西亚黑风洞口的镀金大佛雕像也蔚为壮观（见图 24），黑风洞中有 1891 年建的供奉着苏巴玛廉神的印度教庙宇，庙中有成百的彩绘神像，山下有洞窟艺术博物馆，展示包括神像壁画在内的印度神话文物，每年吸引大量佛教信众和游客前来，在马来半岛东海岸，有一处马来文化、泰南文化、华人文化交汇相融的独特所在，就是马来西亚已有千年历史的州——吉兰丹州（Kelantan），这里目前有 30 余座佛教寺庙，建筑与雕刻风格受到泰国影响明显，尤其是佛教雕塑在东南亚也是名列前茅，如 Wat PhikulThong 的行佛、Wat Photivihan 的卧佛（东南亚最大及世界第二大的卧佛）、Wat Machimmaram 的坐佛（东南亚最大的坐佛）。正如马来西亚入境旅游协会署理会长梁伟虹所说，马来西亚必须从各方面挖掘自身独特产品与文化，并加强推广，吸引更多外观游客。

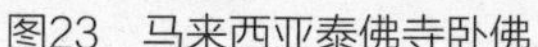
图23　马来西亚泰佛寺卧佛

图24　马来西亚黑风洞金佛

### （二）民间非遗艺术文化的旅游开发

民间美术来源于民间，服务于大众，是广大民众喜闻乐见和最通俗化的美术形式，具有源远流长的文化积淀和质朴灵秀的智慧结构，构成了人类文化百科全书的精彩部分。民间美术作为一种造型艺术，其造型千变万化，与民俗文化和活动相交融，贯穿于整个民间生活之中，几乎无时不在、无处不有，充分反映着民间习俗的各种事象，表达了民众对人生、对真善美的不懈追求，蕴含着一个民族的心理素质和精神面貌，它以自发性而产生，以自娱性而流传，以情真质朴和纯美深厚而见长。东南亚位于世界地理要冲，既是一个典型的多民族地区，也是东西方文明交融之所，造就了多元复杂和风格独具的文化形态，无论对于亚洲还是世界都是一个重要的地区。我国东南亚史学家陈序经先生曾说："在东南亚不只有文化，而且有过很高的文化，不只有历史，而且有很长的历史。"东盟国家民间美术历史悠久、灿烂多元，其中蕴含东南亚人民丰富的心理素质和精神情感，涉及人们的心理、情感、审美、思维方式及民族性格等诸多方面，东南亚民间美术家拥有天赋般的艺术感受，种种欢愉的、绚丽的、神秘的、幽默的艺术元素转化为直觉而流畅的民间美术语言，自成体系，涵盖绘画、陶瓷、建筑、服饰、雕刻、装饰等诸多门类，具有题材广泛，形式多样、内涵丰富的三大特点，以独特的民族地域性、稳定的文化传承性彰显着自身的价值，在旅游开发中成为独具特色的艺术文化资源。

1. 柬埔寨代表性民间非遗艺术文化旅游开发

柬埔寨，古称高棉，历史悠久，在公元 1 世纪建立了统一的王国，境内现存古迹 600 多处，民间非遗艺术文化也非常丰富。高棉皮影——斯贝克托姆高棉皮影是柬埔寨的代表性民间美术非遗，一般以一整张皮革为材料制作而成。如湿婆与毗湿奴用母牛皮在履行一个特殊仪式后一天内制作完成，手工艺人把图案放在晒制后的牛皮上剪出，然后用柬埔寨当地叫作 Kandaol 树的皮溶液染色，系上两根竹棍给表演者进行操作。有的皮影高达 2 米左右，以印度古代史诗“罗摩衍那”（Ramayana）为主要演出剧目，这样的表演可能会持续几个晚上，每场演出需要几百件傀儡。无论是操作技艺还是音乐形式，都带有一种很庄严的仪式感，能够让观者深深震撼，斯贝克托姆高棉皮影 2005 年被联合国教科文组织列为世界非物质文化遗产代表作名录。自 20 世纪 90 年代斯贝克托姆高棉皮影在距离吴哥窟 8 公里的暹粒镇开始恢复演出，使得每年来自世界各地的游客能够欣赏这一柬埔寨的传统民间美术非遗。一些当地餐馆还将皮影戏搬到室内进行表演，皮影的尺寸也缩小了，游客可以一边用餐一边欣赏，如暹粒巴戎高棉餐厅、仙女舞餐厅等都有类似的项目，游客在观赏过程中还可以自由转到皮影银幕的背后观看表演者操作（见图 25）。游客还可以购买由椰壳制成的旅游工艺品（见图 26）。

图25　作为旅游项目的斯贝克托姆皮影

图26　柬埔寨椰壳旅游工艺品

2. 印度尼西亚代表性民间非遗艺术文化旅游开发

印度尼西亚是“一带一路”重要支点，除了拥有多姿多彩的海岛风情，同时还是海上丝绸之路的重要枢纽和必经要道。印度尼西亚最著名的旅游景点——巴厘岛位于赤道，又临近海洋，所以气候炎热，潮湿的雨林气候让巴厘岛成为植物天堂，岛上四季常春、百花齐放，为巴厘岛带来“花之岛”的美名。巴厘岛不仅拥有美丽的风光，雕刻、绘画、手工艺品等民间美术非遗也堪称一绝。游客徜徉在巴厘岛，能看到各式各样精美的雕像，因此巴厘岛也有“艺术之岛”的美称，每年吸引难以计数的各国游客前来一睹它的绮丽风景、多彩文化和独特建筑等（见图 27），巴厘岛连续 12 年获得“亚洲游客最青睐奖”。蜡染，是一种古老的手工防染工艺，即用蜡防染色，古称蜡缬，在布料上创造出各种图案的方法，在东盟的印度尼西亚、马来西亚、菲律宾等国都有。印度尼西亚的蜡染被联合国教科文组织纳入人类重要口传与无形文化资产，也被运用到旅游纪念文创产品的开发之中，如在印度尼西亚巴钮旺宜就有许多蜡染旅游工艺品供各国游客选购（见图 28）。

图27　巴厘岛竹制建筑

图28　巴钮旺宜蜡染旅游工艺品

3. 缅甸代表性民间非遗艺术文化旅游开发

缅甸的现代工艺品以陶瓷、玻璃、青铜和木雕工艺著称，其他如色彩丰富的蒲甘漆器、碎宝石画、彩色木偶、编织斗笠、各种玻璃器皿。在骠国旧都出土的青铜乐舞人像，工艺细腻，栩栩如生，蒲甘时代装饰寺塔的陶饰板浮雕也非常精美。缅甸小乘佛教盛行，不论是首都仰光、古王城曼德勒，还是旅游胜地蒲甘，这种题材的旅游工艺品占据着旅游纪念品店的主要位置。用黏土制成的佛像、佛首和柚木佛雕是缅甸各地都能见到的佛造像艺术品（见图 29），如果上面加上彩釉则更加值钱。此外，佛教中使用的法器也是雕塑中常见的类型。缅甸还有一种代表性民间美术非遗就是彩砂佛画，以自然色的砂岩磨成粉当作颜料作画，题材为传统佛教壁画中的纹样和民间故事传说，如佛教护法神、佛传道故事、天女散花等，粗犷的石头颗粒加上亮丽的颜色、精制的做工，古朴典雅而又不失高档华丽。缅甸盛产宝石，所以宝石画自然成为人们生活中的一部分，缅甸的碎宝石画是介乎宝石和绘画之间的一种边缘艺术，按照一定的图案，利用黏合剂，把各种颜色的宝石和其他矿石固定在画板上，主题以风景或宗教场景为主，非常具有缅甸风情，价格依大小、用色及宝石等级而定，到缅甸的游客旅游除了购买宝石首饰之外，带一两幅宝石画回去也是很好的礼物（见图 30）。

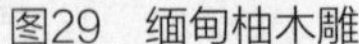

图29　缅甸柚木雕

图30　缅甸仰光碎宝石画

4. 马来西亚代表性民间非遗艺术文化旅游开发

马来西亚代表性的民间美术非遗十分丰富，著名的有马来风筝（Wau TradisiMalaysia）、马来装（Baju Melayu）、马来笼装（Baju Kurung）、娘惹长衫（Kebaya Labuh）、娘惹短衫（Kebaya Pendek）、卡达山传统服装（Pakaian Adat Kadazan Dusun）、伊班传统服装（Pakaian Ngepan）、伊班传统纺织（Pua Kumbu）、马来纱帽（Lipatan Tengkolok）、宋谷帽（Songkok）、砂拉越马来传统刺绣（Sulaman Keringkam）、马来西亚峇迪（Batik Malaysia）、马来金线刺绣（Tekat）、马来腰巾（Ikatan Samping）、竹片编织品（Anyaman Tepas）、露兜叶编织品（Anyaman Mengkuang）、长颈陶瓷（Labu Sayong）等，涵盖服饰、风筝、银器、藤器、织锦等（见图 31、图 32）。马来西亚东海岸北部的哥打巴鲁（Kota Bahru），这里是马来文化的中心，保持着历史悠久的传统与文化，被称为文化城。1993 年，基于文化的独特性和最佳旅游景点的嘉誉，The National Land Agency of Japan 将哥打巴鲁评为世界上最佳的 8 个城市之一。传统文化活动终年不绝，为游客提供别开生面的文化洗礼，适合做深入的精致文化之旅。

图31　马来西亚传统工艺旅游纪念品

图32　马来西亚民间蜡染——峇迪

5. 越南代表性民间非遗艺术文化旅游开发

越南民间美术非遗中的传统绘画非常丰富，如越南东湖年画、北宁省东胡民间画、河内行鼓街画、河西金黄画、顺化省胜乡画等各具特色，其中以越南东湖年画最负盛名，2013 年被列入越南国家非物质文化遗产名录。越南东湖民间木刻年画与中国年画存在千丝万缕的关联，如其主题就有反映农耕生活的“放牛读书”“放风筝”“牧童短笛”“休息”“老农”“斗牛”等题材，同时“三多图”“五子登科”“进财”“进禄”等题材出现频率也极高，反映了越南民众的美好生活愿望，这些题材也映射出来自华夏文化的影响。在越南，猪成为民众喜闻乐见的年画题材，是财富的象征，生活题材的越南年画反映了越南的乡村景色、集市场景，反映了越南人民耕猎、牧畜、摔跤、歌舞、舞龙、舞狮、迎神、赛社（对歌、秋千）、比武、庆祝年节等多种生活场景。特别是一些越南原创的以生活场景为题材的儿童娱乐年画。如老鹰抓小鸡（又名《老鹰抓小鸡》《龙蛇》，象征着灵活、智慧）、瞎子抓羊、捞鱼、抓鸟等，更是富有越南本土特色（见图33）。此外，越南磨漆画也是极富越南特色的民间美术非遗门类，借鉴和吸收多种装饰绘画的形式风格，赋予画面更多的装饰元素及形式的规律，具有画面简洁、色彩新颖、造型有趣的特点（见图34）。其构图要达到一定的全面性和艺术性，以此来表现积极向上、欢快浪漫的意境，凭借形式感所表现的美来打动和感染观众。越南传统的民间绘画代表使用越南硬木作画板，用越南特有的磨漆作颜料，这种磨漆多为生漆等天然漆，磨漆画耐磨具有光泽，有其独特的古朴风格，磨漆画具有丰富的色彩，严肃庄重而又不乏亲和力。越南的现代工艺品主要有银器、漆器、丝绸制品、刺绣、象牙雕刻，多采用热带珍贵树木、牛角、竹等原料制成，是兼有观赏和实用价值的工艺品。在越南古都宁平还有着历史悠久的传统手工艺村，如文林刺绣村、金山蒲草编织村、宁云石雕村、福禄木器村、云龙竹编村等，当地心灵手巧的村民生产制作大量精美而具有浓郁传统文化色彩的旅游工艺产品。中越的友好邦交源远流长，越南也是海上丝绸之路重要一站，越南在2019年世界旅游大奖亚洲和大洋洲区域颁奖典礼上获得“亚洲最佳旅游目的地奖”“亚洲最佳文化目的地奖”等奖项，2019年越南国际游客接待量同比增长逾10%，大大领先于世界的平均增长水平。

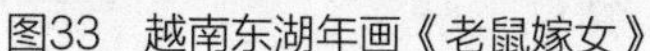

图33 越南东湖年画《老鼠嫁女》

图34 越南民间磨漆画

6. 菲律宾代表性民间非遗艺术文化旅游开发

菲律宾的民间美术非遗旅游产品很繁多，首推木雕工艺品，如木偶、珠宝盒以及棋盘等，从吕宋岛北端到民答那峨南部，从编艺藤制品到金银珍珠首饰，地方色彩浓厚，堪称独一无二。木雕是菲律宾地区主要的旅游纪念品和手工艺品，尤其以公主港的木雕店居多，除了大小摆件，还有木碗、木盘子、木勺等餐具。菲律宾的贝壳手工艺品如贝壳项链、别针、灯罩、壁饰、茶杯垫、容器等，也颇有现代风味（见图 35）。刺绣在菲律宾也是较为常见的手工民间美术非遗，男式刺绣衣服叫作“描龙大家乐”，女式刺绣衣服叫作“贾拉洛”，比较休闲的服装是短袖的 Polo Barongs，不仅世界闻名，而且是菲律宾本土独具特色的民间服饰，在旅游活动中作为休闲装也是非常适合的。再如传统编织工艺，现代人的生活方式不断变迁，工作与休闲的分野随之逐渐消弭，来自菲律宾马尼拉的度假风藤编包品牌 Aranáz 的工艺包，将菲律宾传统的

图35 菲律宾贝壳工艺品

细腻多样的藤编工艺进行融入，将染上缤纷颜色的细藤线作为针趾攀附于包款表面，勾勒出红鹤、蜻蜓、蕨类、蟒蛇等充满热带风情的图案，饰以珠饰、亮片等随性和现代元素，作为旅游工艺品让人爱不释手（见图36）。

图36 菲律宾Aranáz品牌工艺包

7. 老挝代表性民间非遗艺术文化旅游开发

提起东盟的民间美术非遗，让人联想到是琳琅满目、巧夺天工、别有情调等词汇，无论是木雕、漆器、藤编、锡器、珠宝还是陶艺，都是东盟各国人民生活的一部分。老挝最著名的工艺品是手工织品，这种纯手工织品采用当地的棉花和丝线，纺线也多由农村妇女手工制成，采用传统工艺进行染色，图案通常是老挝人民的精神象征、神话图像和动物等（见图37）。另外，老挝的刺绣、蜡染和木雕也名扬世界。老挝的木雕成了到老挝旅游必带的一种手工艺品，这些具有异国风情的木雕无论是摆放家中还是赠送亲朋好友，都是不错的选择。老挝原生态的手工艺造纸非常有名，旅游工艺品如纸画、纸灯罩、明信片、笔记本等很受游客欢迎（见图38）。这种传统纸质艺术品大多与佛教有关，极具

图37 老挝印有佛教绘画的手工织品

图38 老挝琅勃拉邦夜市旅游艺术文创

老挝特色，如老挝琅勃拉邦加入鲜花、树叶等手工制作而成的象粪纸工艺品。这里聚集着很多家庭造纸、绘画作坊，游客来此旅游可以进入这些作坊深度体验，感受老挝原生态的民间美术非遗文化。

8. 泰国代表性民间非遗艺术文化旅游开发

泰国的现代手工艺品一向因其独具风格、赏心悦目而闻名遐迩，泰国的丝绸、黑金器具、青铜制品、陶器和青瓷、锡器、宝石、加工过的珠宝都是优良的工艺品。泰国是世界上丝绸产品最重要产地之一，泰国丝绸（Thai Slik）保持着传统手工抽丝 + 冷泡的制作工艺，这样不会破坏蚕丝结构和品质，再加上艳丽的色彩、独具的光泽度以及富有当地特征的装饰纹样，是具有收藏价值的泰式手工织品，尤其受到欧美游客的钟爱（见图39）。泰国南部的黑金器具流传几百年，用金属注入精巧的蚀刻设计制成，品类有盘子、盒子、花瓶及其他器皿，现在也已成为各国游客游览泰国带回家的热门伴手礼。泰国木雕大致有三种类型：雕塑型、高浮雕型和浅浮雕型，大多以泰国特产柚木、红木和杧果木为材质，木质细腻，纹理清晰，可以巧妙地雕刻上传统或现代的图案，一些木造佛像之上必有髹漆，再上金箔，看来深沉而亮丽（见图 40）。

图39　受欧美游客喜爱的泰国吉姆·汤普森丝绸

图40　泰国木雕

9. 文莱代表性民间非遗艺术文化旅游开发

东南亚是水生文明的发源地，它的文明起源要么与河流有关系，要么与海洋相关联，因此，其海岸、河流低地文明的记忆至今还流行于人民的集体意识中。由于水的因素，东南亚干栏民居发生了变异，“浮屋”这种建筑形式被东南亚先民创造出来，并长期在东南亚普遍存在。这样的民族以捕鱼为生、以船为家，习惯了在水上漂浮的居住生活。如文莱水村，其建筑建在船上或木筏上，由水中的木桩或铁锚固定，这是世界上最大的传统水上村落之一。在这里一切都是浮动的，居民一般都要随着旱季、雨季水位的变化而不断调整，使房屋随水面升降、依水而变。有的房屋则由稳固的石柱或柚木柱支撑，吊脚伸入水底，长短不一，但支撑的木屋基本处于一个水平面，房屋稳固，不受水涨水落的影响。一些沿河（海）居民以舟楫为家，小船空间狭窄，功能相对简单，船舱既是货仓又是居室，船头是生活、做饭、晾晒的场所，宽大的芭蕉叶为高脚屋遮挡骄阳，一派诗情画意（见图 41）。文莱水村已形成一个相当独特的水上社区，现代和传统相结合，被称为“东方威尼斯”，已成为文莱的著名景点之一，已经成为外国游客的必游之地。游客能够进入水村居民家中感受生活，深刻地了解文莱的历史文化与风土人情，同时水村也是文莱本土画家及摄影家的重要创作主题之一。文莱的现代手工艺品受到马来文化的影响，编织品和针织品有浓郁的马来风情（见图 42）。在上海世博会期间，来自文莱的手工艺家就曾现场制作编织垫、花篮等，展示文莱的传统编织工艺。

图41　文莱水村的水上建筑形式

图42　文莱的编织旅游工艺品

10. 新加坡代表性民间非遗艺术文化旅游开发

新加坡是多种族融合的国家，新加坡非遗艺术文化浓缩了种族的传统，异常丰富而多元，新加坡也是联合国教科文组织《保护非物质文化遗产公约》的缔约国，从国家层面大力推动非遗文化的代代相传，而旅游发展也是其中的重要手段和方式。南音是新加坡非遗文化中表演艺术中的代表，南音也称“弦管”“泉州南音”，是来自中国的古老的乐种之一，除此以外还有马来西亚传统歌谣（Dikir Barat）、马来传统歌剧（Bangsawan）等表演形式。传统手工艺品方面有宋谷帽（Songkok）、马来传统古弄衣（Baju kurong）、印度金匠打造的金饰以及制作的木质陶器等。新加坡的旅游市场可谓东盟工艺品的集散地，在这里既有马来风格的锡器，也有印度尼西亚特色的蜡染，还有新加坡本土的鳄鱼皮革制品。

## （三）现代艺术文化的旅游开发

现代艺术文化是社会发展和时代精神的产物，东盟是亚洲和世界上一个重要的区域，其政治、经济、文化独具特色，近年来东盟国家越来越重视自身的现代文化建设，文明成果令世人瞩目，其现代文化形态和内容极为丰富，正以高速发展的姿态和独树一帜的风格受到世界关注。东盟现代艺术文化具有全面性并已达到了相当高的水准，除了主要的文化艺术领域如音乐、舞蹈、美术、戏曲、文学外，其他广义现代艺术文化如服饰、建筑、家居、影视、图书出版、文物鉴赏等也十分丰富。东盟许多国家的音乐、舞蹈、美术、影视作品，也多次在各种世界性的或者在国际上重要的艺术作品展演和大赛中获奖，受到世人的关注和欢迎。当前许多国际游客到东盟旅游是被东盟丰富的现代艺术文化所吸引，艺术文化体验成为重要目的和主要内容之一。

1. 马来西亚槟城街头艺术旅游区

马来西亚西北部槟城州（State of Penang）是闻名于世的著名旅游目的地，槟城首府乔治市于 2008 年 7 月 7 日被联合国文教科组织列为世界文化遗产。隐藏在寻常巷陌中的街头壁画，记录往昔时光，妙趣横生，韵味悠长。到槟城街头艺术区寻找街头壁画，已成为各国游客的必修课，到此的游客都会按图索骥，去搜寻分布于乔治市大街小巷的壁画。2012 年的一天，25 岁的立陶宛艺术家 Ernest Zacharevic 在槟城乔治市完成了一件街头壁画作品《姐弟共骑》，他完全想不到这幅作品竟然引发了现象级的传播，英国《卫报》在读者分享的全球各地最佳的街头壁画中，把这一幅画作列入全球 15 大最佳壁画榜，从此这些壁画成为槟城的一张名片。槟城壁画上的经典图案也被广泛应用到当地的纪念品中，如明信片、冰箱贴等，备受游客青睐。对于感兴趣的游客来说，寻找并拍摄壁画是一件饶有兴趣的事情。壁画分布在槟城各个角落，如果时间充裕，慢慢走，细细看，在某个转角就可能会遇到惊喜。槟城的壁画最大特色就是十分巧妙、因地制宜地与街区环境相融合，有的还与真实的自行车、秋千等实物相结合，真实而立体，构成一幅幅极具趣味的动人图景（见图 43）。壁画主要集中于本头公巷（Lebuh Armenian）与海乾新路（Lebuh Victoria），一共 20 余幅，为古老而美丽的槟城增添了别样的艺术魅力与气息。槟城壁画之外街头还有很多“铁塑漫画”，这些漫画通过诙谐和生动的手法，依照小城的一门、一窗、一墙、一砖，发挥奇特的想象力，向来自世界各地的游客诉说着槟城的坊间故事和市民生活，一共有 52 幅，将童趣画到城中每一个意想不到的角落（见图 44）。在槟城游客要探寻和欣赏这些街头现代艺术，可以根据自己的爱好选择步行、骑自行车和乘免费 CAT 巴士三种方式，走走停停，自由自在地享受休闲时光。槟城在 1786 年就被英国殖民政府开发为远东商业中心，有“印度洋绿宝石”之称，也是被世界著名旅游资讯网站寂寞星球列入最佳壁画目的地的亚洲唯一旅游目的地。

图43　马来西亚槟城壁画《兄妹荡秋千》

图44　马来西亚槟城铁塑漫画《高柜台》

2. 艺术主题酒店的设计开发

人们外出旅游时都想入住一家温馨舒适又很有个性的酒店或者民宿，越南顺化市的一家名为 Huế Eco 酒店就独具现代艺术特色与情调。店主利用丢弃的塑料瓶等废弃物进行设计和重构，变成花盆再种上美丽的鲜花，房间里的吊灯用各种形状的瓶瓶罐罐制作而成，营造一种与众不同的混搭感觉，酒店里的各种桌椅板凳也是用废弃的石板、塑料罐（桶）等运用绿色设计的手法制作而成，用橡胶轮胎和铝盆做成的洗脸面盆和用燃油泵喷嘴做成的水龙头等都让游客感到眼前一亮（见图 45、图 46）。酒店每间房的费用为 270000~290000 越盾，单人床位 100000 越盾。游客在体验酒店个性化环境的同时，也受到了环保、可循环利用理念的熏陶，许多游客为店主的创意点赞。

图45　越南Huế Eco艺术酒店中庭

图46　越南Huế Eco艺术酒店灯具

同样在越南，还有独树一帜的树屋（Ngôi nhà trên cây）发展成的旅游民宿酒店，既可以住宿，又可以作为景观供人拍照，给游客带来非常奇特的感受，仿佛一下子把人们带回到了原始时代。这些树屋的建造目的是让人们更亲近大自然，如宁顺省顺北县（Huyện Thuận Bắc）的树屋（见图47），距离离河内市 15 公里的嘉林玉瑞（Ngọc Thuỵ Gia Lâm）树屋群，这里由树屋改造而成的旅游民宿每一个房间的设计风格都不同，都注重与大自然的融合与亲近，给游客带来清新、自然的休闲体验。越南 5 个直辖市之一的芹苴树屋民宿建在古树之上，设计成了一个鸟巢的形状，也成了网红打卡之地（见图 48）。通往树屋的“路”的主体框架是用铁建成的，周围用竹子包住，既形成了特有的建筑风格，又为游客在高处提供了安全保障。

图47　宁顺省顺北Huyện Thuận Bắc树屋

图48　芹苴树屋民宿

3. 艺术文化节庆的旅游开发

新加坡、马来西亚、泰国等国也是非常具有现代艺术文化发展潜力的国家，这几个东盟国家都拥有大量的现代艺术家，这些国家本身国际化的氛围也有助于现代艺术文化的传播和传播，同时逐步发展形成集休闲、观赏、体验、参与于一体的艺术文化旅游盛宴。如华艺节是新加坡一年一度的艺术文化盛会，包括戏剧、音乐和视觉艺术等活动。华艺节是与华人农历新年同步举行的节庆艺术节，也是滨海艺术中心致力推广新加坡多元文化的四项常年节庆艺术节之一，旨在推广为华人艺术家首选的顶尖艺术节，并呈献各艺术领域表现卓越的华人艺术家的作品。新加坡华艺节于2003年举办第一届，最新的一届于2020年1月31日至2月9日在新加坡滨海艺术中心举办。其他的还有诸如2019年12月20日泰国首都曼谷举办的泰国暹罗街头艺术节（见图49），艺术节持续三天，来自泰国、法国、日本等十余个国家的艺术家在街头进行了各种艺术表演。再如在马来西亚普特拉贾亚已经连续举办七届的动感灯光节（见图50），2020年1月在新加坡举行的昼夜璀璨艺术节等现代艺术节庆活动，在夜间展示各种灯光投影与艺术装置（见图51），运用声光电的现代技术和艺术媒介，为世界各地到来的游客带来与众不同的度假体验，成为东盟夜间旅游发展的新亮点。

图49　泰国暹罗街头艺术节

图50　马来西亚动感灯光节

图51　新加坡昼夜璀璨艺术节

### （四）影视演艺文化的旅游开发

东盟的影视演艺文化范围宽、行业广，包括影视（东盟）产业以及戏剧、音乐、舞蹈、舞剧、时装表演、选美比赛等，这些演艺影视文化的产业化发展形成了东盟自身的发展模式和特色，与旅游发展也有诸多的交集，相互促进和发展。近年来，东盟现代影视文化可谓是亚洲影视行业的一匹黑马，逐年高产的强劲势头，将东南亚独特的地域人文风貌展现在世界面前，通过影视的传播吸引了大量的游客前来观光和体验，许多东盟国家也巧借电影造势，对旅游目的地开展全方位的宣传促销。如20世纪80年代末又正逢好莱坞电影进入泰国市场，受众对国外新事物的追捧使墨守成规的泰国电影产业遭受重创，本土电影公司陆续破产，使一些思想超前的电影人被迫选择出国深造或者争取外商投资。危机中孕育生机，90年代，在政府的带领支持下，泰国电影大张旗鼓寻求变革，实现了电影产业从慢慢恢复到重现辉煌的全新转折。此时，一批具有海外学习经历的电影制作者回到泰国，传统的肥皂剧模式被海外精英带回的新现实主义题材替代，电影生产开始注重艺术创新和本土化改造。伴随着电影体系的不断完善，泰国近年来推出一系列著名影片《鬼妻》《苏丽尤泰》《兰卡苏卡女王》《暹罗之恋》《泰王纳黎萱2》《十年泰国》等，以宏大史诗般的场景、融合了自身的宗教信仰及民俗风情的背景吸引了来自全世界的目光。现代演艺文化包括文艺表演团体、演出场所、演出中介机构和演出票务等，是一个创意密集和劳动力密集的产业，也是一项能耗低、可持续发展性强的低碳产业，具有极大的辐射和拉动作用。东盟的现代演艺文化发展迅猛，特别是泰国、马来西亚、新加坡、越南的娱乐文化产业快速发展，涌现出一大批优秀演艺明星，泰国的风情节表演就有泰国四步舞、现代舞、诺拉舞、扇子舞、泰拳表演等，精彩纷呈。再如吴哥窟，一个王朝的过往，一个国家的符号，它呈现在柬埔寨王国的国旗上，定格在《古墓丽影》《虎兄虎弟》《印第安纳琼斯》《花样年华》等著名电影之中（见图52）。《吴哥的微笑》是一出大型歌舞史诗演出，中资企业投资运营的驻场演出每年都会吸引大量游客。在神秘恢宏的视听盛宴中是一个中柬文化和谐交融、一个两国人民心意相连的故事，也让各国游客能够感知到柬埔寨的文化温度（见图53）。其他的传统演艺有泰国芭堤雅的演艺秀、缅甸仰光皇家卡威拉宫演艺秀、越南国粹——水上木偶剧、马来西亚沙巴州传统歌舞秀等（见图54至图57），与旅游景区相融合，为各国游客带来身临其境的沉浸式的观赏体验，衍生出集演艺美学和休闲风格为一体的旅游娱乐空间。

图52 吴哥塔普伦寺（《古墓丽影》《虎兄虎弟》《印第安纳琼斯》等电影的取景地）

图53 《吴哥的微笑》的中文海报

图54 泰国芭堤雅的演艺秀

图55 缅甸仰光皇家卡威拉宫演艺秀

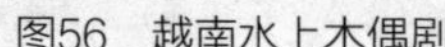
图56　越南水上木偶剧

图57　马来西亚沙巴州传统歌舞秀

## 三、东盟艺术文化旅游发展的现状与特色

### （一）艺术文化旅游资源内容丰富

东盟不同国家与民族间的语言、文化、宗教及习俗各不相同，艺术文化资源禀赋很高，涵盖了绘画、建筑、音乐、舞蹈、戏剧、雕塑、服饰、手工艺等，通过旅游活动世界各国的游客能够透过这些艺术文化资源，看到一个绚丽多彩的东盟，发现和体验东盟10国源远流长的艺术文化。从文化历史古迹到现代街头艺术，从神秘的宗教艺术文化到世俗的民间艺术，旖旎而灿烂的东盟艺术文明在世界文化艺术宝库中都独放异彩。东盟10国都属于多民族国家，如缅甸就有100多个民族，印度尼西亚有300多个民族，整个东盟区域有上千个民族，各民族世代相传，创造了蔚为大观的艺术文化遗产，使得东盟各国辉煌的艺术和迷人的风韵呈现在世界人民眼前。

### （二）艺术文化旅游资源特色鲜明

东盟艺术文化旅游与其艺术文化资源一样特色鲜明，在民族特色、宗教特色、艺术特色、现代特色等方面独树一帜。东盟连接亚洲和大洋洲，沟通太平洋与印度洋，独特的地理位置也让这片神奇的土地成为一个东西方文明、传统与现代文化交融的大熔炉。如菲律宾承袭了西班牙、美国等地的传统，受欧美文化影响深刻，因此对于各国游客而言菲律宾充满了各种吸引力，游客每踏足一个旅游点，都有新的发现和体验。如不同宗教的各种艺术、种类繁多而又极富异域风情的旅游工艺品，如游客到塞布湖就可以体验到当地部落绚丽多彩的传统编织工艺，还可以看到整个编织的制作流程。除此之外，还能够欣赏到独具特色的hegalong音乐和铜制工艺品。再如位于Sungai Kianggeh东部文莱河沿岸的文莱艺术和手工艺品培训中心，也是一个能够满足游客深度探索的打卡地，游客可以欣赏黄铜礼炮、马来短剑和银饰品等世代流传的皇家传统工艺等。现代旅游文化理论指出，当游客对自身所熟悉环境以外的事物产生兴趣时，出于自身的意愿去关注同陌生事物建立起联系，旅游活动倾向就产生了，这意味着差异化和特色化是吸引旅游消费的重要因素。东盟不同国家在民族、历史、宗教、习俗、生活方式及政治制度方面的差异，让艺术文化在这片土地上精彩纷呈，获得世界游客的青睐。

### （三）艺术文化旅游时间跨度久远

东盟艺术文化资源丰富，时间的跨度久远，以纵向为轴可追溯到公元前3000多年的泰国农诺他遗址发现的青铜器和陶器、越南北部公元前3000多年的冯原遗址出土的青铜器、老挝川圹省2500~3500年历史的石缸雕凿、2500年历史的缅甸仰光大金塔等，这些跨越千年的艺术文化遗产令人心驰神往。在东盟另一个文明古国，从远古文明的缘起、扶南王国、真腊王国再到雄伟的吴哥帝国及帝国的陨落、涅槃重生，柬埔寨把中印两大文明与当地文化融合而形成独特的文明史，也成就了世界上最著名的旅游景点之一——吴哥窟，每年吸引世界各国游客前来领略它的艺术风采，正如法国博物学家Henri Mouhot所言，“走在吴哥森森的庙宇，重返人间，刹那间犹如从灿烂的文明堕入蛮荒”。除了时代久远，历史积淀深厚的传统艺术文化资源，东盟的现代艺术文化资源也异彩纷呈，与旅游产业发展高度结合。如印度尼西亚处于伊斯兰时装设计的最前沿，马来西亚和泰国的特色风格正迅速扩展到国际流行时装中，羽翼待丰的柬埔寨、菲律宾和越南的服饰风格也日益受到世界各地的关注，文莱、老挝及缅甸的设计师也一样引人注目，许多东盟国家会在旅游季举办时装周和时尚大会。许多东盟的时尚博主也逐渐走进世人的视野，在 INS、YouTube、Instagram、TikTok（抖音）等社交媒介上拥有了世界各国大量的粉丝，这些富有个性气质的网红为传播和推广东盟独特的时尚、艺术及设计开辟了重要的窗口，从流行的角度向世界传递着东南亚的风情和邀约。

### （四）艺术文化旅游开发形式多样

东盟是世界上最受欢迎的旅游目的地之一，东盟各国也十分重视发展自身的旅游产业，东盟国家的旅游业以高于世界平均增长率的水平持续发展。东盟 10 国共同发布的《东盟旅游战略规划（2016—2025）》强调了东盟推动旅游业向着单一目的地的方向发展，这不仅是东盟共同体建设的内在要求，也有利于整合与共享区域内各国的旅游资源，形成发展的合力与集群效应。在文化创意产业方面，东盟也制定了整体的规划和目标。《东盟共同体 2025 愿景》明确提出，积极推动东盟社会文化共同体建设，打造富有创造力、创新力的东盟，鼓励和支持包括电影、音乐、动漫等创意产业发展。文化是旅游的灵魂，在艺术文化资源的旅游开发方面，东盟发展出集文化、艺术、生态、娱乐、购物、体验等多元业态于一体的旅游开发模式，融合了新旧元素，不断深化旅游产业的内涵与外延，涉及艺术古迹巡游、宗教艺术探幽、民间艺术体验、艺术主题公园、旅游文创产品、博物馆（美术馆）旅游、现代演艺观赏（见图 58、图 59），从游客参与度和体验感提升层面调整旅游发展策略，找准艺术与旅游相匹配的对应关系，延伸产业链条，更好地满足世界各国游客的需求，汇聚大量旅游人气，让东盟成为真正的旅行者天堂。

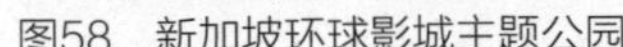
图58　新加坡环球影城主题公园

图59　菲律宾国家博物馆艺术部

## 参考文献

[1] 贺圣达 . 东南亚文化发展史 [M]. 昆明：云南人民出版社，1996.

[2] 全峰梅，侯其强，雷翔，徐兵 . 东南亚建筑与城市 [M]. 南京：东南大学出版社，2008.

[3] 阿兰 · 德波顿，约翰 · 阿姆斯特朗 . 艺术的慰藉 [M]. 武汉：华中科技大学出版社，2019.

[4] 刘宏 . 中国—东南亚学：理论构建 互动模式：个案分析 [M]. 北京：中国社会科学出版社，2000.

[5] 吴杰伟 . 东南亚宗教艺术研究 [M]. 北京：北京大学出版社，2018.

[6] 沈北海 . 东盟十国文化丛书 [M]. 南宁：广西民族出版社，2006.

[7] 李元君 . 丝绸之路上的东南亚文明：泰国 [M]. 南宁：广西人民出版社出版，2015.

[8] 贺圣达 . 缅甸历史文化发展及中缅交往 [N]. 光明日报，2017-09-11.

[9] 倪晓觎 . 中国与东盟文化创意产品产业内贸易的实证研究 [J]. 浙江外国语学院学报，2016.

[10] 王洪涛，周莉 . 中国与东盟文化贸易的竞争性与互补性研究 [J]. 学术论坛，2015.

[11] 雷春龙，杨理 . 广西—东盟文化贸易发展分析 [J]. 广西大学学报（哲学社会科学版），2014.

[12] 胡春涛 . 泰国拉达纳哥信时代壁画中的华人生活图景与中国元素 [J]. 艺术探索，2019.

# 2020年东盟轮值主席国——越南旅游发展报告

陈钢华　师慧敏　杨赖靖犇　罗祎凝　余依玲

**摘要：**近年来，作为越南经济增长重要动力的旅游业发展成效显著。2019年，越南入境旅游人数首次突破1800万人次，国内旅游人数达8500万人次，旅游总收入达720万亿越南盾（约合313亿美元），成为全球旅游增长最快的10个国家之一。在世界经济论坛（World Economic Forum，WEF）发布的《2019年旅游竞争力指数排名》中，越南旅游竞争力指数的排名也从2015年的第75位上升至2019年的第63位。为了系统地了解近年来越南旅游发展的现状及趋势，为学界和业界提供有益参考，本报告通过资料梳理和数据分析，对越南旅游资源、旅游产业、旅游市场、旅游发展战略和模式、区域旅游合作、旅游发展的内部条件和外部环境等进行分析。最后，本报告根据上述分析结果对越南旅游发展情况进行了总结和展望。

**关键词：**越南；旅游发展；旅游资源；旅游产业；旅游市场；旅游发展战略；旅游发展模式；区域旅游合作；SWOT分析

陈钢华，中山大学旅游学院副教授，研究方向为区域旅游发展与规划、目的地营销与管理。
师慧敏，中山大学旅游学院硕士研究生，研究方向为目的地营销与管理。
杨赖靖犇，中山大学旅游学院硕士研究生，研究方向为目的地数字营销。
罗祎凝，中山大学旅游学院本科生，研究方向为目的地营销与管理。
余依玲，中山大学旅游学院本科生，研究方向为旅游者时空行为。

## 一、越南旅游发展总体情况

### （一）旅游资源

作为东南亚富有朝气的新兴旅游目的地，越南具备得天独厚的自然和人文旅游资源。据世界经济论坛（WEF）发布的《2019 年旅游业竞争力报告》，在旅游资源方面，越南在 140 个纳入排名的国家中位列第 26[1]。

1. 自然旅游资源

越南的自然旅游资源包括地文景观、水域景观、生物景观、天象与气候景观。禀赋多样的自然资源是越南旅游业赖以生存和发展的基本条件，为越南旅游业发展打下了坚实基础。

（1）地文景观。越南的广平省被评为“洞穴之都”，有大小洞穴数百个[2]，其中，最为令人瞩目的当数位于该省方芽—科邦国家公园（Phong Nha-Ke Bang National Park）内的韩松洞。很多科学家认为，韩松洞是迄今为止世界上发现的最大的单个大型天然洞穴，也是迄今为止发现的世界上最大的洞穴通道[3]。另外，长安生态旅游区有经过探测的可容小船穿山而过的溶洞 48 个，总长逾 12 公里，其中，最长的溶洞长 1 公里。这里的洞穴系统在种类及形态上也极为丰富多样[4]。广宁省的下龙湾也有许多岩洞，其中，木头洞最具特色，有“岩洞奇观”之称。它位于万景岛海拔 189 米最高峰的半腰，洞壁上的钟乳石形成各种动物形象，活灵活现，令人称奇。下龙湾有着大大小小 2000 多块姿态各异的岩石，矗立在平静的海面上，因酷似中国广西的桂林山水，又被称为“海上桂林”。

1 The Travel & Tourism Competitiveness Report 2019 [R/OL].World Economic Forum.

2 越南广平洞穴节，尽享越南广平省无穷魅力[EB/OL].https://www.sohu.com/a/324727340_100093606.

3 韩松洞[DB/OL].https://baike.baidu.com/item/韩松洞.

4 长安名胜群[EB/OL].https://cn.sggp.org.vn/国内旅游/长安名胜群-66101.html.

据越南国家旅游局网站介绍，越南境内有三大丘陵（东北丘陵、西北丘陵和长南山丘陵）。其中，东北丘陵以石灰岩构成的“喀斯特”地貌景观为突出特点；西北丘陵以花岗岩等坚硬岩石构成的险峻山峰为代表性景观；长南山丘陵则由呈“弓”形的长山山脉构成，拥有独特的高原地貌景观[1]。此外，还有探险爱好者神往的番西邦峰。它是越南境内黄连山脉的主峰，海拔3143米，是越南也是整个中南半岛第一高峰[2]。越南还拥有长达3260多公里的海岸线，具有众多美丽的海滩，海岸沿线大小海滩125处。例如，闻名遐迩的芽庄海滩以及被《福布斯杂志》评为全球最美六大沙滩之一的美溪海滩等[3]。

（2）水域景观。越南的水域景观资源主要包括流经域内为数众多的河系、星罗棋布的湖泊以及充满魅力的滨海景观。越南拥有纵横交错的数千条河流（10公里长以上的江河有2360条），其中，最大的是湄公河和红河[4]。瀑布中最为引人注目的当数位于越南边境的板约瀑布。它与紧邻的德天瀑布相连，瀑布总宽208米，是亚洲第一、世界第四大跨国瀑布[5]；著名的瀑布还有台阶式的庞卡尔瀑布，上下共有7级，落差25米[6]。此外，越南还拥有美丽的湖泊。高平省境内的三海湖在越南被誉为“高原下龙湾”，水面狭长如带，形似蛟龙，享有“三海湖畔留客步，欲行又止恋山河”的赞誉[7]。还剑湖是越南首都河内众多大小湖泊中最著名的一个，南

1 越南旅游业发展概况及竞争力分析[EB/OL].https://mp.weixin.qq.com/s/SMsNw0d732Ie_xMsc5Sr-A.

2 番西邦峰[DB/OL]. https://baike.baidu.com/item/番西邦峰.

3 越南地理[DB/OL].https://baike.baidu.com/item/越南地理/2002837?fr=aladdin.

4 越南[DB/OL]. https://baike.baidu.com/item/越南/155278?fr=aladdin.

5 亚洲第一、世界第四大跨国瀑布：广西德天瀑布[EB/OL].https://baijiahao.baidu.com/s?id=1651727408914143928&wfr=spider&for=pc.

6 旅游：再大再高的瀑布，池底的水都是沉静的——庞卡尔瀑布！[EB/OL].https://baijiahao.baidu.com/s?id=1623501710275987171&wfr=spider&for=pc.

7 三海湖[DB/OL]. https://baike.baidu.com/item/三海湖.

北狭长，呈椭圆形，湖水清澈如镜，幽雅娴静。作为沿海国家，越南还拥有丰富的海洋旅游资源，沿海面积在世界上156个沿海国家中排在第27位，在东南亚地区排名第一[1]。在越南海域，有众多星罗棋布的岛屿海湾，海水澄澈，可以开展海上观光及游泳、潜水、滑水、独木舟、风浪板、香蕉船等丰富的水上和水下活动。越南境内比较知名的滨海旅游地有岘港、芽庄、头顿、美奈及富国岛等。特别是广宁省的下龙湾独具特色，被誉为“海上桂林”及世界新七大自然奇观[2]。

（3）生物景观。越南地处热带，境内的森林和海洋中有种类繁多的动植物资源，物种多样性的优势塑造了越南发展生态旅游的潜力。例如，山茶半岛辽阔的森林与稀有动物遍布全岛，拥有白马国家公园、那屯国家公园和吉婆国家公园等多个国家公园。其中，那屯国家公园生活着濒临灭绝的印支虎、多种豹子、熊、大象及450多种鸟类[3]。吉婆岛上有一大片漫无边际的原始森林，其间生长着众多的珍贵树木，栖息着多种珍禽异兽，是一座巨大的天然动植物园[4]。吉仙国家公园则为越南最大的热带雨林，拥有优良的自然生态环境，是越南许多野生动物的重要群聚地[5]。

（4）天象与气候景观。位于海滨度假城市芽庄的天文台是越南的第一个太空天文台。天文台安装了一台直径0.5米的天文望远镜，游客可以在此观看天文奇景。在首都河内也有一处天文台，一次可以容纳100人。此外，越南地处北回归线以南，高温多雨，属热带季风气候。温暖的气候条件、明媚的阳光及热带海滨资源使越南成为理想的避寒旅游胜地。而且，

1 越南海洋海岛旅游——经济发展新引擎[EB/OL]. https://baike.baidu.com/item/下龙湾.

2 下龙湾[DB/OL].https://baike.baidu.com/item/越南地理/2002837?fr=aladdin.

3 越南趣游. 盘点越南十个最漂亮的国家公园[EB/OL]. https://baijiahao.baidu.com/s?id=1614122884911748777&wfr=spider&for=pc.

4 吉婆岛[DB/OL]. https://baike.baidu.com/item/吉婆岛.

5 吉仙国家公园[DB/OL].https://baike.baidu.com/item/吉仙国家公园.

越南众多的岛屿海湾也成为观看日出日落的绝佳地点。

2. 人文旅游资源

越南的人文旅游资源分为建筑与设施、历史遗迹、旅游商品和人文活动四类。这些旅游资源作为越南旅游的瑰宝，散发着浓郁的地方特色和人文魅力。

（1）建筑与设施。越南拥有较为丰富的宗教与祭祀活动场所。首都河内的镇国寺香火旺盛，香客众多，在英国某旅游网站评选出的“10 座最美丽的寺庙”排名中位居第三[1]。河内另一处著名的寺庙则是独柱寺。它似出水莲花，因建在灵沼池中一根大石柱上而得名。胡志明市的圣母大教堂是胡志明市最著名的地标，每逢星期天和宗教节日，都会有许多虔诚的教徒聚集于此进行弥撒。此外，大叻的灵福寺和宁平的白亭寺也颇有名气。

越南现存的殖民时期的建筑也颇具风采。其中，最为著名的当数位于胡志明的统一宫、中央邮局、大剧院及红教堂等。统一宫是原法国殖民者为了加强它在越南的统治而设立的机构之所在地。它是一座占地面积达 12 万平方米的庞大的四层白色建筑。大厦内有 100 个装饰华美、富丽堂皇的大小厅堂。庭院设计和建筑一样采用左右对称的布局，互相呼应，浑然一体[2]。中央邮局建于 19 世纪末，由法国建筑师设计，大厅内部装饰华丽，圆顶极富古典气息。大剧院的建筑风格受法兰西第三共和国华丽的建筑风格影响，属于典型的哥特式建筑风格，是专门用于举办艺术表演的多功能剧院。它构思独特，凸显了浪漫的法式风情[3]。包括首都河内主席府在内的众多建筑物也仍保留着殖民时期的特色。

1 越通社简讯[EB/OL].https://zh.vietnamplus.vn/越通社简讯2019329/93905.vnp.

2 统一宫[DB/OL].https://baike.baidu.com/item/统一宫.

3 中央邮局[DB/OL].https://baike.baidu.com/item/中央邮局.

（2）历史遗迹。越南拥有非常丰富的历史遗迹，它们是越南人文旅游资源的重要组成部分。这些历史遗迹包括：现存的占婆王国时期最古老最庞大的建筑群——广南省的圣子修道院；曾为阮氏王朝皇宫的顺化皇城；历经李朝、陈朝、后黎朝和阮朝的升龙皇城；15—19世纪作为东南亚传统贸易港的会安古镇；拥有众多历史遗迹的长安名胜群；越南独一无二的石城墙建筑的胡朝古城等。此外，越南还拥有著名的革命历史遗迹。例如，体现了“斯是陋室，唯吾德馨”的胡志明故居；见证了古芝人民在解放国家的革命中勇敢斗争精神的古芝地道。还有分别位于河内和胡志明市的展示越南共产党领导越南人民英勇斗争、保家卫国的实物资料等的军事博物馆和越南战争遗迹博物馆。

（3）旅游商品。几个世纪以来，越南当地居民形成了一系列精美的手工艺传统，这些传统已经成为越南文化遗产的重要组成部分。著名的手工艺传统（手工艺制品）有绘画、编织、制丝、漆器、银器、木雕和磨漆画等。其中，磨漆画使用越南硬木作画板，用越南特有的磨漆作为颜料，磨漆画耐磨、有光泽、风格古朴，多反映山水、人物等题材，是越南特有的艺术品，具有浓郁的越南民族风格。此外，在食品方面，咖啡、椰汁花生、绿豆糕及各类蔬果干等也均是深受海内外游客喜爱的旅游商品。

（4）人文活动。越南的节日丰富多彩，不仅涉及民间习俗、宗教信仰、纪念活动，还有具有时尚潮流元素的现代节庆。哈节是越南京族人的传统节日，京族人在这天会举行迎祖、祭祖、饮宴、唱歌、跳舞、唱戏等活动。每年的农历三月初十是雄王节，这是祭祀越南祖先雄王的重要节日。节日当天，所有寺庙都会有非常盛大的庆祝活动。4月30日是越南的解放日，各地都会举办一系列庆祝活动，包括传统服装展示、歌舞表演、展览以及燃放焰火等。大叻花卉节是越南两年一度的国际和国家级独特文化旅游节。近年来，花卉节声势越来越大，已经成为国际性庆典，现在是集音乐节、时装节与红酒节于一体的节日。一年一度的岘港国际烟花节是东南亚地区规模盛大的烟花会演活动，能够给在场的每一个人带来震撼的视觉体验。每两年会举行一次的芽庄海洋节是当地头等重要的社会文化活动，吸引众多游客参加。

根据联合国教科文组织（UNESCO）官网发布的《世界遗产名录》显示，目前，在越南丰富的旅游资源中，已有8处被列入《世界遗产名录》（见表1），包括2处世界自然遗产、5处世界文化遗产以及1处世界自然和文化双遗产[1]。越南拥有的世界遗产数量位居东盟第二，仅次于印度尼西亚（9处）。同时，越南还是东盟唯一拥有世界自然和文化双遗产的国家。

表1　越南世界遗产

| 分类 | 遗产名称 | 列入《世界遗产名录》的时间 |
|---|---|---|
| 世界自然遗产 | 下龙湾 | 1994年 |
| | 方芽—科邦国家公园 | 2003年 |
| 世界文化遗产 | 顺化历史建筑群 | 1993年 |
| | 会安古镇 | 1999年 |
| | 圣子修道院 | 1999年 |
| | 升龙皇城 | 2010年 |
| | 胡朝古城 | 2011年 |
| 世界自然和文化双遗产 | 长安名胜群 | 2014年 |

资料来源：https://whc.unesco.org/en/list/ .

1 World Heritage List [DB/OL].https://whc.unesco.org/en/list/.

## （二）旅游产业

### 1. 酒店

2015—2018 年越南的酒店情况[1]如图 1、图 2 及图 3 所示。据越南国家旅游局发布的数据显示，2015—2017 年，越南的酒店数量、客房数量和客房平均入住率均逐年递增，但 2018 年三者皆有所下降。其中，酒店数量和客房数量下降率分别为 10.3%、4.7%，客房平均入住率也从 2017 年的 56.5% 下降至 2018 年的 54%[2]。此外，2018 年，越南的中高星级酒店（三星级、四星级、五星级）数量持续增长，总量达 965 家。具体而言，三星级酒店 537 家、四星级酒店 276 家、五星级酒店 152 家[2]。2018 年，在越南酒店总量下降的情况下，中高星级酒店总量仍保持增加，说明越南中高档酒店的比重在加大，在消费不断升级的背景下，越南的酒店市场呈现出朝中高端发展的趋势。

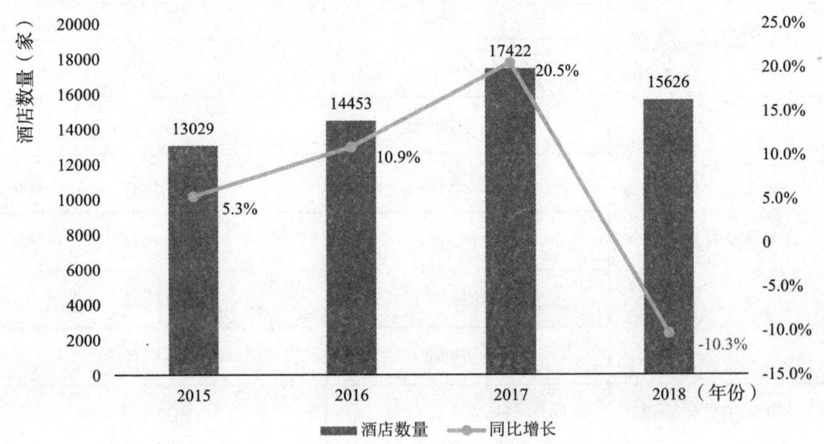


图1　2015—2018年越南酒店数量及同比变化情况

数据来源：越南国家旅游局。

1　由于数据统计工作及发布滞后的原因，未能获得2019年越南酒店统计数据。

2　Tourist Accommodations[DB/OL]. https://vietnamtourism.gov.vn/english/index.php/statistic/touristAccommodation.

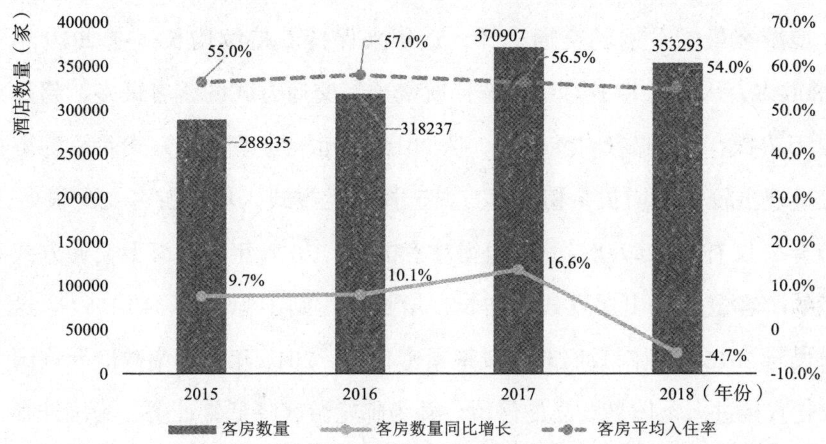


图2 2015—2018年越南酒店客房数量及同比变化情况

数据来源：越南国家旅游局。

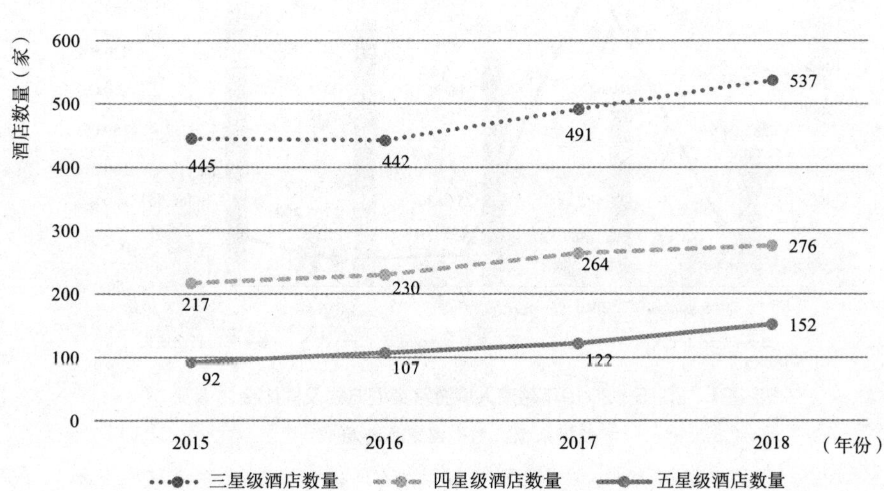


图3 2015—2018年越南中高星级酒店数量及同比变化情况

数据来源：越南国家旅游局。

2. 交通

据越南国家旅游局发布的数据显示，2015—2019 年，旅游航空是越南入境游客最为普遍的交通选择，近年来保持着持续增长。在 2019 年的 1800 多万人次入境游客中，选择航空这一交通方式的游客最多，超过 1437 万人次，比例高达 79.8%[1] 。从 2016 年起，选择陆路方式入境的游客也呈现出较快的增长。相较而言，选择海运方式入境的游客要少很多；2019 年，仅有 26 万人次[1] 。但值得注意的是，2016 年选择海上交通方式入境的游客量呈现出爆发式的增长，增长率达到了惊人的 349.1%[1] 。这一增长与 2016 年越南政府改变政策紧密相关。2016 年，越南政府允许国外邮轮直接进入富国岛和昆岛停留，并为邮轮游客降低签证费、为国外邮轮降低停港费等[2]（见图 4）。

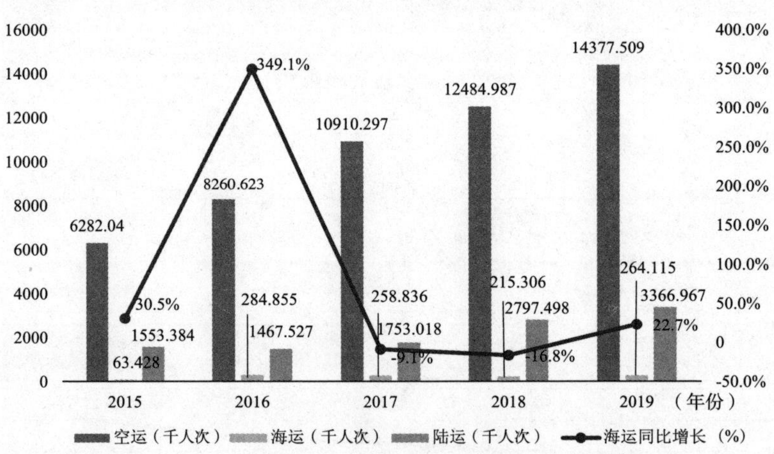


图4　2015—2019年越南入境游客交通方式及同比变化情况

数据来源：越南国家旅游局。

1　International Visitors[DB/OL].https://vietnamtourism.gov.vn/english/index.php/statistic/international.

2　https://baodulich.net.vn/Nam-2016-du-lich-tau-bien-se-phat-trien-09-7314.html.

（1）航空客运。据维基百科所列越南机场清单显示，目前，越南共拥有 36 个机场，其中，11 个为国际机场[1]（见表 2）。健全的机场设施为快速增长的越南入境旅游市场提供了通行保障。其中，广宁省的云屯国际机场是最新（2018 年年末）投入运营的国际机场[2]。

快速增长的旅游市场为航空发展带来利好。最近 10 年，越南航空市场的年均增长率高达 17%，增幅在世界各国和地区中是比较高的，超过了同期增幅显著的亚太各国的年均增长率[3]。2019 年，越南各家航空公司旅客运输量达 5470 万人次，同比增长 11.4%[4]。目前，越南有 5 家国内航空公司在运营，包括 2019 年新增加的成员——越竹航空公司（Bamboo Airways），开通的国际航线总计达 50 条以上[5]。

表2　越南国际机场及分布

| 三字代码（IATA） | 国际机场名称 | 位置 |
|---|---|---|
| SGN | 新山一国际机场 | 胡志明市 |
| HAN | 内排国际机场 | 河内市 |
| DAD | 岘港国际机场 | 岘港市 |
| HUI | 富牌国际机场 | 承天顺化省顺化市 |
| CXR | 金兰国际机场 | 庆和省芽庄市 |
| DLI | 莲姜国际机场 | 林同省大叻市 |
| HPH | 吉碑国际机场 | 海防市 |
| VCA | 芹苴国际机场 | 芹苴市 |
| PQC | 富国岛国际机场 | 坚江省富国岛县 |
| VDO | 云屯国际机场 | 广宁省云屯县 |
| VCL | 茱莱国际机场 | 广南省茱莱经济特区 |

资料来源：https://en.wikipedia.org/wiki/List_of_airports_in_Vietnam.

1　越南机场清单[DB/OL].https://en.wikipedia.org/wiki/List_of_airports_in_Vietnam.

2　越南旅游业增长率跃居世界前十位[EB/OL].https://www.traveldaily.cn/article/133384.

3　同2。

4　2019年越南各家航空公司旅客运输量达近5500万人次 [EB/OL].https://zh.vietnamplus.vn/2019年越南各家航空公司旅客运输量达近5500万人次/106268.vnp.

5　越南旅游业增长率跃居世界前十位[EB/OL].https://www.traveldaily.cn/article/133384.

（2）陆路客运。目前，越南道路基础设施长度达到370664公里，铁路长度达到3160公里[1]。《至2020年铁路交通运输发展战略和2030年展望》提出，从规划实施至2020年，越南铁路行业将加大对现有各条铁路线路改造升级项目的投资力度；其中，重视北—南铁路干线改造工作，将客运火车平均速度达80公里/小时至90公里/小时；同时，提高运输能力和运输服务质量，加快安圆—老街、嘉林—海防、河内—太原、河内—凉山等铁路线升级改造工作等。在2020—2030年阶段，越南将有效开发利用现有的铁路系统，加快高速铁路建设，先是集中开发平均速度为160公里/小时至200公里/小时、轨距为1435厘米的双线铁路，促进电气化铁路和基础设施建设，为未来开发平均速度为每小时350公里的铁路做准备等。至2050年，力争在北—南铁路干线完成轨距为1435厘米的双线高速铁路建设；2050年后，开发平均速度为350公里/小时的铁路，升级现有的铁路干线网络，完成西原铁路、泛亚铁路、连接各工业园区、大港口的铁路建设任务等[2]。

（3）水路客运。目前，越南的国际港口数量为163座，数量在东盟国家中排名第二[3]。近年来，越南投资建设了更多可接待五星级邮轮的国际港口，如承天顺化省的云脚港、庆和省金兰港、巴地头顿省盖梅港、岘港市仙沙港等。2018年12月30日，下龙国际邮轮码头（Halong International Cruise Port）也正式投入使用。坐落在广宁省的下龙国际邮轮码头建设经费达10320亿越南盾（约合4300万美元），可停靠总吨位达

1 ASEAN Statistical Yearbook 2019 [R/OL].https://www.aseanstats.org/wp-content/uploads/2020/01/ASYB_2019.pdf.

2 越南《至2020年铁路交通运输发展规划》获批[EB/OL].https://zh.vietnamplus.vn/越南至2020年铁路交通运输发展规划获批/36073.vnp.

3 新国际航空港及越南首个专业国际邮轮码头拉近下龙湾与游客距离[EB/OL].https://www.prnasia.com/story/233936-1.shtml.

22.5 万吨的邮轮，并能接待 8460 人（包括旅客和水手团）；可同时为两艘邮轮提供停泊服务。下龙国际邮轮码头是越南首个专业国际邮轮码头。

3. 旅行社

如图 5 所示，据世界旅游组织（UNWTO）及越南社会主义共和国中央政府门户网站发布的数据显示，2015—2019 年，越南旅行社数量呈现出持续增长的趋势，其中，2019 年增长率较快。截至 2019 年年底，越南全国共有旅行社 2648 家，总量在东盟国家中位列第三，仅次于马来西亚和印度尼西亚。

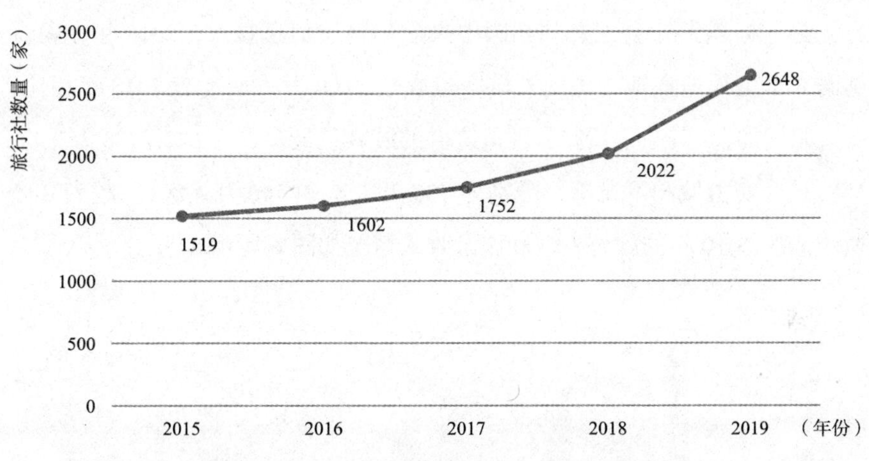


图5　2015—2019年越南旅行社数量及变化情况

数据来源：2015—2018年数据来自世界旅游组织（UNWTO），2019年数据来自越南社会主义共和国中央政府门户网站。

4. 其他旅游产业要素

由于在景区、餐饮、购物及娱乐方面没有官方的统计数据，本报告主要依据猫途鹰网（TripAdvisor）提供的相关数据和其他定性资料对这几个产业要素进行分析。上述旅游产业要素（景区、餐饮、购物及娱乐）的基本情况，如表 3 所示。

表3　越南热门景点、餐厅级娱乐场所数量

| 产业要素 | 数量（家） |
| --- | --- |
| 热门景点 | 282 |
| 热门餐厅 | 202 |
| 购物场所 | 86 |
| 娱乐场所 | 70 |

数据来源：根据猫途鹰网站发布的越南旅游信息整理。

（1）景区。越南著名景区、景点众多，世界遗产地作为越南旅游发展的瑰宝，具有不可再生性和不可复制性，使得它们具有得天独厚的吸引力优势。据越南社会主义共和国中央门户网站信息显示，2019 年，参观越南 8 个世界遗产地的国内外游客量高达 2100 万人次，与 2018 年相比，有大幅增加[1]。其中，长安名胜遗迹群的游客量最多，为 632.7488 万人次；其次是会安古城和下龙湾，分别为 535 万人次和 440 万人次[1]。越南 8 个遗产地在 2019 年的旅游人数和旅游收入情况如图 6 所示。

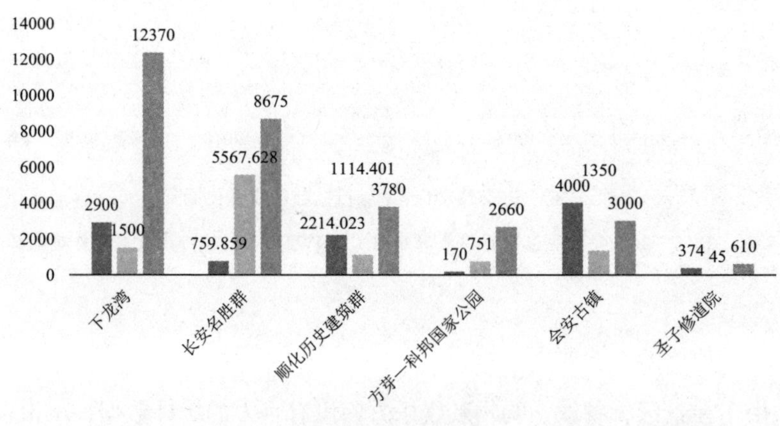


图6　2019年越南世界遗产地旅游人数及旅游收入

数据来源：越南社会主义共和国中央门户网站。

1　参观越南8个世界遗产的游客量高达2100万人次[EB/OL].https://cn.news.chinhphu.vn/Home/参观越南8个世界遗产的游客量高达2100万人次/20201/28077.vgp.

（2）餐饮。越南是世界上不能错过的美食目的地之一。越南饮食受到许多国际游客 / 国际机构的好评，在各种评选中表现良好。例如，在英国调查机构 YouGov 对“全球食物受欢迎程度调查”的排名中，越南位列前 15 名[1]。在美食方面，河粉、烤肉、米线、面包、春卷等越南著名的美味菜肴荣获世界权威组织、美食杂志、国际电视频道等的推崇和推广。例如，河内被英国《卫报》（*The Guardian*）列入“世界上饮食最好吃的 20 个旅游目的地”[2]；胡志明市在美国商业杂志 *CEOWORLD* 发布的“全球 50 最佳街头美食城市排行榜”中，位居第四。最令人瞩目的当数在 2019 年“第 26 届世界旅游大奖（亚洲和大洋洲地区）颁奖仪式”上，越南首次斩获“亚洲最佳美食目的地”这一世界旅游大奖。此外，越南还通过各种活动进行美食宣传。例如，2019 年，河内举办美食文化节，旨在推崇包括河内在内等地的越南美食文化。此外，岘港也举办多项美食活动，并将其打造成为吸引游客，特别是国际游客的旅游吸引物。例如，以“家乡味道”为主题的“2019 年岘港国际美食节”给游客带来有趣、新鲜的体验[3]。

（3）购物场所。越南购物场所种类众多，包括各种礼品与特产商店、购物中心、跳蚤市场与街头市集、古董店及百货商场等。较为著名的有芽庄购物中心、范五老街、XQ 手工绣坊及 Reaching Out 工艺品店等。其中，XQ 手工绣坊是芽庄著名的刺绣工艺店，店里的每一幅作品都是采用老式的越式针法，由绣娘全手工制作而成的，连一幅小小的作品都需要四个月左右的时间才能完成，绣出的成品惟妙惟肖，十分有收藏价值。

1　全球美食受欢迎度排名：越南名列前15名榜单[EB/OL].https://www.sohu.com/a/306688275_120066626.

2　越南是世界上不能错过的美食目的地[EB/OL].https://zh.vietnamplus.vn/越南是世界上不能错过的美食目的地/104014.vnp.

3　越南被评列入世界最美味街头食品前五名[EB/OL].https://cn.nhandan.org.vn/tourism/food/item/l.

（4）娱乐场所。越南的娱乐场所（吸引物）主要包括水上活动与游乐园、夜生活、休闲与游戏等。其中，值得一提的当数夜市。作为旅游胜地，越南许多城市均有夜市。例如，芽庄夜市、胡志明夜市、河内夜市及顺化夜市等。每到晚上，这些集吃喝玩购为一体的大型市场热闹非凡，具备浓郁的越南特色。此外，越南还拥有一所唯一合法经营博彩业的场所——涂山赌场。涂山赌场规模不大，位于风光绮丽的涂山半岛。

## （三）旅游市场

### 1. 入境旅游市场

据越南国家旅游局发布的数据显示[1]，2015—2019年，越南入境旅游人数逐年递增。虽然近两年来（2018年、2019年）入境旅游人数的同比增长率出现较为明显的下滑，但2019年的入境旅游人数仍突破1800万人次，如图7所示。据世界旅游组织（UNWTO）发布的数据显示，近年来，越南国际旅游收入也逐年递增，但同比增长情况不太稳定。2018年，越南国际旅游收入首次突破100亿美元，如图8所示。

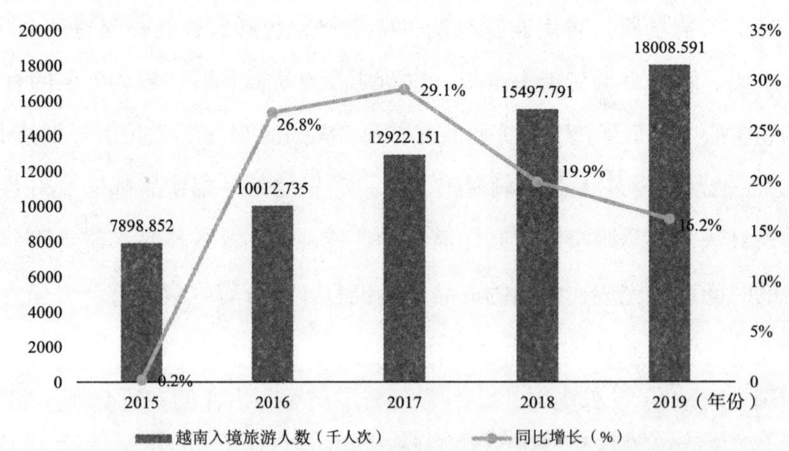


图7　2015—2019年越南入境旅游人数及同比增长情况

数据来源：越南国家旅游局。

1　由于数据统计及发布滞后的原因，未能获得2019年越南国际旅游收入的数据。

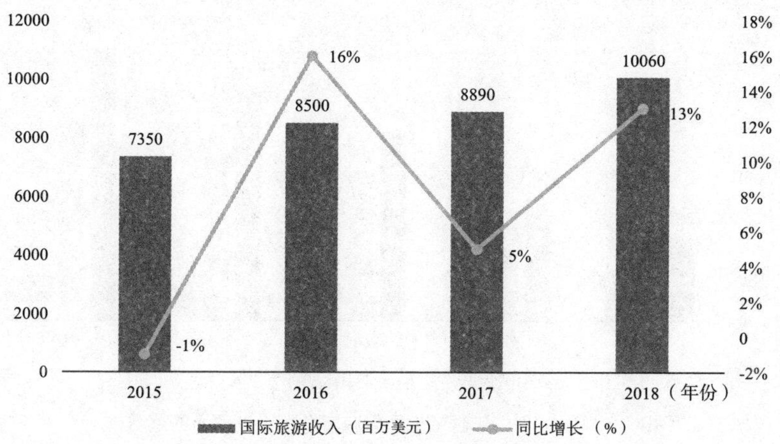


图8　2015—2019年越南国际旅游收入及同比增长情况

数据来源：世界旅游组织（UNWTO）。

据东盟统计局和越南国家旅游局发布的数据显示，2015—2019 年越南的入境游客中，来自中国大陆、韩国、日本的游客量皆逐年增加且连续保持前三的水平（见图 9）。2019 年，赴越南的中国大陆游客量率先突破 500 万人次，达到 580.6 万人次；排名第二的韩国的游客量也突破 400 万人次，达到 429.0 万人次，远超排名第三的日本（2019 年的游客量为 95.2 万人次）。此外，从图 10 可以看出，2015—2019 年，越南前五大客源国（地区）结构有所变化，其中，中国台湾地区取代蒙古国成为越南前五大客源国（地区）之一。前三大客源国（地区）中，中国和韩国的游客比例有所增加，共占五大客源国（地区）的 87%，其中，中国占比 53%（包含中国台湾地区），韩国占比 34%，而日本游客所占比例有所下降。

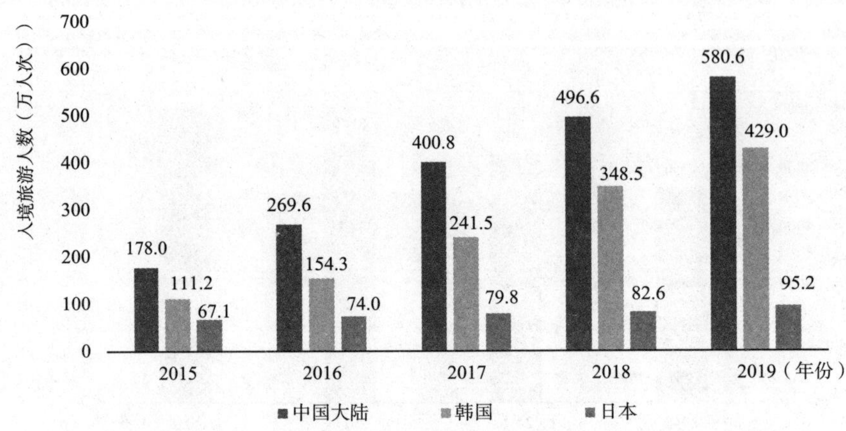


图9　2015—2019年越南主要旅游客源国（地区）游客数量

数据来源：2015—2018年数据来自东盟统计局，2019年数据来自越南国家旅游局。

2015年越南主要入境旅游市场客源结构

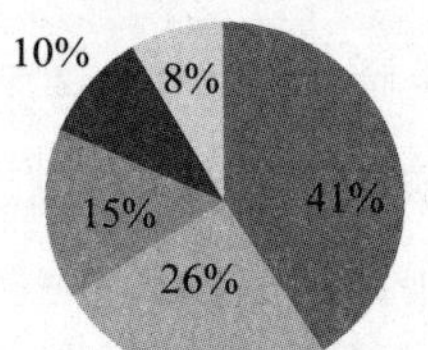


中国大陆　韩国　日本　蒙古国　美国

2019年越南主要入境旅游市场客源结构

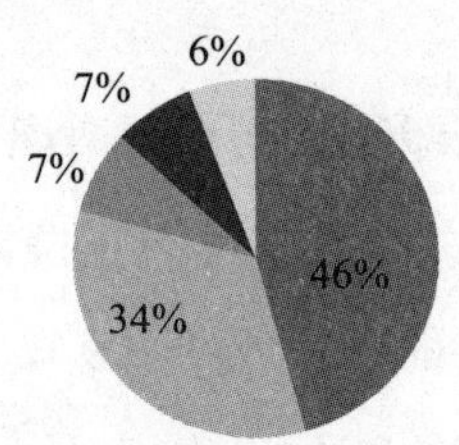


中国大陆　韩国　日本　中国台湾　美国

图10　越南主要入境旅游市场客源结构

数据来源：2015年数据来自东盟统计局，2019年数据来自越南国家旅游局。

2. 国内旅游市场

据世界旅游组织（UNWTO）和越南共产党电子报发布的数据显示，近年来越南国内旅游人数逐年递增，从2015年的5700万人次增长到2019年达到8500万人次（见图11）。其间，国内旅游人数增长率波动较大。由于2015年“越南人游越南”项目的实施，2016年国内旅游人数增长率上升至惊人的48%。据世界旅游业理事会（WTTC）发布的数据显示，在国内旅游收入方面，近年来，越南国内旅游收入也逐年递增，但旅游收入增长率同样波动较大。2018 年，越南国内旅游收入首次突破 90 亿美元，达到 95.38 亿美元（见图 12）。

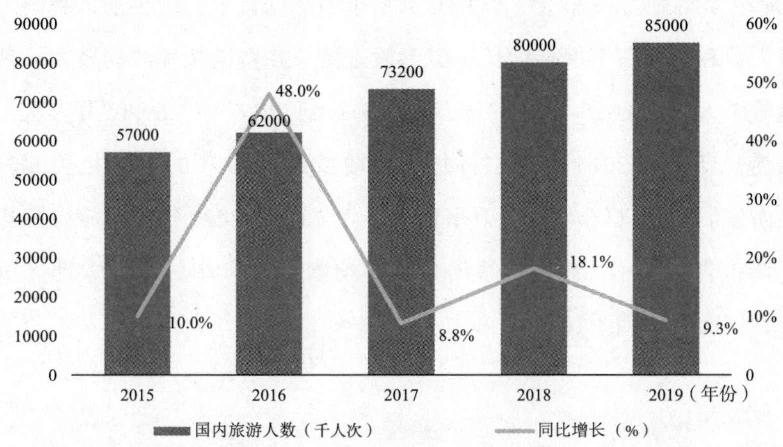


图11　2015—2019年越南国内旅游人数及同比增长情况

数据来源：2015—2018年数据来自世界旅游组织（UNWTO），2019年数据来自越南共产党电子报。

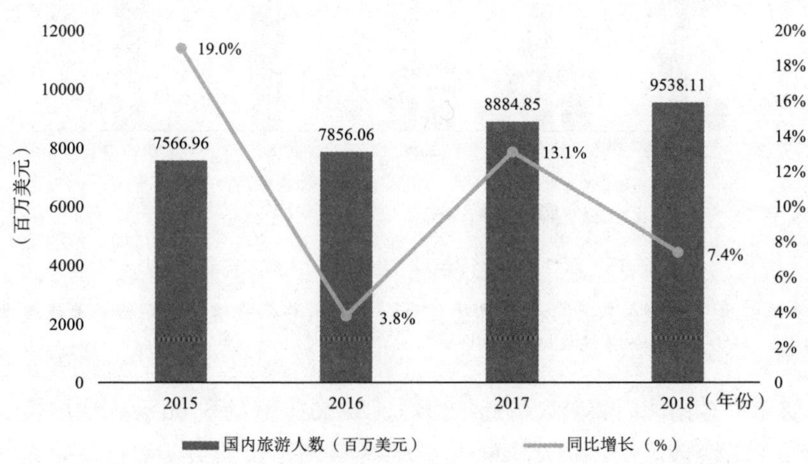


图12　2015—2018年越南国内旅游收入及同比增长情况

数据来源：根据世界旅游业理事会（WTTC）旅游卫星账户系统数据整理。

3. 出境旅游市场

2015—2018 年越南出境旅游人数及总花费如图 13 所示[1]。据越南统计总局和世界旅游业理事会（WTTC）发布的数据显示，近年来，越南出境旅游人数和总花费都保持增长，但出境旅游总花费增长率波动较大。越南出境旅游人数由 2015 年的 49.3 万人次增长到 2017 年的 69.82 万人次，出境旅游总花费从 2015 年的 37.4 亿美元增长到 2019 年的 46.1 亿美元，出境旅游发展前景良好 。据《万事达卡亚太 2016—2021 年出境旅游趋势前景预测报告》显示，越南出境游人数年均增长约 9.5%，在亚太地区位居第二，仅次于缅甸（10.6%）[2]。

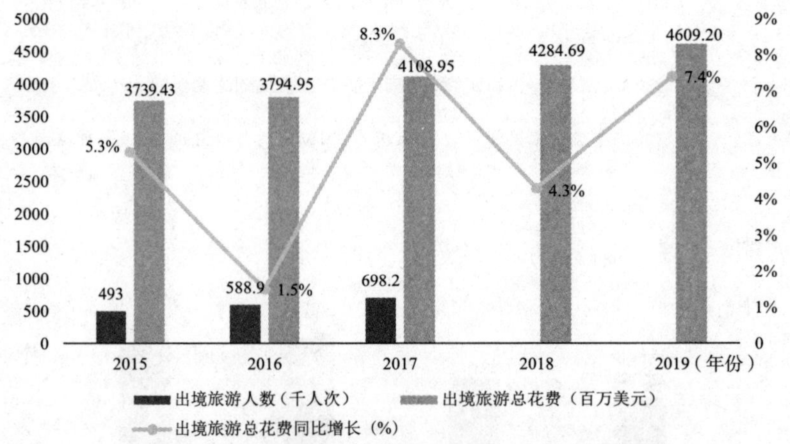


图5-13 2015—2018年越南出境旅游人数及总花费

数据来源：出境旅游人数来自越南统计总局，出境旅游花费根据世界旅游业理事会（WTTC）旅游卫星账户系统数据整理。

1 由于数据统计工作滞后的原因，未能获得2018年、2019年越南出境旅游人数的数据。

2 越南出境游人数增速位居亚太地区第二[EB/OL].https://zh.vietnamplus.vn/越南出境游人数增速位居亚太地区第二/61191.vnp.

## 二、越南旅游发展战略和模式



### （一）对旅游发展的战略定位

近几年，旅游收入占越南 GDP 比重逐年上升，从 2015 的 8.04% 上升至 2018 年的 11.38%。这说明，旅游业在越南经济发展中占据着十分重要的地位。取得这样的成绩，得益于越南政府对旅游发展的高度重视，为旅游发展提供了一系列的政策支持与保障。2011 年，越南政府发布《至 2020 年越南旅游发展战略和 2030 年展望》，计划将旅游业发展成为越南经济发展的关键动力。2017 年，越共中央政治局颁布了将旅游业发展成为经济拳头产业的第 8 号决议[1]。同年，越南总理批准了“1861 号决议”，批准建立旅游发展援助基金[2]。此外，越南国会还表决通过了《旅游法（修正案）》，并于 2018 年 1 月 1 日起生效，为旅游业的发展提供法律框架和营造便利环境。从上述一系列政策措施都可以看出越南对于促进旅游业发展的决心和信心。

### （二）越南旅游区划及发展重点

想要尽可能地发挥旅游业的效益，有效促进旅游业的发展，形成国内区域合力必不可少。因此，越南根据旅游资源的特色及分布，形成了 7 个各具特色的旅游区（见表 4）。

表4　越南七大旅游区

| 地区 | 省市 | 发展重点 |
|---|---|---|
| 北部的内陆和山地地区 | 和平、山罗、奠边、莱州、安沛、富寿、老街、宣光、河江、北干、太原、高平、谅山、北江 | 生态—文化旅游，以多元的少数民族文化为特色 |
| 红河三角洲和东北沿海地区 | 河内、海防、永福、北宁、海阳、兴安、太平、河南、宁平、南定、广宁 | 海上观光、与湿稻文明和当地传统活动相关的文化旅游、城市旅游、会奖旅游 |

1　越南“将旅游业发展成为经济拳头产业”行动计划正式启动. [EB/OL].https://www.sohu.com/a/207514524_806142.

2　越南旅游业持续增长[EB/OL].https://www.vietnam-briefing.com/news/越南旅游业增长vietnamtourismindustrygrow.html.

续表

| 地区 | 省市 | 发展重点 |
| --- | --- | --- |
| 北中部地区 | 清化、义安、河静、广平、广治、承天顺化 | 探索世界文化和自然遗产地、海洋旅游、生态旅游、历史文化探索 |
| 南中部沿海地区 | 岘港、广南、广义、平定、富安、庆和、宁顺、平顺 | 探索遗产、海洋文化和美食的度假旅游 |
| 西原地区 | 昆嵩、嘉莱、多乐、得农、林同 | 生态旅游及探索当地少数民族独特文化的文化旅游 |
| 东南地区 | 胡志明、同奈、平阳、巴地-头顿、平福、西宁 | 城市旅游、会奖旅游、文化历史探索、海洋生态度假旅游 |
| 湄公河三角洲 | 隆安、同塔、安江、坚江、金瓯、薄辽、朔庄、槟知、茶荣、永隆、前江、后江、芹苴 | 生态旅游、河流生活文化、海洋生态度假旅游、会奖旅游 |

资料来源：越南社会主义共和国中央政府门户网站发布的《至2020年越南旅游发展战略和2030年展望》。

## （三）越南旅游业态发展模式

根据越南旅游资源的突出优势和特色，《至 2020 年越南旅游发展战略和 2030 年展望》指出，要优先发展海洋旅游、文化旅游和生态旅游。现在，这三种旅游业态已成为越南旅游发展的亮点，具有较强的旅游吸引力。

1. 海洋旅游

海洋是所有沿海国家旅游发展的重要优势。越南拥有丰富的海洋资源。越南海洋面积为 100 多万平方公里，且拥有长达 3200 多公里的海岸线和超过 3000 座大小岛屿[1]，海岸沿线大小海滩 125 处[2]。为了尽可能发挥越南的海洋旅游资源优势，从国家到地方层面均把海洋旅游作为旅游发展的核心和重点。在国家层面，《至 2020 年越南旅游发展战略和 2030 年展望》将海洋旅游发展视为优先事项，提出“到 2020 年要将海洋旅游打造成为越南海洋经济的一大动力”的总体目标，并提出力争打造与周边各国

1 越南加大推动海洋旅游发展力度[EB/OL].https://zh.vietnamplus.vn/越南加大推动海洋旅游发展力度/54636.vnp.

2 充分发挥越南海域优势扩大国际合作[EB/OL].https://zh.vietnamplus.vn/充分发挥越南海域优势扩大国际合作/39630.vnp.

相比具有竞争力的至少6个国际海洋旅游目的地[1]。在地方层面,《至2020年南中部沿海地区旅游发展总体规划和2030年展望》指出，这一地区的总体目标是挖掘南中部沿海地区的潜力与优势，旨在将海洋岛屿旅游发展成为越南旅游优势。另外,《至2020年越南东南部地区旅游发展总体规划和2030年展望》指出，这一地区将优先发展会议、研讨会旅游及海上度假旅游等产品。在拥有丰富的海洋旅游资源并在相关政策的促进下，海洋旅游已经成为越南具有竞争力的旅游品牌，形成了岘港、下龙湾及芽庄三个海洋旅游中心。

为进一步发挥越南海洋旅游潜力及优势，2018年，越南颁布《至2030年越南海洋经济可持续发展战略和2045年展望》(第36号决议)，提出了促进海洋旅游发展的诸多重要内容。越南政府各部门和各地方多措并举，以落实这一决议要求[2]。

(1)投资新建旅游区。2019年，VinaCapital集团启动迈亚归仁海洋度假区(Maia Quy Nhon Beach Resort)建设项目；同年，平顺省颁布《到2020年富贵岛旅游区发展规划执行计划》，拟将富贵岛建设成为重点旅游区。2019年年初至今，承天顺化省推出了香茶市海阳乡海洋生态旅游区和富禄县禄田乡休闲旅游区两个新的海洋生态旅游项目；头顿市目前正集中精力发展旅游天堂(Paradise)旅游区和亚特兰蒂斯(Atlantis)旅游区。

(2)推进海洋旅游基础设施建设。近年来，越南投资建设了更多可接待五星级邮轮的国际港口。例如，承天顺化省的云脚港、庆和省的金兰港、巴地头顿省的盖梅港、岘港市的仙沙港等[3]。2018年，下龙国际邮

1 2020年越南将打造至少6个国际海洋旅游目的地[EB/OL].https://cn.nhandan.org.vn/tourism/item/1154601--2020年越南将打造至少6个国际海洋旅游目的地.html.

2 越南海洋经济发展情况及未来趋势[EB/OL].https://cari.gxu.edu.cn/info/1354/17758.htm.

3 越南旅游部门多措并举充分挖掘海洋岛屿“金矿”[EB/OL]. https://zh.vietnamplus.vn/越南旅游部门多措并举充分挖掘海洋岛屿“金矿”/89420.vnp.

轮码头（越南首个国际邮轮专用码头）正式投运。2019年，亚洲开发银行与包括义安、广平、广治和承天顺化四个沿海省份在内的越南五省签署了旅游基础设施发展项目（二期）协议。

（3）积极完善客运娱乐一体的水上航运建设。2019年，坚江 Superdong 高速船股份公司正式开通往返富国—南游高速船航线[1]。从2020年1月起，越南天堂集团（Paradise）在下龙湾推出了名为“天堂之帆”的新邮轮服务项目。

（4）加大海洋旅游推广力度。主要举措包括：2019年，举办以“芽庄——海洋的色彩”为主题的国家旅游年等大型活动。同年，越南与抖音（TikTok）公司达成合作协议，并于6月份正式启动名为“你好！越南”的2019—2020年越南旅游推介活动。此外，承天顺化省、岘港市及广南省等沿海省市还积极地在国外开展旅游推介活动。这些举措都为越南海洋旅游的进一步发展起到了有利的助推作用。

2. 文化旅游

越南拥有文化旅游赖以发展的历史遗迹、建筑与设施、人文活动等众多人文旅游资源。越南依托丰富的资源基础，从国家层面到地方层面，均把文化旅游作为旅游发展的重点之一。例如，《至2020年越南旅游发展战略和2030年展望》指出，文化旅游是国家优先发展的旅游业态之一。《至2020年越南北中部地区旅游总体规划和2030年展望》提出，越南北中部地区清化、宜安、河静、广平、广治和承天顺化6个省份要重视发展参观、研究世界遗产和文化历史的旅游形式，优先发展革命历史旅游产品[2]。其中，承天顺化将在顺化古都遗迹的基础上建设成为中央直辖的遗产城

1　富国—南游高速船航线开通，船票价格为成人25万、儿童20万越南元[EB/OL]. https://m.quyazhou.com/yuenan/guide/45599.html.

2　至2020年越南北中部地区旅游总体规划出炉[EB/OL].https://zh.vietnamplus.vn/至2020年越南北中部地区旅游总体规划出炉/33384.vnp.

市，优先开发海上度假旅游和世界文化遗产旅游两大重要旅游产品[1]。此外，越南还通过各种活动来宣传文化保护和文化旅游。例如，2017年，举办了越南广南省遗产节，旨在关注遗产保护和发挥各遗产城市的价值。其他类似的活动还包括：2017年举办的旨在弘扬越南风土人情的"第6届越南遗产摄影大赛"、2018年举办的"越南文化遗产空间展"（旨在弘扬和推介越南特色文化遗产价值）以及2020年举办的以"文化遗产与融入和发展——顺化永保新鲜"为主题的"顺化文化节"。在丰富的文化旅游资源的基础上以及相关政策和宣传营销的促进下，越南的文化旅游发展取得了良好的成效，获得了诸多国际奖项。2019年，越南获得"世界顶级文化遗产目的地奖""亚洲最佳饮食目的地奖""亚洲最佳文化目的地奖""亚洲最佳文化城市目的地奖"（会安市）[2]。

3. 生态旅游

越南旅游协会主席阮文订表示，发展生态旅游、推动经济成长向"绿色成长"的方向转型是越南可持续观光的机会、挑战以及重要目标[3]。越南依托丰富的生态旅游资源，从国家到地方层面，均把生态旅游作为旅游发展的重点之一。例如，《至2020年越南旅游发展战略和2030年展望》指出，生态旅游是国家优先发展的旅游业态之一。并提出将同奈和平阳两省建设为城市生态旅游空间，将平福省和西宁省建设为历史文化和生态旅游发展空间等。越南现已拥有山罗木洲、广平莫溪、槟椥昆凤、广宁万景岛等多个生态旅游区。由于海洋资源是越南生态旅游资源的重要组成部

1 越南政府总理批准系列旅游发展规划[EB/OL].https://zh.vietnamplus.vn/越南政府总理批准系列旅游发展规划/33508.vnp.

2 越南连续第二年蝉联"亚洲最佳旅游目的地奖"[EB/OL].https://zh.vietnamplus.vn/越南连续第二年蝉联亚洲最佳旅游目的地奖/103453.vnp.

3 越南旅游业开始重视生态旅游，关注一次性塑料垃圾[EB/OL].https://www.huanbao-world.com/foreign/108698.html.

分，越南的生态旅游往往和海洋旅游紧密结合在一起。例如，森林与海洋相伴的山茶半岛（越南唯一的森林与海洋相伴的自然生态系统）提出力争到2030年成为越南中部沿海地区乃至全国的生态旅游中心和高端度假区。此外，《加大宣传力度，提高环保意识和责任，推介昆岛生态旅游产品提案》（简称《提案》）提出将昆岛发展成为游客行程中的绿色目的地，还提出应推出许多具有吸引力的生态旅游与环保相结合的线路。例如，热带雨林参观线路、潜水看珊瑚和看海龟产卵的旅游线路等[1]。越南还通过各种活动来宣传生态保护和生态旅游，这类活动包括，2016年举办的“芹苴—丰田生态旅游节”（响应世界旅游日和推广丰田县生态旅游潜力）、2019年由越南旅游协会（VITA）启动的“生态旅游、环保以及限制塑料废弃物”的计划（目前，越南的47个省市旅游协会已采取该项目）。在丰富的生态旅游资源基础上，在相关政策及宣传营销的促进下，越南的生态旅游发展也取得了良好的成效，频获国际大奖。例如，在2018年东盟旅游论坛和国际旅游博览会上，越南承天顺化省荣获“2018—2020年东盟清洁旅游城市奖”，朝圣村度假区荣获“2018—2020年东盟绿色酒店奖”[2]。

4. 其他旅游业态

为推动越南旅游业向多样化方向发展，重视发展高尔夫旅游以及会奖旅游被视为吸引游客的新走向。越南拥有美丽的自然风景且气候十分适宜，游客可全年来越南打高尔夫。当东北亚和欧洲国家下雪导致高尔夫球场瘫痪时，越南中部及南部的高尔夫球场仍然可正常运作[3]。近年来，越南的高尔夫球场系统日益完善。目前，越南全国已建成投运的高尔夫球场

1　努力将越南昆岛发展成为特色的海岛生态旅游[EB/OL].https://cn.nhandan.org.vn/special_news/item/7116001-努力将越南昆岛发展成为特色的海岛生态旅游.html.

2　承天顺化省顺化市被评为东盟清洁旅游城市[EB/OL].https://www.sohu.com/a/220944089_806142.

3　越南高尔夫旅游——“金矿”有待挖掘[EB/OL].https://special.vietnamplus.vn/du-lich-golf.

达 40 个[1]。2019 年，越南荣获“亚洲最佳高尔夫球目的地奖”以及“世界最佳高尔夫球目的地奖”[2]。此外，越南重点城市还努力发展会奖旅游。例如，岘港市鼓励兴建拥有可举办国际会议、研讨会的大型会议室的四星级及五星级酒店，招标、吸引承办重大的国际级会议和活动。广宁省则把会展旅游作为今后的工作重点加快推进，下龙湾珍珠度假酒店、下龙湾温德姆酒店、下龙湾皇家酒店、广宁芒青酒店等一批现代化酒店拥有齐全的设施，拥有足够多的客房和大型会议室，能满足大型团队入住和开展活动。

## 三、越南区域旅游合作

### （一）越南与周边国家旅游合作的主要情况和进展

临近的地理位置不仅为越南与周边国家互为客源市场提供了便利，还为建立和促进旅游合作创造了机会。目前，东盟、“一带一路”合作倡议、“10+3 机制”、中国—东盟自由贸易区、“两廊一圈”[3]及“大湄公河次区域经济合作”（Great Mekong Subregion Cooperation）等合作机制有效促进了越南与周边国家的旅游合作。

近年来，越南与周边国家政府签订的合作协议成为促进旅游合作有效、深入开展的基础和重要政策保障。2015 年，中越两国正式签署《合作保护和开发德天瀑布旅游资源协定》。同年，越南与柬埔寨、老挝、缅甸三国签署双边旅游合作协议。2016 年，东盟十国共同发布《东盟旅游战略规划（2016—2025）》。同年，中越两国签订《关于共同制定陆上基

1　越南高尔夫旅游发展潜力巨大[EB/OL].https://www.sohu.com/a/305063766_120066626.

2　越南首次荣获世界最佳高尔夫球目的地奖[EB/OL].https://zh.vietnamplus.vn/越南首次荣获世界最佳高尔夫球目的地奖/104180.vnp.

3　“昆明—老街—河内—海防—广宁”“南宁—谅山—河内—海防—广宁”经济走廊和环北部湾经济圈。

础设施合作 2016—2020 年规划的谅解备忘录》。2017 年，中越两国签署《中国国家旅游局和越南文化体育旅游部 2017—2019 年旅游合作计划》。2019 年，越南与柬埔寨签署五项合作协议，重点放在加强两国的陆路与海路联通、促进双边贸易、发展旅游业方面。同年，越南和老挝两国就文化、艺术和旅游合作计划（2021—2025 年）的内容达成一致等。在诸多国家层面协议的保障下，越南不断推进与周边国家在多个方面的旅游合作，具体如下。

1. 旅游产品开发和线路组织

越南积极与周边国家开展跨境旅游合作，实现“多个国家一个目的地”的线路连接。同时，越南还开发多元化的旅游产品形式。例如，中越两国共同开发了“两国五市”黄金旅游线路、跨境自驾游和海上旅游航线。柬埔寨、缅甸、泰国和越南四国合作推动南方旅游走廊发展。如今，柬埔寨、泰国和越南之间的跨国旅游线路已正式亮相并补充新旅游景点[1]。2019 年，连接越南清化省关山与老挝华潘省万赛的首条旅游线路正式亮相。连接越南芹苴市和柬埔寨金边的豪华邮轮也在 2019 年正式投入运营。同年，越南坚江省与柬埔寨白马省加强合作，发展通过越南河仙—柬埔寨 Preak Chak 国际口岸和越南江城—柬埔寨 Ton Hon 口岸的旅游线路[2]。此外，越南坚江省还将开发富国往返柬埔寨、泰国和马来西亚等国家的海上旅游线路；越南义安省还将与老挝的旅游企业合作设计义安—万象—川圹—琅勃拉邦、义安—博利坎赛—甘蒙等的旅游线路[3]。

1　柬缅泰越四国合作推动南方旅游走廊发展[EB/OL].https://cn.nhandan.com.vn/tourism/item/ 7199701-柬缅泰越四国合作推动南方旅游走廊发展.html.

2　越南坚江省与柬埔寨白马省加强合作[EB/OL].https://zh.vietnamplus.vn/越南坚江省与柬埔寨白马省加强合作/102030.vnp.

3　越南义安河与老挝加强贸易旅游促进活动[EB/OL].https://www.ccpit.org/Contents/Channel_4114/2019/1120/1222001/content_1222001.htm.

2. 旅游市场管理

越南与周边国家共同加强旅游监管合作，联手维护旅游市场秩序。例如，2019年，老挝南部四省与越南中部和南部各省领导同旅游企业召开会议，一致同意对双方各旅游接待单位的服务质量进行监督检查[1]。2019年，在广西东兴举行了中国广西与越南广宁旅游市场监管合作交流活动，以促进中越双方互动协作，整顿旅游市场违规违法现象，实现双方旅游市场的健康有序发展[2]。

3. 互联互通和旅游服务

越南积极与周边国家实现互联互通和旅游服务。例如，除了柬埔寨、老挝和越南签署的《三个经济体互联互通行动计划》外，越南与柬埔寨两国还签署了《至2030年柬越两个经济体互联互通共同协议框架》《至2025年和远期展望至2030年柬越交通运输战略备忘录》。2017年，横跨越南安江省—柬埔寨甘丹省的隆平的Chrey Thom桥梁正式竣工通车；同年，越南嘉莱省德基县丽清—柬埔寨腊塔纳基里省奥亚道（Oyadav）国际口岸正式通车[3]。越南和柬埔寨两国还正在建造一个连接西哈努克（柬埔寨贡布省）和富国（越南坚江省）的国际海港[4]。近年来，各航空公司还陆续开通了越南与中国澳门、台湾、成都、昆明、上海等地，与泰国芭堤雅、曼谷、清迈等地以及与印度尼西亚巴厘岛等城市的空运直达航线。在合作完善旅游服务方面，越南和中国、越南和老挝双方还正在积极沟通协商以达成共识，将简化入境手续，促进人员通关便利化。

1 越老加强旅游合作[EB/OL].https://zh.vietnamplus.vn/越老加强旅游合作/103276.amp.

2 中国广西与越南广宁旅游市场监管合作交流活动举办[EB/OL].https://www.ctnews.com.cn/art/2019/11/7/art_508_55143.html.

3 越南与柬埔寨关系日益深入务实、有效发展[EB/OL].https://vietnam.vnanet.vn/chinese/越南与柬埔寨关系日益深入务实、有效发展/397517.html.

4 Viet Nam hosts the 6th Meeting of GMS Southern Tourism Corridor[EB/OL].https://vietnamtourism.gov.vn/english/index.php/items/14128.

4. 旅游宣传营销

越南在以下两个方面推进与周边国家的旅游宣传营销合作。一方面，越南与周边国家联合进行区域旅游宣传推广。例如，自2015年起，柬埔寨、缅甸、泰国和越南四国联合开展宣传推介工作[1]。中国广西东兴市与越南广宁省芒街市每年轮流举办“越中国际商贸·旅游博览会”[2]，宣传推介中越两国有特色、有吸引力、有潜力的旅游产品和旅游线路。2019年，双方还在博览会期间举行了“两国五市”旅游宣传推介和招商引资论坛[3]。另一方面，越南还与周边国家互相在对方重点城市共同举办推介会。例如，近年来，越南分别在中国郑州、辽宁、成都、重庆、深圳、台湾等地，老挝万象，柬埔寨金边，泰国曼谷、乌隆府，印度尼西亚巴厘岛、雅加达，马来西亚吉隆坡和菲律宾等地进行旅游推介。中国、印度尼西亚、柬埔寨及马来西亚等国也积极在越南的胡志明市、河内和广宁等地开展旅游宣传推介活动。

5. 旅游人才培养

旅游人才培养也是越南加强与周边国家旅游合作的主要举措之一。2015年，越南与柬埔寨、老挝、缅甸三国签署双边旅游合作协议[4]。其中，人力资源的开发是协议内容之一。此外，近几年来，越南与周边国家的旅游人力资源培训合作则主要集中在中越两国，主要包括中国广西东兴—越南联合开展的跨境旅游培训、中国—东盟旅游人才培训基地、中国桂林旅游学院从2019年开始实施的针对越南边境四省的旅游人才培养项目、“澜

1　柬缅泰越四国合作推动南方旅游走廊发展[EB/OL].https://zh.vietnamplus.vn/柬缅泰越四国合作推动南方旅游走廊发展/100842.vnp.

2　2019越中国际商贸 · 旅游博览会在越南芒街开幕[EB/OL].https://www.gxzf.gov.cn/41326/yw/20191202-781488.shtml.

3　加强越南与中国五个城市旅游线路的对接[EB/OL].https://zh.vietnamplus.vn/加强越南与中国五个城市旅游线路的对接/105622.vnp.

4　越南与柬埔寨、老挝、缅甸三国签署双边旅游合作协议[EB/OL].https://cn.nhandan.org.vn/hotnews/item/3445101-越南与柬埔寨、老挝、缅甸三国签署双边旅游合作协议.html.

湄旅游领导力项目”以及同年中国福建、四川等省区分别与越南签署的旅游合作协议（协议内容涉及人力资源的培训和发展合作等）。

从上述内容可以看出，越南与周边国家在旅游产品开发和线路组织、旅游宣传营销、旅游市场管理、旅游人才培养等方面的合作进展情况良好，旅游合作地域范围（对象）也从边境城市逐步拓展到其他城市。

## （二）与主要国家的边境旅游合作

随着越南与周边国家旅游合作的持续推进，旅游合作的地域范围（对象）也从边境城市逐步拓展到其他城市。但是，不能忽视的是，越南与周边国家的边境旅游合作仍然是旅游合作的核心和焦点且以中越两国的合作为主体。下文将主要介绍越南与中国广西、云南的边境旅游合作。

### 1. 与中国广西的边境旅游合作

近年来，越南与中国广西的边境旅游合作进展顺利，成效显著。为进一步加强中国广西与越南广宁省的旅游交流与合作，促进双边关系健康、稳定地发展，双方于2016年签订了《边境旅游合作备忘录》和《旅游监管合作备忘录的补充协议》。越南与中国广西双方经常为探讨制定边境旅游活动管理机制、政策保持紧密联络及举办专题座谈会，通过友好磋商解决边境旅游管理活动中的相关问题。此外，双方还每年轮流主办“中国东兴—越南芒街商贸旅游博览会”和产品展销、商贸旅游研讨会、旅游合作论坛等系列活动，吸引众多边民、游客和客商踊跃参加。双方旅游合作最为令人瞩目的方面当数跨境旅游合作区的建立以及边境旅游合作发展新模式的开创，具体阐述如下。

（1）建立跨境旅游合作区。越南与中国广西联合推动建设中越德天—板约瀑布跨境旅游合作区、中国东兴—越南芒街跨境旅游合作区、中越友谊关—友谊国际旅游合作区、公母山跨境风情国际旅游合作区、中国靖西龙邦—越南茶岭国际旅游合作区、中国靖西孟麻—越南北坡红色旅游区等的建设。其中，自2015年两国政府签署《关于合作保护和开发德天—板约旅游资源的协定》以来，中越德天—板约瀑布跨境旅游合作区的建设稳步推进。目前，中越硕龙—里板口岸已升格为一类国际口岸，合作区内的越南高平省正大力新建交通系统（包括连接首都河内的国道），还同时积极与广西开展实景表演、漂流等方面的旅游合作[1]。

（2）开创边境旅游合作发展新模式。越南芒街和中国东兴开创了中越两国发展“两国一城”全域旅游的“六联合”模式[2]：第一，联合打造跨境旅游精品线路。具体包括：建立中国东兴、桂林与越南芒街、下龙旅游线路拓展机制，联合打造“中越边关风情游”、（越南广宁）下龙—芒街—（中国广西）东兴—桂林“两国四地游”等黄金旅游线路。2019 年，该线路扩展为“两国五市”（加入内蒙古满洲里）[3]。此外，双方联合打造了中越跨境自驾游线路，常态化开通了中越跨境自驾游。第二，联合跨境旅游拳头产品。具体包括：共享中越陆地界河（北仑河）水面和海上国界（北仑河入海口）水面，联合打造国际化、个性化、差异化、品牌化的旅游拳头产品，齐力推进北仑河口景区（跨国生态湿地公园）、中国东盟自驾车总部基地、京岛风景名胜区、国门景区等一批中越跨境旅游合作区建设项目。第三，联合开展跨境旅游宣传推广。具体包括：建立健全中国东兴与越南芒街会晤机制、旅游信息互通机制，双方多次互致交流函，定期举行工作会晤，在加强旅游宣传推广工作上达成共识。第四，联合开展跨境旅游领域市场执法。具体包括：中越双方每年定期开展联合旅游执法行动，对欺诈、违约行为展开联合整治，共同推动跨境联合执法的常态化。第五，联合做好跨境旅游演艺交流。具体包括：推进界河对歌、京族独

1　中越联手推进跨境旅游合作区建设[EB/OL].https://www.chinanews.com/gn/2019/09-17/8958463.shtml.

2　边境旅游新试点，东兴—越南跨境旅游“六联合”[EB/OL].https://www.81.cn/gnxw/2018-10/24/content_9321922_2.htm.

3　中越两国五市共同签署黄金旅游线路合作备忘录[EB/OL].https://www.yidaiyilu.gov.cn/xwzx/roll/111647.htm.

弦琴、国乐古筝等中越特色演艺交流，实现大型旅游演艺精品《百鸟衣》《秘境·东南亚》常态化演出。此外，双方还正努力联合打造中越歌会，着力增强文化旅游市场吸引力。第六，联合开展跨境旅游培训。具体包括：达成了越南芒街与中国东兴旅游人才培养交流合作共识，交叉输送旅游从业人员到旅游行政管理部门、旅游企业进行学习培训。

2. 与中国云南的边境旅游合作

与越南和中国广西的边境旅游合作相比，越南与中国云南的边境旅游合作进展及成效相对缓慢。 近年来，双方较为显著的合作进展如下。第一，从 2017 年起，越南老街和云南河口轮流举办“中国河口—越南老街跨境文化旅游节”“中越春节联欢晚会”和中越国际自行车赛等，致力于促进河口与老街文化旅游和体育赛事的品牌化，共同促进跨境旅游线路营销和提升旅游目的地的吸引力[1]。第二，2018 年，中国云南昆明—越南老街沙巴不定期国际旅客运输线路正式开通[2]。第三，2019 年，越南老街与云南红河州签署“两国六个目的地”旅游产品开发备忘录，支持开发“昆明—红河（中国云南）—老街（沙巴）—河内—海防—广宁”两国六个目的地旅游产品。双方还将促进在越南老街—中国河口的跨境旅游合作区建设、规范旅游市场秩序、旅游宣传推广、旅游资源开发和保护等方面的合作[3]。

1　中国河口与越南老街共同打造知名旅游目的地[EB/OL].https://www.ynta.gov.cn/Item/29649.aspx.

2　华侨城推进澜湄旅游合作[EB/OL].https://yn.people.com.cn/n2/2018/1123/c378439-32321813.html.

3　红河州文旅局与越南老街省文体旅厅共同签署“两国六个目的地”旅游产品开发备忘录[EB/OL].https://www.ynta.gov.cn/Item/43435.aspx.

## 四、越南旅游发展的SWOT分析

### （一）优势

1. 旅游资源丰富，发展基础坚实

越南旅游资源禀赋良好。如前所述，在旅游资源方面，越南位居世界经济论坛（WEF）发布的《2019 年旅游业竞争力报告》排名的第 26[1]。在自然旅游资源方面，越南的丘陵地貌铸就了国内为数众多的国家森林公园、地质公园和山地风景名胜区。越南的水体景观资源造就了众多河流观光项目、湖泊观光胜地以及多种滨海景观。越南物种多样性的优势塑造了自身发展生态旅游的潜力。在人文旅游资源方面，越南拥有的 11 种文化资源被联合国教科文组织列入人类非物质文化遗产代表作名录，4 种被纳入世界级历史材料遗产，8 个遗产地被纳入世界遗产清单，且是东南亚地区唯一拥有世界自然和文化双遗产的国家。

2. 地缘优势明显，客源市场广阔

越南是东盟国家中唯一与中国海陆相连的国家[2]。与中国独特的地缘优势使越南收获了中国这一旅游消费强劲的客源市场。2015—2019 年，中国始终是越南最大的客源市场。越南东部港口众多，是与中国大陆、中国台湾、菲律宾、印度尼西亚、马来西亚等十多个国家和地区的贸易基地，也是到新加坡、中国香港、中国台湾的货物船舶暂停的理想地区。同时，也是大量国际游客停留和进行旅游活动的消费之所。越南城市岘港是缅甸、泰国、老挝、越南四国经济交流的核心，有利于建立四国旅游合作联盟，吸引来自曼谷、芭堤雅等地区的游客前来越南旅游[3]。

1 The Travel & Tourism Competitiveness Report 2019[R/OL]. https://www3.weforum.org/docs/WEF_TTCR_2019.pdf.

2 潘金娥.越南以疑虑眼光审视“一带一路”[J].社会观察，2015（12）：16-17.

3 陈元德. 越南旅游业SWOT分析以及开发对策[D]. 对外经济贸易大学，2016.

3. 政府充分重视，政策支持有力

越南政府将旅游业定位为国民经济的支柱和尖端产业。2011 年，越南政府颁布的《至 2020 年越南旅游发展战略和 2030 年展望》提出，要将旅游业发展成为越南的关键经济部门，扩大它在国内生产总值（GDP）中的占比，为社会经济发展创造动力[1]。2016 年，越南政府以会议形式向全国各地方传达“推动旅游业发展成为越南经济支柱产业”的目标和精神。2017 年，越共中央政治局颁布了将旅游业发展成为经济拳头产业的第 8 号决议[2]。同年,越南总理批准了第 1861 / QD-TTg 号决议（“1861 号决议”），旨在落实《至 2020 年越南旅游发展战略和 2030 年展望》中的推广主要旅游目的地和建设交通基础设施的建议。“1861 号决议”批准越南政府建立一个 3000 亿越南盾的旅游发展援助基金，用于旅游营销活动的开展和建设计划的实施。除了成立基金以外，越南政府还放宽现有的政策，允许来自中国、日本、韩国、美国和英国等在内的 46 个国家的游客办理电子签证，停留期限不超过 30 天，试办期限延长至 2021 年[3]。2017 年，第十四届国会常委会第三次会议上表决通过《旅游法（修正案）》，为旅游业发展成为全国尖端产业提供法律框架，营造了便利环境[4]。2018 年，第十二届八中全会关于《至 2030 年越南海洋经济可持续发展战略和 2045 年展望》的决议（“第 36 号决议”）将旅游视为海洋经济的主要产业，同

1 Strategy on Viet Nam's tourism development until 2020， vision to 2030[R/OL]. https://www.chinhphu.vn/portal/page/portal/English/strategies/strategiesdetails?categoryId=30&articleId=10051267.

2 越南“将旅游业发展成为经济拳头产业”行动计划正式启动[EB/OL].https://www.sohu.com/a/207514524_806142.

3 越南旅游业持续增长[EB/OL].https://www.vietnam-briefing.com/news/越南旅游业增长vietnamtourismindustrygrow.html/.

4 越南旅游业有望突破发展[EB/OL].https://zh.vietnamplus.vn/越南旅游业有望突破发展/68502.vnp.

时提出了促进海洋旅游发展的诸多重要内容[1]。越南政府为刺激旅游业发展采取的多项强有力的措施，促使旅游业正成为越南经济发展中日益重要的支柱产业之一[2]。

4. 经济发展稳定，发展环境良好

近年来，越南经济发展飞速。2019 年，在全球和地区战略竞争加剧的背景下，越南 GDP 增长率仍达到 7.03%，货物出口超过 2630 亿美元，比 2018 年增长 8.1%，国内企业的出口增长了 17.7%，远高于外商直接投资（FDI）领域 4.2% 的增长率；贸易顺差达到 99 亿美元，达到 2016 年以来最高；在全球竞争指数排行榜上，越南从 2018 年的第 77 位升至第 67 位，上升了 10 位。越南还被评价为 2019 年全球竞争力指数排名进步最大的国家。这是越南首次在全球 141 个经济体的竞争力综合排名中跻身中上水平。这意味着，越南经济体具有较强的全球竞争力。同时，越南 GDP 的高速增长伴随着宏观经济的稳定。2019 年，通货膨胀仅增加了 2.79%，外汇储备继续增加至近 800 亿美元，公共债务比率急剧下降至 GDP 的 55%。越南经济增长背景下，居民收入持续增加，达到人均每年近 2800 美元，贫困家庭比例降至 1.45%[3]。越南人民旅游需求保持强劲增长，国内旅游发展态势好。同时，经济增长为完善旅游设施、开发旅游资源提供资金支持，有利于旅游业长远发展。

5. 旅游奖项频获，知名程度上升

世界上许多知名旅游网站和杂志给予越南好评，使得越南在国际旅游市场名气逐渐上升。英国旅游指南 Rough Guides 将越南列为“2016 年十大最具吸引力旅游国家”之一。美国著名旅游网站 Thrillist 公布的“东

1　越南海洋经济发展情况及未来趋势[EB/OL].https://cari.gxu.edu.cn/info/1354/17758.htm.

2　蓝瑶.越南旅游业发展现状及其竞争力分析[J].旅游纵览（下半月），2017（3）：106-108.

3　越南经济2019年亮点不断，2020年任重道远[EB/OL]. https://www.caexpo.org/index.php?a=show&c=index&catid=120&id=239316&m=content.

南亚值得一游的旅游目的地”将越南列入其中。悦游全球旅行网（Conde Nast Traveler）将越南评选为“全球最受游客青睐的20个国家”之一。英国Telegraph盛赞越南是“最值得一去的世界20个旅游目的地”之一。汇丰集团（HSBC）发表的一项研究显示，在2019年最适合居住国中，越南排名第十。美国旅游批发商协会（USTOA）将越南列为“2019年世界十大最佳旅游目的地”之一。2019年，越南获得多项国际性大奖，如“世界顶级文化遗产目的地奖”“亚洲最佳旅游目的地奖”“亚洲最佳饮食目的地奖”“亚洲最佳文化目的地奖”等。在“2019年东盟旅游奖”颁布仪式上，越南获得社区旅游、农家乐旅游、SPA服务和公共厕所四个领域的15个奖项[1]。

6. 旅游环境安全，游客旅游放心

《2019年旅游业竞争力报告》显示，越南旅游安全得分为5.6，高于东南亚地区平均得分5.3，在东南亚国家中排名第四[2]。越南社会治安总体状况良好，没有恐怖袭击事件发生。越南法律不允许居民私自持有枪支弹药。2019年11月4日，越南公安部部长苏林强调2020年的工作重点是“良好掌握、分析、预测国际和地区局势，及时提出维护国家安全、和平稳定环境的主张和方案，助力发展经济社会；保障国家重大事件，尤其是面向越共十三大的各级党代会、越南担任2020年东盟轮值主席期间举办的外交事件的绝对安全”[3]。

1　2019年东盟旅游论坛：越南获得15项东盟旅游奖[EB/OL]. https://zh.vietnamplus.vn/2019年东盟旅游论坛越南获得15项东盟旅游奖/91059.vnp.

2　The Travel & Tourism Competitiveness Report 2019[R/OL].https://www3.weforum.org/docs/WEF_TTCR_2019.pdf.

3　越南公安部部长苏林：维护政治稳定，牢牢维护国家安全和社会秩序[EB/OL].https://vovworld.vn/zh-CN/新闻/越南公安部部长苏林维护政治稳定牢牢维护国家安全和社会秩序-798529.vov.

### （二）劣势

1. 资源开发不足，旅游产品单一

在当前世界旅游发展的新趋势下，越南虽然具有丰富的旅游资源，但旅游产品仍主要为观光、休闲、庙会和宗教旅游等传统旅游产品类型。各地旅游产品并不丰富多样，文化、海岛和生态旅游等特色产品的品种较少，并没有把每个地方的潜力和优势充分发挥出来，未完全形成越南本土旅游品牌。在联动产业方面，旅游拓展产业（包括娱乐、体育等活动）不能满足游客深度游的需求，在延长游客逗留时间和增加游客消费方面不具备显著优势[1]。越南旅游部门还应注重发展现代旅游类产品,以满足游客的需求[2]。

2. 基础设施落后，满足需求乏力

在政府政策与资金的大力支持下，越南基础设施有所发展，但还无法满足游客日益增长的旅游需求，尤其是入境游客的旅游需求更趋多样化。据《全球基础设施建设展望》报告显示，为实现2040年各项基础设施建设目标，越南的基础设施投资需求超过6000亿美元[3]。2019年,《越南发展报告》指出，越南全国交通基础设施存在不均衡发展，各大口岸货物拥堵现象严重，供需失衡严重[4]。据《2019年旅游业竞争力报告》显示，越南空运基础设施得分仅为3.4，低于东南亚国家平均得分（3.7）；地面及港口基础设施得分为3.0，低于东南亚国家平均得分（3.6）[5]。

1　蓝瑶.越南旅游业发展现状及其竞争力分析[J].旅游纵览（下半月），2017（3）：106-108.

2　越南成为全球旅游增长最快的十个国家之一[EB/OL].https://cn.nhandan.com.vn/tourism/item/7219001-越南成为全球旅游增长最快的十个国家之一.html.

3　2019年度越南企业中期论坛：尽快完善基础设施体系，满足发展需求[EB/OL].https://www.ccpit.org/Contents/Channel_4114/2019/0627/1181797/content_1181797.htm.

4　世行发布2019年越南发展报告[EB/OL].https://www.vietchina.org/ssxw/12371.html.

5　The Travel & Tourism Competitiveness Report 2019[R/OL]. https://www3.weforum.org/docs/WEF_TTCR_2019.pdf.

越南旅游业起步较晚，政府在旅游发展中把投资重点放在资源开发和市场开拓上，对旅游服务基础设施关注程度还不够。越南旅游服务基础设施的发展还需要长期的投资和建设。《2019 年旅游业竞争力报告》显示，越南旅游服务基础设施得分仅为 2.8，在东南亚国家中排名最末。近年来，越南的旅游住宿设施发展规模尚小，各地区在高档住宿设施（虽然近年来发展迅速）方面存在很大的差距。在高峰期，胡志明市和河内的酒店几乎全部客满，岘港和富国岛等新的旅游目的地的酒店数量也有限，无法满足越来越多的游客需求[1]。酒店、银行、租车等服务性基础设施建设也稍显滞后，无法让游客有良好的旅游消费体验[2]。

3. 人力资源不足，服务能力有限

越南还尚未建成系统化和专业化的高端人才培训体系，旅游领域技能和专业劳动力短缺。目前，越南全国共有旅游从业人员 130 万人。其中，接受过旅游专业培训的劳动力占 42%，从其他行业转向旅游业的劳动力占 38%，约 20% 没有接受培训。旅游行业中，会讲外语的劳动力约占 60%；其中，英语占 41%，汉语占 5%，法语占 4%。然而，精通外语的劳动力占比较低，仅约 15%[3]。根据《2019 年旅游业竞争力报告》发布的数据，越南的人力资源及劳动力市场得分为 4.8，低于东南亚国家平均得分（4.9）[4]。人力资源开发不足，缺失掌握外语、信息技术、沟通技巧的专门从业人员，将影响越南旅游业的长期发展[5]。

1 越南旅游业持续增长[EB/OL].https://www.vietnam-briefing.com/news/越南旅游业增长vietnamtourismindustrygrow.html/.

2 蓝瑶.越南旅游业发展现状及其竞争力分析[J].旅游纵览（下半月），2017（3）：106-108.

3 越南成为全球旅游增长最快的十个国家之一[EB/OL]. https://cn.nhandan.com.vn/tourism/item/7219001-越南成为全球旅游增长最快的十个国家之一.html.

4 The Travel & Tourism Competitiveness Report 2019[R/OL].https://www3.weforum.org/docs/WEF_TTCR_2019.pdf.

5 同2。

4. 市场规范缺乏，旅游形象受损

越南旅游市场没有科学、系统、严格的管理和监督机制，政策法规还存在透明度低、随意性强等弊端，旅游市场不规范、管理较为混乱。越南旅游市场不规范主要表现为：旅行社进行低价竞争，提供质量差的旅游产品和服务；一些不法分子非法经营，从中牟取暴利，强买强卖、欺诈游客、乱收费等。“人民网旅游投诉平台”上接到的有关导游推销、诱导游客购买产品的投诉中，泰国、越南成为“重灾区”[1]。中国公民在越南出入境时被强制收取小费的情况也并不少见。例如，2017 年 2 月 7 日，3 名中国公民经过越南芒街口岸回国时，被越南边检人员索要小费。其中，一名男性公民被越南边防人员殴打[2]。这些新闻在中国都引起了轩然大波，极大地破坏了越南的旅游形象。

5. 形象建设不佳，吸引力受制约

目前，越南旅游发展的另一大劣势是旅游形象建设投入不够。据越南旅游行政主管部门统计数据显示，每年越南投入国家旅游景点宣介工作的资金仅为 200 万美元，而东盟其他国家每年投入该活动的资金为 8000 万美元至 1 亿美元。除此之外，越南没有重视国外旅游办公室的建设。泰国拥有大量国外旅游办公室，分布在重要客源地，每个客源地都有适合地区旅游特征的长期的推广方案。国外旅游办公室的设立为泰国吸引了大量游客[3]。

越南国家旅游形象传播效果不佳。目前，关于越南旅游传播的网站很多，但大部分传播内容都比较笼统，未具体凸显每个地区的旅游优势，而

1　泰国、越南成为境外游投诉“重灾区”[EB/OL]. https://baijiahao.baidu.com/s?id=1603024366440039300&wfr=spider&for=pc.

2　中国公民遭越南边防人员殴打，称因被索要小费[EB/OL].https://www.sohu.com/a/126273950_115496.

3　陈元德. 越南旅游业SWOT分析以及开发对策[D]. 对外经济贸易大学，2016.

且旅游信息传播的质量问题较为严重。例如，虽然有关越南旅游的网站在数量上跟其他国家的类似网站相差无几，但是存在内容单薄、形式单调、新闻传播杂乱等质量问题。这些状况给越南的国家旅游形象传播带来了较大的负面影响。另外，管理机构、旅游公司的传播网站，尤其是地方机构的官方网站页面普遍缺乏吸引力和便利性，且旅游浏览信息量很少，基本上只是停留在旅游地址介绍、旅游活动推荐等方面，而且内容和图片杂乱且单调；关于企业简介信息，大部分也只是越南语；简介纪录片的内容也只是纯粹地介绍旅游目的地，没有足够的能力担任更多的传播角色。因此，越南旅游传播还没有突破性的发展，未能给国际大型旅游公司留下深刻的印象，未能给越南旅游业将来的发展打下牢固的基础。国际游客对越南旅游（网站）信息质量的评价还很低，对越南旅游的传播标语和标志形象还较为陌生，甚至只有少数国际游客了解越南国家旅游局官网。总而言之，越南旅游传播工作的效果还没有受到国际公众的认可，传播效果欠佳[1]。

### （三）机遇

1. 全球需求旺盛，旅游市场广阔

旅游日益成为人们生活中不可或缺的一部分。根据世界旅游城市联合会（WTCF）和中国社会科学院旅游研究中心共同发布的《世界旅游经济趋势报告（2020）》显示，2019年，全球旅游总人数（包括国内旅游人数和出入境旅游人数）为123.1亿人次，同比增长4.6%；全球旅游总收入为5.8万亿美元，相当于全球GDP的6.7%，同比下降0.1%。总体来看，虽然全球经济增长趋缓，但人们对旅游的需求仍保持着较高热度[2]。在这样的市场需求背景下，越南旅游业发展的潜力巨大。世界旅游组织（UNWTO）及很多著名的旅游专家认为，越南是21世纪最具有吸引力的

1 阮氏秋玄.越南旅游传播形象研究[D]. 黑龙江大学，2017.

2 《世界旅游经济趋势报告（2020）》在京发布[EB/OL].https://baijiahao.baidu.com/s?id=1655228324199211305&wfr=spider&for=pc.

旅游地区之一[1]。

2. 新兴市场发展，助推潜力凸显

为推动越南旅游业向多样化方向发展，越南逐渐重视高尔夫旅游等高端旅游业态的发展。根据越南国内高尔夫球管理单位的数据，来越南打高尔夫球的人数在越南国际游客中占较高的比例。主要原因有：越南气候适宜，越南中部及南部的高尔夫球场在冬季仍然正常运作；越南高尔夫球场不仅品质高，而且景色优美，十分吸引国际高尔夫游客（球手）[2]。近年来，各大型旅游区也在注重开发高尔夫球场系统，在越南各方的共同努力下，高尔夫旅游取得了良好的发展成效。例如，在 2019 年 10 月 29 日于阿联酋举行的“第六次世界高尔夫球奖”颁奖仪式上，越南荣获“亚洲最佳高尔夫球目的地”以及“世界最佳高尔夫球目的地”两项奖项[3]。由此可见，越南高尔夫旅游具有巨大的发展潜力。

此外，越南还努力发展会奖旅游。例如，胡志明市拥有便利的经营投资环境，时常被国际商人选择为举办国际会议和研讨会的地点。岘港市也鼓励兴建拥有可举办国际会议、研讨会的大型会议室的四星级、五星级标准酒店，招标、吸引承办重大国际会议和活动。此外，基础设施日益现代化的广宁省也把会展旅游作为今后的工作重点加快推进，且目前具备较大的会议接待能力。例如，下龙湾珍珠度假酒店、下龙湾温德姆酒店等一批现代化酒店有齐全的会议设施，能满足大型会议团队入住和开展交流活动。

3. 区域合作多元，发展成果共享

东盟、“一带一路”合作倡议、“10+3 机制”、中国—东盟自由贸易

1　陈元德. 越南旅游业SWOT分析以及开发对策[D]. 对外经济贸易大学，2016.

2　越南高尔夫旅游——“金矿”有待挖掘[EB/OL].https://special.vietnamplus.vn/du-lich-golf.

3　越南首次荣获世界最佳高尔夫球目的地奖[EB/OL].https://zh.vietnamplus.vn/越南首次荣获世界最佳高尔夫球目的地奖/104180.vnp.

区、“两廊一圈”及“大湄公河次区域经济合作”等合作机制有效促进了越南与周边国家的旅游合作。近年来，中越交流往来不断深入，双方签订了一系列合作协议以大力推进跨境旅游合作。与此同时，越南与老挝不断加强文化、体育和旅游领域的合作，开展贸易和旅游促进活动。越南和柬埔寨签订合作协议，加强两国的陆路与海路联通、促进双边贸易、推广旅游项目、发展旅游业，双方关系逐渐进入务实、有效的发展阶段。例如，2019年，越南召开拟定柬埔寨—老挝—越南“发展三角区”旅游发展计划的研讨会，旨在充分开发三国的旅游潜力，形成旅游线路、旅游目的地，促进“发展三角区”经济社会发展[1]。在国家层面协议的保障下，越南与周边国家的旅游合作不断推进，旅游合作也从边境旅游逐步拓展到更广范围的合作。

（四）威胁

1. 全球经济放缓，旅游或受冲击

在全球经济增长缓慢的背景下，不少国家的游客倾向于减少消费，消费水平随之降低。不少西方游客尽量限制远程旅游，从而会导致越南在欧洲、美洲的旅游市场份额大幅度降低。同时，随着经济发展、劳动力工资上升、旅游产品升级换代等，越南旅游产品的价格也随之升高，一定程度上减少了来访的游客数量。在全球经济放缓的大背景下，越南旅游业发展也会受到一定冲击，面临着较大的挑战。

2. 突发事件影响，旅游业遭受波及

公共卫生紧急事件、自然灾害等突发事件的暴发对旅游业影响巨大。例如，2020年1月暴发的新冠肺炎疫情至今已在全球多个国家蔓延，造成了全球旅游业的几乎“停顿”。据预计，越南旅游发展速度将会趋缓，

1　柬老越加强旅游产业合作资源对接，实现互利共赢[EB/OL].https://cn.qdnd.vn/cid-7180/7200/nid-561917.html.

甚至会形成零增长或者负增长的发展态势。此外，越南还是受洪水、干旱以及海水入侵等自然灾害影响最为严重的国家之一。这些自然灾害不仅影响越南旅游业的发展，还对越南人民的正常生产、生活造成极大负面影响。

3. 竞争对手强劲，竞争优势不足

越南旅游业的发展面临着与周边国家的激烈竞争。据《2019 年旅游业竞争力报告》所披露的信息，越南旅游竞争力在全球排名第 63，在所有东南亚国家中排第 5，前面依次是新加坡、马来西亚、泰国、印度尼西亚（这些国家也都是东盟成员）。特别需要注意的是，新加坡旅游业发展成熟，在商业环境、旅游安全、健康卫生、人力资源及劳动力市场、信息和通信技术准备、国际化开放度、交通基础设施等多个方面在东盟乃至整个东南亚地区占据优势。马来西亚在上述指标方面具备的优势程度仅次于新加坡，且占据价格优势。泰国在空运基础设施方面仅次于新加坡，在旅游服务基础设施、自然资源方面占据优势。印度尼西亚占有一定的价格优势，自然资源优势仅次于泰国，且在人文资源及商务旅行方面占据优势。相较于这些国家，越南旅游业在商务环境、人力资源及劳动力市场、信息和通信技术准备、国际化开放度、基础设施等方面的竞争力还较弱，需要政府的大力支持和其他各方的更多努力[1]。

4. 信息通信发展缓慢，竞争能力有限

信息通信技术（ICT）的发展不仅对人类生活产生影响，更对信息有很强依赖性的旅游业影响巨大。ICT 的发展对旅游供给和需求、旅游业经营模式、旅游价值链发展产生影响，能促进旅游电子商务的构建。越南在全球 ICT 竞争中处于劣势。2019 年，在全球联接指数（GCI）排名中，

1 The Travel & Tourism Competitiveness Report 2019[R/OL].https://www3.weforum.org/docs/WEF_TTCR_2019.pdf.

越南位居第57（共79个国家纳入排名），尚处在ICT基础设施发展的早期，大部分指标得分低于全球平均分。目前，越南主要将互联网用于一些基本用途。例如，企业邮件和个人信息搜索。在现有的互联网空间中，内容的缺乏和信息的碎片化成为越南进入互联网新阶段的障碍[1]。

5. 越南严重挑衅中国，中国市场热情受挫

近年来，越南频频严重挑衅中国，从而导致中国游客赴越南旅游热情受挫、市场遇冷。例如，2014年5月2日，中国“981”钻井平台在中国西沙群岛毗连区内开展钻探作业，是中国对有关海域勘探进程的例行延续，完全在中国主权和管辖权范围内。中方作业开始后，越南方面即出动包括武装船只在内的大批船只，非法强力干扰中方作业，冲撞在现场执行护航安全保卫任务的中国政府公务船，还向该海域派出“蛙人”等水下特工，大量布放渔网、漂浮物等障碍物。在海上对中方企业正常作业进行非法强力干扰的同时，越方还纵容其国内的反华游行示威。2014年5月中旬，数千越南不法分子对包括中国在内的多国在越企业进行打砸抢烧，残酷杀害4名并打伤300多名中国在越公民，并造成重大财产损失[2]。之后，越南政府领导人又在国内外到处活动，利用中越在中国南海的摩擦大肆攻击中国，歪曲真相，煽风点火，刻意制造紧张气氛，渲染中国“海上威胁”[3]。诸如此类的事件对越南的国际旅游形象造成非常恶劣的影响，极大地挫伤了中国市场的热情和积极性。

1 全球合作点亮智能联接：全球联接指数2019[R/OL].https://www.huawei.com/minisite/gci/assets/files/gci_2019_whitepaper_cn.pdf?v=20191217v2.

2 “981”钻井平台作业：越南的挑衅和中国的立场[EB/OL].https://www.gov.cn/xinwen/2014-06/09/content_2696703.htm.

3 新华社发表署名文章：评越南方面关于南海的言论[EB/OL]. https://www.gov.cn/xinwen/2014-06/14/content_2700915.htm.

## 五、总结与展望

### （一）总结

本报告通过整理和分析2015—2019年与越南旅游发展相关的数据、报道及文献等资料，从越南旅游发展总体情况（旅游资源、旅游产业、旅游市场）、越南旅游发展战略和模式、越南区域旅游合作、越南旅游发展的SWOT分析四个部分对近年来越南旅游发展的情况进行了介绍。对本报告的主要内容总结如下。

1. 越南旅游总体发展情况

越南具备得天独厚的自然和人文旅游资源，旅游资源类型多样。越南的自然旅游资源包括地文景观、水域景观、生物景观及天象与气候景观；人文旅游资源分为建筑与设施、历史遗迹、旅游商品和人文活动四类。越南旅游产业体系粗具规模。其中，酒店业呈现出朝中高端发展的趋势。在旅游交通方面，航空是越南国际游客最为普遍的交通方式，选择陆路方式入境的游客从2016年起也呈现出较快的增长；2016年，选择海上交通方式入境的游客呈现出一个爆发式的增长[1]。越南的旅行社数量在2015—2019年整体上呈增长的趋势，其中，2019年的增长率较快。越南著名景点众多，且在主要客源市场有一定的吸引力。在餐饮方面，越南是世界上不能错过的美食目的地之一。越南购物场所种类众多，包括各种礼品与特产商店、购物中心、跳蚤市场与街头市集、古董店及百货商场等。越南的娱乐场所主要包括水上活动与游乐园、夜生活、休闲与游戏等。

旅游市场方面，近年来，越南入境旅游人数逐年递增，但近两年来，入境旅游人数的同比增长率出现较为明显的下滑；国际旅游收入也逐年递

1 International Visitors[DB/OL].https://vietnamtourism.gov.vn/english/index.php/statistic/international.

增，但国际旅游收入同比增长情况不太稳定。2015—2019 年，来自中、韩、日、美四个客源国的游客量连续五年都保持前五的水平且逐年增加。越南国内旅游人数和国内旅游收入逐年递增，但两者的增长率波动较大。越南出境旅游人数和总花费都保持增长，但出境旅游总花费增长率波动较大。

2. 越南旅游发展战略和模式

旅游业在越南经济发展中占据着十分重要的地位，各级政府高度重视旅游发展并采取了一系列的政策支持与保障。旅游业被定位为"越南经济发展的关键动力""经济拳头产业"。

基于旅游资源的特色及分布，越南形成了 7 个各具特色的旅游区，每个地区都存在其独特的旅游发展战略和模式（旅游业重点发展的方向）。越南境内有多种旅游业态并存发展，包括海洋旅游、文化旅游、生态旅游、高尔夫旅游和会奖旅游等。根据旅游资源的比较优势，越南正在优先发展海洋旅游、文化旅游和生态旅游。这三种旅游业态已成为越南旅游的亮点，具有较强的旅游吸引力和竞争力。

3. 越南区域旅游合作

在区域旅游合作方面，越南与其周边国家政府签订的合作协议成为促进旅游合作有效、深入开展的基础和重要政策保障。越南与周边国家（尤其是中国）在旅游产品开发和线路组织、旅游宣传营销、旅游市场管理、旅游人才培养等方面的合作进展情况良好，旅游合作地域范围也从边境城市逐步拓展到更多内陆城市。但是，边境旅游合作仍然是合作的核心和焦点，且以中越两国合作为主体。近年来，越南与中国广西的边境旅游合作进展顺利，成效显著；相比之下，与中国云南的边境旅游合作进展略显缓慢且成效相对逊色。

4. 越南旅游发展的 SWOT 分析

近年来，越南旅游业凭借自身优势实现了稳定发展。优势包括旅游资源禀赋、地缘优势、政府重视、政策支持、社会经济发展、获得众多国际旅游奖项、旅游安全等。同时，还存在一些劣势，包括旅游资源开发不足、旅游产品单一、基础设施落后、人力资源开发不足、旅游管理问题、国家旅游传播形象问题等。在越南旅游业发展的外部环境中，机遇与威胁并存，机遇包括旅游需求旺盛、新兴旅游市场发展、与周边多国建立旅游区域合作；威胁包括全球经济增长缓慢、突发事件、激烈的竞争、信息通信技术的竞争及越南对中国的挑衅等。

### （二）展望

1. 长远来看，越南旅游发展总体前景良好

近年来，越南旅游发展势头强劲，在旅游产业、旅游市场及区域合作等方面均有良好的表现。在全球经济增长放缓但全球旅游需求依旧旺盛的大背景下，越南旅游发展前景良好，在旅游产业、旅游市场及区域合作方面将会有进一步的发展。但由于旅游业本身较为脆弱，极易受各种外部环境的冲击和波及。例如，2020 年 1 月暴发的新冠肺炎疫情，至今已蔓延至全球，对旅游业带来了致命的打击。在此背景下，越南统计总局预计，2020 年第一季度越南接待国际游客量约达 64.4 万人次，与没有疫情的情况相比，将下降 80 万人次[1]。所以，越南政府应该采取积极有效的措施应对疫情，坚持开展疫情防控工作，并对越南旅游行业的损失做出评估；在疫情得到控制之后提出迅速恢复越南旅游业的措施，包括市场开拓措施及旅游宣传和推广工作。同时，越南政府应调整国家旅游促进计划和国家行动计划中的市场和资源开发方向，尽早开展重点客源市场的旅游促进活动，以弥补旅游行业的损失[2]。

1　2020年第一季度越南接待国际游客量将减少80万人次[EB/OL]. https://zh.vietnamplus.vn/2020年第一季度越南接待国际游客量将减少80万人次/108689.vnp.

2　越南旅游部门提出疫情结束后的恢复旅游业发展措施[EB/OL]. https://zh.vietnamplus.vn/越南旅游部门提出疫情结束后的恢复旅游业发展措施/108687.vnp.

2. 优化旅游产业，促进旅游发展

近年来，越南是世界旅游增长最快的10个国家之一。越南入境旅游人数呈逐年增长的态势且年平均增长率喜人。2019年，越南入境旅游人数首次突破1800万人次[1]。但从国际游客量的增长率来看，2018年和2019年两年均呈现持续下滑趋势，这两年的入境旅游市场出现了增长放缓的情况。所以，越南应该找出旅游产业发展的短板，在关注旅游产业“量”的增长的同时，注重“质”的提升；应该通过有效开发和利用旅游人力资源、重点开发新的具有吸引力的旅游产品、完善基础设施建设、加强旅游管理、提高目的地声誉和服务质量等多种途径来促进旅游产业升级转型。此外，更加灵活的签证政策及电子支付的普及也应纳入议事日程，与时俱进地为国际游客创造更加便利的旅游环境。

3. 巩固传统市场，吸引新市场

在越南的国际游客中，来自中、韩、日、美四国的游客量逐年增加且连续位居前五。2019年，在越南前五大入境旅游客源国（地区）中，除美国外，其他全在亚洲市场，亚洲市场占比高达94%。越南如果想要在入境旅游市场获得持续性的增长，除了要巩固现有的、庞大的亚洲市场外，还应该通过加大宣传推介、灵活的签证政策以及建立旅游合作伙伴关系等方式加大对欧洲、美洲等新市场的开发力度。

4. 集中投资力量，开发新型旅游产品

越南的旅游产品仍以传统类型为主，特色不强，种类少。越南旅游部门应注重发展现代旅游产品类型，以满足游客日益多元化的需求。例如，在下龙湾、岘港、芽庄、头顿、富国和昆岛等沿海地区，应该将休闲旅游、海洋旅游与观光游览、海湾游船、潜水和冲浪等活动相结合；在西北山区、中部和西原地区应注重发展徒步旅行、登山、跳伞、滑翔伞、瀑布

1 International Visitors[DB/OL].https://vietnamtourism.gov.vn/english/index.php/statistic/international.

划船和洞穴探险等探险旅游类型；在西北山区、清化、河静和广义等地区和省份发展疗养旅游、温泉旅游、浴泥和素食旅游等类型[1]。同时，还应集中投资，帮助在交通方面有优势或是具有典型旅游资源的地方，开发附加值高的旅游产品，丰富旅游业态，吸引更加多元化的旅游市场，诸如高尔夫旅游、城市旅游、会奖旅游、特殊兴趣旅游等。

5. 紧跟世界趋势，发展智慧旅游

目前，全球旅游发展的趋势之一是应用科技来发展智慧旅游。这对越南旅游而言，既是机遇，也是挑战。越南在信息通信技术的竞争中尚处于劣势，总体上挑战大于机遇。但是，越南政府不惧挑战，努力发展科学技术，大力推进科技在旅游业中的应用。自 2017 年以来，越南邮电集团（VNPT）与越南国家旅游局（VNAT）联合开展的智慧旅游推广工作取得了积极成果[2]。2019 年，越南政府总理批准了越南旅游重点提案——“2018—2020 年将信息技术应用于旅游领域并制定至 2025 年发展方向”[3]。同年 9 月 27 日，越南国家旅游局与越南电子商务和数字经济局（iDEA）在河内举行了签字仪式，双方将在实施“一卡通”项目、发展越南旅游电子交易平台、开发数据库、与企业合作搭建 BI 管理软件（数据分析系统）和 Dashboard 应用（管理信息系统）等多项领域开展合作[4]。可以预计，越南将紧跟世界旅游发展的潮流，将科学技术应用于旅游业中，实现智慧旅游在全国范围内的推广。

1 越南成为全球旅游增长最快的十个国家之一[EB/OL]. https://cn.nhandan.com.vn/tourism/item/7219001-越南成为全球旅游增长最快的十个国家之一.html.

2 Tourism administration， VNPT develop smart tourism[EB/OL].https://vietnamtourism.gov.vn/english/index.php/items/14057.

3 越南旅游业的新动力和展望[EB/OL].https://cn.nhandan.org.vn/tourism/item/7106801-越南旅游业的新动力和展望.html.

4 VNAT and iDEA signed agreement on application of advanced technology and ecommerce for tourism[EB/OL].https://vietnamtourism.gov.vn/english/index.php/items/14306.

## 参考文献

[1] 潘金娥 . 越南以疑虑眼光审视“一带一路”[J]. 社会观察，2015（12）：16–17.

[2] 陈元德 . 越南旅游业 SWOT 分析以及开发对策 [D]. 对外经济贸易大学，2016.

[3] 蓝瑶 . 越南旅游业发展现状及其竞争力分析 [J]. 旅游纵览（下半月），2017（3）：106–108.

[4] 阮氏秋玄 . 越南旅游传播形象研究 [D]. 黑龙江大学，2017.

# 泰国旅游产业战略结构演化及发展新趋势

朱锦晟　朱明慧

**摘要：**在全球旅游产业迅速发展大背景下，泰国旅游产业持续高速增长。旅游产业发展为泰国本国创造了旅游外汇，带动了服务产业资本投资，创造了大量服务类就业岗位。与此同时，泰国旅游产业发展也为世界旅游产业发展进步做出了贡献，在世界旅游产业版图中占有相当重要的一席之地。本部分主要分析泰国旅游产业发展现状，对其国际地位进行梳理，剖析泰国国家旅游发展大政方针及战略部署，阐述影响泰国旅游产业发展的主要安全威胁，并展望泰国旅游业发展趋势。本部分意图通过梳理泰国旅游产业发展战略结构演化及发展新趋势，为中国旅游产业发展战略部署提供借鉴。

**关键词：**泰国旅游产业；产业地位；国家战略；旅游安全；发展趋势

## 一、前言

在全球化进程持续升温背景下，全球旅游业正以前所未有的速度向前发展。联合国世界旅游组织（UNWTO）提出，在全球经济一体化、新兴经济体不断发展壮大、中产阶级消费能力持续增强、信息技术不断创新发展、新型商业模式陆续涌现、国际旅游费用不断降低以及世界各国签证便利化等因素的综合影响下，全球旅游业成为世界上增长最快的产业之一。随着自然和人为交流障碍的不断减少，国际投资与资金流动更为活跃，劳

朱锦晟，泰国清迈大学在读博士，桂林旅游学院讲师，主要研究方向为中国出境旅游、东盟旅游产业、旅游管理等方向。
朱明慧，桂林旅游学院图书馆馆员，主要研究方向旅游管理、民族文化旅游。

动力国际流动更为顺畅，世界经济一体化进程不断加快，旅游业已成为世界各国国民经济中的朝阳产业。同时，旅游业也是低收入国家发展战略中不可或缺的重要组成部分。旅游产业发展成为支柱产业的原因有三：第一，旅游业是外汇收入的重要来源，从而促进国民经济迅速增长。同时，旅游业是获取外汇、增加国际储备、刺激国内生产、最大限度地利用社会经济资源的重要产业。旅游经济的发展反过来又增强了目的地国家的国民经济地位。第二，旅游产业本质上属于劳动密集型服务产业。旅游业发展有利于人民脱贫致富，为一些相对技术水平较低的群体创造更多就业机会，改善收入分配不均，降低贫富差距，促进共同富裕。第三，业界普遍认为旅游业的迅速增长有利于旅游目的地生活环境的保护与改善。因此，旅游业的发展利于产生旅游富民效应，也是进一步促进社会经济发展的捷径之一。2017 年，全球旅游产业的生产总值占全球 GDP 的 10.4%，间接创造就业岗位 3.13 亿个，占全球总就业岗位的 9.9%。2018 年，旅游业直接或间接创造了 8.8 万亿美元产值，占全球 GDP 的 10.4%，创造 3.19 亿个就业岗位，占全球总就业岗位的 1/10，旅游出口创造 1.6 万亿美元（占全球商品出口总额的 6.5%，占全球服务业出口的 27.2%），全球旅游业投资总额 9410 亿美元（占全球投资总额的 4.4%）。

泰国的国名直译而来是“自由之地”的意思，是历史上唯一没有遭受过欧洲殖民统治的东南亚国家。泰国是世界上国际游客最多的国家之一，是世界上深受国际游客喜爱的主要旅游目的地之一。旅游业在泰国的国民经济中尤其占据重要地位，是泰国国民经济的重要支柱产业，是泰国的主要经济来源产业，也是国民收入的重要组成部分，在泰国的国民经济中扮演着越来越重要的角色。旅游业的诸多优势，正激励着泰国努力发展成为东南亚和世界主要的国际旅游目的地。泰国旅游业对经济做出了重要贡献，直接或间接创造众多与旅游相关的工作岗位，是泰国最大的外汇收入来源，在连接泰国旅游产业建设全球合作网络方面、在旅游扶贫方面发挥着越来越强大的促进作用。鉴于旅游产业在泰国国民经济中的重要性，本部分通过梳理泰国的旅游产业发展现状、讨论泰国旅游产业国际地位及其变化、研究泰国旅游产业发展主要策略、近年来泰国旅游安全事件对旅游产业的冲击以及泰国旅游发展展望等内容，以进一步深入了解泰国旅游发展的现状、分析其优劣势以及未来发展趋势。

## 二、泰国旅游产业发展水平不断提升

泰国旅游业对泰国社会经济的贡献巨大。泰国旅游业在最近数十年经历了游客数量和收入方面的爆发式增长。一般而言，旅游业的成功是以游客的数量来衡量的，游客越多，带来的经济效益越高。据文献显示，1996年泰国的国际游客数量和收入分别超过700万人次和87亿美元。WTTC数据显示，自2011年以来，泰国旅游收入以每年15.6%的速度强劲增长。近几年，旅游业在泰国社会经济中的比重逐年提高。发展至2015年，旅游产业占泰国国内生产总值的16.6%，其比例超过了东南亚地区的大多数国家占比，高于全球9.8%的平均水平。到2018年，旅游产业占比甚至高达17.2%。旅游创造就业方面，泰国的表现也非常突出。从就业岗位来看，2012年泰国旅游业的直接就业岗位占全年总就业岗位的12.4%。同时，2006—2012年旅游出口占泰国出口总额平均数为10.93%。2019年最新数据显示，泰国旅游产业在国民经济中占比已经高达21.6%，旅游创造就业岗位数占全社会工作岗位数比例达到15.9%。因此，旅游业在泰国已经发展为经济增长战略中不可或缺的重要一环，为泰国带来持续的经济收入。据估计，旅游收入对泰国国内生产总值的直接贡献从1万亿泰铢（2013年）增长到2.53万亿泰铢（2016年），占国内生产总值的比重也从16.4%增长到21.6%。

泰国旅游和体育部是管理泰国旅游产业发展的最高权力机构，下设泰国国家旅游局（Tourism Authority of Thailand，TAT）。泰国国家旅游局成立于1960年，是泰国第一个专门负责促进该国旅游业的组织，主要负责国家旅游形象的构建塑造和市场推广。此外，泰国国家旅游局在2002年成立了泰国驻斯德哥尔摩旅游局，专门负责北欧和波罗的海国家的市场推广工作。泰国旅游局负责向公众、旅行社和媒体提供旅游信息，并努力鼓励世界各国游客前往泰国旅游。在泰国旅游和体育部以及下设的泰国国家旅游局的卓越领导和不懈努力下，近年来，全球赴泰旅游人数不断攀升，显示出泰国在国际旅游方面的领先地位。旅游产业在泰国国民经济中的重要地位也在不断攀升的国际游客数量中得以体现。泰国政府重视旅游产业发展，重视国际游客的到访，并且全力吸引并支持旅游行业各类国际投资。据泰国国家旅游与体育部数据统计，2018年全年，赴泰国旅游的全球国际游客数量达到38277300人次，相比于2017年增长了7.54%。来自东亚各国（包括中日韩及东盟各国）的人数为66064292人次，增长率为9.30%；来自欧洲的人数为6765326人次，同比增长3.86%；来自美洲的旅客人数为1600897人次，同比增长3.82%；来自南亚、大洋洲、中东和非洲的旅泰人数分别为1983252人次、922520人次、739494人次和201519人次。按国别来分，其中来自中国大陆的游客达到10535955人次，比上一年增长了7.44%，占全球赴泰旅游的总人数的27.53%。也就是说，2018年每四个赴泰旅游的国际游客当中，至少有一位是中国游客。中国旅泰市场对泰国经济发展和泰国旅游产业的影响力可见一斑。其他客源国数据显示，韩国、日本等东亚国家分别为1796596人次和1656100人次，分别占比4.67%和4.33%。据数据显示，中国和东盟国家在泰国入境游客中所占比例相当高，约占总数的54.41%，证明了泰国国际旅游重点客源国市场即为中国和东盟各国，也为泰国旅游的国际营销策略指明了重点方向（见图1）。

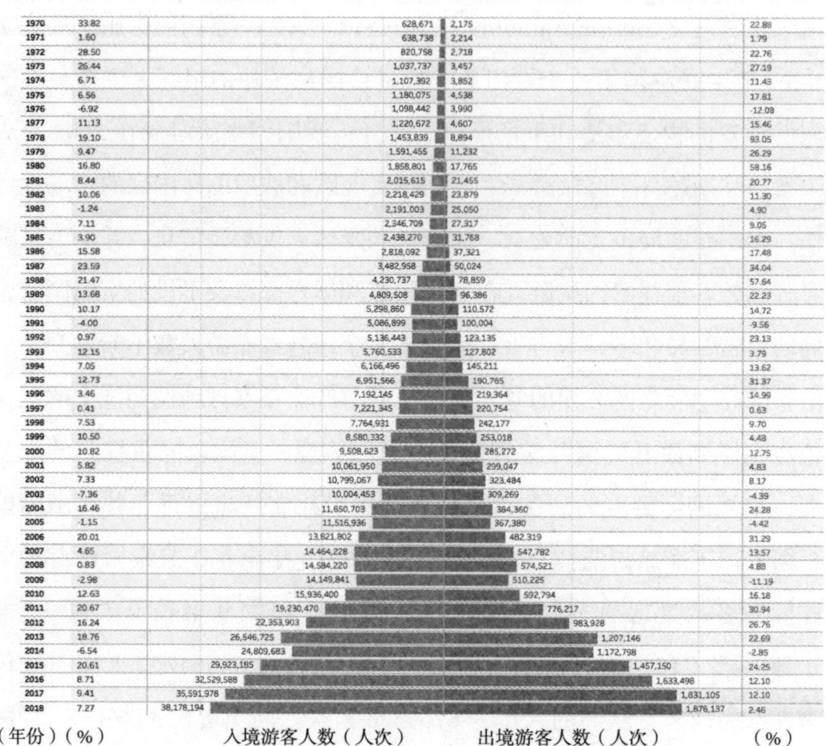


图1　1970—2018年泰国入境游客人数、增长率及泰国出境游客人数、增长率

数据来源：泰国旅游与体育部。

泰国学者 Surachai Chancharat 利用 1971—2012 年的年度数据进行量化分析，结果证实，泰国的国际游客人数和泰国经济增长存在协整关系。除个别年份外，国际旅游人数对经济增长有正向推动效应。由此可见，不断增长的国际游客数量正切实推动着泰国旅游业的迅速发展，其带来的经济利益进一步影响到社会经济领域的各个层面。泰国 2018 年大选之后，新一届政府不断推出新举措稳定政局，加强旅游行业管理，整治旅游乱象，并不断开拓新型旅游产品。这些举措势必将促进国际游客数量的稳定增长，有助于提高泰国国民经济增长的可持续性。

随着泰国旅游产业不断升级转型，国际旅游收入也在不断提高。根据香港环亚经济数据有限公司（CEIC）研究数据显示，除了 2009 年和 2014

年同比略微下滑之外，2007 年至 2018 年泰国旅游业收入逐年提升，从 2007 年的 170 亿美元增长到 2018 年的 581 亿美元（见图 2），体现出泰国旅游产业整体规模较大、发达程度较高，在东南亚各国处于领先水平。

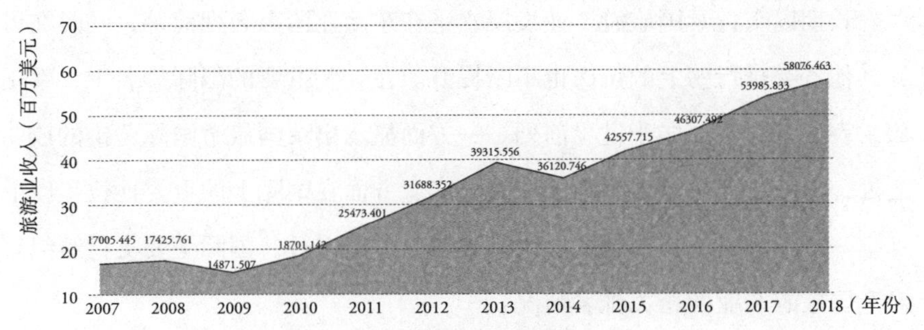


图2　2007—2018年泰国旅游业收入

数据来源：香港环亚经济数据有限公司。

## 三、泰国入境旅游相关国际排名及其国际地位

泰国以其独特的泰式文化、丰富的自然资源、热情好客的国民性格以及位于东南亚中心的地理位置，跻身于世界顶级旅游目的地之列。泰国在世界经济论坛（World Economic Forum）发布的《2015 世界旅行和旅游竞争力指数报告》中排名第 35。2017 年排名第 34，提升了 1 个位次。世界经济论坛发布的《2019 世界旅行和旅游竞争力指数报告》中，泰国在全球 140 个国家和地区中排名第 31，相较于 2017 年提升了 3 个位次。在该报告中，泰国在亚洲的排名在日本（4）、澳大利亚（7）、中国（13）、中国香港（14）、韩国（16）、新加坡（17）、新西兰（18）、马来西亚（29）之后，排名亚洲第 9。在具体各项指标中，泰国在自然资源（10）、旅游服务基础设施（14）、自然与文化资源（21）、商业环境（21）、航空运输基础设施（22）、价格优势（25）、人力资源（27）、旅游产业优先（27）、旅游基础设施（32）、文化资源及商务旅行（36）、旅游政策支持（43）、国际开

放性（45）、现代信息媒体技术（49）、地面及口岸设施（72）、健康卫生（88）等方面表现尤为突出。但在安全保障（111）、环境可持续性（130）和安全保障（132）方面得分较低，存在较大的发展潜力和改进空间。

长期以来，泰国旅游产业发展水平在东南亚国家名列前茅，同时在世界其他各类排行榜上的位次也不断提升。在一些重要的国际排名中，泰国旅游产业位次甚至居于世界前列。一方面显示出泰国旅游国际营销的成功之处，另一方面也体现出泰国在旅游产业方面在国际上的重要地位。以下列举一些国际旅游相关组织、主流媒体、世界银行、国际主要支付组织等对泰国旅游产业的相关排名情况：

（1）世界旅游与旅行理事会（WTTC）发布的《2018 年城市旅游和旅游业影响报告》中，泰国曼谷以 213 亿美元的旅游市场规模，排名世界第 7，前六位分别为上海和北京、巴黎、奥兰多、纽约和东京。WTTC 发布的《2019 年城市旅游和旅游业影响报告》中，曼谷以 251 亿美元的市场规模，列于上海、巴黎、北京、澳门、奥兰多、纽约之后，连续第二年排在世界第 7 位。

（2）世界银行《2020 世界最佳企业环境榜单》中，泰国排名世界第 21。其中，新生企业创业环境指数世界排名第一。

（3）在美国新闻及世界报告的《2019 年世界最佳国家排名榜》中泰国获得综合评委为 4.5 分，位列全球第 26。在各个细项指标中，“冒险指数”评分为 7.8 分，排名世界第 5；“市民指数”评分为 0.6 分，排名世界第 46，“文化影响”指数评分 4.2 分，排名世界第 18；“企业家精神”得分为 1.3 分，排名世界第 36；“文化遗产”指数为 7.3 分，排名世界第 9；“国际流动性”得分为 7.5 分，排名世界第 6；“市场开放性”得分为 7.8 分，排名世界第 8；“国际权力”指数为 0.4 分，排名世界第 49；“生活质量”指数为 2.3 分，排名世界第 28。

（4）旅行与休闲杂志社在 2019 年世界最佳城市排名中，将泰国清迈列为世界最佳城市之一，位于越南小资城市会安和墨西哥艺术之城圣米格尔—德阿连德之后，排名世界第三，综合评分为 89.56 分。另外，在同一份榜单中，泰国曼谷位列世界排名第 15，综合得分为 86.52 分。

（5）在 2017 年 CNN 新闻网排行榜中，泰国名列世界最佳街头小吃榜单第四。其中，泰国的 Or Tor Kor 市场被 CNN 评为世界最佳鲜活市场之一，名列世界第四。

（6）在 2018 年万事达卡《世界城市旅游指数》年度报告中，泰国首都曼谷国际游客到访人数排名世界第一。在报告中显示，2017 年全年，泰国曼谷的国际到访人数为 2205 万人次，世界排名第一。2017 年国际游客在曼谷消费总额高达 163.6 亿美元，位于迪拜、麦加、伦敦、新加坡之后，排名世界第五。国际游客在曼谷平均停留天数为 4.7 天，人均消费额 173 美元 / 天。

（7）在美国可持续发展联盟发布的《2017 年的世界幸福指数报告》中，泰国位列世界第 46。

（8）在彭博社新闻网的 2018 年《世界最幸福经济体》新闻评选中，泰国与新加坡并列，名列世界最幸福经济体之一，排名世界第一。

（9）在 Instagram 发布的 2012 年全球十大最受欢迎地点排行榜中，素万那普米机场和暹罗帕拉贡购物中心分别排名第一和第二，比纽约时代广场和巴黎埃菲尔铁塔更受欢迎。

（10）孤独星球发布的《2011 年世界十佳城市排行榜》将泰国清迈列为世界最佳旅游城市之一，排名世界第十。

（11）DestinAsia 杂志发布的《读者最喜爱旅游目的地城市排行榜》中，在 2017—2019 年榜单上，曼谷被 DestinAsia 杂志读者评选为亚洲“最佳城市”。且连续三年获得此项殊荣。2020 年年初，曼谷被新加坡超越，名列亚洲“读者最喜欢城市”榜单第二。

（12）2019 年 12 月 18 日，联合国教科文组织将“泰式按摩”列入

2019 年人类非物质文化遗产名录。这是继 2018 年泰国“孔剧”被列入非遗文化遗产名录之后，泰国再次斩获此殊荣。

（13）恒生银行旅居海外生活环境调查（HSBC Expat Explorer Survey）2019 年国际排行榜中，泰国整体排名世界第 22，“生活成本”指标排名世界第 8，“生活期望值”指标排名世界第 16，“旅居海外生活经济环境”指标排名世界第 29。

从城市旅游发展视角而言，旅游产业对泰国各个城市也产生了巨大的政治、经济、和社会影响力。2018 年，曼谷市的国际游客消费额达到了 234 亿美元，占全国总消费额的 81.5%，在泰国各大城市中占据绝对优势地位。旅游产业为曼谷市创造直接就业岗位达到 682000 个，其占据整个城市就业岗位数的 7.2%。在万事达卡 2014 年和 2015 年全球旅游目的地城市指数中，曼谷在全球 20 个最受欢迎城市中排名第二，仅次于伦敦。在 2019 年万事达卡全球旅游目的地城市指数中，泰国有三个城市位列全球前二十，分别是曼谷、普吉和芭堤雅。其中，曼谷排名世界第一，超过排名第二的巴黎和排名第三的伦敦。普吉岛排名世界第十四，芭堤雅排名第十五。 2017 年城市过夜游客数量中，曼谷的国际过夜人数为 2205 万人次，排名世界第一。2017 年普吉岛国际游客人数为 968 万人次，芭堤雅为 896 万人次。2018 年泰国曼谷的过夜游客数量为 2278 万人次，相比上一年上涨了 3.34%，继续稳居世界第一。普吉岛国际游客数量上升至 944 万，相比上年增长了 3.28 个百分点。芭堤雅的数字为 944 万人次，增长了 3.43 个百分点。国际游客 2018 年在曼谷的消费额高达 200 亿美元，位列迪拜和麦加之后，排名世界第三。国际游客 2018 年在普吉岛的消费额则是 120 亿美元，排名世界第十。

## 四、泰国旅游与东盟旅游发展的辩证关系

泰国是东南亚国家联盟（东盟）内最具吸引力的旅游目的地之一。据泰国皇家移民局统计，结合 WTTC 最新报告，在 2019 年泰国入境旅游中，中国游客占 27%，马来西亚游客占 10%，韩国游客 5%，日本游客 4%，老挝游客占了 4%，其余各国约占 50%。2018 年，9 个东盟国家到访泰国的总人数为 10284050 人次，同比增长 10.31%，占全球赴泰旅游的总人数的 26.88%（同上）。因此，东盟国家作为一个整体来看，在泰国入境游客中所占的比例非常高，占年均总数的 20% 以上。由此看来，东盟 9 个国家也是泰国重要的入境旅游客源国市场。2015 年东盟经济共同体（AEC）的成立，为泰国入境旅游市场提供了更大的发展机遇，但也带来了更大的竞争压力。与其他东盟国家相比，泰国在地理位置、旅游资源、文化背景等方面可能具有优势。然而，由于新加坡、马来西亚和柬埔寨的旅游业发展强劲，加之这些国家的旅游产品具有同质替代性，泰国入境旅游市场面临着日益激烈的竞争。世界经济论坛（WEF）发布的《2016 年东盟旅游与旅游竞争力报告》中的统计数据进一步证实了泰国与东盟在旅游产业方面存在竞合关系。该报告显示，141 个国家和地区的旅游竞争力排名中，新加坡排在第 11 位，泰国从 2013 年的第 43 位上升到 2015 年的第 35 位。虽然泰国的排名提高了 8 位，但其他东盟国家也取得了显著进步，马来西亚自 2013 年以来提高了 9 位，占据第 25 位。此外，印度尼西亚大幅缩小了与泰国的差距，提高了 20 位，排名第 50。在发展旅游业的过程中，东盟各国不断开发新的旅游产品，创新与改善国际旅游营销，对泰国的旅游产业带来强劲的市场竞争，不断瓜分和蚕食泰国入境旅游市场。

因此，在新的历史时期下，泰国旅游产业需要保持在东盟经济共同体成员中的优势地位，避免政治动荡、旅游安全、签证政策和流行病威胁等因素对旅游业造成负面影响，已成为其旅游业面临的重大挑战。为保持优势地位的目标，需要进一步了解泰国入境旅游客源国的市场形态和规模差异，挖掘泰国旅游业的发展潜力，创新旅游产品，持续拓展中国和东盟入境市场，不断开拓新兴客源市场（如印度、马来西亚等），持续提高泰国旅游产业竞争力。为达到这一发展目标，泰国政府从国家层面构建了一系列国家旅游发展战略规划和具体部署。以下将具体讨论这一系列战略部署。

## 五、泰国国家旅游形象构建及泰国旅游发展战略部署

泰国旅游的成功既离不开丰富的资源禀赋、热情友善的国民支持，更离不开国家层面对旅游产业准确而有效的战略定位。战略是为实现一个主要或总体目标而制定的行动计划或政策。战略的另一个含义是在战争或战斗中计划和指挥整个军事行动和运动的艺术。而在发展研究中，旅游发展战略是指从宏观层面指导决定和统领旅游产业发展全局的策略。旅游发展战略是一个具有多层面的战略策划，既有从国家层面、省级层面到市县层面等政府主导的旅游发展战略策划，也有诸如从景区、旅行社和酒店等旅游企业角度制定的旅游发展战略规划，还有国家对民众在国民性格方面的引导等。泰国旅游产业在多年发展基础之上，积累了不少发展经验，制定了不少成熟而有效的旅游发展战略。

### （一）泰国核心价值观及旅游营销策略

2008—2009 年，红衫军与黄衫军在街头对峙，泰国政局不稳，导致泰国在 2009 年的国际游客数量同比减少了 16%。2010 年，泰国旅游局通过提出新的营销口号“Amazing Thailand，Amazing Value”，重新树立泰国的国家旅游形象，向国际社会传达赴泰国旅游的价值观，吸引国际游客赴泰旅游。2014 年 5 月泰国军政府发动政变，也影响了国际游客赴泰国的旅游意向，导致当年的国际旅游人数有所下滑。2015 年，为了进一步重振泰国旅游业，泰国旅游局（TAT）在 2015 年开展了新的一轮国际旅游形象整合营销活动，在原有的国家旅游口号基础上增加了一项内容“发现泰国核心价值观”（Discover Thainess）。泰国政府领导人巴育总理在 2014

年的讲话中号召所有泰国人践行泰国“十二大核心价值观”，更热情、更开放地欢迎世界各国游客到访泰国。同年，泰国政府宣布2015为“泰国旅游年”，泰国旅游局积极推广“发现泰国核心价值观”国际旅游营销整合方案（见表1）。在这一整合营销方案的推动下，旅泰人数继续保持增长态势。

表1　泰国核心价值观一览

| | |
|---|---|
| 1 | 坚持泰国的三大支柱：国家、宗教和君主立宪制 |
| 2 | 诚实、奉献和耐心，对公众的共同利益持积极态度 |
| 3 | 学会感恩父母、监护人和老师 |
| 4 | 直接和间接探寻知识与教育 |
| 5 | 珍惜宝贵的泰国传统 |
| 6 | 保持道德、正直以及对他人的祝福、慷慨和分享 |
| 7 | 尊国王陛下为国家元首，了解并学习民主理想的真正精髓 |
| 8 | 遵纪守法、尊敬老人 |
| 9 | 自觉遵从国王陛下圣旨，保持清醒的态度 |
| 10 | 遵从国王陛下的自给自足经济思想，勤俭节约，在富足有余的前提下适度分享，在能力有余时适当开拓创新 |
| 11 | 保持身心健康，不屈服于黑暗势力或私欲；遵从宗教原则，耻于恶行 |
| 12 | 将公共利益和国家利益置于个人利益之上 |

资料来源：2014年7月11日，泰国巴育总理在全国电视讲话中提出，泰国政府提倡的“十二项泰国核心价值观”。

### （二）泰国入境旅游的中国因素

近年来，中国出境旅游市场规模越来越大，出境旅游人数逐年提高。随着中国日益富裕，国民收入水平不断提高，越来越多的中国人选择到海外度假，出国旅游已经成为人民生活质量的一个关键指标。据《2018年中国游客出境游大数据报告》统计，2018年，中国游客出境旅游人数达到1.497亿人次，比上年增长14.7%，中国出境游热进一步升温，自2012年跃居全球第一之后，连续多年稳占全球出境游人数世界首位。来自联合国世界旅游组织的数据显示，2018年，中国游客海外旅游支出达到 2773 亿美元，同比增长 5.2%，连续五年居于全球第一。中国的出国境旅游消费额几乎是第二大出国境消费市场美国的两倍，美国的支出为 1440 亿美元。

中国巨大的出境旅游市场于泰国而言，是不可或缺的游客来源国市场。数据显示，2011 年有 170 万中国游客赴泰旅游。随着 2012 年《泰囧》以 12.6 亿元票房登顶，泰国旅游由此进入了飞速发展的机遇期。由于影片的巨大成功，中国人对泰国旅游产生了强烈兴趣，越来越多的中国人选择到访泰国，旅泰人数爆炸性增长。时任泰国总理英拉接见导演徐峥及《泰囧》摄制组的中泰工作人员时，对影片给泰国旅游带来的影响力表示了感谢。泰国旅游局报告显示，2013 年第一季度，中国游客人数增长了 93%，正是由于《泰囧》大部分镜头在泰北古城清迈所拍摄。中国主流媒体曾报道，2013 年五一假期期间，泰国取代我国香港地区成为我国内地游客出境旅游的首选旅游目的地。2012 年，我国旅泰游客达到 250 万人次，相比于上一年暴涨 47% 以上。之后，中国赴泰旅游人数逐年上涨。2015 年，中国游客达到 790 万人次，占泰国全年国际游客总数 2980 万人次的 27%。2016 年，中国赴泰旅游人数达到 875 万人次。从人数及旅游收入数据来看，泰国越来越依赖于中国市场来实现其旅游收入年度目标。2018 年中国赴泰旅游人数超过 1050 万人次，占全年泰国国际游客总人数的 27.5%，其次是 10% 来自马来西亚、5% 来自韩国、4% 来自日本和 4% 来自老挝。2019 年，中国赴泰游客人数进一步增加到 1099 万人次，达到历史最高水平。中国游客几乎“占领”了曼谷、清迈和芭堤雅的街道以及各大购物中心和旅游景区。据估计，中国游客平均在泰国停留一周，每人每次旅行总费用 1000~1300 美元。中国游客平均每天花费约 180 美元，高于其他国际游客每天花费 160 美元的平均水平。

如前所述，泰国旅游业的表现对泰国整体经济表现至关重要。泰国各界正在努力采取措施，吸引世界各国越来越多的游客到访泰国。尤其在过去几年，中国游客在泰国游客总量中的占比越来越高，为泰国国民经济增长做出了贡献，创造了许多商业机会。正因如此，也有国际媒体提出泰国旅游业可能会因为过度依赖中国游客而变得更加脆弱，泰国旅游产业极易受到中泰关系的影响和冲击。

### （三）泰国旅游发展战略：2036 年泰国旅游发展愿景

泰国旅游业以其得天独厚的自然禀赋和雄厚的文化积淀，逐渐发展成为泰国的核心支柱产业，对泰国的政治、经济、文化及社会发展贡献颇巨。鉴于旅游业的发展现状，泰国政府非常重视从政府层面加强旅游业的治理能力。国家旅游局的功能已从单一的旅游市场开发管理逐步扩展到对整个旅游业形成了全面性、多维度、立体化的管理模式，逐渐完善了其旅游管理体系链条。

在巴育总理治下，泰国政府在 2017 年发布了《20 年国家发展战略框架（2017—2036）》，明确提出了泰国经济可持续发展的长期奋斗目标。该计划被称为 6–6–4 计划，包括六大发展领域、六项主要发展战略和四项具体实施细则。其中主抓的六大发展领域分别为安全领域、竞争力提升、人力资源开发、促进社会平等、促进绿色增长与社会整体再平衡以及改善公共部门治理体系。六项国家发展战略和四大支持性战略部署如表 2、表 3 所示。

表2　六项国家发展战略

| 六项国家发展战略 |
| --- |
| 1.增强和发展人力资本潜力 |
| 2.确保社会公平公正，降低社会贫富差距 |
| 3.在可持续的基础上促进经济增长，增强国家竞争力 |
| 4.促进绿色增长，促进可持续发展 |
| 5.实现国家稳定促进国家发展走向繁荣和可持续发展 |
| 6.提高公共部门管理效率，促进善治 |

表3 四大支持性战略部署

| 1.基础设施发展和物流体系建设 |
| --- |
| 2.提升科学技术、研究和创新精神 |
| 3.加快城市化、区域经济融合及经济特区建设 |
| 4.加强国际合作，促进融合发展 |

在这一国家战略体系框架的指导下，泰国国民经济与社会发展委员会根据国家战略制定了国家战略发展计划具体实施方案。同时，为进一步提振经济并促进泰国旅游产业深入发展，在泰国政策方针指引下，泰国国家旅游局在国际专家的共同努力下，制定并圆满完成了《第一期泰国国家旅游发展总体规划（2012—2016）》中所提出的有关创意旅游的发展目标，并成功打造了泰国的创意旅游品牌形象。同时，泰国政府再次制定了《第二期泰国国家旅游发展总体规划（2017—2021）》，提出泰国国家旅游发展计划的目标是在五年内将泰国的全球旅游竞争力提升至少 15 个位次，使其跻身亚洲五大旅游目的地之列，每年旅游收入增长率达到 5% 以上，并在总体规划中提出了“泰国 2036 年旅游发展五大愿景”，如表 4 所示。

表4 泰国2036年旅游发展五大愿景

| | |
| --- | --- |
| 一、打造质量领先的国际旅游目的地 | 提高旅游产品和服务的质量和多样性 |
| | 提升泰国旅游竞争力 |
| | 通过增加旅行花费、延长停留时间来增加旅游收入 |
| 二、致力于旅游产业多方面均衡发展 | 平衡旅游细分市场之间的发展，即国内/国际旅游者之间、客源国之间以及大众/利基细分市场之间的发展 |
| | 以提升二线地区和地方旅游业为重点，平衡旅游区域发展 |
| | 旅游淡旺季平衡发展 |
| 三、全面提升泰国核心价值观的发展 | 开发围绕泰国特色、文化和遗产组织的旅游产品 |
| | 提高游客和泰国公民对泰国的认识和了解 |
| | 培养对泰国的欣赏和一个好主人的价值 |

续表

| | |
|---|---|
| 四、将旅游业打造为国民经济的支柱产业 | 通过发展旅游业，改善基础设施建设，推动社会经济发展 |
| | 发展区域旅游，推动景点多样化，保持一线城市产业优势，发挥二线城市旅游产业后发优势，推动当地社区积极融入 |
| | 为旅游业和其他相关行业的企业创造效益 |
| 五、致力于增强旅游可持续发展能力 | 促进环境可持续性，保护脆弱景点 |
| | 保持泰国文化的独特性和可持续性，积极保护地方遗产 |

该战略目标和指标侧重于提高泰国旅游业的整体质量和综合服务能力，并支持泰国经济整体增长。近几年中，泰国国际游客数量和旅游收入都有较大增长，也提出了一个新的课题：能否让民众在旅游业中创造更大的经济效益和旅游富民效益，同时确保自然和文化旅游资源的可持续发展？为此，为了实现2036年泰国旅游业发展愿景，围绕5年发展具体目标，泰国旅游局设计了实现这一宏伟目标的详细规划和路线图，制定了一系列关键绩效指标和具体发展目标，描述了泰国未来5年旅游业发展蓝图。

五年发展目标一：泰国旅游业的首要目标是打造高质量旅游目的地，从而提高旅游业的国际竞争力。通过提高服务标准，提供优质增值服务和旅游产品，打造优质旅游目的地。目前，泰国国内已有一系列旅游质量认证体系，但缺少为国际游客广泛接受的国际旅游标准。未来5年的目标是鼓励旅游景点、旅游业务、产品和服务更加标准化，进而增强旅游业的竞争力。

五年发展目标二：泰国旅游业能够平衡和可持续地增加经济价值。它的目标是在国际和国内旅游之间建立平衡。平衡的增长将确保泰国旅游业的恢复力，这对保持全球动态的增长至关重要。未来5年的目标是保持合理的国际旅游收入增长，同时鼓励更多的国内旅游。

五年发展目标三：泰国旅游业能够在全国范围内分配收入和收益。巩固一线旅游城市规模，开拓二线旅游城市发展。其目的是从旅游目的地和旅游时间上分散游客，以消除偏差，更好地支持二线地区的旅游创收。

五年发展目标四：泰国旅游业能够在保证环保原则下达到可持续发展目标。这一目标旨在促进泰式文化传承和环境治理方面的可持续增长，利用现有并开发新型旅游产品达到产业增值的效果。在旅游业持续增长的同时，环境得以保护和可持续发展。针对环境治理目标，政府制定并实施了系列量化指标，以有效衡量环境可持续性发展水平，并提升泰国旅游业的国际知名度和美誉度。

根据以上旅游业发展总体规划四大目标，泰国国家旅游局相应提出了五大战略举措（见表5），旨在通过扎实开拓旅游产品，加强国家旅游业竞争力，为可持续旅游业布局基础设施，增强旅游人力资本的竞争力，提升作为东道主的价值观，为各个省府的旅游发展设定独特的价值主张与营销定位，提高泰国与国际主要客源地之间的合作水平。在这一系列战略举措中，每一项关键绩效指标都为泰国各部门各领域设定了一个雄心勃勃的可行性目标。在政府部门、公共机构、私营实体、地方行政主管部门和其他利益攸关方之间进行持续合作的前提下，各部门通力协作、强力推进，方能顺利实现计划中描述的宏伟蓝图。

表5　泰国旅游产业发展五大战略举措

| | |
|---|---|
| 战略一 | 开发旅游景点、产品和服务，包括鼓励景点的可持续性、环境友好性和景区产业链的完整性 |
| 战略二 | 在不对当地社区和环境造成负面影响的情况下，发展和改善配套基础设施和便利设施 |
| 战略三 | 泰国旅游人力资本潜力开发与旅游意识培养 |
| 战略四 | 通过有针对性的营销（包括泰国）在旅游目标群体之间建立平衡，并在旅游者之间建立信心 |
| 战略五 | 组织公共部门、私营部门和公众在旅游业发展和管理包括国际合作方面的合作与融合 |

无论从经济贡献还是社会发展贡献角度来分析，旅游业都是泰国国民经济发展的重中之重，也是泰国增长最快的行业之一，也树立了泰国在国际上的良好国家形象。《第二期泰国国家旅游发展总体规划 (2017—2021)》确立了泰国在五年内的中长期发展目标，为实现泰国 2036 年旅游愿景打下了坚实的政策基础。同时，在目标业已确立的前提下，若要进一步达成愿景，则需要更多现实条件作为支撑。该规划根据泰国旅游业发展的基本状况，从立体维度对泰国入境旅游产业发展进行综合评判，总结出以下几个重要方面：①泰国旅游产业的快速发展主要以政府推动、企业支持、民众配合为主要发展动力；②以打造高质量的特色旅游目的地为宗旨；③以大力推动赴泰旅游（入境游）为主要抓手；④以泰式特色文化资源及泰式热情好客为核心竞争力；⑤以城市旅游（曼谷）、滨海旅游（南部）、宗教（佛教）文化遗产等主要旅游吸引物为依托；⑥针对团队游及越来越流行的自由行游客为主要旅游线路设计与产品开发目标；⑦以“价低质优 + 泰式文化 + 健康休闲”为主要特色；⑧旅游产业体系创新模式采用旅游经济整体发展为主。泰国的旅游资源具有得天独厚的优势，海岛风景优美，自然山川秀丽，文化遗产资源丰富，民风热情好客，佛教文化盛行，无一不是吸引国际游客到访的旅游吸引物，也是达成愿景的重要资源。

## 六、影响泰国旅游产业发展的主要安全事件

旅游安全是在游客活动中与安全相关的一切事件和现象。旅游安全事件的发生对旅游业的影响极大。旅游业的安全保障问题对于全球旅游业而言具有重要意义。研究安全事件中的危机管理问题，寻求解决方案，对于减少旅游安全事件具有重要意义。泰国在旅游业发展过程中曾经出现不少安全事件，冲击旅游业整体发展。泰国的旅游安全问题也是业界关注的重点问题。据英国 Endsleigh Insurance Services 保险公司数据显示，2017 年，

该公司23%的旅游保险索赔来自泰国，其次是智利和美国，占所有索赔的15%，西班牙、德国、尼泊尔和秘鲁各占8%。由此可见，泰国已经被该保险公司列入全球最危险的旅游目的地之一。近年来，对泰国旅游业产生冲击的影响力较大的重要事件如下。

### （一）健康安全：2003年“非典”疫情

泰国旅游业受“非典”的冲击极大，甚至一度被世界卫生组织划定为疫区。“非典”对泰国的影响不仅仅表现在造成健康威胁及社会恐慌等方面，更在于经济衰退及游客恐慌，造成旅游业的停滞不前，酒店行业亮起红灯，旅行社关门放假甚至面临倒闭，造成经济损失，旅游收入减少。为了积极恢复旅游产业，泰国政府出台一系列帮扶政策，频频举行旅游产业恢复政策研究研讨会，积极赴日韩及欧美参加旅游展会推广泰国旅游。通过了泰国国内旅游资助计划，为公务人员、教师和学生在泰国国内旅游提供资金支持，甚至免费旅游。同时，国家为受到“非典”冲击的旅游中小企业发放小额紧急贷款，为受到冲击的旅游企业解了燃眉之急。尤其是设立“非典”赔偿金制度，支持在泰期间感染的游客向泰国政府申索高达10万美元的赔偿金。这些危机处理措施，让泰国旅游产业在“非典”疫情结束后不久，重新焕发活力，恢复疫情之前的持续增长势头。

### （二）自然灾害安全：2004年印度洋海啸

2004年印度洋海底地震引发海啸浩劫，泰国南部六府受到海啸袭击。在泰国，海啸受害者中游客的比例远高于其他受灾国家。泰国旅游业遭受重创：灾区海外游客大量遁逃避难，中国游客纷纷取消赴泰旅游计划，旅游胜地普吉岛、攀牙府、甲米府等地满目疮痍，游客心理受到重创，旅游业陷入停顿。泰国的海岛、沙滩等自然旅游资源较为丰富，同时也对海啸等灾害所造成的风险非常敏感。泰国政府通过积极开展国际旅游危机管理，拨付专项资金用于灾后重建，制定旅游业、农林渔业及社区重建方案，针对游客的保险、交通、住宿进行打折，利用低价吸引顾客等一系列优惠政策，并通过构建国家自然灾难联动预警机制，为泰国重塑旅游优势立下汗马功劳。

### （三）政治经济安全：2008 年全球金融危机及 2008—2014 年政治骚乱

2007 年，由于美国对金融衍生品的监管失控、房贷放款缺乏限制等原因，美国爆发次贷危机，直接导致全球经济放缓，失业率飙升不下，金融市场流动性缺失，最终诱发了 2008 年世界金融危机。泰国局势也受到相应冲击，经济面临崩溃，政治危机不断升级，导致了 2009 年泰国经济衰退和政治骚乱，旅游业发展的不确定性急剧增加。2008 年 11 月反政府势力占领素万那普和廊曼机场引发危机，政治骚乱反过来又影响了游客出游意愿，导致国际游客人数急剧下降，旅游业长期受到政治风波影响。此后，红衫军与黄衫军长达数年的街头对峙，不断发生的示威游行升级为大规模政治动荡。反政府示威游行一直持续到 2014 年上半年，有愈演愈烈之势。随后泰国军方在 2014 年 5 月 20 日宣布戒严令，并于 2014 年 5 月 22 日发动不流血军事政变，接管政权，维持法律权威和社会秩序。随后巴育任泰国代总理，泰国军方成立内阁政府，并委任立法会。经过五年执政，在皇室颁布了授权法令之后，泰国于 2019 年年初举行泰国大选。

总体而言，尽管泰国在这几年中受到阶段性政局动荡、全球金融危机冲击和蔓延的 H1N1 流感等因素影响，2008 年和 2009 年对泰国旅游业而言比较艰难，但长期来看，除了 2008 年、2009 年以及 2014 年前三季度出现增长速度稍微放缓之外，泰国旅游业依旧保持持续增长。泰国旅游局危机期间及危机之后为恢复泰国旅游目的地形象所采取的策略包括：危机管理策略和旅游目的地整合营销策略。在此期间，赴泰旅游人数并没有急剧减少，在危机过后不久又恢复了增长势头。泰国旅游局在危机前、危机期间和危机之后的恢复期各个阶段所采用的危机管理、沟通策略、树立国家旅游形象等措施相对比较成功。

### （四）旅游政策安全：2016—2017 年泰国政府出手整治零负团费团队游痼疾

零负团费问题凸显泰国入境旅游市场的政策安全问题。随着零负团费在泰国入境旅游领域暴露出来的问题日趋严重，逐渐发展为泰国旅游产业可持续发展目标中难以治愈的痼疾。所谓零负团费现象，是指泰国当地旅行社以当地接待成本价接待国外组团旅行社甚至报价低于成本，并以欺诈游客的方式赚取非法佣金获利。零负团费带来的影响相当恶劣，导致旅游团与当地旅行社和导游不断发生冲突事件，使得泰国旅游业遭受诸多负面影响。许多未经批准的旅行社组织的旅行团采取“零负团费游”的形式，向游客提供低价旅游，强迫游客在团队旅游期间购买不合理高价商品，变换非正规旅游线路，收取价格虚高的额外服务。从深层次来看，零负团费对当地旅行社负面影响更为巨大。例如，地接社必须通过压榨导游以及迫使导游以敲诈勒索式的高价强迫游客购物、降低服务质量、发布误导性的旅游商业广告等方式获取超额利润。这不仅损害了旅游者的利益，更损害了当地旅游业的形象，也引发了诸多旅游纠纷，使得当地旅游业变得极为混乱。泰国入境旅游中的零负团费问题也极为普遍，亟待政府采取强有力措施予以解决。

2016 年年底至 2017 年，泰国政府对零负团费旅游团队游开展专项整治，对中国游客到访泰国产生了较大影响。泰国政府调查当地大型旅游企业这一举措，使得当年当地地接社报价上涨 1000 泰铢至 2000 泰铢不等，在一定程度上导致中国国内旅行社报价相应上涨，进而使得赴泰旅游市场受到极大影响，客源流失不少。赴泰旅游价格上涨，市场相应降温，也是旅泰市场回归质量导向的信号，是赴泰团队游向高品质旅游的开端。此次整治行动从长期视角分析，有利于品质旅游回归正常市场标准，总体而言，对于泰国旅游长期可持续发展利大于弊。经过整治，尽管在 2017 年第三季度依然略有回归，但零负团费接团现象有所收敛，整治行动达到了一定效果。

### （五）自然灾害安全：2018 年 7 月普吉岛船只倾覆事件

2018 年 7 月 5 日，泰国普吉岛安达曼海域发生两艘载有 122 名中国游客的船只发生倾覆重大安全事故，导致 47 名中国人死亡，多人受伤。沉没船只为“凤凰号”和“艾莎公主号”。事件发生后，泰国政府成立了救援指挥部，安排大量人员、船只及搜救设备参与搜索救援。中国政府最高领导人对船只倾覆事件做出重要指示，成立紧急搜救工作组，全力搜救失踪旅客，救治伤员，妥善做好安抚工作。中国驻泰使领馆迅速启动事故应急机制，派应急工作组赶赴普吉岛，与泰方相关部门一同搜救失踪中国游客、安抚伤员，组织志愿者协助为伤员及家属提供翻译和后勤服务工作。外交部、交通运输部、文化和旅游部联合组成应急工作指挥小组，多次赴泰国普吉岛指导开展援救工作。阿里巴巴集团、春秋航空、东方航空等企业也积极响应，协助家属赴泰国际交通及伤员归国等工作。旅居泰国的华人华侨纷纷伸出援助之手，捐钱捐物，安顿家属，协助翻译，为受到游船倾覆事件影响的中国游客提供物资、语言、心理安抚等各方面的帮助。

泰国政府高层对普吉岛游船倾覆事件的部分处理意见在中国旅游业界引发较大争议。主要争议有两点：一是事件发生后，一位泰国重要官员在接受泰媒采访时说道：“游船的投资人和拥有者是中国人借助泰国人身份非法营业，由此引致事故发生，本质上是中国人害了中国人。”这一表态将责任主体推给中国人，导致中国国内官媒和自媒体一片哗然，极大伤害了民众感情，破坏了中国游客赴泰旅游意愿。二是泰国官方曾表示，涉事旅游团队为零负旅游团组，并且不顾天气预警执意出海。对此，中国组团社向国内媒体反驳，表示涉事中国游客大都通过网络平台订购一日游行程，或在当地旅行社购买本地旅游产品，属于合理付费的自由行游客，且在出海前并未获取泰方政府的气象预警信号。泰国政府的相关处理方式不尽如人意，导致国内网络旅游平台先后下架普吉岛一日游订单，旅行社取消赴泰订单并停止接团业务，自由行旅客退订机票和酒店，以抗议泰方不公平处理方式。事件发生后三个月内，中国游客赴泰旅游人数锐减90%。

在事件发展及处理暂告一段落之后，泰国政府采取了一系列危机营销措施，如泰国旅游局高层代表2018年8月赴北京会见文化和旅游部代表，就旅游安全防范、加强安全管理、提升旅游品质等方面举行会谈，在机场检验检疫和通关柜台为中国游客专门开辟方便通道和中文服务，泰国内阁批准从2018年12月1日起对包括中国在内的21个国家和地区游客暂免落地签费用，到2019年1月31日结束。后又经内阁批准，免落地签证费政策延长至2020年4月30日，签证费减免额度较高。普吉岛旅游管理部门强调将尤其重视游客安全问题，在滨海旅游方面采取了系列安全措施，如严格执行航海安全规定，设置专人负责游船安全检查，严格统计登船人数和游客人数，定期检查游船安全状况，严格根据当天气象情况提供预警建议，船只必须提供足数救生艇、救生衣、消防器材等救生安全设备，坚持“人身安全、船只安全、港口安全”原则，最大限度地保障游客安全。此事件之后，经过长达半年的时间，中国政府和中国游客逐渐对普吉岛旅游安全恢复一定信心，前往普吉岛的中国游客数量最终才逐渐增加。

### （六）环境安全：曼谷和清迈的雾霾问题

每年在固定时间段出现的雾霾现象，是令国际游客对泰国望而却步的一个主要原因。近年来，曼谷、清迈、清莱等首府以及泰北周边省府出现了持续不断的空气污染现象。曼谷雾霾与清迈雾霾的原因各有不同。据泰国The Thaiger新闻网报道，2020年2月2日，曼谷雾霾严重，其PM 2.5尘粒指数高达173，排在巴基斯坦拉合尔市、越南河内市、印度新德里市、孟加拉国达卡市之后，空气污染指数排名世界第五。泰国北部清迈府和清莱府也面临雾霾问题，严重威胁民众身体健康。每年12月至次年5月期间，由于周边山民焚烧山林，导致每年这一时间段空气质量污染相当严重，空气质量持续下降，加之清迈府和清莱府地质构造属于盆地，周围环山，空气中的雾霾更难以消散。空气质量问题已逐渐成为当地人日常生活和身体健康的重大威胁。2019 年 3 月期间，泰国清迈空气污染指数排名世界第一，其 PM 2.5 尘粒含量多次打破世界纪录，同时，清迈政府也因未能解决全球最严重的雾霾问题而招致严厉批评。泰国政府对雾霾指数飙升的处理方式不尽如人意，政府处理方式实际上还看不到明显成效。因此，如果雾霾污染的情况继续得不到控制，雾霾对泰国旅游业的影响将会越来越大，甚至严重到影响游客出游意愿，那么国际游客将用脚投票，选择到访其他旅游目的地。

### （七）健康卫生安全：2019 年年底暴发的新型冠状病毒疫情

2019 年年底，新型冠状病毒疫情暴发，并迅速肆虐全球。世界卫生组织在 1 月 31 日凌晨，将新型冠状病毒疫情预警提升至最高级别，将疫情列入“国际关注的突发公共卫生事件”。全球经济形势与旅游安全受到新冠病毒疫情的严重威胁，全球旅游业面临发展历程中“至暗时刻”已是不争的事实。同时，2020 年 2 月 24 日，泰国国家传染病委员会将新冠病毒肺炎列为泰国第十四位的危险传染病，同时强调，当前泰国疫情处于第二等级，可防可控。从疫情肇始，直至 2020 年 3 月 6 日泰国政府才宣布，自 3 月 6 日凌晨零时起，由中国、韩国、意大利和伊朗入境泰国的相关人士，需要在居住地或者酒店自我隔离 14 天，且每日需要向泰国当局汇报情况。若违反规定，罚款 2 万铢。

中国作为世界最大的出国境旅游客源国和国际旅游消费支出来源，对世界旅游整体发展具有举足轻重的影响力。此次新冠病毒引发的肺炎疫情暴发，对中国出境旅游和泰国入境旅游产业的发展也会带来极大的冲击和影响。换个视角来考虑，泰国政府在此次中国暴发新型冠状病毒疫情期间，在相当长时间内没有对中国关闭大门，没有停飞国际航班，只是加强了在清迈、普吉、廊曼和素万那普机场加装体温检测仪，对来自中国的游客尤其是来自武汉直飞泰国的旅客加强检疫力度，并对出现发热或其他疑似不明原因的病例症状的游客实施隔离 14 天观察治疗等政策。同时，巴育总理率团队于 1 月 29 日赴机场视察素万那普机场防疫工作，慰问赴泰旅游的中国游客。泰国国家旅游局率领员工录制“中国加油”中泰双语视频，喊出“中泰一家亲”的贴心口号支持中国抗击疫情。泰国民众纷纷在街头、商铺以及自己的脸书上贴出“中国加油”等标识，为中国出境游客加油打气。以上暖心举措，让中国人民在危难之时，深刻体会到泰国从上至下对中国游客发自肺腑的欢迎及友好之情。相信未来在疫情结束之时，中国赴泰旅游定然会迅速触底反弹，继续保持快速增长态势。

以上梳理了泰国近年来一些重大安全事故对泰国旅游业发展的经济冲击、社会影响和相应的综合解决方案。正如以上关于泰国安全事件的分析，政治动乱和流行传染病对健康的威胁，可能会对泰国旅游产业造成猝不及防的深度打击。对于旅游业而言，全球流行病、全球经济衰退等因素对旅游业的冲击比当地的政治不确定性、街头游行骚乱和示威更为巨大，时间更为持久，影响更为深远，效果也更为明显。尤其是此次 2019 年年底暴发的新型冠状病毒肆意传播，威胁民众身体健康，更影响出国游客的出游意愿。我们必须提高警惕，积极防疫，静观其变。待将来疫情结束时，再来总体评估此次疫情对泰国旅游产业发展和世界范围内的跨国旅游产业所带来的巨大影响。

## 七、泰国旅游产业发展趋势展望

本部分主要关注泰国旅游产业发展现状、泰国旅游产业国际地位演变、泰国旅游自然资源及文化资源发展模式及旅游安全等相关问题，对泰国旅游产业发展进行了多维立体式分析，对泰式旅游发展模式进行了总结和提炼，并对旅游发展整体战略和具体营销策略进行了政策解读，对泰国旅游开发的长远规划和旅游开发的历史进程等进行了分析，并从泰国旅游资源禀赋、政策支持、旅游产品开发与创新和旅游目的地形象创新发展等几个方面解释了泰国旅游业发展的政治、经济和社会影响。近年来泰国旅游业发展的良好趋势与泰国政府层面国家战略部署、具体发展策略以及强力领导与具体落实执行力等因素密切相关。泰国旅游产业未来持续成功的关键在于国家战略的具体落实以及旅游业利益相关人的执行能力和配合程度，以实现追求利润最大化、提高旅游产业发展品质、平衡可持续性发展等关键目标。

旅游业是一个日新月异、发展迅速的服务行业。如前所述，泰国旅游产业从长期视角来看，除少数年份之外，多年以来都在持续增长。为维持并推动泰国旅游业持续增长，更需要泰国政府具备高效能的目的地管理理念，最大限度地减少发展旅游业带来的不利影响。可持续旅游产业发展模式提出，旅游产业发展不仅需要在国际入境游客数量上增长，更重要的是扩大旅游产业附加值，增量提质，增进社会价值，将旅游业作为实现可持续发展的目标，为民众建设更加美好的未来。在当下旅游大数据化、产业持续创新、新型电商服务层出不穷和社会持续变革的大环境下，泰国旅游产业需要不断适应新环境，努力跳出旅游目的地“产品生命周期”的局限，要提高其产品在旅游生命周期中的持久力，同时需要设立契合于全球旅游发展动态的发展战略。为了有效地推动泰国旅游产业的发展，需要所有利益相关者都能树立共同发展目标，携手并进，共同努力。泰国旅游企业要保持旅游产品竞争力，不断创新旅游产品，提高旅游综合服务能力。泰国对 2036 年的旅游愿景描绘了把泰国打造为世界最佳旅游目的地的共同愿景。这一愿景为所有利益相关者设定了一个鼓舞人心又切实可行的目标，从而必将在发展历程中最大限度地发挥泰国旅游产业的潜力。按照 2036 年愿景规划，泰国将打造成为世界领先的优质目的地，同时为泰国的社会经济发展和社会财富合理分配做出贡献。

当然，一个国家旅游业的发展水平不仅体现在产业规模上，还体现在不断优化的产业结构和产业质量上。在此，笔者提出旅游产业发展评判标准的两个是否有利于：一是是否有利于国家政治稳定、经济发展、文化传承、社会稳定，产生旅游富民效应；二是是否有利于高质量地满足于国际游客日益增长的旅游需求。因此，对于国家旅游产业发展水平的相关研究不应局限于某个地区经济增长的旅游业发展的作用和机制，也不应局限于仅仅关注国际旅游人数、旅游时长、消费额度等问题，而应该进一步对旅游产业促进国家治理体系和国际旅游合作、国际游客综合满意度、旅游产业富民状况等几个层面的效应进行综合分析，进一步有效结合旅游供给侧和旅游需求侧的相关诉求，达到宾主同欢，共创富裕和创建旅游命运共同体的终极目标。本部分对泰国旅游业发展进行了多维度、系统深入的分析，但鉴于笔者知识结构有限、理论知识学习不足，泰国旅游产业发展模式的研究还存在许多不足，有待进一步完善和深化。

## 参考文献

[1] Bangkok Post. CNN: Or Tor Kor among world's best fresh markets [EB/OL]. https://www.bangkokpost.com/thailand/general/1234794/cnn-or-tor-kor-among-worlds-best.

[2] Yin M S，Walsh J. Restoring The Image of A Tourism Destination in Crisis:The Tourism Authority of Thailand's（TAT）Strategic Crisis Management Strategies and Destination Marketing Approaches in Responding to Political Crises 2008—2009[J].Nida Development Journal，2011，51（2）：157-187.

[3] Birkland T A，Herabat P，Little R G，Wallace W A. The Impact of the December 2004 Indian Ocean Tsunami on Tourism in Thailand[J].Earthquake Spectra，2006：889-900.

[4] Calgaro E，Pongponrat K，Naruchaikusol S. Destination vulnerability

assessment for Khao Lak，Thailand[R].Sustainable Recovery and Resilience Building in the Tsunami Affected Region–SEI Project Report，2009.

[5] CEIC. Thailand Tourism Income as per year [EB/OL].https://www.ceicdata.com/zh–hans/indicator/thailand/tourism–revenue.

[6] Chancharat S，Chancharat N.Tourism development and economic growth: Evidence from Thailand[J].International Journal of Applied Business and Economic Research，2010，8（1）: 65–77.

[7] Cohen E，Neal M. Coinciding crises and tourism in contemporary Thailand[J]. Current Issues in Tourism，2010，13（5）: 455–475.

[8] 李克强就泰国普吉游船倾覆事故作出批示 [EB/OL]. http://news.cri.cn/20180706/ce34acd0–b950–a2c2–ad88–41e0bb491d49.html.

[9] Curley M，Thomas N.Human security and public health in Southeast Asia: The SARS outbreak[J].Australian Journal of International Affairs，2004，58（1）: 17–32.

[10] Endsleigh. The World's Riskiest Travel Destinations[EB/OL]. https://www.endsleigh.co.uk/press–releases/worlds–riskiest–travel–destinations–revealed/.

[11] Helliwell J，Layard R，Sachs J，Huang H，Wang S. World Happiness Report 2017[R].Sustainable Development Solutions Network，2017.

[12] HSBC. Expat Country Guides[EB/OL]. https://www.expatexplorer.hsbc.com/country–guides/thailand.

[13] Jamrisko M，Saraiva C. These Are the World's Most Miserable Economies [EB/OL].https://www.bloomberg.com/news/articles/2018–02–14/most–miserable–economies–of–2018–stay–haunted–by–inflation–beast.

[14] Keogh–Brown M R，Smith R D. The economic impact of SARS: How does the reality match the predictions[J].Health Policy，2008，88（1）: 110–120.

[15] Kontogeorgopoulos N. Tourism in Thailand: Patterns，trends and limitations[J].Pacific Tourism Review，1998: 225–238.

[16] Kovathanakul D. Discover Thainess MICE & Tourism[N].Isaan Biz News，2015–07–15.

[17] Lonely Planet.Lonely Planet's top 10 cities for 2011[EB/OL]. https://www.lonelyplanet.com/articles/lonely-planets-top-10-cities-for-2011.

[18] MasterCard. Big Cities, Big Business: Bangkok, London and Paris Lead the Way in Mastercard's 2018 Global Destination Cities Index[EB/OL]. https://newsroom.mastercard.com/press-releases/big-cities-big-business-bangkok-london-and-paris-lead-the-way-in-mastercards-2018-global-destination-cities-index/.

[19] Legal Responsibility for organizing Zero Fare Tours and Minus Fare Tours[EB/OL].http://tradeinservices.mofcom.gov.cn/article/zhishi/jichuzs/201802/54588.html.

[20] National News Bureau of Thailand [EB/OL]. http://nwnt.prd.go.th/link/en/Core_Values/.

[21] PATA. Thailand Invites International Travellers to "Discover Thainess" With Year-Round Activities[EB/OL]. https://www.pata.org/thailand-invites-international-travellers-to-discover-thainess-with-year-round-activities/.

[22] Pongwiritthon R, Pakvipak P, Kantawongwan B.Foreign Tourists' Behaviors and Marketing Mix towards "Discover Thainess" for Tourism Development Guidelines in the Northern Region of Thailand[J].Journal of Community Development Research 2016, 9（3）: 127-139.

[23] Prashyanusorn V, Kaviya S, Yupapin P. Surveillance system for sustainable tourism with safety and privacy protection[J].Procedia-Social and Behavioral Sciences, 2010, 2（1）: 74-78.

[24] Rittichainuwat B N. Tsunami recovery: a case study of Thailand's tourism[J].Cornell Hotel and Restaurant Administration Quarterly, 2006, 47（4）: 390-404.

[25] Robino D M. Global DestinationCities Index 2019[EB/OL]. https://newsroom.mastercard.com/wp-content/uploads/2019/09/GDCI-Global-Report-FINAL-1.pdf.

[26] Steinmueller A. Social and Economic Impacts of SARS Outbreak in Thailand[J].TDRI Quarterly Review, 2005, 20（1）: 14-22.

[27] Tantisirirak C. Development of Sustainable Tourism along the Asian Highway Network? Exploring Possibilities in the Case of Thailand? [EB/OL]. https://lup.lub.lu.se/student-papers/search/publication/1324813.

[28] TAT.Traditional Thai massage listed as an UNESCO ‘intangible cultural heritage [EB/OL]. https://www.tatnews.org/2019/12/traditional-thai-massage-listed-as-an-unesco-intangible-cultural-heritage/.

[29] Hazy days and Sundays—Bangkok has fifth highest air pollution in the world[EB/OL]. https://thethaiger.com/hot-news/air-pollution/bangkok-haze.

[30] Chiang Mai，Chiang Rai suffer haze and smoke until at least May[EB/OL]. https://thethaiger.com/hot-news/air-pollution/chiang-mai-to-suffer-haze-and-smoke-problems-until-at-least-may-1.

[31] Tourism Authority of Thailand.Thailand——Annual International Tourists Arrival and Outbound Travelling Statistics from 1970 to 2018[EB/OL]. https://intelligencecenter.tat.or.th/articles/20962.

[32] Travel + Leisure. World’s Best Cities 2019[EB/OL]. https://www.travelandleisure.com/worlds-best/cities.

[33] Tuohy T. Chinese ‘zero dollar’ tour companies dodge Thai crackdown – and travel agencies defend the practice[EB/OL].https://www.scmp.com/lifestyle/travel-leisure/article/2130551/chinese-zero-dollar-tour-companies-dodge-thai-crackdown-and.

[34] UNWTO. International Tourism Hilights 2019 [EB/OL]. https://www.unwto.org/publication/international-tourism-highlights-2019-edition.

[35] US News Best Countries. Thailand Statistics，Rankings，News [EB/OL]. https://www.usnews.com/news/best-countries/thailand.

[36] Wattanacharoensil W，Schuckert M. Reviewing Thailand’s master plans and policies：Implications for creative tourism? [J].Current Issues in Tourism，2016，19（10）：1045-1070.

[37] Wolfgang A.China’s Outbound Tourism，2006.

[38] World Bank Group. Doing Business in Thailand[EB/OL].https://www.doingbusiness.org/en/data/exploreeconomies/Thailand.

[39] World Tourism Organization. Methodological Notes to the Tourism Statistics Database，2018 Edition[EB/OL].https://doi.org/10.18111/9789284419647.

[40] WTTC. Travel & Tourism Investment in ASEAN[EB/OL].https://www.wttc.org:443/publications/2016/travel-and-tourism-investment-in-asean/.

[41] WTTC. Travel & Tourism：City Travel & Tourism Impact 2018.

[42] WTTC. Thailand 2019 Annual Research：Key Highlights[EB/OL]. https://www.wttc.org/economic-impact/country-analysis/country-reports/.

[43] WTTC. WTTC Country Analysis[EB/OL].https://www.wttc.org/economic-impact/country-analysis/.

[44] 中国旅游研究院，携程.2017 出境旅游大数据报告 [EB/OL]. http://www.ctaweb.org/html/2018-2/2018-2-26-11-57-78366.html.

[45] Yee T H.Thailand slips deeper into China's embrace[EB/OL].http://www.nationmultimedia.com/detail/opinion/30280982.

[46] 北京晚报.泰国将新冠肺炎列为危险传染病，目前仍处于疫情第2等级，可防可控 [EB/OL].https://www.takefoto.cn/viewnews-2059761.html.

[47] 商业新知.全球新冠疫情日报——2020 年 3 月 5 日 [EB/OL]. https://www.shangyexinzhi.com/article/details/id-548490/.

[48] 新华社.世界卫生组织发布新型冠状病毒感染的肺炎疫情为国际关注的突发公共卫生事件 [EB/OL].http://www.xinhuanet.com/world/2020-01/31/c_1125514295.htm.

[49] 泰国头条新闻.巴育总理率团视察素万那普机场防疫工作 [EB/OL].www.thaiheadlines.com. https://www.thaiheadlines.com.

# 东盟各国华侨华人与中国文化旅游业发展

张坚　黄琼　张镇昌　蒋瑜

**摘要：**近年来，随着中国国际地位的提高和“一带一路”的推进，中国与东盟十国的交流合作取得进一步发展。2019年是文旅融合的开局之年，也是“中国—老挝旅游年”、“中国—柬埔寨文化旅游年”、中马建交45周年和中国与印度尼西亚达成全面战略伙伴关系的第五年，中国与东盟各国以此为契机举行了一系列的官方和民间文化与旅游交流活动，深化双方的密切交往。广东、福建、广西、海南、云南作为中国五大侨乡，是东盟华侨华人的主要祖籍地，2019年与东盟各国各地区华侨华人在“中国寻根之旅”夏（秋/冬）令营、华文教育研修、经贸合作与文化游学等方面的交流互动活动开展得丰富多彩。

**关键词：**东盟；华侨华人；中国五大侨乡；文化与旅游

东盟十国华侨华人人数众多，截至2019年，共有3700多万人，其祖籍地以中国的广东、福建、广西、海南、云南五大省（区）为主。东盟十国的侨情，既有传统侨居国的一些共同特点，又有因各国国情间的差异而显示出的各自特色。近年来，随着中国与东盟各国经贸往来不断加深，中国文学、书法、中医、太极拳、中餐等在东盟各国得到广泛传播；华文教育迎来新的发展机遇，在所在国得到重视和发展；中国与东盟各国文化交流合作机制不断加强，多次举办“中国寻根之旅”夏（秋/冬）令营等活

张坚，桂林旅游学院发展规划处处长，教授，研究方向为东南亚华人华侨史。
黄琼，广西民族大学2020级文物与博物馆专业研究生，研究方向为广西华侨史、文化遗产。
张镇昌，贵港市高级中学历史教师，硕士，研究方向为广西地方史、华人华侨史。
蒋瑜，广西师范大学2019级专门史专业研究生，研究方向为明代区域社会史、华人华侨史。

动；2019 年妈祖金身赴新加坡、菲律宾“巡安”，进一步密切了中国与东盟文化信仰等方面的联系。

2019 年是中国—东盟落实“2030 愿景”的开局之年。在这一年，中国与东盟的交流合作取得进一步发展，人员交流更加频繁，经贸合作日益拓宽，文化旅游丰富多元。1 月，柬埔寨首相洪森对中国进行了国事访问；4 月，第二届“一带一路”国际合作高峰论坛在北京举行，东盟十国领导人和东盟秘书处负责人集体出席；5 月，柬埔寨国王西哈莫尼来华参加亚洲文明对话大会；8 月，菲律宾总统杜特尔特在时隔四个月后再度来华进行访问；11 月，中国与东盟国家领导人联合对外发布了《关于“一带一路”倡议同〈东盟互联互通总体规划 2025〉对接合作的联合声明》《中国—东盟智慧城市合作倡议领导人声明》《深化中国—东盟媒体交流合作的联合声明》等重要文件[1]。

中国—东盟经贸往来关系在 2019 年实现了新的突破，中国—东盟自贸区升级《关于修订〈中国—东盟全面经济合作框架协议〉及项下部分协议的议定书》全面生效，双方经贸投资规模再创新高。2019 年，中国—东盟贸易额达到 6415 亿美元，增长 9.2%，高于中国对外贸易平均增速，在中国前三大贸易伙伴（欧盟、东盟、美国）中增速最快，东盟历史性地成为中国第二大贸易伙伴[2]。中国已连续 12 年成为东盟的第一大贸易伙伴，其中，中国是菲律宾最大贸易伙伴、第一大进口来源国和第三大出口市场，是越南最大的进口来源国和第四大出口对象国，是老挝最大的投资来源国和第二大贸易伙伴国，是缅甸第一大外贸伙伴、第一大外资来源国和缅甸外国游客最大来源国，是印度尼西亚的第一大贸易伙伴、第三大投资来源地和印度尼西亚最大的外国游客来源国。

1 张柏漪.2019年中国—东盟关系发展取得长足进展，为2020年双边合作深化奠定基础.

2 杨秋.中国—东盟贸易将获新发展.

2019年是中国—东盟媒体交流年，也是文旅融合的开局之年[1]。双方以此为契机，通过部长级会议、论坛研讨、人员培训、文明对话、艺术展演、主题年（如文化旅游年）等形式开展合作与交流，增进了对彼此文化的了解和欣赏，加深了双方友谊。中国与东盟十国签署了教育交流合作协议，与印度尼西亚、马来西亚、菲律宾、泰国、越南等国签署了互认学历学位协议。双方互派留学生人数超过20万，中国高校开设了东盟十国官方语言专业，东盟国家建有38所孔子学院（截至2019年11月）。中方着手打造“中国—东盟菁英奖学金”人文交流旗舰项目，开展“未来之桥”中国—东盟青年领导人千人研修计划，实施“中国—东盟健康丝绸之路人才培养项目（2020—2022）”，计划为东盟培养1000名卫生行政人员和专业技术人员。自2008年以来，中国—东盟教育交流周已经连续举办12届，逐渐发展成为中国与东盟国家教育合作和人文交流的重要平台。2006年以来，中国—东盟文化论坛已成功举办14届，在文化产业、艺术创作、文化遗产、公共服务、节庆活动、艺术教育等领域拓展了对话与合作空间。中国在东盟国家已设立7个文化中心，中国—东盟博览会、欢乐春节、亲情中国、寻根之旅等品牌深受东盟地区人民欢迎，汉语热在东盟持续升温[2]。

中国与东盟互为重要旅游客源国和目的地。2019年双方人员往来突破6000万人次大关，平均每周约4500个航班往返于中国和东盟国家之间[3]。其中，泰国共接待外国游客3980万人次，而中国游客达1100万人次，超过全年入境游客的1/4。2019年也是“中国—柬埔寨文化旅游年”。中国连续多年成为柬埔寨最大海外游客来源地，前10个月，中国访柬游客

1 卢羡婷，黄庆刚.开启中国—东盟合作新起点——写在第16届中国—东盟博览会、中国—东盟商务与投资峰会闭幕之际.

2 《中国—东盟关系（2020年版）》。

3 同1。

已突破202万人次，同比增长24.4%，占外国游客总量的38.3%[1]。越来越多的中国人赴东盟各国来一场“说走就走的旅行”。

## 一、东盟各国侨情及其与中国文旅交流概况

### （一）新加坡侨情及中新文旅交流概况

新加坡是以华人为主体民族的国家，截至2019年6月，全国人口约为570万人，其中华人占75%左右，其余为马来人、印度人和其他民族[2]。大多数新加坡华人祖先源于福建、广东和海南省，其中约40%是闽南人，其次为潮汕人、广府人、莆田人、海南人、福州人、客家人。新加坡是一个多元文化的移民国家，促进种族和谐是该国政府治国的核心政策。自1965年建国以来，新加坡以稳定的政局、廉洁高效的政府而著称，其经济模式被称为“国家资本主义”。2019年11月，新加坡位列“2019年全球城市经济竞争力榜单”第三，“2019年全球可持续竞争力榜单”第一。据新加坡国际企业发展局统计，2019年1—9月，新加坡货物进出口额为5558.8亿美元，比上年同期（下同）下降4.1%。其中，出口2895.1亿美元，下降5.7%；进口2663.7亿美元，下降2.2%。贸易顺差231.4亿美元，下降33.3%。同一时期，中国与新加坡双边货物进出口额为731.4亿美元，同比下降1.4%[3]。

### （二）马来西亚侨情及中马文旅交流概况

马来西亚是一个多元民族、多元文化的国家。马来西亚在20世纪90年代经济发展突飞猛进，为“亚洲四小虎”国家之一，现已成为亚

1 2019年“中国—柬埔寨文化旅游年”[EB/OL].https://m.haiwainet.cn/middle/3542291/2019/1230/content_31690802_1.html.

2 新加坡2019年人口简报[EB/OL].https://www.yan.sg/20109nianxinjiaporenkoujianbaochulu/.

3 2019年1—9月新加坡货物贸易概况。

洲地区引人注目的多元化新兴工业国家和世界新兴市场经济体。根据CEOWORLD杂志报道，马来西亚被誉为2019年世界上最适合投资和开展业务的国家之一。

据中国外交部网站资料显示，截至2020年5月，马来西亚人口3268万人，其中马来人占比69.1%，华人占比23%（约751.6万），印度人占比6.9%，其他种族占比1.0%[1]。自1957年独立以来，华族人口比率不断降低，2019年减小至22.8%[2]，目前马来西亚华人是马来西亚的第二大族裔，华人族群的祖先大多是福建人、广东人、广西人和海南人。

2019年是中马建交45周年。两国以此为契机举行了一系列的官方和民间文化与旅游交流活动，双方达成共识并宣布2020年为“中马文化旅游年”。2019年8月27日，马来西亚华校董事联合会总会2019年华文教育交流访华团到华南师范大学访问，双方就举办教师教育专业课程短期研修班（中国）以及在马来西亚开设研究生硕士课程等内容进行了深入探讨，在留学生招生推荐、教师教育专业课程培训方面初步达成共识。

### （三）泰国侨情及中泰文旅交流概况

泰国是世界新兴工业国家和世界新兴市场经济体之一。目前，泰国的华侨华人总数在700万左右，约占泰国总人口的12%，其中华侨约30万人。他们聚居在曼谷、清迈、合艾等大中城市，其中京畿地区尤为集中。泰国华侨华人中广东籍人占80%以上，粤籍人中又以潮汕籍人为最[3]。1975年7月1日，中泰两国正式建交，建交后两国各领域友好合作关系全面、顺利发展。2012年4月，中泰两国建立全面战略合作伙伴关系，泰国是东

1 马来西亚国家概况[EB/OL].https://www.fmprc.gov.cn/web/gjhdq_676201/gj_676203/yz_676205/1206_676716/1206x0_676718/.

2 李圣衣.马媒：马来西亚人口约3260万，华裔比例较2018年减少.

3 泰国华侨华人概况[EB/OL].https://www.chinaqw.com/node2/node2796/node2882/node2893/userobject6ai238062.html.

盟成员国中第一个与中国建立战略性合作关系的国家。2019 年 7 月，华人企业家王霞[1]接受《美丽中华行》栏目融媒体记者专访时，她表示，“中泰一家亲，加强中泰两国在文化、旅游、投资等领域的合作交流是我一直以来所奋斗的目标之一，希望我能成为中泰两国文化旅游交流推动者”。2019 年，泰国共接待外国游客 3980 万人次，其中中国游客达 1100 万人次，超过全年入境游客的 1/4，比 2017 年的 950 万人次增加 100 多万人次[2]。

### （四）菲律宾侨情及中菲文旅交流概况

菲律宾位于亚洲东南部，是一个群岛国家。2019 年，菲律宾人口为 1.2 亿人，华人为 200 多万人，菲律宾华人中约 9/10 为福建籍，居住相对集中，使用闽南方言。菲律宾侨团历史悠久且数量很多，现全国有大小侨团 3000 余个。2018 年 11 月，中国国家主席习近平成功对菲律宾进行国事访问，与菲律宾总统杜特尔特共同见证中菲两国政府《文化合作协定 2019 年至 2023 年执行计划》的签署，为今后一段时期两国在文化领域的交流与合作做出了规划。2019 年是五年执行计划的第一年，中菲两国经贸关系快速发展，中国已成为菲律宾最大贸易伙伴、第一大进口来源国和第三大出口市场。

2019 年 4 月 1 日，“中国寻根之旅”菲律宾华裔学生学中文夏令营在华侨大学厦门校区举行开营仪式，940 名菲律宾华裔青少年齐聚一堂，开启近两个月的文化寻根和中文学习之旅。2019 年，菲律宾全年共接待游客 800 多万人次，其中 174 万人次来自中国大陆，较 2018 年增长了 38.58%。2019 年 7 月 26 日，“一带一路”中国菲律宾人文交流与经济合作论坛在菲律宾首都马尼拉举行，来自中菲两国经济、交通、媒体、文化等领域的近 300

1 王霞，王霞科技（泰国）有限公司、泰国村品牌创始人。

2 王真真.泰国今年外国游客量预计减少65%至1400万人次[EB/OL].https://www.bjnews.com.cn/.

名嘉宾共聚一堂，为两国人文交流与经济合作共同出谋划策[1]。

### （五）印度尼西亚侨情及中印尼文旅交流概况

华人是印度尼西亚的主要族群之一，总数近1000万人，约占印度尼西亚总人口的5%，印度尼西亚华人的祖籍地主要是福建省和广东省。

2019年是中国与印度尼西亚达成全面战略合作伙伴关系的第五年，也是双方携手共建“一带一路”的第五个年头。印度尼西亚较早响应中国“一带一路”倡议，与中国在战略对接、经贸合作、人文交流等交往密切。截至2019年年底，中国已成为印度尼西亚的第一大贸易伙伴，双方贸易一直平稳、平和、可持续发展。同时，中国是印度尼西亚第三大投资来源地，也是印度尼西亚最大的游客来源国。2019年6月28日，首届“中国·印度尼西亚文旅投资产业峰会”在印度尼西亚最著名的旅游胜地巴厘岛举行，此次峰会成为文旅行业在巴厘岛有史以来举办的规模最大的国际活动之一，有力地助推了中国文旅产业走向广阔的海外市场。

中国和印度尼西亚两国的文化交流日益密切，2019年10月27日，印度尼西亚2019年汉语水平考试（HSK）在全国十几个考点同时进行，有9516名印度尼西亚学生参与考试。12月14—26日，2019中华文化大乐园——印度尼西亚雅加达营圆满举行，参加活动的有来自全印度尼西亚25所中小学的100多名学生。闭营仪式当天，学员们参加最后一个活动环节——户外文化考察活动，到茂物山清水秀的田园露营，感受印度尼西亚风土风情、文化习俗与中华文化的交融。

### （六）越南侨情及中越文旅交流概况

“一带一路”推动着中国与越南在商贸、物流等方面建立更加紧密的联系，作为邻国，越南从中获益颇多。据统计，近年来越南通过跨境劳务

1　印度尼西亚华侨华人概况[EB/OL].https://www.chinanews.com/hr/491/2014-10-16/1.shtml.

合作试点进入中国务工者近30万人次。目前，中国是越南最大的进口来源国，同时也是越南第四大出口对象国。2019年，中越两国实现了双边贸易额突破1200亿美元的目标，双方还达成了共建跨境经济合作区、跨境旅游合作区等重要共识。

近年来，中越文化和旅游合作持续深入推进，两国文化主管部门连续27年累计签署12份合作执行计划。中国连续10多年成为越南最大客源国，2018年中越双向旅游交流规模超过1000万人次。越南旅游总局与中国四川、浙江等中国多省、市签署了合作备忘录，两国在文化产业、艺术教育、旅游等各领域开展了全方位交流与合作，不断为两国全面战略合作伙伴关系注入新活力。

### （七）老挝侨情及中老文旅交流概况

2018年老挝人口为706万人，华侨华人约3万人，主要聚居在首都万象和沙湾那吉、巴色、琅勃拉邦等省会城市。老挝华侨华人主要来自云南、广东、福建等地，大多数从事餐饮、旅社、服装、食品加工、日用百货、土产、酿酒、碾米、锯木、机械维修等传统行业。近年来老挝华侨华人所从事的行业也开始从传统行业转向银行、酒店等第三产业。

2000年中（国）老（挝）确立“长期稳定、睦邻友好、彼此信赖、全面合作”的外交合作方针，2009年两国关系提升为全面战略合作伙伴关系。2019年4月，习近平总书记同老挝本扬总书记签署《中国共产党和老挝人民革命党关于构建中老命运共同体行动计划》。近年来，在“一带一路”倡议的影响下，中国和老挝经贸合作不断扩大。2019年1–7月，两国贸易平稳增长，双边贸易额达22亿美元，同比增长14.3%，增幅在东盟国家中排名第三。目前，中国已经成为老挝最大的投资来源国、第二大贸易伙伴国[1]。

2019年1月25日“中国—老挝旅游年”在老挝首都万象开幕。中老

1　中华人民共和国驻老挝共和国大使馆经济商务处.2019年1—7月中国与老挝双边贸易总额同比增长14.3%.

双方签署合作文件，举办贯穿全年的旅游推介、论坛、培训、文艺演出、美食推介等交流与合作项目，促进中老双向旅游人数增长。12 月 31 日上午，老挝在首都万象瓦岱国际机场迎来 2019 年第 100 万位中国游客。

### （八）柬埔寨侨情及中柬文旅交流概况

柬埔寨是“一带一路”沿线重要支点国家，中国的“一带一路”与柬埔寨的“四角战略”对接密切。柬埔寨人口约 1600 万人，其中高棉族占总人口的 80%，华人华侨约 110 万人[1]。祖籍主要是广东、海南和福建省，其中广东潮汕人约占 70%，广肇、客家籍人次之。

2019 年是“中国—柬埔寨文化旅游年”。中国连续多年成为柬埔寨最大海外游客来源地，2019 年前 10 个月，中国访柬游客已突破 202 万人次，同比增长 24.4%，占外国游客总量的 38.3%[2]。中柬两国文旅部门合作举办了“感知中国 · 江苏文化周”、澜沧江—湄公河文化旅游交流暨中老柬历史古迹自驾游、第四届中柬优秀电影巡映等丰富多彩的文化旅游交流活动，让柬埔寨民众近距离感受中国文化。同时，柬埔寨国家博物馆赴华参加“丝绸之路国家博物馆文物精品展”“亚洲文明联展”等活动。

2019 年 8 月 28 日，中国国务院侨办赴柬埔寨的 91 位公派教师全部由广西选派。2019—2020 年，广西共派出 142 位优秀华文教师分赴菲律宾、泰国、柬埔寨、老挝和印度尼西亚 5 个东南亚国家的 39 个华校执行支教任务。

### （九）缅甸侨情及中缅文旅交流概况

截至 2019 年，缅甸华侨华人总数为 300 多万人，约占缅甸总人口的 5%。2019 年 2 月，第二届中缅经济走廊论坛在中国云南昆明召开。4 月，缅甸国务资政昂山素季来华出席第二届“一带一路”国际合作高峰论坛和北京世园会开幕式。目前，中国已成为缅甸第一大外贸伙伴和第一大外资

1　柬埔寨国家概况[EB/OL].https://www.fmprc.gov.cn/web/gjhdq_676201/gj_676203/yz_676205/1206_676572/1206x0_676574/.

2　中国侨网.2019年中国访柬埔寨游客全年预计超过250万人次.

来源国，并成为缅甸外国游客最大来源国。2019 年 1—5 月，中缅双边贸易额为 73.4 亿美元，同比增长 5.8%[1]。

2020 年是中缅建交 70 年，中缅关系在互尊、互信、互助的基础上不断发展。2019 年 3 月 3 日，缅甸华文教师汉语言文化培训班在华文学院开启。6 月 3 日，“中国旅游文化周”系列活动在缅甸仰光拉开帷幕。12 月 13 日，缅甸华文学校代表团一行到访云南华文学院，并进行座谈交流，双方探讨了中缅友好背景下由最初单纯传播中华文化转型为“汉语 + 职业”模式，为当地培养更多的技能型、实用型人才，不断满足当地学生的就业需求。

### （十）文莱侨情及中文（莱）文旅交流概况

文莱位于加里曼丹岛西北部，是一个以原油和天然气为经济支柱的国家，两者收入占整个国家国内生产总值的 50%。2018 年文莱总人口为 42.27 万人，华人占 10.2%，祖籍多为闽、粤两省，主要为大小金门人、客家人和潮州人。2019 年 12 月 31 日文莱发表声明说，文莱和中国将启动 2020 年“中国—文莱旅游年”，以进一步推动两国旅游合作和人文交流。中国是文莱最大游客来源地之一，文莱对中国旅游团组实行 72 小时落地签证。2018 年文莱接待中国游客 65563 人次，同比增幅达 21.1%。2019 年 1—7 月，文莱接待中国游客 4.3 万人次，创同时期历史新高。中国也是文莱最大贸易伙伴之一，文莱致力于持续扩大双边贸易。两国经贸合作潜力巨大，中国将进一步深化与文莱的互利友好合作，服务两国友好关系大局和人民福祉。

## 二、东盟各国华侨华人与中国五大侨乡的文化旅游业发展

2019 年，随着中国“一带一路”建设的推进，东盟各国华侨华人与中国的联系进一步增强，尤其是与中国广东、福建、广西、海南和云南这

1　杨煜.中国同缅甸的关系.

五大侨乡在进出口贸易、对外投资、外派教师、旅游交流、来华留学等领域的交流合作不断升温。2019年，东盟各国的华侨华人人数有所增长，增长部分多数来自广东、福建等传统侨乡省份。这一年，东盟十国延续或制定了相应的经济政治文化政策，响应中国“一带一路”倡议，积极融入，成果显著。双方交流合作的加强，促进了中华文化的传播、华文教育的繁荣、文化旅游的兴盛，使双方联系更加紧密。总体而言，十国侨情稳中有变，老侨坚守文教阵地，新侨重在商业开拓。随着东盟各国的进一步改革、发展、开发，中国与上述地区国家的联系不断增强，双方之间的交流合作不断向纵深处拓展。

### （一）2019年东盟各国华侨华人与广东的文化旅游业发展

#### 1. 广东省侨情

广东省是中国重点侨乡，海外侨胞和归侨侨眷众多，有3000多万海外侨胞，占全国海外侨胞人数一半以上，分布在世界160多个国家和地区；在东南亚地区，主要分布在印度尼西亚、泰国、马来西亚、新加坡、柬埔寨和越南等国。广东省内约有8.8万归侨、3000多万侨眷，主要集中在珠江三角洲、潮汕平原和梅州等侨乡地区以及23个华侨农场。侨资企业众多，据有关资料数据估算，广东有侨资企业超过6万家，占全省外资企业总数6成之多[1]。

2019年，东盟各国华侨华人与广东省共同开展华文教育和举办中华文化活动不断增多。广东作为著名侨乡，对东盟各国华侨华人的吸引力不断增强，联系更广泛、来往更密切、合作交流更频繁[2]。

#### 2.“中国寻根之旅”夏（冬）令营

海外华裔青少年“中国寻根之旅”夏（冬）令营活动创建于1999年，

1 广东省人民政府门户网站。

2 同1。

是国务院侨务办公室和中国海外交流协会为帮助华裔青少年交流而在寒暑假间举办的大型综合活动。

2019 年，广东侨办、侨联成功承办了 12 期海外华裔青少年“中国寻根之旅”夏（冬）令营，吸引了 900 多名华裔青少年回到广东接受寻根教育和华文教育。营员们主要来自东南亚的马来西亚、泰国、老挝、越南等。主要的办营地为广东江门市、河源市、汕头市和暨南大学华文学院。夏（冬）令营一般进行 10 天，以寻根问祖、艺术课学习、参观体验（游览）为主（见表 1）。

表1　2019年广东与东盟“中国寻根之旅”夏（冬）令营活动

| 序号 | 活动名称 | 活动时间 | 活动地点 | 人数（人） | 营员来源国家、地区 |
|---|---|---|---|---|---|
| 1 | 2019“中国寻根之旅”冬令营（江门营） | 1月11日 | 广东江门 | 100 | 马来西亚 |
| 2 | 2019年海外华裔青少年“中国寻根之旅·大学时光”夏令营（暨南大学营） | 7月6日 | 暨南大学华文学院 | 65 | 俄罗斯、老挝、美国等 |
| 3 | 2019年“中国寻根之旅”暨南大学岭南文化交流夏令营 | 7月29日 | 暨南大学华文学院 | 300 | 老挝、越南、泰国等11国 |
| 4 | 2019年海外华裔青少年“中国寻根之旅·大学时光”夏令营 | 8月7日 | 暨南大学华文学院 | — | 泰国等7国 |
| 5 | 2019年“中国寻根之旅·风韵南粤”夏令营第二期 | 8月10日 | 暨南大学华文学院 | 100 | 荷兰、日本等国 |
| 6 | 2019年“中国寻根之旅·风韵南粤”夏令营 | 8月17日 | 广东河源 | 30 | 马来西亚 |
| 7 | 2019年“中国寻根之旅·大学时光”秋令营1 | 10月3日 | 暨南大学华文学院 | 91 | 泰国 |
| 8 | 2019年海外华裔青少年“中国寻根之旅·大学时光”秋令营2 | 10月12日 | 暨南大学华文学院 | — | — |
| 9 | 2019年“中国寻根之旅·风韵南粤”冬令营 | 11月25日 | 暨南大学华文学院 | 40 | 马来西亚 |
| 10 | 2019年海外华裔青少年“中国寻根之旅·大学时光”冬令营2 | 12月1日 | 暨南大学华文学院 | 66 | 马来西亚 |
| 11 | 2019年“中国寻根之旅·大学时光”冬令营3 | 12月15日 | 暨南大学华文学院 | 100 | 马来西亚新西兰 |
| 12 | 2019年“中国寻根之旅·风韵南粤”冬令营（汕头营） | 12月19日 | 广东粤东技师学院 | 40 | 马来西亚 |

资料来源：中国新闻网、中国侨网、广东侨网、暨南大学华文学院网等。

暨南大学是一所有100多年悠久历史的侨校，长期以来一直致力于传播中华文化。在以上12期的“中国寻根之旅”活动中，除2019“中国寻根之旅”冬令营在江门市举行、2019年“中国寻根之旅·风韵南粤”夏令营在河源市举行和2019年“中国寻根之旅·风韵南粤”冬令营（汕头营）在广东省粤东技师学院举行外，其余9期“寻根之旅”都是在暨南大学华文学院举行，充分发挥了其华文教育基地的作用。

广东省侨办、侨联专门制订了严密的教学计划和课程规划，精选教学材料，抽调有丰富教学经验的教师，开设汉语、书法、音乐、舞蹈、武术、剪纸、绘画等课程，并派特级教师讲解中国历史文化、侨乡的风土人情和华侨源流等。营员们积极学习中国历史、传统礼仪和汉语知识，参加汉语交流、手工制作、民族舞蹈、中国武术、书法、茶艺、纸艺、草编、泥塑、竖笛等文化体验活动。其间，营员们还前往广州、深圳、佛山、花都、清远等地参观孙中山故居、百年名校暨南大学、广东省华侨华人博物馆、广东海上丝绸之路博物馆、中华民俗文化村、南风古灶、祖庙等富有南粤特色的文化场所，领略博大精深的中华文化，欣赏秀美壮丽的山河风光，感受中国改革开放与现代化建设的伟大成就。

3. 华文教育研修活动

随着中国在国际上的地位不断提高，中文的影响力越来越大，许多华裔青少年开始学习中华语言和传统文化。2019年，广东省通过汉语课程教学、文化讲座以及文化考察等多种形式为华侨华人师生提供培训，提升海外华文教师和学生的汉语能力与水平（见表2）。

表2　2019年广东与东盟华文教育交流活动

| 序号 | 项目名称 | 实施时间 | 实施地点 | 参与国家及群体 |
|---|---|---|---|---|
| 1 | 2019华侨华人广东文化行暨海外华教高层研习班 | 9月23—29日 | 暨南大学华文学院 | 海外华侨华人 |
| 2 | 第十四届2019年度（马来西亚）全国华小华语讲故事比赛 | 11月11日 | 马来西亚 | 马来西亚 |

续表

| 序号 | 项目名称 | 实施时间 | 实施地点 | 参与国家及群体 |
|---|---|---|---|---|
| 3 | 新加坡华艺青少年语言文化活动营 | 11月19日 | 暨南大学华文学院 | 新加坡 |
| 4 | 2019年海外华文教师研习班 | 12月3日 | 汕头大学 | 泰国 |
| 5 | 2019海外中文教师中华经典诵写讲研修活动 | 12月26日 | 暨南大学华文学院 | 海外华侨华人 |

资料来源：中国新闻网、中国侨网、广东侨网、暨南大学华文学院网。

4. 文化游学活动

2019 年，广东省利用自身的历史、文化、旅游资源，借助粤港澳大湾区建设的契机，加强与海外华侨华人特别是与东盟国家华侨华人文旅交流合作，双方开展了十几次文化游学活动（见表 3）。

表3　2019年广东与东盟文化游学活动

| 序号 | 活动名称 | 实施时间 | 实施地点 | 参与国家及群体 |
|---|---|---|---|---|
| 1 | 泰国皇家理工大学留学生到广东岭南师范学院学习交流 | 4月15日 | 广东岭南师范学院 | 泰国 |
| 2 | 2019“中柬文化旅游年”两国乒乓球联谊赛 | 5月4日 | 柬埔寨金边 | 柬埔寨 |
| 3 | 泰中东南亚华人华侨（潮学）研究所曼谷揭牌 | 6月19日 | 泰国曼谷 | 泰国 |
| 4 | 深圳市第二届侨界名家艺术邀请展 | 8月13—23日 | 广东深圳 | 海外华侨华人 |
| 5 | 江门华侨华人文化交流合作暨粤港澳青年文化创意发展大会 | 11月14日 | 广东江门 | 海外华侨华人 |
| 6 | 2019“中华文化大乐园”老挝万象营 | 11月17—30日 | 老挝寮都公学 | 老挝 |
| 7 | “亲情中华 · 风韵南粤”——第八届（广州）华人文化艺术节 | 12月3日 | 广东广州 | 海外华侨华人 |
| 8 | 广东侨联“亲情中华”文艺团访问马来西亚 | 12月3—7日 | 马来西亚 | 马来西亚 |
| 9 | 2019中国文化行“一带一路”完美广东冬令营 | 12月6—20日 | 广东 | 马来西亚 |
| 10 | 暨南大学 · 张原天中华文化传播大赛 | 12月14日 | 暨南大学 | 新加坡 |
| 11 | 潮州市第十二次归侨侨眷代表大会 | 12月26日 | 广东潮州 | 海外华侨华人 |
| 12 | 广东省第十一次归侨侨眷代表大会 | 12月30日 | 广东广州 | 海外华侨华人 |

资料来源：中国新闻网、中国侨网、广东侨网、暨南大学华文学院网等。

5. 交流访问活动

"亲戚越走越近，朋友越走越亲"，海外联谊是一种表达态度的主动方式，是侨乡亲情文化的保鲜剂。2019 年，广东省与东盟交流访问活动频繁，有关人员多次见面，叙亲情，谋发展（见表 4 ）。

表4　2019年广东与东盟交流访问活动

| 序号 | 项目名称 | 访问时间 |
|---|---|---|
| 1 | 马来西亚客家公会联合会总会长、世界客属第30届恳亲大会主席张润安率团到访河源市 | 1月9日 |
| 2 | 马来西亚河源同乡会总会长谭育良先生一行到河源市访问交流 | 1月21日 |
| 3 | 新加坡南洋理工大学副教授邝保华博士和佛山市引进海外高层次人才工作站新加坡站站长钟腾芳博士到访佛山 | 2月27日 |
| 4 | 马来西亚客家联合总会永久荣誉会长、市侨联荣誉主席吴德芳率访问团到河源市考察交流 | 4月2日 |
| 5 | 广东省侨办主任庞国梅率团访问泰国和马来西亚 | 4月20—27日 |
| 6 | 马来西亚董总署理主席陈友信率领2019年华文教育交流访华团到访广东省侨办 | 8月26日 |
| 7 | 暨南大学海外华语研究中心主任郭熙教授、华文教育研究院院长助理杨万兵副教授及华文学院办公室副主任李洁麟博士一行赴泰国曼谷等地开展华语传承田野调查 | 12月27日 |

资料来源：中国新闻网、中国侨网、广东侨网、暨南大学华文学院网等。

6. 经贸合作活动

2019 年，广东省侨联与省政府努力发挥桥梁纽带作用，通过举办"智博会""文博会""侨交会""海丝会""加博会"等系列活动，为海外侨商到广东投资发展服务，增进广东省与东盟国家侨商间的经济贸易往来，为促进双方经贸合作、文旅交流夯实基础（见表 5 ）。

表5　2019年广东与东盟经贸合作活动

| 序号 | 项目名称 | 时间 | 举办城市 | 参与国家及群体 |
| --- | --- | --- | --- | --- |
| 1 | 第五届广东国际机器人及智能装备博览会（“智博会”） | 5月8日 | 广东东莞 | 新加坡 |
| 2 | 第十五届中国（深圳）国际文化产业博览交易会（“文博会”） | 5月16—20日 | 广东深圳 | 海外华侨华人 |
| 3 | 马中友谊园在东莞植物园举办开园活动 | 6月28日 | 广东东莞 | 马来西亚 |
| 4 | 第五届华人华侨产业交易会（“侨交会”） | 8月13—15日 | 广东深圳 | 马来西亚、泰国、菲律宾 |
| 5 | 2019广东21世纪海上丝绸之路国际博览会、第27届广州博览会 | 8月26—29日 | 广东广州 | 海外华侨华人 |
| 6 | 广东省第八届粤东侨博会 | 11月16日 | 广东汕尾 | 海外华侨华人 |
| 7 | 第十届世界惠州（府署）同乡恳亲大会（“世惠会”） | 11月29日 | 广东惠州 | 海外华侨华人 |
| 8 | 2019年天下潮商经济年会暨柬埔寨投资峰会 | 12月3日 | 柬埔寨金边 | 柬埔寨 |
| 9 | 2019中国文化行“一带一路”完美广东冬令营 | 12月6—20日 | 广东 | 马来西亚 |

资料来源：中国新闻网、中国侨网、广东侨网、暨南大学华文学院网。

## （二）2019 年东盟各国华侨华人与福建的文化旅游业发展

### 1. 福建侨情

福建是全国重点侨乡和台湾同胞的主要祖籍地。全省有海外华侨华人 1580 万人，分布在世界 188 个国家和地区。祖籍福建的港澳同胞 124 万人，归侨侨眷 530 万人以上。全省各级侨联与海外近百个国家及我国港澳台地区的 2000 多个社团建立了关系。其中，老侨方面，福建老侨主要集中在东南亚国家（马来西亚、印度尼西亚、菲律宾、新加坡等），约占总数的 78%，以泉州、福州、漳州籍为主。新侨方面，改革开放以后出国定居的闽籍华侨华人约 110 万，分布在世界 156 个国家和地区。台湾方面：约 80% 的台湾同胞祖籍在福建。福建侨联与台湾岛内的中华侨联总会、台湾华侨协会总会、中国国民党归侨联谊会三大侨团，印、泰、缅等七个归侨协会，以及 100 多个闽籍社团、100 多个宗亲会都有着密切的联系。[1]

1　https://fjsql.fqworld.org/qlgk/index.jhtml.

2. “中国寻根之旅”夏（冬）令营活动

中国政府和海外侨胞高度重视华裔新生代的华文教育。福建积极参与华文教育，既“请进来”，又“派出去”，对于唤起华裔新生代的桑梓情怀产生了积极作用。

“请进来”就是筹办华裔青少年夏（冬）令营活动。2019 年，福建成功承办了 10 期“中国寻根之旅”夏（冬）令营，吸引了来自马来西亚、印度尼西亚、菲律宾等国家华裔青少年到福建参与活动（见表 6）。

表6　2019年福建“中国寻根之旅”夏（冬）令营活动

| 序号 | 活动名称 | 活动时间 | 活动地点 | 参与国家及群体 |
|---|---|---|---|---|
| 1 | 第四届华裔青少年“中国寻根之旅”冬令营 | 1月28日 | 福建晋江 | 马来西亚 |
| 2 | 2019年“寻根之旅”夏令营——菲律宾华裔青少年福建师大营 | 5月30日 | 福建师大 | 菲律宾 |
| 3 | 2019年“寻根之旅”夏令营——印度尼西亚华裔青少年福建南安营 | 6月17日 | 福建南安 | 印度尼西亚 |
| 4 | 2019年第一期“寻源祖地看福清”海外华裔青少年夏令营 | 6月18日 | 福建福清 | 印度尼西亚 |
| 5 | “亲情中华”印度尼西亚华裔青少年夏令营 | 6月25日 | 福建莆田 | 印度尼西亚 |
| 6 | 2019年海外华裔青少年学生“中国寻根之旅”夏令营（厦门同安营） | 7月9日 | 福建厦门 | 海外华侨华人 |
| 7 | 追梦中华福建行——2019年华侨子弟“寻根之旅”夏令营（福建致公营） | 7月22日 | 福建福州 | 泰国、英国、阿根廷 |
| 8 | 2019年海外华裔青少年“寻根之旅”冬令营（福建屏南营） | 12月2日 | 福建屏南 | 马来西亚 |
| 9 | 中华姓氏文化寻根之旅——走进福建 | 12月16日 | 福建厦门 | 海外华侨华人 |
| 10 | “寻根之旅”冬令营（南安营） | 12月23日 | 福建南安 | 印度尼西亚 |

资料来源：中国新闻网、中国侨网、福建侨网、华侨大学华文学院网等。

福建“中国寻根之旅”夏（冬）令营以“汉语·文化·寻根”为主题。活动期间，营员们学习汉语口语、国画、书法、武术、闽南风俗等中华文化课程，参观考察福建、厦门、泉州、南安的人文名胜，感悟叶飞、李光前、黄仲咸、陈水俊等老一辈华侨先贤的无私奉献精神。通过文化学习、实地感悟、学生结对联谊等活动，挖掘福建姓氏文化、祠堂文化的魅力，海外华裔青少年体会到了中国文化的博大精深，加强了与故乡的情感。

3. 华文教育活动

“派出去”就是外派华文教师。2004 年，中国国家汉办启动了汉语教师志愿者项目。从 2005 年起，华侨大学和泉州师范学院选派汉语教师志愿者赴国外任教，至今已有 15 个年头。截至 2019 年 9 月，已有 600 余名汉语教师志愿者奔赴 40 个国家，支教地区以东南亚为主，支教范围覆盖大学、中学、小学及幼儿园（见表 7）[1]。

表7　2019年福建与东盟华文教育交流活动

| 序号 | 活动名称 | 活动时间 | 活动地点 |
|---|---|---|---|
| 1 | 2019年菲律宾华裔学生学中文夏令营 | 4月1日 | 福建华侨大学 |
| 2 | 第十四届外国政府官员中文学习班结业典礼 | 7月5日 | 福建华侨大学 |
| 3 | 汉字与汉字教学国际学术研讨会 | 7月10日 | 菲律宾大雅台 |
| 4 | 第二届东南亚客属华人与“一带一路”国际青年学术论坛 | 10月14日 | 福建省三明学院 |
| 5 | 2019年“华文教师证书”研习班开班 | 10月16日 | 福建华侨大学 |
| 6 | 菲律宾光启学校师生赴闽冬令营 | 10月29日 | 福建华侨大学 |
| 7 | 第四届中马“一带一路：海上丝绸之路”国际学术研讨会 | 11月9日 | 福建厦门 |
| 8 | 第八届全菲汉语教学研讨会 | 11月14—15日 | 菲律宾孔子学院 |
| 9 | 华侨大学第八届董事会第一次会议 | 12月14日 | 福建泉州 |

资料来源：中国新闻网、中国侨网、福建侨网、华侨大学华文学院网等。

4. 交流访问活动

2019 年，福建省侨务部门积极开展东盟各国华侨华人的对接指导工作，不断加强与友好国家的交往和交流，特别是与马来西亚、印度尼西亚、菲律宾、泰国、老挝的合作交流。如表 8 所示，2019 年福建与东盟各国交流访问活动频繁，其中，与菲律宾、泰国互访较多。

1　海外支教：泉州大学生在行动[N].泉州晚报，2019-09-20（5）.

表8 2019年福建与东盟交流访问活动

| 序号 | 项目名称 | 访问时间 |
|---|---|---|
| 1 | “中华禅·海外行”福建禅文化交流团赴菲访问 | 3月16—22日 |
| 2 | 菲律宾普林塞萨港市市长顾问练金槲访问华侨大学华文学院 | 3月18日 |
| 3 | 中国侨联菲律宾访问团前往菲律宾宿务菲华联谊会参观考察 | 3月24日 |
| 4 | 泰国普吉乐善局主席、普吉东盟泰华学校董事长邢福扬率领代表团访问华侨大学 | 4月25日 |
| 5 | 第九届世界华侨华人社团联谊大会访闽代表团参访福州 | 5月30日 |
| 6 | 马来西亚华夏文化促进会会长陈沛到访厦门同安区侨联 | 8月19日 |
| 7 | 世界福建青年联会菲律宾分会会长王荣忠率领回乡访问团访问福州 | 8月20日 |
| 8 | 中国华文教育基金会理事长赵阳赴福建厦门和泉州开展合作交流 | 9月16—17日 |
| 9 | 厦门鼓浪屿侨联与菲律宾厦门联谊会、菲律宾厦门商会签署协议书 | 11月8日 |
| 10 | 印度尼西亚东方音乐基金会南音演唱团到访厦门同安文化馆与同安银安堂南乐研究会 | 12月4日 |
| 11 | 华侨大学副校长彭霈率团赴泰国、老挝访问 | 12月14—20日 |
| 12 | 福建省华侨大学副校长曾路率团访问菲律宾、泰国 | 12月18—25日 |

资料来源：中国新闻网、中国侨网、福建侨网、华侨大学华文学院网。

5. 文化游学活动

为推动中华优秀传统文化“走出去”，2019 年，福建与东盟各国多次举办文化旅游活动。4 月 9 日，福建泉州丰泽区南音艺术家协会赴越南和柬埔寨交流演出，精彩的演出赢得当地观众的好评，凝聚了乡情，传播了泉州文化。5 月 21 日，菲律宾华裔学生学中文夏令营在厦门圆满结业。本次夏令营活动为期 53 天，菲律宾华裔学生们来到中国通过汉语的学习体验中国文化，通过大金湖等地方的旅游领略了大自然的美妙，通过师生、同学之间交往收获了相互之间的友情。

6. 经贸合作交流活动

福建是 21 世纪海上丝绸之路的发源地和核心区。福建省在发展侨乡文化的同时，也积极推动与东盟各国的经济贸易合作。2019 年 6 月 18 日，第六届世界闽商大会在福州海峡国际会展中心举行。10 月 28 日，中国·福建—柬埔寨经贸推介会为闽柬经贸交流“走出去、引进来”构筑通畅平台。11 月 11 日，菲律宾中国商会捐资襄建的“菲商楼”在华侨大学厦门校区揭牌。自 20 世纪以来，菲律宾侨胞先后为华侨大学捐建了菲华楼、永亮楼、陈延奎大楼等近 20 项侨捐工程项目，捐资支持设立多个奖助学金及基金。12 月 29 日，柬埔寨福建总商会在金边市大闽武夷酒店宴会厅举行了“2019 年度总结大会”。这些经贸活动标志着福建与东盟各国之间的友好合作和密切交往日益加深。

2019 年，福建省与东盟各国华侨华人开展的“中国寻根之旅”活动以及文化、经济等活动推动了不同文明的交流互鉴、和谐共生和合作共赢，推进了“一带一路”沿线国家教育合作再上新台阶。

### （三）2019 年东盟各国华侨华人与广西的文化旅游业发展

1. 广西侨情

广西是中国面向东盟的桥头堡，是中国著名侨乡，中国重要的侨务资源大省之一。据估算，目前广西共有归侨侨眷 300 多万。海外广西籍华侨华人有 700 多万，主要分布在东南亚各国和美国、加拿大等 100 多个国家和地区；海外广西籍华侨华人社团组织近 200 个。据统计，由华侨华人、港澳台同胞投资兴办的企业约占广西外商投资企业总数的 70%，投资额约占外商投资总额的 70%。侨资企业已成为推动广西经济社会发展的重要力量。

广西是归难侨安置大省，20 世纪 50 年代至 70 年代，共安置来自马来西亚、印度尼西亚、越南等国家的归难侨 20 多万人。这些归难侨大部分安置在农村和华侨农林场。广西共有 22 个华侨农林场，土地面积 136 万亩，总人口 12 万多，其中归侨侨眷 6 万多人，分布在南宁、崇左、柳州、来宾、桂林、百色、防城港、钦州 8 个市。此外，在农垦、林业系统还有 24 个归难侨安置场[1]。

1 广西侨情概况。

2019年，广西通过“中国寻根之旅”夏（冬）令营、华文教育、商旅磋商合作以及“五洲筑梦”“亲情中华”系列文化活动等，加强广西与东盟华人华侨的合作交流，推进“一带一路”互利共赢局面。

2.“中国寻根之旅”——青少年的访桂交流

2019年7月1日，由中国侨联主办、广西侨联承办的2019年“中国寻根之旅”夏（冬）令营广西项目启动仪式在广西南宁举行，此项目共举办17期，吸引了852名华裔青少年到广西“寻根”。2019年，老挝、泰国、印度尼西亚3国的380余名人员到桂参加“中国寻根之旅”夏（冬）令营[1]。

7月17日，2019年“中国寻根之旅”夏令营——广西华侨学校营开营仪式在广西华侨学校学术报告厅举行。此次夏令营吸引了来自老挝万象寮都公学等学校的87名营员参加。这期夏令营持续到7月26日，其间，营员们参加汉语、武术、书法、铜鼓香包制作等培训及文化体验活动，并参观广西名胜古迹[2]。

10月28日，为期一周的“寻根之旅”秋令营——广西南宁营、广西华侨学校营在南宁举行闭营仪式。160名泰国华裔青少年及海外领队老师参加了此次活动。此次秋令营活动安排内容丰富，有汉语基础知识、民族舞蹈、书法、中国武术等，同时还游览了南宁、桂林、三江等地的名胜古迹，开展了“壮美乡音”中外学生联谊活动等[3]。

12月18日，2019年海外华侨青少年“寻根之旅”广西华侨学校营在南宁开营，145名印度尼西亚海外华侨青少年参加此次活动，开启为期10天的中华文化之旅。开营仪式上，中外学生一道开展了“壮美乡音”联谊

1 林浩，陈秋霞.2019年“中国寻根之旅”首期营在广西启动.

2 简文湘，刘东霞.老挝青年到桂“寻根”.

3 刘东霞，林浩.2019年海外华裔青少年“寻根之旅”秋令营闭营.

活动，营员们观看了舞蹈《广西尼的亚》、山歌《什么节子高又高》等节目，还参加了板鞋竞赛、抛绣球、跳竹竿舞等文化体验项目。活动期间，他们学习汉语、武术、茶艺、国画、剪纸等中国传统文化体验课程，并且到广西民族博物馆、柳州三江等地进行文化考察[1]。

3. 华文教育交流之旅

2019 年，广西与东南亚国家关于华文教育展开多次学习交流与合作。

5 月 29 日，马来西亚沙捞越州华文教育团抵达广西华侨学校，对广西华侨学校进行参观访问[2]。

10 月 10 日，包括马来西亚沙巴华校董事会联合会秘书长陈俊杰、缅甸东方语言与商业中心校长黄爱玲在内的 26 国共 184 位华校校董、校长开启了为期 12 天的“2019 海外华校校董研习班”的桂林之行。该研习班将课堂教学、文化考察和参观访问有机结合起来，形成“理论结合实践，兼修课堂内外”的教学模式，意在使学员能够加深对学校管理理论、教学理念的了解[3]。

11 月 5 日，马来西亚青年团结运动（青团运）永久名誉总会长祝伟文率马来西亚青团运一行 5 人到访广西华侨学校，意在推动华文教育上的交流合作[4]。

4. 商旅合作 · 共谋发展

东南亚地区是“一带一路”南向通道重要地区。2019 年，广西积极参与“一带一路”建设，不断深化以东盟为重点的对外开放合作程度。通过组团至东南亚国家考察，举办主题联谊大会和侨商侨领会议等方式，加强广西与东南亚国家特别是侨资企业的经贸合作。

1　潘涛.2019年海外华裔青少年“寻根之旅”冬令营开营.

2　陈沿佑.马来西亚沙捞越州重视华文教育，组团到访广西南宁.

3　陆汉宝.2019海外华校校董研习班在桂林顺利开班.

4　林浩.马来西亚青年侨领祝伟文到访广西华侨学校.

4月4日，“海外侨胞与‘一带一路’建设研讨会”在广西东兴市召开，来自美国、泰国、越南等十余个国家和地区的知名侨领、侨商代表共聚一堂，围绕“弘扬丝路精神、凝聚侨界力量”的主题展开深入探讨[1]。近年来，“一带一路”建设在东南亚国家中产生积极影响。其中，泰国广西总会通过举办论坛、文艺演出等多种形式，让泰国民众深入了解“一带一路”带来的互利互赢的深刻内涵。在“一带一路”建设中，中马两国政府合作建设的关丹产业园合作项目进展顺利，吸引大批中资企业进行投资，给马来西亚带来的大量就业机会。此外，广大侨商积极参与到中国东兴—越南芒街跨境经济合作区的建设当中，开展互市便民临时浮桥、华侨特色小镇等一大批重大项目。

广西侨联组织考察团至柬埔寨、老挝寻求商机。为推动广西企业走向东盟，9月上旬，广西侨联组织“桂企东盟行”考察团到柬埔寨、老挝进行访问。考察团先后拜访了柬华理事会、柬埔寨广西商会，并举行“桂企东盟行·柬埔寨商务与投资交流会”。其间，玉林市侨联、百色市侨联与柬埔寨NICETV卫星电视台签订《关于联合服务桂籍侨商在柬埔寨开展商业宣传的合作意向书》，广西诚浩投资有限公司与国宏（柬埔寨）实业有限公司签订了《关于联合开展柬埔寨腰果出口广西的合作意向书》[2]。

首届“一带一路”侨领侨商交流合作大会9月16日在南宁举行。该交流大会旨在通过此搭建交流平台，引导广大侨商到广西创新创业。来自全球66个国家和地区的近千名海内外嘉宾齐聚一堂，以“弘扬丝路精神共同合作发展”为主题，探寻中国（广西）自由贸易试验区商机。通过本次大会，一大批侨领侨商达成合作意向，签约投资23个项目，投资额达242.73亿元人民币[3]。

1 林浩.侨领侨商东兴热议弘扬“丝路精神”：要付出实际行动.

2 蒋正科.广西侨联组织考察团到柬埔寨、老挝寻商.

3 吴明江，杨易云.首届“一带一路”侨商侨领交流合作大会在南宁举行.

5. 举办侨界活动，共筑长久友谊

2019 年是新中国成立 70 周年，侨界联谊活动火热。“五洲筑梦”“亲情中华”以及新中国成立 70 周年暨侨界青年爱国主义教育等活动在广西侨联等单位的推动下，得以顺利开展。一系列文化活动的举办，增进了海外侨胞对中国文化的认识，促进了中外之间的友好往来。

2019 年 4 月 3 日，“五洲筑梦”海外华侨华人联谊大会在广西东兴举办。此次联谊大会以“边境侨乡连通世界，五洲侨胞同心筑梦”为主题，吸引了 400 多名侨居在 30 多个国家和地区的华人华侨及港澳同胞在内的人士参加。大会举办地东兴市地处中国大陆海岸线最西南端，与越南海陆相连，是广西的著名侨乡。该市有户籍人口 15 万人，其中华侨 7.2 万。有 12.8 万海外华侨定居在世界 30 多个国家和地区。东兴市是侨力资源活跃的地方，有 160 多家侨资企业，归侨侨眷经营着当地一半的边贸生意，此外还有 2000 多名归侨侨眷在当地从事翻译工作[1]。

“亲情中华”主题活动是中国侨联品牌项目，自 2008 年以来，先后组织 230 多个艺术团赴全球 70 多个国家和地区的 200 余座城市，举办海外巡演 1000 多场，致力于面向侨界，凝聚侨心侨力，弘扬中华文化，促进中外友好交往[2]。

4 月 3 日当晚，“亲情中华”艺术团到达广西防城港市，在东兴人民会堂举办五洲筑梦——海外华侨华人防城港（东兴）联谊大会。本次联谊大会主题为“边境侨乡连通世界，五洲侨胞同心筑梦”，吸引了来自美国、新加坡、越南等 30 多个国家和地区的海外侨胞以及我国香港、澳门、台湾同胞和归侨侨眷共 500 多人齐聚东兴。会议现场还举行了“一带一路”西部陆海新通道商会战略合作框架协议、东兴市华侨特色小镇项

1　翟李强，谭海东.“五洲筑梦”海外华侨华人联谊大会在广西东兴举办.

2　中国侨网.亲情中华.

目签约仪式[1]。

新中国成立70周年暨侨界青年爱国主义教育活动顺利举行。6月初，来自英国、泰国、澳大利亚等十多名侨胞到贺州考察，参观了贺城古镇和黄姚古镇等地。此外，侨胞们还到贺州园博园参观港资企业——东融山庄，了解贺州建设情况，到八步区古柏工业园的侨资企业（也是广西装配式建筑试点企业）——贺州市科莱达有限责任公司观看3D打印生产建筑材料，并举行座谈，初步达成合作意向[2]。

### （四）2019年东盟各国华侨华人与海南的文化旅游业发展

1. 海南侨情

海南是中国重点侨乡之一，拥有丰富的海外侨力资源。海外琼籍华人华侨和港澳同胞有370多万人，300多个海外侨社分布在世界50多个国家和地区，全省归侨侨眷近100万人。海南的海外侨胞中，以文昌、琼海、海口、万宁籍人居多，仅文昌籍海外侨胞就达120万。主要分布在东南亚国家和地区，并逐渐向美洲、欧洲、澳洲扩展。泰国、马来西亚、新加坡、越南、印度尼西亚、菲律宾等东南亚国家是琼籍华侨的主要居住国[3]。

2. 与马、泰、柬等国举办“中国寻根之旅”夏（秋/冬）令营

随着中国“一带一路”的推进和海南自贸区（港）的建设，2019年，海南与马来西亚、泰国、柬埔寨等国多次举办“中国寻根之旅”夏（秋/冬）令营活动，继续推进中华传统文化的交流（见表9）。

表9　2019年“中国寻根之旅”海南营活动

| 序号 | 项目内容 | 时间 | 地点 | 人数（人） | 参与国家 |
|---|---|---|---|---|---|
| 1 | 2019年“中国寻根之旅”夏令营 | 7月22日 | 琼海 | 40 | 美国、加拿大 |

1　广西新闻网.东兴举办海外华侨华人联谊大会.

2　广西壮族自治区归国华侨联合会.新中国成立70周年暨侨界青年爱国主义教育活动顺利举行.

3　中国人民政治协商会议海南省委员会.关于发挥我省侨乡优势，助推旅游特区建设的提案.

续表

| 序号 | 项目内容 | 时间 | 地点 | 人数（人） | 参与国家 |
|---|---|---|---|---|---|
| 2 | 2019年“中国寻根之旅”夏令营 | 8月3日 | 三亚 | 40 | 柬埔寨 |
| 3 | 2019年“中国寻根之旅”秋令营 | 10月13日 | 万宁 | 50 | 泰国 |
| 4 | 2019年“中国寻根之旅”冬令营 | 12月14日 | 海口 | 40 | 马来西亚 |

资料来源：中国侨联网、中新网、海南侨联网等。

2019“中国寻根之旅”海南营活动一般为期10天，这10天安排华裔青少年学习中华礼仪、汉语、古筝、太极扇、刺绣、书法、绘画、《论语》等。体验竹竿舞、扎染以及海南黎苗族风俗，参观天涯海角、南海博物馆、文昌航天科普馆、琼海美丽乡村、华侨祖居蔡家宅、博鳌亚洲论坛会址及中国侨联文化交流基地兴隆热带花园、海南槟榔谷黎苗文化旅游区、三亚南山文化旅游区等地，领略海南的美丽风光，感受中华传统文化的独特魅力。

3. 与琼籍侨胞话桑梓、叙乡情、谋发展

2019年，海南注重与东南亚琼籍侨胞话桑梓、叙乡情、谋发展，推动文旅交流合作再上新台阶。

4月1日，以“新机遇·新征程·新发展”为主题的第八届海南文昌南洋文化节在文昌开幕，来自十多个国家和地区的文昌籍海外华侨华人、港澳台同胞、国内知名企业代表等300余人齐聚一堂，话桑梓、叙乡情、谋发展[1]。

12月13日，三亚旅游（吉隆坡）推介会在马来西亚吉隆坡举行。马来西亚是三亚市东南亚地区主要客源国家之一，截至2019年10月，三亚市共接待马来西亚游客25301人次，同比实现倍增。随着“2020中马文化旅游年”的到来，三亚持续关注马来西亚游客的需求，提高游客的旅游体

1　符武平.2019年第八届海南文昌南洋文化节开幕.

验度和好感度，同时进一步完善中外合资旅游企业落地等相关政策，为两地旅游业开展项目合作提供保障，推动两地文化和旅游合作迈上新台阶[1]。

4. 世界海南乡团联谊大会

2019 年 11 月 27 日，以“乡音乡情 · 共享未来”为主题的第十六届世界海南乡团联谊大会在三亚拉开帷幕，来自 28 个国家和地区的 3200 多名海南乡亲参会[2]。来自新加坡的符家蒋先生 2019 年已 69 岁了，拎着带座椅的拐杖来参会。虽然行走困难，但他和太太黎慧萍兴致勃勃地在海南美食特产暨侨乡民俗风情街参观。据了解，符家蒋是第二代海外华人，父亲符昌镖生前在新加坡从事进出口贸易。20 世纪 80 年代初，中国刚刚改革开放，其父亲便回到故乡海南文昌寻亲，海外同乡们一起为文昌市昌洒镇捐建了一所学校，修葺了家族祖墓。此后，每年符家人都从新加坡回到海南过清明节，符家父子多次参加世界海南乡团联谊大会。2019 年符太太还和兄弟姐妹一行五人参会。她说：“新加坡华人多固守华人传统文化，因为有联谊大会这个平台，老一代人可以带着年轻一代回来参加，让他们知道自己的祖先在哪儿，这样一代代传承下去。”[3]

“美不美家乡水，亲不亲故乡人”，两年一度的世界海南乡团联谊大会是全世界海南人大团结、大合作、大发展的标志，是全世界海南人联络乡情、加强沟通、共谋发展的重要平台。

此次大会议程丰富多彩，包括欢迎晚会、开幕式、世界海南侨领圆桌会议、世界海南青年论坛、海南自贸区（港）推介活动、海上丝绸之路文化经济论坛、闭幕式和寻根之旅等十多个项目，全面介绍了海南自贸区（港）建设的新进展和美好前景，搭建了投资洽谈、创新创业和项目对接的广阔平台（见表 10）。

1 陈悦.海南三亚在马来西亚举行旅游推介会.

2 人民网.热烈祝贺第十六届世界海南乡团联谊大会召开乡音乡情 · 共享未来.

3 王辛莉，张茜翼，尹海明.“我们来海南寻根！”——第十六届世界海南乡团联谊大会侧记.

表10　第十六届世界海南乡团联谊大会（三亚）日程安排

| 日期 | 时间 | | 项目内容 |
|---|---|---|---|
| 11月27日 | 晚上 | 18：00—18：45 | 海南省领导会见侨领 |
| | | 19：00—21：00 | 海南省欢迎晚宴暨文艺晚会 |
| | | 21：10—22：10 | 世界海南乡团联谊大会第十五届四次理事会会议 |
| 11月28日 | 上午 | 9：00—11：30 | 世界海南乡团联谊大会开幕 |
| | 下午 | 14：30—18：00 | 世界海南侨领圆桌会议 |
| | | | 世界海南青年论坛 |
| 11月29日 | 上午 | 8：30—12：00 | 第一届（海南）海上丝绸之路文化经济论坛 |
| | | 9：00—10：00 | 中国（海南）自由贸易试验区（自由贸易港）推介会 |
| | | 10：00—11：30 | 海口江东新区专场推介会 |
| | | | 海口江东新区交流座谈会 |
| | | | 三亚崖州湾科技城专场推介会 |
| | | | 海南博鳌乐城国际医疗旅游先行区招商推介会 |
| | | | 洋浦经济开发区招商推介会 |
| | | | 海南生态软件园招商推介会 |
| | 下午 | 15：00—17：00 | 海南海外联谊会第五届常务理事会会议 |
| | | 17：30—19：30 | 闭幕会、闭幕晚宴 |
| | 晚上 | 20：00—21：00 | 世界海南乡团联谊大会第十六届一次理事会会议 |

资料来源：中新海南网，https://www.hi.chinanews.com/photo/2019/1125/109132.html.

世界海南乡团联谊大会这个舞台，华侨华人是主角。在他们看来，大会所展现出来的不仅仅是家乡的发展与巨变，更有众多的机遇。

5. 琼籍华侨华人寻觅自贸区（港）发展机遇并建言献策

2019 年 6 月 1 日，华侨华人投资暨创新创业洽谈会在三亚举行，与会的老一辈、新一代海外华侨华人为海南自贸区（港）建设建言献策。

“从南洋遍地是黄金，到家乡遍地是机遇，华侨们回家，肩负着责任与荣耀。”泰国海南会馆副理事长云天鸿认为，海南要充分借鉴中国香港、新加坡等地的先进经验，吸纳开放成果，制定更优惠的政策，吸引更多高科技、现代化人才。马来西亚海南总商会副会长王嵣荃正积极推进马来西亚和海南的高校合作。他认为，海南地处“一带一路”重要支点，具有地域优势，“将海外华人带上‘一带一路’发展的列车，搭载专为海南发展而设的车厢，将会为海南谋求更大的发展”[1]。

呈现良好发展势头的海南自贸区（港）建设，吸引着海内外企业家的眼光。11 月 27 日，第十六届世界海南乡团联谊大会在三亚开幕，来自海内外 3200 余名参会代表，纷纷来琼寻求海南自贸区（港）发展机遇。

印度尼西亚海南总会主席刘家衔期盼回到海南发展进出口贸易和康养产业。文莱马来奕海南公会主席孔繁慈认为海南当前重点发展旅游业、现代服务业及高新技术产业等，跟文莱相关产业有合作契合点，建议开通文莱往返海口直飞航班，方便两地经贸旅游交流。新加坡海南会馆会长潘家海建议，先行区除了吸引境外医疗机构、医疗人员入驻，还需加强有关服务业人才培训机制，如设立综合培训中心，为医院护士、养老护理员、酒店服务生等提供专业培训，满足行业人员需求。

海南作为侨务大省，应充分发挥广大琼籍归侨侨眷和海外侨胞的独特优势，以侨引商、以侨引资、以侨引才、以侨引智，积极参与“百万人才进海南行动计划”，助力全省打赢脱贫攻坚战，投身海南自贸区（港）建设的火热实践，做推动海南全面深化改革开放的参与者、共享者。

### （五）2019 年东盟各国华侨华人与云南的文化旅游业发展

1. 云南侨情

云南地处中国西南边陲，与越南、老挝、缅甸接壤，是中国连接南亚、东南亚国家的重要桥梁和通道。云南籍海外华侨华有 250 多万人，分布在世界 70 多个国家和地区，省内归侨侨眷有 50 万人，是中国五大侨乡之一。云南省华文教育始于 20 世纪 90 年代，其充分发挥与周边国家地缘相近、人文相通的优势，积极推进华文教育工作。全省有 3 个国家级华文教育基

1　张茜翼.海外华侨华人三亚建言海南自贸区（港）建设.

地和31个省级华文教育基地，进一步巩固和发展了周边睦邻友好关系[1]。

在推进建设“一带一路”的背景下，2019年云南省与东盟各国在文化旅游、互动交流中展开了诸如“侨连五洲 · 七彩云南”系列活动、东南亚华侨华人“寻根之旅”、世界云南同乡联谊大会和缅甸侨领赴滇考察等诸多富有特色的活动，给云南“以侨为桥　联通世界”构筑平台，为促进“一带一路”建设构筑了重要的主旋律。

2. 举办“侨连五洲 · 七彩云南”系列活动

东盟华商会自2003年成立以来，已走过近20个年头。2019年，中国侨联将新创品牌“侨连五洲”首场活动放在云南，将原东盟华商会活动内容从招商引资扩大为联谊、经贸、文化、青年、侨社等更多领域。此次“侨连五洲 · 七彩云南”活动以华侨华人与“一带一路”为主题，举办了“一带一路”侨社论坛、金融支持“一带一路”论坛、和谐侨社论坛、侨青圆桌和招商推介会等十余项活动（见表11）。

表11　侨连五洲 · 七彩云南：第17届东盟华商会暨第1届“一带一路”侨社论坛日程安排

| 活动时间 | 活动项目 | 活动地点 |
| --- | --- | --- |
| 6月10日 | 举行招待会，来自世界53个国家和地区的600余名华裔、侨领等齐聚昆明 | 云南昆明 |
| 6月11日 | 举行开幕仪式、华商签约仪式 | 云南昆明 |
| 6月12日 | 召开华侨华人青年与“一带一路”大会 | 云南昆明 |
| 6月13日 | 侨连五洲 · 七彩云南：第17届东盟华商会暨首届“一带一路”侨社论坛丽江分会场开幕 | 云南丽江 |
| 6月14日 | 丽江分场与会嘉宾前往玉龙雪山、丽江古城考察，参加招商引资及旅游推介会 | 云南丽江 |
| 6月16日 | 与会人员返程 | |

资料来源：53个国家和地区的600余名华商将赴云南共商“一带一路”建设[EB/OL].https://world.workercn.cn/32830/201906/06/190606192259054.shtml.

1　华侨华人与云南改革开放40周年[EB/OL].https://yn.yunnan.cn/cms_udf/2018/hqhryynggkf40n/index.shtml.

作为中国第五大侨乡之一，云南有250多万侨胞分布在世界70多个国家和地区。云南省以侨为桥，发挥华侨华人桥梁纽带作用，通过引资引智、返乡投资兴业、支持公益事业等多种方式，加快云南高质量跨越式发展。当前，“一带一路”建设和孟中印缅经济走廊等在云南叠加交汇，在此背景下，举办“侨连五洲·七彩云南”系列活动，对推动“华商走进云南，云南走向世界”具有积极效用。

3.“中国寻根之旅”构筑交流桥梁

2019年，在云南省侨办、侨联和各地方政府机关的支持下，相继在普洱、盈江、昭通、昆明等地为来自东南亚国家的华侨华人举办了5期“中国寻根之旅”夏（秋）令营活动，吸引了来自老挝、缅甸、泰国等270余名学员参加。每期夏（秋）令营举办时间多为10天。活动期间，学员们主要参加寻根问祖、学习传统手工艺等活动（见表12）。

表12　云南省2019年“中国寻根之旅”夏（秋）令营活动

| 序号 | 活动名称 | 时间 | 地点 | 人数（人） | 参与国家及群体 |
|---|---|---|---|---|---|
| 1 | “中国寻根之旅”——云南普洱中国茶城营 | 6月30日 | 普洱市民族中学 | 40 | 老挝 |
| 2 | 2019年华裔青少年“寻根之旅”夏令营德宏盈江营 | 8月13日 | 德宏盈江 | 40 | 缅甸 |
| 3 | 2019年“中国寻根之旅”夏令营昭通营 | 9月3日 | 云南昭通 | 35 | 泰国、缅甸 |
| 4 | 2019年“寻根之旅·情牵春城”秋令营——云南昆明营 | 10月15日 | 云南昆明学院 | 120 | 缅甸、泰国 |
| 5 | 2019年华裔青少年“寻根之旅”夏令营德宏盈江二营 | 12月5日 | 云南盈江 | 40 | 缅甸 |

资料来源：《昆明日报》、云南网、《普洱日报》等。

海外华裔青少年“中国寻根之旅”活动，在云南侨办、侨联组织的精心组织策划下，制订了以学习中华文化为主题的教学计划和学习课程。开设了“中国文化常识”“中国书法”“中国民族民间舞蹈”“剪纸艺术”等课程，学习汉语知识、中国传统武术和诗词散文，参加传统非遗手工扎染、茶艺、民族歌舞打跳等文化体验活动，同时还组织学员们到博物馆、纪念馆、名人墓地、大专院校等地进行参观。

除夏（秋）令营外，亦有回滇进行“寻根”的民间足迹。4 月 14 日，18 名来自缅甸曼德勒的华侨回到老家腾冲和顺镇开启“寻根之旅”。缅甸曼德勒和顺青年代表团团长李宏光说道，这是他第二次返回家乡，前一次回乡是 20 世纪 80 年代末，他为家乡不断向好发展的巨大变化而感到骄傲。据了解，多年来，缅籍和顺华侨与和顺镇的联系从未间断过。40 年前，为了把在曼德勒的和顺人聚集起来，他们成立了曼德勒和顺联谊会。每年的正月十二，大家都会聚在一起开年会，最大的议题是如何回报家乡。近年来，该联谊会为家乡捐资建盖了和顺镇双虹桥边的雨洲亭，为和顺益群中学捐资兴建了教学楼[1]。

4. 第十届世界云南同乡联谊大会在德宏举行

2019 年 4 月 11 日至 13 日，第十届世界云南同乡联谊大会在云南省德宏傣族景颇族自治州举行。大会以“相约七彩云南——走进魅力德宏、共谋开放发展”为主题，来自 33 个国家和地区的 400 余名云南同乡代表和特邀嘉宾相聚德宏州。4 月 11 日开幕当天，会议还举行了捐赠和项目签约仪式，共签约 16 个项目，签约总金额 182.29 亿元人民币[2]。

云南有独特的区位优势，是中国通向南亚、东南亚的窗口门户。缅甸曼德勒云南同乡会理事长尚兴玺表示，中国经过多年的改革开放，已经发生了翻天覆地的变化，国运昌盛、民族团结、社会稳定。泰国正华国际发展有限公司董事长马剑波则认为，单打独斗的时代已经过去，要团结一心才可能成功。

世界云南同乡联谊大会于 1999 年在昆明首次举办，多年来，云南同

1 伍平，杨艳鹏，刘子语，李文君.缅甸曼德勒华侨“寻根之旅”回和顺.

2 缪超，李晓琳.第十届世界云南同乡联谊大会德宏开幕.

乡会已经发展成为海内外云南同乡加强联谊、携手合作、共谋发展的纽带和重要平台。

5. 缅甸侨领赴滇考察

7 月 12 日，缅甸中华总商会荣誉会长赖松生、仰光云南会馆名誉会长虞有海、仰光云南会馆副会长陆忠芳等缅甸侨领访问团一行到云南考察，云南省侨联党组书记和向红在昆明会见了访问团一行。和向红向来访团的成员们简要介绍了云南省近年侨务工作开展情况和取得的成果，希望能进一步加强联系，拓宽合作方式，为促进中缅交流合作发挥更大的作用。赖松生代表访问团简要介绍了此次赴云南的主要目的和收获，反映了在云南投资经商中遇到的问题和情况，表示将继续密切与云南省侨联的沟通联系、加强合作，为促进滇缅合作贡献力量[1]。

## 三、东盟与中国文化旅游合作的挑战与措施

### （一）中国与东盟旅游合作面临的挑战

1. 过度旅游问题突出

随着旅游业的升级，游客的旅游方式由观光旅游转变为体验沉浸式旅游，新的旅游方式引发了“过度旅游”问题，给当地居民的生产生活和生态环境带来了严重的影响。东盟的老挝和泰国两个国家“过度旅游”问题比较突出。在泰国，为了保护皮皮岛受损的珊瑚礁及海洋生物，自 2019 年起，泰国决定每年关闭玛雅湾四个月[2]。同样的，受“珠峰热”影响，中国的西藏珠穆朗玛峰景区由于经年累月的旅游开放，产生的大量垃圾难以清理，对当地本就脆弱的自然环境造成威胁，给景区带来前所未有的压

1 陈静.缅甸侨领赴云南考察，助推滇缅合作.

2 叶琦.莫让“过度旅游”煞风景（环球走笔）[N].人民日报，2019-01-31（31）.

力。因此，为严格保护珠峰保护区生态环境，自 2019 年起当地政府不得不限制游客游览区域，在景区内只可抵达绒布寺区域，禁止任何单位和个人进入绒布寺以上核心区域旅游[1]。

东南亚周边国家地理位置相邻、文化相近，是许多出境游客的首选。由于中国与东盟旅游合作基础好，办理签证手续简单、往返方便、消费低，依照目前双方旅游业发展趋势，“过度旅游”将是新时代中国与东盟旅游合作无法绕开的一个问题，不仅会影响中国与东盟生态共同体构建的进程，也会影响中国与东盟旅游业的发展。

2. 东盟国家信息化水平不高

人类已经开启 5G 时代，旅游信息化建设水平已经成为旅游业发展的重要支撑。近年来，中国大力实施“互联网 + 旅游”战略，积极推进智慧旅游建设，智慧旅游信息服务平台建设取得显著成就。受经济社会发展水平差异的影响，东盟国家之间信息化发展水平存在较大差异，旅游信息化建设整体存在较大提升空间。旅游合作是中国与东盟旅游合作中最为重要的合作内容之一，但至今尚未建立能够整合各国旅游信息的多语言中国东盟旅游信息发布平台，无法向世界推介中国与东盟旅游。

老挝旅游产品的支付方式仍然主要沿用传统的交易方式，在线支付方式所占比例较低。柬埔寨、印度尼西亚、文莱等国旅游景点陆续开通电子商务网站，但与中国的旅游信息服务平台对接的数量依然较少，无法满足游客对线上虚拟旅游实景的需求，也无法很好地服务自驾游、自助游游客进行旅游线路设计。信息化是当今时代发展的大趋势，也是新时代中国的标签，目前中国与东盟旅游信息化对接程度不足以支撑新时代中国与东盟旅游合作快速发展的需求。

1　刘欢.珠峰进入旅游旺季，游客只可抵绒布寺区域.

3. 东盟国家交通设施滞后

交通是旅游业发展的基础和先决条件。随着经济社会的发展，游客越来越追求高质量的旅游体验，更加在意旅行服务和基础设施的便利化和人性化。东盟各国的基础设施建设情况参差不齐，特别是与我国相邻的越南、老挝、缅甸和柬埔寨的公路硬化率和密度相对较低，高速公路建设相对滞后，与越南对接的铁路里程和数量都较少。随着中国游客到东盟国家自驾游的需求不断增多，滞后的交通基础设施、较低的交通网络服务功能严重影响了中国游客的体验。

4. 东盟国家旅游服务滞后

目前，中国与东盟国家尚未实行统一的签证政策，虽然都对中国游客实行了落地签，但部分东盟国家是有条件的落地签，中国游客到部分东盟国家旅游的通关手续依然较为烦琐，还需经过复杂的流程，一定程度上抑制了旅游合作进程。2017 年，泰国允许包括中国在内的 19 个国家公民申请落地签，同年 9 月落地签费用从 1000 泰铢涨到 2000 泰铢，但停留期不得超过 15 天[1]。中国与东盟已经建立了国家层面的旅游合作机制，但尚未建立制度化的企业间、行业间、民间组织间的合作平台，目前的旅游合作以观光旅游为主流产品，合作的广度和深度不够，阻碍了中国与东盟旅游合作的国际竞争力。邮轮旅游作为新时代中国与东盟打造国际精品旅游产品的重要形式，由于涉及的法律问题错综复杂，推进进程较为缓慢。旅游服务基础不够健全，制约着新时代中国与东盟旅游深度合作的有效推进。

### （二）解决中国与东盟旅游合作难题的措施

1. 加快区域融合发展

全球化是世界发展不可逆转的趋势，建设“一带一路”是中国融入和加快全球化在地区间做出的努力，顺应世界发展潮流，符合人类发展规

1 可申请泰国落地签的国家[EB/OL].https://tha.125visa.com/wenti/2287.html.

律。中国要积极参与更多的国际事务，通过更多国际和地区间官方和民间的平台，发出中国声音，介绍“一带一路”倡议、构建人类命运共同体等为促进人类共同进步在国际和地区间所做的努力，让全世界感受到中国希望合作共赢的真诚的心态，理解“一带一路”倡议的真正内涵[1]。加快细化“中国—东盟战略伙伴关系2030年愿景”，推动“一带一路”倡议与《东盟共同体愿景2025》深入对接，加快融入《东盟互联互通总体规划2025》。努力打造中国—东盟自由贸易区2.0，细化早先关于改善双方贸易平衡的计划的时间表和行动计划，避免美国以贸易不平衡发起的贸易战波及中国与东盟的贸易[2]。

2. 加强生态旅游建设

人与自然的和谐共处，是包括旅游业在内的经济产业必须遵循的发展宗旨。中国与东盟地区拥有得天独厚的生态环境优势，如何在保护上述生态环境的基础上，实现旅游的可持续发展，成为中国—东盟旅游合作必须思考的问题。对此，不少学者提出富有建设性的建议。有学者提出中国与东盟要充分借助媒体的力量，让构建中国—东盟生态旅游共同体成为媒体共同的议题[3]。也有学者提出重视规划工作的统领作用，中国与东盟各国共同制定《中国—东盟生态旅游发展规划》，指导中国与东盟各国旅游资源整体开发，根据各国的实际情况，共同协调设定限制开发区和禁止开发区，建设中国与东盟生态旅游功能区，引导生态旅游健康发展，更好地为世界供给高质量的旅游休闲和生态环境产品[4]。不断扩大生态旅游方式，推进景区、社区和园区的联动发展，建立包括森林公园、乡村旅游等在内的多元生态旅游方式，积极探索旅游合作新模式。对中国东盟旅游标识系统

1　李鸿阶，廖萌.海外华侨华人参与“一带一路”建设研究[J].统一战线学研究，2018，2（3）：90-96.

2　盛毅，任振宇.发挥东盟国家华侨华人在“一带一路”中的桥梁作用[J].东南亚纵横，2015（10）.

3　梁儒谦，王冠，刘静.新时代背景下中国—东盟深化旅游合作探析[J].现代经济信息，2019（24）.

4　宋赵榛.国内外区域旅游合作及广西与东盟旅游合作的研究综述[J].旅游管理研究，2019（9）.

进行“旅游化设计”，通过在不同国家间相邻的区域设置试验区，探索建立一套完整、统一的中国—东盟旅游标识，使中国与东盟旅游以统一的一个形象展示给全世界，也便于游客在中国与东盟不同国家开展旅游，减少游客“转换频道”的成本，给予游客更美好的旅游体验。

3. 加强旅游信息共享和传递

互联网已经深入到我国的各行各业，在“互联网+旅游”模式构建方面也做了成功的实践探索，建立了较为成熟的智慧旅游平台，形成了可复制、可推广的范式。随着旅游业向高质量发展，游客对中国与东盟旅游的个性化需求不断增强，要求中国与东盟旅游产品和服务的供给侧能准确分析旅游消费者的需求，不断对旅游业态和产品进行创新。新时代中国与东盟旅游合作，要加快“互联网+东盟旅游”融合发展，打造集合多语言的中国东盟旅游App，作为中国与东盟旅游宣传、信息发布的平台，利用大数据破除中国与东盟旅游发展的藩篱，实现中国与东盟旅游信息全方位共享和传递，借助平台收集的数据对游客的属性和行为等进行分析，有效促进中国与东盟旅游的智慧化发展，变粗放管理为精细管理，为中国与东盟旅游私人定制化的精准服务提供基础，提升游客在中国与东盟旅游的体验感，提高中国与东盟旅游的整体国际竞争力。在App上设计中国—东盟旅游一站式通关手续服务功能，规范和简化游客在中国和东盟国家跨境旅游签证手续，实现一键游遍中国和东盟。

4. 加强旅游基础设施建设

“旅游基础设施是影响游客到中国—东盟旅游体验感的基础条件，新时代加强中国与东盟旅游合作，双方要加快跨境旅游服务基础对接，提高跨境旅游的便利性。”[1] 中国要借助“一带一路”建设，积极参与东盟国家

1 张永起.中国—东盟贸易一体化与经济增长的动态关系分析——基于“一带一路”战略[J].当代经济·月刊，2019（12）.

互联互通建设，加快推进泛亚铁路建设，努力协调打通国家间包括水路、公路和铁路等在内的“断头路”，推动建立统一的交通运输协调机制，在降低物流运输成本的同时，可以为满足游客对自驾游、邮轮旅游等高质量旅游产品的需求，加快中国与东盟旅游合作业态和产品的升级。联合建立专业的中国与东盟旅游投诉处理机构，专门受理游客在中国和东盟跨境旅游过程中的投诉事件，制定统一标准的中国与东盟跨境旅游管理文件和程序，增强游客对中国与东盟旅游的信心，推动新时代中国与东盟旅游合作可持续发展。

华侨华人是东盟和中国之间联系的重要纽带，必须更好地发挥华侨华人的传播作用，将中国和东盟的文化旅游业进行有机的结合和扩充，这样才能促进双方的共同发展。

## 参考文献

[1] 庄国土 . 东南亚华侨华人数量的新估算 [J]. 厦门大学学报（哲学社会科学版），2009（3）.

[2] 庄国土 . 论中国人移民东南亚的四次大潮 [J]. 南洋问题研究，2008（1）.

[3] 李鸿阶，廖萌 . 海外华侨华人参与“一带一路”建设研究 [J]. 统一战线学研究，2018，2（3）：90–96.

[4] 李明欢 . 国际移民与人类命运共同体构建：以华侨华人为视角的思考 [J]. 华侨华人历史研究，2018（1）：1–4

[5] 何海燕 . 中国—东盟青年学生成都上演新年大联欢 [N]. 成都晚报，2018–12–24（5）.

[6] 王勤 . 促进中国与东盟国家教育合作和人文交流 [N]. 中国教育报，2016–07–30（2）.

[7] 全球华人华侨财富约达 1.5 万亿美元 [N]. 亚洲时报，2002–12–10.

[8] 一期“发挥中国优势，国际华商腾飞”[N]. 亚洲周刊，2003–10–12.

[9] 杨宏云 . 印度尼西亚棉兰华侨华人史 [M]. 厦门：厦门大学出版社，2016.

# “一带一路”：东盟国家的反应与行动

陈邦瑜

**摘要：**中国政府提出的“一带一路”合作倡议在全球引起了广泛关注和热议，不少国家的政要、媒体、知识分子都公开对合作倡议进行过不同的评价。东盟十国虽然对“一带一路”合作倡议表示了普遍性欢迎，但也有少数国家的政要、知识分子视合作倡议为中国扩大政治经济势力范围的战略谋划。本部分梳理了“一带一路”合作倡议提出以来，东盟十国的反应，并概括了几年来中国与东盟国家在合作倡议框架下的主要合作成果。

**关键词：**“一带一路”；东盟；反应；成果

2013年9月和10月，习近平主席在出访哈萨克斯坦和印度尼西亚两国时提出了“丝绸之路经济带”和“21世纪海上丝绸之路”（简称“一带一路”）合作倡议。这一标志着全面扩大中国对外开放的伟大构想引发了世界性关注和全球热议，同时助推了中国与倡议沿线国家的合作浪潮。然而，在合作倡议提出后，一些国家政要、学者和媒体视该倡议为中国的政治经济侵略，并将中国塑造为企图“西进”和“南下”的经济侵略者，其中也不乏一些东盟国家。事实上，倡议提出以来，全球已有120多个国家和近30个国际组织主动参加到了“一带一路”建设中，与中国签署了共建“一带一路”合作协议，“一带一路”倡议为世界提供了较大规模的公共合作平台；同时，所有东盟国家也都先后加入了“一带一路”朋友圈，并已从合作中获得实实在在的利益和红利。本部分旨在梳理近年来东盟国家各界对“一带一路”倡议的反应及“一带一路”框架下东盟国家与中国的主要典型合作成果。

陈邦瑜，副教授、博士，桂林旅游学院中国东盟旅游研究基地研究人员，从事东南亚南亚、国际旅游研究。

## 一、马来西亚

中马一直保持着良好的外交关系。20 世纪 90 年代，两国签署了一系列合作文件和联合公报，两国关系也逐步升级为“全面战略伙伴关系”。虽然中马两国在南海问题上存在争议，但双方能管控好争议，实现良性互动；两国领导人频繁互访，中国连续十多年是马来西亚的最大贸易伙伴，马来西亚也是中国在东南亚的最大贸易伙伴。2013 年，涵盖了 11 个合作领域的《马中经贸合作五年规划》得到签署，进一步促进了两国经贸往来。“一带一路”提出前，中马关系已成为中国与东南亚国家友好关系的典型。

### （一）马来西亚对“一带一路”的反应

马来西亚对“一带一路”合作倡议反响较大，虽然其态度整体上趋于积极和正面，但马来国内对倡议的认识存在着较大差异。

马来西亚前政府内阁总理、官员部长曾多次公开支持“一带一路”：前总理纳吉布多次表示希望马来西亚能抓住倡议提供的发展机遇来发展马来西亚经济。2017 年 5 月，纳吉布在参加‘一带一路’高峰论坛时发表了题为“马来西亚为何支持中国的‘一带一路’倡议”的署名文章。交通部长廖中莱多次强调马来西亚是中国在东南亚和其他邻近区域市场的跳板和协调者，强调了“一带一路”中马合作的必要性。然而，倡议提出后两国政府的密切往来引起了部分反对党的抨击，他们指出两国基础设施建设合作是否涉及腐败，马执政当局是否从中获利，马来西亚能否维护其南海权益，甚或会出卖主权[1]。指责中国投资的进入会带来马来人的失业；担心中国会增加在沿线地区的军事力量，等等。

商界代表普遍认为，“一带一路”倡议更应该是一个经济合作倡议，

1 https://www. malaysiakini. com/news/362039#ixzz4Q3fQ11 RQ；https://www. malaysiakini. com/news/361175; DAP. Najib's Dependence on China Putting Country at Risk[N]. Free Malaysia Today，2016-11-01.

充满了商业机遇和广大的市场，具有积极意义。马来西亚企业界邀请中国同行多次召开研讨会，商议如何参与“一带一路”建设。为了加强与倡议沿线国家，特别是与中国企业的合作，2016 年马来西亚成立“一带一路”总商会，并于 2018 年 2 月起不定期召开两国中小企业合作对接会，研究如何合作促进“一带一路”经济合作。

学界精英们总体上认为支持“一带一路”倡议是有必要的，但也心存疑虑。马来西亚战略与国际研究所法立诺指出“一带一路”能促进沿线国家人民的交流和互动，有一定的现实意义；该所沙里曼指出倡议不仅对中国有益，也有益于沿线其他国家[1]。马来西亚海洋研究所苏玛蒂·珀马尔认为，马来西亚应制订不同层面计划争取与中国共建大型基础设施[2]。也有学者指出了倡议中的挑战，并指出马来西亚应该如何收益的核心问题[3]；还有学者担心“一带一路”的不良后果，担心中国在沿线海洋拓展军事实力[4]，忧虑倡议会降低东盟国家的凝聚力[5]，担忧两国投资经贸交往中将出现法律纠纷问题，等等。

与马来西亚媒体相比，《星洲日报》《南洋商报》等华文媒体对“一带一路”的报道和评论较多。整体而言，媒体给予了“一带一路”倡议积极评价；马来西亚著名时评人伽玛鲁丁就指出“一带一路”不仅有利于马来西亚发展经济，还有利于提振全球经济[6]。

1 Shahriman Lockman. The 21st Century Maritime： Silk Road and China-Malaysia Relations[J].ISIS Focus，2015（5）：1-5.

2 “一带一路”将使中马实现双赢[EB/OL].https://column. cankaoxiaoxi. com /2017 /0503 /1953846. shtm.

3 “一带一路”对马来西亚的意义[EB/OL].https://finance. sina. com. cn / roll /2017-06-23 / doc - ifyhmpew3162824. shtml.

4 饶兆斌.海上丝绸之路与中国—东盟安全关系初探[J].中国评论，2016（2）.

5 同1。

6 赵胜玉.马高度评价习近平在‘一带一路’国际合作高峰论坛上的演讲[EB/OL].https: //news. sina. com. cn/0/2017 - 05 - 15/doc - ifyfecvz1440946. shtml.

在马来西亚不同族群中，华人最关注“一带一路”，他们成立了上百个团体，协调各方面工作，其中“一带一路经济友好协会”“马中丝路商会”“马来西亚中国丝绸之路企业家协会”等团体发挥着重要作用。在他们的努力下，《一带一路：中国崛起与世界联通时代的马来西亚》一书的出版、《“一带一路”一家人》专题片的播出、《马来西亚华社一带一路宣言》的签署，为团结、协调华人社会服务于“一带一路”以及向马来西亚宣传合作倡议起到了积极作用。

### （二）合作倡议下的中马关系

在2018年政府重新组阁前，中马双方在各领域发展迅猛。前总理纳吉布多次表示支持“一带一路”，两次亲自访问中国，多次派人员访问中国，强化与中国的合作关系，与中国签署一系列合作协议，协议涉及港口、工业园、新城市建设等各种大型基建项目，如双方合建马六甲港口、为马来定制濒海任务舰、中国海军获得哥打基纳巴卢港使用权、马来西亚实施东海岸铁路联通计划、参与“吉隆坡—新加坡”高铁计划等。在贸易投资和资金融通方面，中马互投产业园模式为促进经济合作提供了新动力，中国在马来西亚设立的人民币清算行成为世界十大行之一，中国企业对马来西亚1MDB的能源资产的收购帮助该企业走出债务危机。据统计，2013年至2018年，中马签订的基建及房地产项目总额接近1350亿美元，包括：东西岸大型城市开发以及东海岸铁路、高铁、港口、机场、填海、工业园及炼油项目，其中在柔佛州的森林城市总投资金额更高至1000亿美元，开发期限长达20年。设施联通方面，在全球前十大货柜港口中，中国占有7席，为了在东南亚日益激烈的港口竞争中立于不败之地，马来西亚现在集中力量建设巴生港，强化与中国港口的协调合作，提升航运对接能力，这对周边其他港口国家形成了带动效益。民心相通方面，2012年以来，中国学生和游客成为马来西亚第一大留学生和入境旅游群体，两国的人文交流十分活跃。中马《高等教育学位学历互认协议》是中国第一次与东盟国家签署的同类协议，有助于两国教师、学生往来。

2018 年 5 月，以马哈蒂尔为首的希望联盟上台执政，新政府提出要重新考虑前任政府与中国的亲密关系，重新审视中马大型项目合作来修正前国民阵线政府对华政策的问题。新政府在谨慎评估中马关系后，马哈蒂尔表示不会违背与中国政府之间的协议，迅速回到了与中国保持良好双边合作关系的轨道上来。2018 年 8 月，已累计执政 22 年、93 岁的马哈蒂尔对中国进行了第 8 次访问，这是此次上任后首次访问非东盟国家。这次访问，中马双方共同发表了《联合声明》，强调双方将继续走长期友好的道路，双方将长期开展“一带一路”的深入合作，致力于打造中马新的合作高度。这次访问明确了新政府的对华政策，回应了外界的种种猜忌，重启了中马合作新格局。据统计，2018 年，中马双边的贸易总额达到 1086 亿美元，超过千亿美元大关。2019 年 4 月，中国交通建设公司与马来西亚公司针对东海岸铁路设计施工总承包项目达成意见，并签署了补充协议，调整了总合同额度，在推动东海岸铁路项目重启方面走出了极为重要的一步。同月，中资参与、开发总值约 2266 亿元的大马城项目的重启将为马来西亚参与“一带一路”倡议做出重大贡献。2019 年 8 月，2019 马中“一带一路”经济合作论坛在吉隆坡召开，为进一步促进双方在经济文化的交流、共建“一带一路”发挥了积极作用。

## 二、菲律宾

直到 20 世纪 60 年代中期，菲律宾一直拒绝承认新中国，与台湾当局保持外交关系，支持美国的反华政策，中菲两国无外交关系。60 年代中期开始，随着美国政策的变化，菲律宾意识到要调整对华政策，优先与包括中国在内的社会主义国家发展经贸和文化关系。经过长时间谈判，1975 年两国建交，在经贸、人文和民间交流方面不断升温。1986 年阿基诺夫人上台，出现了中菲两国继续友好合作与分歧摩擦长期并存的局面。中菲之间最大的分歧与摩擦在于南沙群岛的主权归属问题。20 世纪 70 年代开始，菲律宾占领了我国南沙群岛 8 个岛屿，并开始与西方国家合作开采石油。90 年代后，中菲两国关于岛屿归属的争议愈演愈烈，曾经还出现了 1997 年菲律宾海军撞沉我国渔船的事件。到了菲律宾阿基诺三世执政期间，菲律宾导演的南海仲裁案将两国矛盾推向顶峰。2016 年，杜特尔特上台后，开始反思对华政策，实行“杜特尔特主义”，中菲开启了全面合作的新篇章。

### （一）菲律宾对“一带一路”的反应

阿基诺政府期间，菲亲美疏中，发生了香港游客人质事件、黄岩岛事件、菲策划南海仲裁案、阿基诺指责中国“以强欺弱”等一系列问题，中菲关系持续低谷。2014 年至 2015 年，亚投行创始会员国筹备期间，菲律宾政府以美日马首是瞻，后期因考虑到现实利益，在最后时刻加入亚投行。这反映了阿基诺政府对响应中国“一带一路”合作倡议与平衡美日关系的疑虑。2016 年 6 月，杜特尔特上台后，积极调整对华关系，把中国作为首次国事访问国，连续三年五次访华，中菲关系得到极大改善；而未访美，美菲同盟名存实亡。杜特尔特在 2017 年“一带一路”国际合作高峰论坛上表示，他相信“一带一路”合作倡议会促进两国经贸发展和人民福祉；他还在 2018 年博鳌论坛上直接指出“需要中国”。杜特尔特的言行也充分表明菲政府对“一带一路”合作倡议的支持和合作态度。

商界，特别是华商界，在菲律宾的经济建设中起到了举足轻重的作用，也受到了菲政府的重视和肯定。杜特尔特总统参加过著名华侨陈永栽的生日宴会；著名华商、上好佳集团董事长施恭旗多次被总统委任为“中国事务特使”；每年的中国—东盟博览会，菲律宾商界华商均会派团参加。以菲华商联总会、菲华工商总会等为代表的华商会积极支持“一带一路”合作倡议；作为最重要的华商组织领袖，菲华商联总会名誉董事长庄前进表示将极力支持“一带一路”倡议，支持共建中菲命运和经济共同体。可见菲律宾华商得到了菲律宾的肯定，也是“一带一路”在菲律宾顺利实施的一股重要力量。

2016年杜特尔特上台后，新闻媒体对“一带一路”的关注度逐渐提升，取代了“南海”和“亚投行”等主题，媒体也不断释放了中菲日趋友好的舆论氛围。2016年，中菲两国就开展两国广播电视、新闻媒体合作达成共识。菲律宾重要媒体《菲律宾世界日报》、菲龙网等均积极用中文和他加禄语开展对“一带一路”的正面宣传，及时全面报道中国，提升两国人文交流。

### （二）合作倡议下的中菲关系

中菲“一带一路”倡议下的合作始于杜特尔特上台以后。杜特尔特奉行独立自主的对华友好政策，试图摆脱菲律宾对美国的依附，努力廓清美国在菲的政治利益，并在政治上逐步向中俄靠近，以积极姿态融入大东亚，在地区事务中进一步发挥自身作用。2016年至2019年，杜特尔特五次访问中国，中国国家主席、政府总理均在同时期访问过菲律宾，两国在合作倡议的背景下已签署了近50项合作文件。2018年，中国在菲律宾南部最大城市达沃增设领事馆，加快了中菲之间的全面合作。

2016年以来，中菲两国的相互进口总额较阿基诺时期呈稳步上升趋势；中菲贸易总额的年平均增长率超越20.7%；中国超过日本成为菲律宾第一大贸易伙伴、进口来源国和第四大出口国，并保持至今。2017—2018年，中国对菲援建的两个危险药物滥用治疗和康复中心、援建的两座桥梁工程、贷款支持的赤口河泵站灌溉项目均顺利开工。2018年，两国贸易额不仅超越了500亿美元大关，且在禁毒、反恐、文化交流、旅游等方面有重要合作。此外，两国还就共建更多水利、铁路及桥梁工程达成了共识。

根据吴杰伟2016年的调查，菲律宾民众对中国的好感度达到54%，远高于对日本和越南的好感度。随着中菲两国政治经济关系的不断融合，两国旅游人数在平稳中不断增加。从世界旅游组织的数据看，中国赴菲人数自 2014 年起呈明显上升趋势，至 2018 年达到 125.79 万人次，同比增长超过 49%，成为菲律宾第二大游客来源地；2018 年菲律宾入境中国游客达 120.3 万人次，中国是菲律宾游客的第一大旅游目的地。此外，除了四所孔子学院之外[1]，140 多所华文学校遍布菲律宾各地，华文教师数量持续不断增长；菲律宾广播电视中的中国频道、节目、剧目不间断播出，无不彰显了近年来中菲人文教育交流的空前活跃。

## 三、缅甸

在东南亚国家中，缅甸最早于 1950 年与中国建交，然而此后的几十年，由于国际形势以及缅甸国内政治局势的影响，中缅关系经历了曲折。1988 年，中国支持缅新政府，双方关系进入了全面发展阶段。1997 年后，加入了东盟自贸区的缅甸积极拓展对中经贸关系，并逐渐发展与中国的政治关系。2010 年，中缅关系开始转型发展，双方合作领域日益广泛，友好关系不断强化；同时随着缅甸民主化改革和实行对外开放的实施，中缅关系面临新型挑战。

### （一）缅甸对“一带一路”的反应

在中缅高层互动过程中，缅甸领导人和官员公开支持或者正面回应“一带一路”合作倡议。2014 年，前总统吴登盛指出“一带一路”的倡议将为本地区乃至世界带来和平、稳定与发展[2]，他还对亚投行表示欢迎。2015 年 11 月缅甸举行大选后，由昂山素季率领的民盟赢得大选，吴廷觉出任总统。昂山素季在接受中国记者采访时对“一带一路”倡议表示了高

1 四所孔子学院分别是红溪礼示大学孔子学院、雅典耀大学孔子学院、布拉卡国立大学孔子学院和菲律宾大学孔子学院。

2 李晨阳，宋少军.缅甸对“一带一路”的认知和反应[J].南洋问题研究，2016（4）：23.

度赞誉，并期望中缅两国能实现共赢。2017 年 4 月吴廷觉访华期间也表达了对倡议的支持以及缅甸将积极融入合作的愿望；同年 11 月，吴廷觉对外交部部长王毅表示缅甸希望与中方一道共建“一带一路”宏伟蓝图。

与政府高层相比，缅甸民众对“一带一路”合作倡议的担心更多源自担心缅甸会加深对中国的依赖，因此大部分缅甸民众对合作倡议持更谨慎警惕的态度。2011 年，缅甸单方面停建密松水电站时，缅甸国内就有一股反华意识的存在，他们担心中国对缅甸的经济侵略，担心中国支持缅甸北部的民族地方武装，同时也担心中方对缅甸形成意识形态上的压力。缅甸媒体对“一带一路”合作倡议的报道或正面宣传较少，加上一些带有偏见的媒体存在夸大中国渗透威胁的言辞、一些中缅合作项目的失利以及缅甸民众对中国的误解，导致缅甸民众对“一带一路”倡议缺乏了解，持反对和质疑的态度。另外，学术界、战略界一直视缅甸为中国在南亚地区战略位置最优、经济价值最大的借道出海口，这类论调无疑也加深了缅甸民众对中国“一带一路”合作倡议的误读。

### （二）合作倡议下的中缅关系

2014 年 11 月，李克强总理访问缅甸时签署的《关于深化两国全面战略合作的联合声明》和 2016 年 8 月昂山素季访华时发布的《联合新闻稿》中均指出了缅甸欢迎中方提出的“共建‘一带一路’”合作倡议和“孟中印缅经济走廊”合作倡议[1]。2017 年 5 月，在“一带一路”国际合作高峰论坛期间，两国签署了《中缅“一带一路”合作谅解备忘录》。此外，两国还签署了《关于建设中缅边境经济合作区的谅解备忘录》，中国建设性提出的三阶段解决缅甸若开邦问题的设想赢得了缅甸的信任。

2017 年 5 月，中缅最终签署了《中缅原油管道运输协议》，使这一竣工三年而协议却悬而未决的重要项目画上圆满句号。在缅甸皎漂经济开发

1 https://new.sxinhuanet.com /world /2016-08/20/c _129243250. htm.

区的三个主要工程项目中，中国中信联合体公司获得了皎漂深水港和皎漂工业园项目的建设权，这两个项目是两国在“一带一路”合作框架下在互联互通领域的标志性合作项目，为缅甸融入“一带一路”合作倡议打下了基础，也提高了缅甸在倡议沿线的港口竞争力。2017 年 4 月，吴廷觉参加“一带一路”高峰论坛时与习近平主席共同见证了这两个项目的正式签署与换文。此外，云南至皎漂的铁路工程将进一步缩短中缅的陆地运输时间，加快中缅陆路与水路形成联运机制，促进中缅之间互联互通立体交通网络的形成。

2015 年以来，中缅双边贸易持续上升，年平均增长率超过 10%，中国持续为缅甸最大的贸易伙伴。在“一带一路”框架下，随着中缅油气管道、皎漂港口和工业园项目的落地，原本受缅甸政府叫停密松电站项目影响的中国投资者的信心逐渐恢复，他们不断尝试在缅甸寻求新投资项目。《缅甸经济特区法》开始实施减免进口税和商业税等措施后，中国投资者信心和力度不断增强。截至 2018 年 3 月，中国（含港澳）在缅甸外商直接投资中排名第一，投资 344 个项目，共 248.5 亿美元，占外商投资总额的 40.14%[1]。

缅甸很早就作为创始国加入了亚投行，并获得亚投行的项目贷款。2015 年 3 月，首家中缅货币兑换中心在瑞丽市姐告边境的设立，是中缅在资金融通方面的重要成果。2016 年，中国成立澜湄合作专项基金来支持缅甸等次区域国家。2018 年 1 月，中缅就澜湄合作专项基金资助缅方开展包括万崩港扩建、农业及遗产保护等项目达成了共识[2]，成为该基金首批落地的专项。

1　中国在缅甸外商直接投资排名第一，“一带一路”带去发展红利[EB/OL].https://silkroad.news.cn/2018/0418/92293.shtml.

2　中缅签署澜湄合作专项基金项目合作协议[EB/OL].https://www.fmprc.gov.cn/web/zwbd_673032/wshd_676064/tl523993.shtml.

通过开展教育、培训、传媒等领域的合作，中缅人文交流进一步扩大。2015 年中缅互设文化中心，中国在仰光设立中国文化中心；2016 年中缅影视译制基地在仰光建成，为增进两国影视互通创造了平台；2017 年中国政府给予 103 位缅甸留学生政府奖学金[1]，缅甸来华培训人员达 2000 余名。由云南大学、中国国际问题研究院和缅甸外交部战略与国际问题研究所合作编写的《中缅关系：历史、现状与未来》于 2018 年正式出版，东南亚南亚研究所与缅甸外交部战略与国际问题研究所共同打造了中缅智库高端论坛；学者与智库间的交流成为促进中缅人文交流的新机制。

## 四、新加坡

中新在 1990 年建交前，双方关系以发展经贸为主。建交后，双边在政治、经贸和人文交往上突飞猛进，主要表现在：两国政治互动呈现常态化、全面性发展趋势，高层领导人频繁互访，两国互设使馆和总领事馆，在众多国际组织保持密切合作；2008 年两国签署自由贸易协定；2013 年中国成为新加坡第一大贸易伙伴。2015 年，双方确立了与时俱进的全方位合作伙伴关系。

### （一）新加坡对“一带一路”的反应

“一带一路”倡议提出来后，新加坡国内出现了两种不同反应：一种观点认为新加坡处于经济低迷时期，新加坡应该抓住“一带一路”合作倡议带来的巨大机遇，强化与中国在各领域的合作关系，为新加坡经济发展注入强心剂，应该对合作倡议持积极支持态度。2017 年 9 月，李显龙总理表示：新加坡对“一带一路”的评价是积极的……中新两国可以实现优

1　驻缅甸大使洪亮为2017年缅甸公派赴华留学生举行欢送仪式[EB/OL].https://mm .china-embasy.org/chn/xwdt/t1489016.htm.

势互补，促进合作效果更好；外交部长维文在2017年6月访华期间表示：新加坡是倡议的最早支持者之一，将提供金融支持，全力支持亚投行的各项工作，携手共建金融支持平台。工商联合总会主席张松声表示新商界十分期待参与“一带一路”项目……倡议将为新商界带来巨大商机。学术界普遍认为“一带一路”倡议顺应全球化发展趋势，将有效应对逆全球化；新加坡国立大学东亚研究所所长郑永年认为，“一带一路”倡议是与沿线国共同制定规则、寻求双方共赢、符合沿线国家的发展需求和发展前景的良好国际合作平台。

另一种观点认为，纵然倡议会促进东盟的经济实力、改善区域内的基础设施、互联互通状况，但新加坡在东南亚地区中的地位将会下滑；倡议的本质是为了扩大中国在东南亚地区的势力范围，希望依靠经济手段来控制东南亚，从而实现地区霸权，进而与美国等域外大国开展全面争霸。这种观点否定“一带一路”合作倡议对新加坡的积极意义，建议新加坡不参与或持中立、观望态度。事实上，新加坡近年来对华政策的波动与起伏、对“一带一路”合作倡议时而持观望或怀疑的态度也源自其对中国的防范心理。2016年，李显龙关于南海仲裁事件的言论“该裁决对各国的主权声索做出了‘强而有力的定义’”让中新关系迅速降温。同年，新加坡装甲车被我国香港海关扣留事件让两国关系蒙上了阴影。2017年，李显龙成为少数受邀且未出席“一带一路”国际合作高峰论坛的国家领导人之一。此外，从不少新加坡媒体报道中可看出，一部分新加坡人认为中国是希望通过“一带一路”建立全球领导地位，视中国与马来西亚共建皇京港为新加坡的危机和挑战，甚至怀疑中国将加大在新加坡周边的军事存在。

### （二）合作倡议下的中新关系

中新两国在“一带一路”合作倡议下开展的合作成果丰富，进展迅速。2017年，新加坡派团出席“一带一路国际合作高峰论坛”，并与中方签署《“一带一路”建设合作谅解备忘录》。2018年4月李显龙访华，两国签署《“一带一路”第三方市场合作备忘录》；8月，新工商联合总会连续第四年主办以“海上丝绸之路”为主题的区域商务论坛，反响热烈；9月，韩正副总理访新，与新方主持召开JCBC会议，两国同意继续推进共建“一带一路”建设，将中新互联互通陆海新通道作为合作的新亮点，更好发挥示范和推动作用。

据统计，2017年，两国贸易总额达到了中国与“一带一路”沿线国家贸易总额的7%，中国对新加坡总投资占中国对沿线国家总投资额的22.3%；新加坡对华投资占沿线国家对华投资总额的80%以上，新加坡在中国与沿线国家双向投资中位居榜首，新加坡也是中国在沿线国家中的第一大服务贸易伙伴。中国昆明、南宁到新加坡的铁海通道的开通，标志着中新互联互通陆海新通道正逐步形成；新加坡成立亚洲基础设施发展局，统筹包括金融服务、专业服务、精密工程以及建筑等整个基建价值链的国内外企业合作，搭建基础设施项目规划、融资、落实合作平台。

中国的商业银行、证券公司纷纷在新加坡设立分支，中资银行发行“一带一路”支持债券逾100亿美元。中国工商银行新加坡分行发放“一带一路”相关贷款共70余笔，余额合计50亿美元。在新加坡牵头成立“一带一路”保险联合体，已处理“一带一路”保险项目11个；中国工商银行新加坡分行是离岸人民币清算行之一。新加坡已成为仅次于中国香港的第二大离岸人民币清算中心。

在成功建设苏州工业园区、天津生态城的基础上，中新重庆战略性互联互通示范项目是两国政府间第三次合作项目，推动了双方战略合作向前发展。此外，两国还促成了在印度开发建设园区、建设“一带一路”沿线物流产业、合作开发几内亚铝土矿等项目。新加坡国际调解中心和中国国际贸易促进委员会、中国国际商会调解中心合作建立解决“一带一路”跨境合作相关争议的机制。新加坡国立大学、南洋理工大学等机构开设“一带一路”相关的短期培训课程，双方在第三方人员培训方面合作潜力巨大。

## 五、老挝

经过9年抗法战争后，老中于1961年建交；建交后中老关系并不稳定。老挝曾一度对苏联和中国实施等距离外交，也曾在越柬、中越冲突时支持越南。20世纪80年代末，中老关系开始正常化，新世纪后中老政治关系全面发展。2009年，双边关系上升为全面战略伙伴关系，两国成为“好邻居、好朋友、好同志、好伙伴”。

### （一）老挝对“一带一路”的反应

老挝对与中国共建“一带一路”的愿望是明显和强烈的。老挝前国家主席朱马里曾表示“一带一路”恰逢其时，是老挝人民的心愿。老副总理宋沙瓦曾表示老挝希望参与“海丝路”合作，实现“陆锁国”到“陆联国”的转变；他还曾指出“一带一路”将促进中国—东盟地区的文明、富强，加快中国与东盟的进一步融合。2018年8月，老挝外交部部长沙伦赛·贡玛西表示老中是紧密朋友，是有着共同未来的命运共同体。老方愿同中方认真落实习近平总书记和本扬总书记达成的重要共识，积极推进老中命运共同体建设，共同维护地区和平稳定。作为老挝媒体代表的《万象时报》2019年4月23日发表文章指出，对于贫困的老挝而言，“一带一路”倡议是老挝摆脱贫困、加快现代化建设和追赶世界步伐的绝佳时机；老挝将会获得直接或间接的利益，也应该借此良机推动老挝从“陆锁国”变成“陆联国”的步伐；中国政府提出的与老挝共建人类命运共同体的倡议也将不断推动两国加快合作，使两国共同受益。此外，大部分老挝民众对“一带一路”倡议持支持或肯定态度。老挝嗨皮旅游公司导游占沙蒙表示，老挝的经济和基础设施建设必将得到很大改善，老挝人民支持“一带一路”。老挝国立大学副校长洪潘德表示学习汉语的老挝学生急速增加，学汉语已成为老挝人学外语的趋势。

当然，老挝也存在不同的声音。从老挝籍留学生宏爱国对老挝在华青年精英开展的对“一带一路”认知的调查可发现[1]：超过1/3的老挝在华青年精英认为“一带一路”虽然短期可以让老挝获益，但对未来老挝在参与区域秩序重构过程中能否获益表示信心不足；他们认为中国在老挝开展基础设施之外的投资有风险且容易受域外国家的干涉；他们对今后老挝经济独立性带来的风险而担忧；还有部分老挝青年人对中老合作持悲观态度，认为国内外反对势力以及中国紧张的大国关系会影响老挝国家利益等。这些老挝青年精英的分析视角以老挝国家利益为出发点，站在长远看，具有一定的理性特征，但这些消极的观点不是老挝人的主流意识。

### （二）合作倡议下的中老关系

基于同样的社会制度和良好合作基础，“一带一路”倡议为强化两国全方位合作提供了新的战略机遇，两国政治、经济与人文合作进一步得到了强化。2015年至2019年，老挝国家主席、政府总理先后多次访华，受到习近平总书记和李克强总理的亲切接见，两国政治关系处于历史上最好的时期。2016年9月，中老签署了《关于编制共同推进“一带一路”建设合作规划纲要的谅解备忘录》，这是中国与中南半岛国家签署的首个共建“一带一路”的合作备忘录，不仅推动了两国政治、经济、人文交流的更加紧密合作，同时也为中国和其他东南亚国家、“一带一路”沿线国开展合作树立了榜样。2016年9月，李克强总理访问老挝时与老挝达成了提升两国关系、实现中国“十三五”与老挝“八五”对接、促进互利共赢的共识。2017年11月，习近平主席访问老挝，两国签署了《关于共同推进中老经济走廊建设的谅解备忘录》等文件，并发表了联合声明，提出“加快中国‘一带一路’倡议同老挝‘变陆锁国为陆联国’战略对接，共同建设中老经济走廊”[2]。

1　宏爱国.“一带一路”新区域秩序构建与老挝在华青年精英认知[J].法制博览，2019（1）.

2　中老联合声明[N].人民日报，2017-11-15.

“一带一路”倡导的互联互通正好符合老挝对基础设施的强烈需求。由于双方在公路、铁路、机场等基础设施建设中已具备深厚的合作基础，中老在“一带一路”框架下的合作也首先从共建铁路开始。这样对原有的合作机制进行了再次完善，加快了合作进度，同时也契合了老挝“八五”规划中要把基础设施建设作为老挝改变内陆国、无出海口以及实现与国际、地区互联互通的重要战略。为落实铁路合作计划，2015 年 11 月，两国政府签署《关于铁路基础设施合作开发和中老铁路项目的协定》；2016 年 9 月，李克强在访问老挝时，中老发布联合公报，将落实中老铁路项目；2016 年 12 月 25 日，中老铁路项目全线开工仪式在老挝琅勃拉邦举行，计划 2020 年建成通车。此外，中老两国政府加强了执法安全的合作，合力打击跨国犯罪和恐怖主义，加强湄公河流域的边境管理和联合巡逻执法[1]。

在“一带一路”框架下，中老经贸与旅游合作得到了跨越式发展。仅 2015 年，中老年双边贸易总额达到了两国建交以来贸易的总合，老挝从中国进口商品的免关税率达到了 95% 以上。两国边境的磨憨—磨丁经济特区开始全面推进，老挝第一颗卫星在中国成功发射升空，中老双方在广东“21 世纪海上丝绸之路”国际博览会上达成多项合作协议。2016 年，中老共建的南欧江梯级电站开始投产发电。2018 年，中方进一步落实了以中老铁路、磨万高速公路、万巴高速公路为主的基础设施建设投资，积极与老方协商推进赛色塔综合开发区、磨丁跨境经济合作区、老挝水泥厂、矿能开发、人才培训等一批大项目，助推中老经济走廊建设取得了实质性进展。此外，老挝中国文化中心的设立、老挝“中国年”的举办、中国赴老旅游井喷式增长、老挝来华留学人员的激增，标志着双方在“一带一路”框架下的合作取得了丰硕成果。

1　中老将加强湄公河流域联合执法[EB/OL].https://news.ifeng.com/a/20140729/41344135_0.shtml.

## 六、柬埔寨

1956年中柬建交，然而直至1997年“七月政变”后双边关系才开始正常化。1998年中国承认洪森政府，双方关系得以迅速发展，中柬关系进入全新阶段。21世纪以来，两国领导人频繁互访，双变关系逐步坚实稳定，中国成为对柬“最大单一援助国”[1]；2006年双方建立了“全面伙伴关系”，并于2012年升级为“全面战略伙伴关系”；两国确定2013年为“中柬友好年”，进一步明确了“中柬关系处于历史最好时期”[2]。

### （一）柬埔寨对“一带一路”的反应

柬埔寨政府对“一带一路”倡议表明了积极的态度和坚定的支持，对参与“一带一路”基本保持乐观态度。2016年8月，首相洪森表示：柬埔寨全力支持“一带一路”倡议，也已经将本国的“四角战略”与“一带一路”倡议相对接。2017年4月，洪森指出，“一带一路”倡议具有伟大的历史重要性，它一定会促进区域的互联互通和区域一体化建设，并且为区域内的国家带来巨大的发展机遇。柬方希望通过在“一带一路”框架下深化双边合作来实现更快更好的经济发展[3]。

与政界相比，柬埔寨学界表现得很谨慎，精英分子对“一带一路”倡议的背景、目的、机遇、风险、挑战和相关建议进行了深入探讨。他们对“一带一路”倡议对两国、东南亚乃至国际社会即将产生的积极意义做出了正面评价，认为柬埔寨积极融入“一带一路”建设将获得难得的经济发展、政治外交和安全机遇，将促进柬埔寨的经济社会全面发展；但也有部分学者对中国的目的、柬埔寨面临的风险与挑战过于悲观。柬埔寨战略

1　2016年柬埔寨政府发展合作和伙伴关系报告显示，2000—2009年中国向柬埔寨提供了4.86亿美元的援助和贷款，2010—2015年这个数字为20.75亿美元。

2　中国外交部.中柬关系处于历史最好时期——访中国驻柬埔寨大使布建国.

3　https: //kw.china-embassy.org，/eng/zgyw/t1458566.htm.

研究所高级研究员钱博然认为中国向通过亚投行、“一带一路”建立“北京共识”来挑战“华盛顿共识”[1]。学者们还认为柬埔寨未来将不断面临中国资本流出、柬对中国过度依赖产生的债务困境、中对柬军事援助触发美国增加对地区他国的军事援助、中柬关系过分亲密引发其他南海声索国不满、柬埔寨对外政策的独立性以及中柬大量的项目合作引发的柬政府腐败、环境破坏、部分民众反对等各类风险和挑战。此外，以《柬埔寨日报》为代表的独立报刊媒体对“一带一路”在柬埔寨推行的评估、质疑和负面评价的报道较多，批评角度尖锐；在评论中也频繁援引多方关于柬埔寨面临诸多风险的观点。

### （二）合作倡议下的中柬关系

倡议提出以来，中柬持续开展友好合作，高层互访频繁，成立政府间协调委员会，就双方关心的问题进行磋商，有力地推进了在“一带一路”框架下的政策沟通。据不完全统计，从 2013 年到 2018 年，两国国家领导人层级的会晤高达 50 多次，签署了 31 项协议和备忘录。2016 年，习近平主席访柬期间两国研究了如何实现“一带一路”倡议与柬“四角战略”对接；2017 年，双方签署了《共同推进“一带一路”建设合作规划纲要》；双方高层密集的会晤为促进其他领域的合作起到了关键作用。

在中国的支持下，“西哈努克港经济特区”和“柬中综合投资开发试验区”将成为两个“一带一路”标志性工程，金边和暹粒将新建两个机场，金边到西哈努克将新修高速公路，柬埔寨的输电线路将得到全面更新。2018 年，中柬合作的道路、桥梁等交通基础设施项目密集启动：5 月，柬开始扩建 3 号公路；6 月，扩建后的柬 6 号公路通车；7 月，塞索柬中友谊立交桥通车，中国进出口银行明确提供贷款新修金边环城公路。

1　https://www.ciss.org.kh/images/pdf file item/1cfb159507dd678e19ba01b8e4e4e2c3.pdf.

2014—2019 年中柬贸易额总额不断创新高，柬对中出口额年均增长率连续 6 年超过 7.5%，中国已连续多年成为柬最大贸易伙伴、最大进口来源国和最大外资来源国。2016 年 10 月，两国签署了《对所得避免双重征税和防止逃避税的协定》，为中企对柬投资提供了优惠税收政策。柬埔寨购买了 623 股亚投行基金，成为亚投行创始国之一，并积极支持“丝绸之路基金”，也表示将从亚投行贷款用于国内基础设施建设。中国多家银行将为柬埔寨境内的工厂、水电站及交通基础设施工厂提供优惠资金融资服务。

为深化中柬旅游合作，柬发布了《中国准备》旅游行业白皮书、开通了更多直航柬埔寨航班，促进赴柬旅游，吸引中国的旅游投资项目。中国早已成为赴柬旅游最大客源国。2019 年柬共接待中国游客近 203 万人次，是 2017 年的近两倍，并继续呈井喷式增长态势。中柬在科教方面的合作进展也不胜枚举，中国每年为柬埔寨培养数万名各行业专业技术人员，强化对柬埔寨的医疗软硬件支持力度；加强以九江学院与柬埔寨皇家科学院合办孔子学院为代表的中柬教育合作，支持北京、重庆、澳门等城市与柬城市结为友好城市，不断加速两国“一带一路”框架下的合作。

## 七、泰国

1975 年，中泰结束冷战时期非正常状态并建交后，两国关系保持了稳定发展，特别是在越南侵柬危机中双方开展的积极沟通为深化双边关系增加了政治互信。2001 年 8 月，两国政府就推进战略性合作达成共识，发表了《联合公报》。2012 年 4 月，两国建立全面战略合作伙伴关系，从而开启了中泰关系发展的新篇章。2013 年 10 月，两国政府发表《中泰关系发展远景规划》，规划至 2015 年双边贸易合作金额达到 1000 亿美元的发展目标，为新时期双边关系的进一步深化明确了发展方向。

## （一）泰国对“一带一路”的反应

2015年，泰总理巴育访华时表示，泰加入21世纪海上丝绸之路的倡议……促进区域互联互通，朝着建立亚太自由贸易区的目标迈进。他还曾指出，泰国东部经济走廊战略同“一带一路”倡议高度契合……泰希望借助“一带一路”建设，推进农业、铁路合作，促进地区互联互通，扩大泰国农产品对华出口，促进民间交往，加强人才培训[1]。泰国副总理兼外长他那萨表示，泰国政府支持中方的倡议，其广泛宣传的“东部经济走廊”计划准备成为中国“一带一路”倡议的重要组成部分[2]。为了将泰国打造成为区域中心，更好对接“一带一路”，泰国推出了与“中国制造2025”相契合的“泰国4.0战略”，将强化与中国的合作，更加重视高端制造业与科技创新。同时，泰实施《国家20年发展战略规划（2018—2037）》，把东部经济走廊打造成为区域制造和集散中心辐射东南亚，助推泰国跻身发达国家行列。泰工商界普遍对“一带一路”为泰国和他们带来的商机表示了极大热情。泰工商总会副主席李桂雄指出，“一带一路”倡议是个非常好的战略机遇，中国经济发展快、对外政策利好、拥有巨大的市场和广阔前景，那些在地理位置上有优势的国家能够更快地享受中国发展带来的红利。泰国大华银行（UOB）的总经理陈俊清表示，泰国将从“一带一路”倡议中获益匪浅，这项举措吸引了外国直接投资的显著增长，泰国和中国之间的贸易大幅增加[3]。

泰国媒体对“一带一路”的报道普遍都是正面积极的。2017年4月，发行量最大的泰文日报《泰叻报》多期刊登中国驻泰大使宁赋魁题为“传

1 赵成.习近平分别会见印度尼西亚总统、加拿大总理、泰国总理和新加坡总理[N].人民日报，2014-11-10（1）.

2 郭秋梅.东盟国家对“一带一路”战略的认同问题考察[J].山东科技大学学报，2016（10）：79.

3 李佳玲.泰国中小企业对“一带一路倡议”的认识和适应研究[D].华中师范大学，2018.

承丝路精神　共创亚洲辉煌”的文章，文章对“一带一路”倡议给泰国带来的机遇进行了全面阐述。《曼谷邮报》认为“一带一路”是中国在经历高速经济增长后向世界转型的必由之路;《民族报》的评论指出，提出“一带一路”倡议和建立亚投行是资本与市场发展的结果，中国正通过经贸实力争取朋友和提高影响力[1]。

### （二）合作倡议下的中泰关系

2013年以来，中泰在“一带一路”框架下的合作支撑着中国—中南半岛经济走廊建设。政策沟通方面，中泰高层频繁互访，成果丰富。2016年12月，中泰双方在经贸联委会上达成共识，希望推动“泰国4.0战略”和“一带一路”倡议对接，加快在基建、制造业、通信、生物、新能源等领域的深度合作。2017年以来，双方签署了两国《共建“一带一路”建设备忘录》、未来5年《战略性合作共同行动计划》《泰中战略合作协议具体实施方案（2017—2021）》等政府间合作协议，加快了“一带一路”框架下项目的实施与落地，为双方开展全面合作奠定了基石。

设施联通是“泰国4. 0战略”、东部经济走廊与“一带一路”优先对接的重点。为推进“一带一路”合作，中国加大了对泰基建的资金投入，截至2018年6月，投资金额已达270亿美元，主要用于在陆运、港口、空运、数字经济等各方面；具体建设项目有：曼谷与昆明连通的陆路通道昆曼公路，澜沧江—湄公河国际航运航道二期整治与开发工程，连接高铁、乌塔堡机场和廉差邦港口三期、航空维修中心、东部航空城区的三大机场，这些项目的启动标志着中泰设施联通取得实质性进展。

贸易投资方面，中国是泰国最大贸易伙伴，泰国是中国东盟内第三大贸易伙伴，双边贸易总额在2013年占泰国外贸总额13.61%，中国超过日本成为泰国第一大外贸伙伴保持至今；这一比例在随后几年内“稳步提升

1　郭秋梅.东盟国家对“一带一路”战略的认同问题考察[J].山东科技大学学报，2016（10）：80.

至16%”[1]。2014年至2019年，中泰双边贸易总额从636亿美元增至856亿美元，年均增长6.5%以上。2014—2017年，中国对泰国直接投资总额为9.37亿美元，超越美国成为仅次于日本的对泰第二大投资来源国，而后2018年中国对泰投资增加至17.4亿美元。2016年，泰国出资105亿泰铢加入亚投行，两国金融合作开展顺利，为两国务实合作提供了有力的资金支撑。

中泰民间交往甚为频繁，中国已连续多年成为泰国旅游最大客源国，赴泰游客从2014年的463万人次增至2018年的1053万人次，年均增长高达8%以上。旅游成为深化中泰民众相互认知的有效渠道之一[2]，同时也是泰国提高国民收入的重要渠道。2018年中国游客为泰国增加约5900亿泰铢收益。中国是泰国最大的留学生生源国，目前多达3万人，每年新入学数量约为8000~9000人，并持续逐年增加。

## 八、印度尼西亚

中国与印度尼西亚的关系可谓跌宕起伏。1950年，印度尼西亚第一个承认并试图与中国建交，但因各种原因双方并未顺利建交。前总统苏加诺采取的亲华政策加剧了印度尼西亚国内政治势力的矛盾，而华侨华人问题在冷战意识形态对抗的推动下，导致了1965年“9·30”事件的爆发。1965年至1990年，印度尼西亚单方面停止对外外交。1985年，两国在新加坡签署恢复直接贸易的谅解备忘录，为加快复交奠定了基础。1990年，双方复交却仍缺乏足够的政治互信。中国在亚洲金融危机中给印度尼西亚的极大帮助以及冷静处理1998年印度尼西亚暴力排华事件进一步赢得了

1　周方冶.中泰合作对接“一带一路”的机遇与挑战[J].当代世界，2019（7）：69.

2　同1。

印度尼西亚的政治信任。21世纪以来，随着国内政治环境的改善，印度尼西亚欲借中国崛起带来的机遇和中国影响力来提升印度尼西亚的国际影响力。2005年，中国与印度尼西亚建立战略伙伴关系，并在经贸、人文方面取得了长足发展。

### （一）印度尼西亚对“一带一路”的反应

印度尼西亚国内对“一带一路”倡议的了解程度很有限，但这些对倡议的了解和认识出现了两极分化现象。以佐科总统为代表的印度尼西亚政府希望能印度尼西亚参与“一带一路”，乘着中国发展之机遇发展印度尼西亚本国经济，他所在斗争民主党也表示欢迎中国提出的“一带一路”倡议[1]。反对党联盟和军方在南海问题上态度强硬：他们认为纳土纳海域是印度尼西亚的专属经济区，“中国提出的传统渔场并不被国际法所承认”[2]，这加深了政界对中国提出倡议动机的怀疑。甚至还有政治精英希望印度尼西亚政府调查和反思中国“一带一路”倡议的深层次目的，认为倡议的目的是希望印度尼西亚重归古代“海上丝路”与中国的朝贡关系[3]。

从2016年印度尼西亚对“中国文化印象调查”[4]以及皮尤全球态度调查的分析[5]中可以看出，尽管投资印度尼西亚的中企越来越多、双边经贸关系不断加强，但印度尼西亚民众对中国的好感和认同度仍然较低，部分印度尼西亚人并未因“一带一路”密切了两国合作而增加对中国的好感。这些负面态度不仅源自印度尼西亚传统“排华”情结、极端伊斯兰组织和域外势力的渲染，也和印度尼西亚媒体制造的关于中国、“一带一路”相

1　https: //jateng.antara news.com/detail/index/? id = 85927.

2　https://nasional.kompas.com/read/2016/06/20/20424401 /kapal.china. tiga. kali. cmi. ikan. di. natuna. Apa.langkah.pemerintah.

3　沙菲雅 · F.穆希芭.印度尼西亚海洋主张如何对接“一带一路”[J].社会观察，2015（12）：15.

4　许静，韩晓梅.品牌国家策略与提升中国文化国际影响力——基于印度尼西亚“中国文化印象调查”的分析[J].外交评论，2016（3）：57-59.

5　韩冬临.印度尼西亚公众的中国形象：现状、变化与来源[J].战略决策研究，2017（2）：29.

关的负面舆论息息相关。印度尼西亚不少媒体和国内官员对中国政府、企业对印度尼西亚发展的成绩与贡献进行选择性忽视，反而重点谈中国的责任与合作过程中出现的问题，刻意地造成了中国的负面形象。印度尼西亚民众中表示支持“一带一路”倡议的是商界，特别是与中国有往来的印度尼西亚商人和华商；他们充当着两国经贸交往的桥梁，为促进政府间、经贸和人文交流积极协调发挥了重要的作用。

学界是印度尼西亚反对“一带一路”的主要群体，他们在民众中拥有较大话语权和影响力，然而在印度尼西亚国家层面缺乏智库支持倡议的声音。他们的主要观点有：中国借“一带一路”重塑亚洲、全球秩序[1]；“一带一路”就是“马歇尔计划”……带有一定的政治意图[2]；中国对印度尼西亚的投资行为是“新殖民主义”或“中国式经济霸权”[3]。

### （二）合作倡议下的中印尼关系

2013年来，中国与印度尼西亚两国高层互访日益频繁，政治互信基础不断增强。2018年10月，两国签署了推进“一带一路”和“全球海洋支点”建设的谅解备忘录，印度尼西亚成为东南亚支持共建“一带一路”的最大国家。

中国已连续多年成为印度尼西亚第一大贸易伙伴。2018年，中国与印度尼西亚双边贸易额达774亿美元，创历史新高，同比增长22%；2016年以来，中国保持着印度尼西亚第一大出口目的国地位；中国是进口印度尼西亚燕窝的最大国，也是进口印度尼西亚棕榈油的主要国家。

1　艾薇·费崔亚尼.中国“一带一路”倡议：印度尼西亚的视角[C]//第一届21世纪海上丝绸之路高端论坛.

2　Chiristine Sri Marnani， Freddy Johanes Rumanbis， dan Haposan Simatupang. Connectivity Indonesia’s Maritime Global Axis Policy[J].Jurnal Pertahanan，2016（2）：53-55.

3　https: //www.voa-islam.id/read/opi-ni/2015/05/01/36684/bebaskan-Indonesia-dan-penjajahan-dan-per-budakan-cina /# sthash. VWv1SedR. dpbs.

同时，中国已连续四年成为印度尼西亚第三大投资国，2019年中国对印度尼西亚直接投资达24亿美元，占当年印度尼西亚外资总额的10.2%。中国企业对印度尼西亚的投资领域广泛，覆盖印度尼西亚各大主要岛屿，产能合作取得显著成效。中国产智能手机已占据印度尼西亚大部分市场份额，阿里巴巴、京东等互联网企业不仅带动了印度尼西亚的电商业，还培育了一大批新型企业。

印度尼西亚长期是中国企业承包海外工程的主要国家之一。中国建设的电站生产了印度尼西亚1/4的电能；印度尼西亚最长跨海大桥（泗水—马都拉）和第二大水坝（加蒂格迪大坝）由中国与印度尼西亚企业共同建设；中国对印度尼西亚实施技术转让，帮助印度尼西亚提高基建技术和设计能力。当前，印度尼西亚正在加速推进苏门答腊、爪哇两大经济走廊和东南亚首条高铁（雅加达—万隆）、印度尼西亚单机容量最大机组（爪哇7号燃煤电站）两个中国与印度尼西亚代表性合作项目，涉及公路、港口、机场、铁路、冶金、农机、水利、建筑、采矿、棕榈油以及电气建设等各领域。

除了中国—东盟基础设施专项贷款、丝路基金、亚投行等融资渠道外，以国家开发银行、工商银行等银行为代表的中国金融机构向印度尼西亚金融机构提供优惠运营贷款，采购印度尼西亚政府债券，与印度尼西亚签署本币互换协议，为推进双边基础设施建设和项目合作发挥了巨大作用。中国与印度尼西亚《高等教育合作协议》和《高等教育学历互认协议》的签署极大促进了教育交流，教育合作已成为两国高级别人文交流机制的重要内容[1]；两国已建立了六所孔子学院和两所孔子课堂；中国成为印度尼西亚学生海外留学的第二大目的地。此外，中国赴印度尼西亚的游客人数从2016年142.9万人次增至2018年213.75万人次，中国连续成为印

1 中国成为印度尼西亚大学生第二大留学目的[N].千岛日报，2017-08-23.

度尼西亚最大的国际游客来源地，中国游客数量的逐年递增为促进印度尼西亚的经济发展发挥了重要作用。

## 九、越南

1950年建交后，中越在政治、军事、经济等领域进行了广泛合作，中国支持越南抗法、抗美，双方曾建立了深厚的友谊。20世纪70年代末，中越关系恶化，并爆发了对越自卫反击战；1991年双方复交。2000年，两国签订了《北部湾划界协定》；2008年，两国确立了全面战略合作伙伴关系并完成了陆地边界勘界。近年来，双方重视发展双边关系，越共十二大召开后，越国家主席、政府总理多次访华；习近平主席两次出访越南。两国经贸、文化、教育、旅游领域的交流与合作发展也呈现良好势头。

### （一）越南对"一带一路"的反应

从"一带一路"倡议的提出到2015年11月习近平主席访越，其间发生了"981事件""5·13越南打砸中资企业事件"，越南政府对倡议的反应由质疑甚至反对转变为怀疑、谨慎欢迎[1]。习近平主席访越后，越政府对倡议的总体态度朝着积极方向发展，中越于2017年11月发布了《中越联合声明》，签署了《共建"一带一路"和"两廊一圈"合作备忘录》。与2016年之前的谨慎相比，越政府官员对"一带一路"倡议的言论更主动，他们会表达意见和态度，也会提出疑虑和建议。2017年5月，越南国家主席陈大光在结束访华后致电习近平主席时表示，越南欢迎"一带一路"倡议和为区域互联互通和经济一体化进程所做出的努力[2]。此举对于越南领导

1　顾强.积极变化与疑虑并存：越南对"一带一路"认知之变迁与对策思考[J].云南民族大学学报2018（7）:18.

2　https: //zh. Vietnamplus. vn/越南国家主席陈大光致电中共中央总书记、中国国家主席习近平表示感谢/65295. vnp.

人来说非常罕见，虽然依然谨慎，其态度也朝着积极和正面发现方向发展。

越南学者们对“一带一路”倡议提出了不同的质疑和担心。有些学者对倡议本身持积极态度，但担心两国该如何共建，为此他们提出了自己的想法。越南社会科学院中国研究所原所长杜进森和原副所长冯氏惠分别就“五通”和“共商、共建、共享”提出建议。还有部分学者担心资金来源、企业如何获益、对越南社会带来竞争压力等具体的问题和影响。还有学者对“一带一路”倡议不够关注，却又把“一带一路”和跨太平洋伙伴协定（TPP）等域外合作机制拿来比较，从而渲染中国试图在东南亚地区重建国际秩序。

越南工商界，特别是外贸企业，非常关注“一带一路”倡议，他们视倡议为巨大的商机，并希望能积极参与其中获取利益。由于越南政府对媒体的管控机制较为严格，越南普通民众认识“一带一路”倡议机会较少，几年来民众对“一带一路”倡议的认识和了解程度一直较低。这是越南在社会层面“去政治化”的结果，普通百姓对国家政治和外交政策的兴趣日益淡漠。

### （二）合作倡议下的中越关系

政治方面，越南对“一带一路”的警惕慢慢放松，两国领导人外交成绩斐然。2015 年 4 月越共总书记阮富仲访华和 7 月中国国务院副总理张高丽访越时，越南均未对“一带一路”予以正面回应。2016 年，双方高层开启了高频互访，在管控分歧、加强合作和政治互信等方面达成一些共识，为两国关系升温做了铺垫。2017 年，越共十二大后，阮富仲再次率团访华，受到中方最高规格接待；越方宣布积极推进“两廊一圈”对接“一带一路”，表明越南终于决定加入“一带一路”朋友圈。同年 11 月，作为十九大后的首次出访，习近平主席访问越南意义重大。此次访问，中方强调将加强中越关系作为周边外交的首要地位，有助于建立中越全面战略合作伙伴关系。2016 年以来，中越在反恐、禁毒、跨境抓捕等方面展开合作；特别是 2017 年中国海军远航访问编队访问越南后，双方的安全、防务合作得到进一步加强。此外，中共与越共之间的党际交流也进一步加深。2015 年 4 月和 2017 年 5 月，双方先后就 2016—2020 年两党合作交流、2017—2020 年中央党校和胡志明国家政治学院合作达成共识，并签署相关协议。

中越两国的经贸总额相比"一带一路"倡议提出前实现迅猛增长。2015 年以来，越南连续 4 年成为中国在东南亚最大的贸易伙伴、中国第八大贸易伙伴，中国则是越南最大贸易伙伴。2017 年双方贸易总额突破了千亿美元大关，到 2018 年达 1478.6 亿美元，同比增长 21.2%；中对越出口总额逾 827 亿美元，同比增长 14.4%，进口总额超 631 亿美元，增长 24.6%[1]。投资方面，2017 年中国成为越南第四大直接投资国，投资总额高达 96.8 亿美元；2018 年，中国企业已在越南签订了总价值近 512 亿美元的建筑工程承包合同。2019 年 1—5 月，中国企业在越直接投资额达到 20 亿美元，是 2018 年全年 24.6 亿美元的 80%，其中新增投资金额已超过日韩，位列第一；中国有望在几年内成为对越最大直接投资国。

2017 年，中越签订了两国 2017—2019 年旅游合作计划，将双方旅游合作推上新高度。据统计，2017 年，超过 400 万中国游客赴越南旅游，比 2016 年增长 48.6%；2018 年有 496.6 万中国游客赴越南旅游，同比增长近 25%。双方旅游交流合作让旅游逐步成为支撑两国政治、经济交往的重要基石。

## 十、文莱

中文两国在古代就建立了成熟的贸易关系，文莱曾参与到唐朝的朝贡体系，郑和曾两次拜访过文莱，这些历史交流为日后两国关系的发展提供

1　https://www.finprc.gov.cn/web/gjhdq_676201/gj_ 676203/yz_ 676205/1206_677292/sbgx 677296/0.

了基础。中国在 1984 年文莱独立后逐步与文莱进行了交流。1991 年两国建交后，各领域交流与合作逐步展开。文莱一直视东盟为本国安全和繁荣的依靠，对外政策与东盟保持协调一致。文莱推动成立“东盟自贸区”，支持东盟实施集体安全机制，在中国—东盟合作框架下与中国开展有效合作，但文莱也声称对南沙群岛西南端的路易莎海礁岛拥有主权，一定程度上影响着两国关系。

### （一）文莱对“一带一路”的反应

2008 年，文莱提出了“2035 宏愿”的国家中长期发展战略，希望在 2035 年实现一系列发展目标。文莱以其地理优势和经济发展潜力，被称为“东盟东部增长区”。“一带一路”倡议的提出无疑契合了文莱“2035 宏愿”战略，因而文莱对“一带一路”表示了极大的欢迎。2016 年，文莱苏丹哈桑纳尔在会见外交部长王毅时表示：希望推动“一带一路”倡议同文莱“2035 宏愿”有效衔接，在提升能源开采、基础设施建设等重点领域合作，并且共同推进“广西—文莱经济走廊”建设。2017 年 9 月，哈桑纳尔在参加东盟博览会、东盟商务与投资峰会接受采访时表达了相同的愿望。文莱驻中国大使张慈祥认为，两国的合作可以由当前的集中在油气产业和基础设施建设领域扩展到农业、旅游业、文化产业以及通信技术方面的合作，特别指出加强旅游业合作可以成为双边关系重要的发展机会[1]。由于缺乏足够的宣传和双边交流，“一带一路”倡议目前尚停留在政府、官员层面，文莱国内社会对合作倡议及相关政策措施的了解并不深入。文莱人部分企业家和民众对“一带一路”合作倡议的宗旨以及对沿线国家所带来的机遇和利好合作政策不甚了解，更缺乏主动参与“一带一路”倡议建设的机会，这给两国在“一带一路”框架下开展务实合作带来一定障碍。

---

1 http:// bn. mofcom. gov. cn / article / jmxw /201603 /20160301271429. shtml.

### （二）合作倡议下的中文关系

2013年以来，中文两国高层多次会面、提及“一带一路”倡议和“2035宏愿”对接，同时推动多项双方合作协议签署，为两大机制实现对接提供了诸多政策便利（见表1）。2017年中国—东盟博览会期间，中文双方签署了4个重要的协议、3个谅解备忘录、1个执行计划，涉及两国在“一带一路”、基础设施、卫生、防务领域的合作，巩固了两大机制对接的合作基础。

表1　2013—2019年中文高层推动“2035宏愿”与“一带一路”倡议对接情况

| 时间 | 事件 | 两大合作机制对接 |
|---|---|---|
| 2014年11月10日 | 亚太经合组织领导人会议，习近平主席与文莱苏丹举行会谈 | 密切高层交往，增进战略互信，加强油气上下游产业和新能源领域合作，中国企业扩大对文投资及其基础设施建设和农渔业合作 |
| 2016年4月21日 | 外交部长王毅访问文莱，与文莱首相府部长兼外交与贸易部第二部部长林玉成举行会谈 | 推动两种机制对接，帮助文莱实现经济多元化 |
| 2016年9月14日 | 文莱首相府部长兼外交与贸易部第二部部长林玉成和首相府能源与工业部长亚斯敏访问中国，与中国外交部长王毅举行会谈 | 推动两种机制对接，为中文务实合作注入新动力 |
| 2017年9月13日 | 文莱苏丹对中国进行国事访问，与习近平主席举行会谈 | 在“一带一路”建设、基础设施建设、卫生、国防等领域签署合作谅解备忘录 |
| 2018年6月13日 | 文莱外交与贸易部第二部长艾瑞万访华，与外交部长王毅举行会谈 | 就两大合作机制进行对接，拓宽两国多领域合作达成共识 |
| 2018年11月19日 | 习近平主席访问文莱，与文莱苏丹哈桑纳尔举行会谈 | 建立中文战略合作伙伴关系，做政治互信、经济互利、人文互通、多边互助的好伙伴 |
| 2019年4月26日 | 习近平主席在北京会见文莱苏丹哈桑纳尔 | 再次重申推进两大机制对接，加强多领域合作 |

2014年后，中文双边贸易在经历了4年的下滑后逐年上升；2016年双边贸易额同比增长26.6%，达5.74亿美元；2017年，中国成为文莱第二大进口来源国，并有望在近年内成为第一大进口来源国。2015年以前，文莱在石油产业领域对中国有大量投资，其中2008年至2015年，年均投

资额保持在 3 亿美元以上，但 2011 年以后，文对华石油投资呈断崖式下降，到 2014 年跌幅达 46.74%。“一带一路”倡议提出后，中国对文莱的投资逐年增加，仅 2016 年中对文直接投资同比增长 120%，超过 1.6 亿美元，且投资趋势保持持续上涨态势。

2014 年 9 月，中文两国签署了《文莱—广西经济走廊经贸合作谅解备忘录》，探索此区域合作新模式，推动将经济走廊建设成为“一带一路”倡议的组成部分。

2015 年，广西壮族自治区党委书记彭清华访问文莱，双方就 12 个项目达成合作协议；9 月，文莱与广西北部湾国际港务集团达成合作意向，文莱将把钦州港作为进入中国港务市场的主要通道，强化与中国的港口合作。

近年来，中国扩大了吸收文莱来华留学的力度，高校向文莱提供全额奖学金数量也在逐渐增加。文莱政府实施政策鼓励中国游客赴文莱旅游，2018 年中国成为文莱旅游的最大客源国；文莱加大了对旅游从业人员的中文和接待水平的培训。文莱还非常重视在影视、传媒、文艺和体育方面与中国的交流。2018 年在斯里巴加湾举行的“丝路华章”文化系列活动，就展示了近年来两国在文化交流领域的成果。

## 参考文献

[1] 陈宝明，黄宁 . 深入推进“一带一路”创新治理 [J]. 球科技经济瞭望，2017（4）.

[2] 周士新 . 中国与东南亚国家外交关系 70 年：经验、反思及展望 [J]. 南洋问题研究，2020（1）.

[3] 卢光盛 . 澜湄合作：中国周边外交新范例 [J]. 世界知识，2019（19）.

[4] 陈文，黄德雪，聂润庆 . 东盟 2017 年：“携手变革，融入世界”[J]. 东南亚纵横，2018（1）.

[5] 云倩 .“一带一路”倡议下中国—东盟金融合作的路径探析 [J]. 亚太经济，2019（5）.

[6]Sylvia Cristina Alvarado Navas. Integration Level for the Association of Southeast Asian Nations（ASEAN）Economic Community[J].Chinese Business Review，2016（2）.

[7]Jurgen Haacke. The ASEAN Regional Forum：from dialogue to practical security cooperation? [J]. Cambridge Review of International Affairs，2009（3）.

[8] 饶兆斌 . 海上丝绸之路与中国—东盟安全关系初探 [J]. 中国评论，2016（2）.

[9] 李晨阳，宋少军 .“缅甸对‘一带一路’的认知和反应”[J]. 南洋问题研究，2016（4）.

[10] 赵成 . 习近平分别会见印度尼西亚总统、加拿大总理、泰国总理和新加坡总理 [N]. 人民日报，2014-11-10（1）.

项目策划：段向民
责任编辑：张芸艳
责任印制：孙颖慧
封面设计：武爱听

图书在版编目（CIP）数据

东盟旅游蓝皮书 . 2019-2020 / 程道品主编 ; 张海琳执行主编 ; 章杰宽 , 朱锦晟 , 马靖雯副主编 . -- 北京 : 中国旅游出版社 , 2021.8
（“一带一路”文旅研究书系）
ISBN 978-7-5032-6587-7

Ⅰ . ①东… Ⅱ . ①程… ②张… ③章… ④朱… ⑤马… Ⅲ . ①东南亚国家联盟－旅游业发展－研究报告－2019-2020 Ⅳ . ① F591

中国版本图书馆 CIP 数据核字 (2020) 第 198172 号

书　　名：东盟旅游蓝皮书（2019—2020）

主　　编：程道品
执行主编：张海琳
副 主 编：章杰宽　朱锦晟　马靖雯
出版发行：中国旅游出版社
（北京静安东里 6 号　邮编：100028）
http://www.cttp.net.cn　E-mail:cttp@mct.gov.cn
营销中心电话：010-57377108，010-57377109
读者服务部电话：010-57377151
排　　版：小武工作室
经　　销：全国各地新华书店
印　　刷：北京明恒达印务有限公司
版　　次：2021 年 8 月第 1 版　2021 年 8 月第 1 次印刷
开　　本：720 毫米 × 970 毫米　1/16
印　　张：23.5
字　　数：320 千
定　　价：59.80 元
ISBN　978-7-5032-6587-7